"十二五"普通高等教育本科国家级规划教材
基于标准的教师教育新教材

# 新教师入职教程
## 为了明天的教师
### 第二版

庄辉明 戴立益 ◎ 主编

华东师范大学出版社
·上海·

图书在版编目(CIP)数据

新教师入职教程:为了明天的教师/庄辉明,戴立益主编.—2版.—上海:华东师范大学出版社,2020
ISBN 978-7-5760-0370-3

Ⅰ.①新… Ⅱ.①庄… ②戴… Ⅲ.①中学教师—师资培养—教材 Ⅳ.①G635.12

中国版本图书馆CIP数据核字(2020)第128023号

# 新教师入职教程:为了明天的教师(第二版)

| 主　　编 | 庄辉明　戴立益 |
|---|---|
| 责任编辑 | 李恒平 |
| 特约审读 | 李小敏 |
| 责任校对 | 邱红穗　时东明 |
| 装帧设计 | 卢晓红 |

| 出版发行 | 华东师范大学出版社 |
|---|---|
| 社　　址 | 上海市中山北路3663号　邮编 200062 |
| 网　　址 | www.ecnupress.com.cn |
| 电　　话 | 021-60821666　行政传真 021-62572105 |
| 客服电话 | 021-62865537　门市(邮购)电话 021-62869887 |
| 地　　址 | 上海市中山北路3663号华东师范大学校内先锋路口 |
| 网　　店 | http://hdsdcbs.tmall.com/ |

| 印刷者 | 常熟高专印刷有限公司 |
|---|---|
| 开　　本 | 787×1092　16开 |
| 印　　张 | 20.75 |
| 字　　数 | 477千字 |
| 版　　次 | 2020年8月第2版 |
| 印　　次 | 2021年6月第2次 |
| 书　　号 | ISBN 978-7-5760-0370-3 |
| 定　　价 | 56.00元 |

出版人　王　焰

(如发现本版图书有印订质量问题,请寄回本社客服中心调换或电话021-62865537联系)

# 前言

教师是立教之本、兴教之源。一个人一生遇到好老师,这是一个人的幸运;一所学校拥有好老师,这是这所学校的光荣;一个民族拥有源源不断的好老师,这是这个民族发展的根本依靠、未来依托。在这个意义上说,对教师提出高标准、严要求,是天经地义的,既是对学生负责,也是对民族负责。

好教师的标准是什么?教育部、国家发展改革委等五部门联合发布的《教师教育振兴行动计划(2018—2022年)》明确提出:"采取切实措施建强做优教师教育,推动教师教育改革发展,全面提升教师素质能力,努力建设一支高素质专业化创新型教师队伍。"显然,高素质、专业化、创新型,就是当下衡量一个好教师的标准。所谓高素质,是要求我们的教师思想政治觉悟高,师德规范良好,教育情怀深厚,带头践行社会主义核心价值观,以德立身、以德立学、以德施教、以德育德,全心全意做学生锤炼品格、学习知识、创新思维、奉献祖国的引路人,争做"四有"好老师;所谓专业化,既指建立在良好的人文和科学素养基础上的坚实的学科专业知识和能力,也指恰当而娴熟的教学技能;所谓创新型,则要求我们的教师随着形势的发展而与时俱进,不仅自己善于创新思维,创新教学手段和方法,而且要引导学生形成批判性反思能力和创新思维能力。

好教师应该具备的良好素质和能力并不是与生俱来的,也不可能一蹴而就。就具体的教学而言,一个好教师既要思考为何教、如何教、如何教得更好,也要换位思考学生学什么、怎么学、怎样学得更好,将教与学有机地融合在一起,并把自己的研究心得付诸实践,通过实践—反思—再实践的循环往复,不断提高,不断成熟。无数优秀教师成长成才的经历证明:真实情景下的教学实践,是每一位教师教学经验与教育智慧成长的基石。把教学工作所处的时间、空间和教学材料、教学对象等相关因素整合成融思维与实践于一体的教学过程,是每个在读师范生和新入职教师必须修炼的基本功,也是逐渐走向成熟的必经之路。

2006年,我们开始酝酿编写《明天的教师:师范生必读》(本书第一版),邀请了多位教育学专家、学科教学论专家和中小学一线教师通力合作,力图把教师真实生活和真实经验中最基本、最重要的内容呈现出来。一方面引导在读师范生和新入职教师充分了解教师这一职业,掌握符合时代发展需求的教学理念、教学技能;另一方面为不同需求的在读师范生和新入职教师展现多种多样的教学实例,为他们逐渐成长为一名有经验的优秀教师提供直接的帮助和指导。该书出版后,即入选"十二五"普通高等教育本科国家级规划教材,正说明这项工作有其重要意义。

本书第一版由庄辉明主编,戴立益和谢安邦担任副主编,由万明霞、冯大鸣、朱雄、庄辉明、陈伟杰、陈灵犀、荀渊、袁雯、党远鸿、高剑南、桑标、谢安邦、戴立益组成编委会,其中第一章"明天的教师与教育的未来"由谢安邦、张洪峰编写,第二章"怎样看待教师职业"由唐瑞、荀渊编写,第三章"走进新环境——新教师的环境指南"由冯大鸣、袁雯编写,第四章"教师怎样组织教学"由朱雄、陈伟杰、万明霞编写,第五章"怎样做班主任"由桑标、党远鸿编写,第六章"新教师怎样做研究"由高剑南、吴敏、戴立益编写。

时光荏苒,自2008年9月本书第一版付梓出版以来,一转眼十年过去了。时代在前进,形势在变化,教育在发展。为了适应新时代的新要求和教育的新发展,我们又作了新的修订,以期能跟上时代发展的步伐,展现新的研究成果。

本次修订第二版,我们作了较大的调整,既合并了一些章节,也重新整合和新增了许多内容。第二版由庄辉明和戴立益主编,荀渊和周彬担任副主编,由万明霞、冯大鸣、冯剑峰、庄辉明、刘莉莉、李伟胜、周彬、荀渊、戴立益组成编委会。其中,第一章"教师:从职业走向专业"由荀渊编写,第二章"学校环境的认识与适应"由冯大鸣编写,第三章"潜心教学"由周彬编写,第四章"立德树人"由李伟胜编写,第五章"教育信息化"由万明霞编写,第六章"教师专业发展"由刘莉莉编写,冯剑峰参与了组织编写工作。

2018年,教育部出台了《普通高等学校师范类专业认证标准》,启动开展了师范类专业认证。认证标准把对师范生和毕业后入职五年左右教师的要求归结为"一践行、三学会",即践行师德、学会教学、学会育人、学会发展。希望修订后的这本书能对在读师范生及新入职教师"一践行、三学会"素质和能力的养成起到指导、帮助作用。

特别感谢华东师范大学出版社王焰社长对本书的出版给予了极大的支持!感谢本书的编辑团队,他们在本书出版过程中承担了很多具体的工作任务!

庄辉明　戴立益

2020年1月

# 第一版序

## 于无声处见真功夫

教师是人类最古老的职业之一，曾经在相当长的时间里与宗教和神圣联系在一起。进入现代社会，伴随着人类知识视野的拓展、人对自身存在意义诠释的世俗化，以及专门化培养培训的出现，教师职业的神圣价值被逐步消解，变成了一种需要长期经验积累才能够充分胜任的世俗职业。在历史发展的不同时期，教师被赋予不同的社会身份和意义，寄托的则是人类对道德、智慧、理想的不懈追求。

尽管关于教育、教学的理论越来越丰富，在教师为何教、如何教以及怎样教得更好等诸多问题上，给出了很多值得探讨的研究结论，但有一点却是毋庸置疑的，即真实情境下的教学实践，是每一位教师教学经验与教育智慧成长的基石。显然，把教学工作所处的时间、空间和教学材料、教学对象等整合成集思维与实践于一体的教学过程，对于一个教学经验丰富的教师而言，不算是难事，但对于在读的师范生和新任教师来说，却实非易事。

正是基于此，我们在2006年开始实施师范生培养方案改革时，就酝酿编写这样一本书：它既能引导师范生和新教师充分了解教师这一职业，掌握符合时代发展的教学理念、教学技能，也能够对他们逐渐成长为一名有经验的教师提供直接的帮助和指导；它应该把教师真实生活与真实经验中最基本、最重要的那些内容呈现出来，也为不同需求的教师展现多种多样的教学实例与指导。

在多位教育学专家、学科教育专家和中小学一线教师的鼎力合作下，《明天的教师：师范生必读》终于得以付梓出版。可以说，它所凝聚的是作者们在长期的教学研究与教学实践过程中，日复一日、年复一年积累下来的真真切切的经验与反思，也很好地验证了一句话：于无声处见真功夫！

请您且慢慢读来，细细品其中滋味。倘有一二受用，便是此书成功；又或有些许疏漏，亦请不吝指正。

俞立中
2008年7月

# 目录

| | |
|---|---|
| **第一章 教师：从职业走向专业** | 1 |
| 一、作为一种社会职业的教师 | 1 |
| （一）教师职业的缘起与特点 | 1 |
| （二）教师的社会责任与地位 | 4 |
| （三）教师的职业角色 | 7 |
| 二、作为国家公职人员的教师 | 10 |
| （一）教师肩负的使命 | 10 |
| （二）教师的职业要求 | 11 |
| （三）教师的职务 | 26 |
| （四）教师的权利及义务 | 30 |
| （五）教师的待遇及奖励 | 32 |
| 三、作为一种专业人员的教师 | 38 |
| （一）教师的专业化 | 39 |
| （二）教师专业发展理论 | 49 |
| （三）教师教育：教师专业发展的支持体系 | 51 |
| | |
| **第二章 学校环境的认识与适应** | 55 |
| 一、认识新环境 | 55 |
| （一）理解校园情景的改变 | 55 |
| （二）认识自身角色的转换 | 56 |
| （三）识别主要场所的功能 | 56 |
| （四）关注学校环境的重点 | 60 |
| 二、适应新环境 | 60 |
| （一）制度环境的适应 | 60 |
| （二）机构环境的适应 | 72 |
| （三）人际环境的适应 | 76 |
| | |
| **第三章 潜心教学** | 81 |
| 一、有备而来 | 86 |
| （一）课堂因预习而有效 | 87 |
| （二）用心备课 | 90 |
| （三）认识真实的学生 | 94 |
| （四）用学生的思路教学 | 100 |

二维码视频索引

| | |
|---|---|
| 案例：使用教材与补充素材 | 83 |
| 教学设计案例（物理） | 85 |
| 怎样进行课前的教学设计 | 86 |

|   |   |
|---|---|
| （五）精选教学内容 | 103 |
| 二、有效教学 | 106 |
| （一）课堂引入：定位、构思与路径 | 107 |
| （二）把课堂组织起来 | 109 |
| （三）从"教教材"到"用教材教" | 118 |
| （四）把知识教出情趣来 | 121 |
| （五）把知识教出成绩来 | 124 |
| 三、超越课堂 | 128 |
| （一）从"课堂"到"课程" | 129 |
| （二）用"德育"温暖"课堂" | 133 |
| （三）学法指导：被学习态度掩盖的教学使命 | 137 |
| （四）别让"课后复习"止于"家庭作业" | 141 |
| 如何上好新授课 | 111 |
| 如何上好复习课 | 111 |
| 如何上好习题课 | 111 |
| 如何上好试卷讲评课 | 111 |
| 课堂教学中的"突发事件"如何处理 | 137 |

## 第四章　立德树人　147

|   |   |
|---|---|
| 一、在德育生态中养成健全人格 | 147 |
| （一）德育目标 | 148 |
| （二）德育资源 | 156 |
| （三）德育过程 | 161 |
| 二、在学科教学中培育生命自觉 | 168 |
| （一）学科教学的德育目标 | 169 |
| （二）学科德育的具体方法 | 177 |
| （三）学科育人的基本措施 | 182 |
| 三、在班级建设中焕发生命活力 | 190 |
| （一）班级建设的德育目标 | 191 |
| （二）班级建设的具体方法 | 198 |
| （三）班级建设的基本措施 | 204 |

## 第五章　教育信息化　213

|   |   |
|---|---|
| 一、教师应该具备的信息素养 | 213 |
| （一）教育信息化与教师专业发展 | 213 |
| （二）当代教师应有的信息素养 | 221 |
| 二、教师应该掌握的信息化教学能力 | 224 |
| （一）中小学教师信息技术应用能力标准 | 226 |
| 中小学教师信息技术应用能力标准（试行） | 227 |
| 利用Zoho实施同伴互评 | 245 |

（二）信息技术与课程整合　　227
　　（三）信息技术支持的学习方式　　233
　　（四）信息技术支持教学评价　　238
三、准教师应该认知的现代教学媒体与技术　　246
　　（一）新媒体与信息化教学环境　　247
　　（二）多媒体课件的设计与开发　　253
　　（三）微课程的设计与制作　　262
　　（四）利用APP促进课堂教学与创新　　268

圆的面积　　267
幼儿手印剪纸创意　　267

**第六章　教师专业发展　　275**
一、教学的反思者　　275
　　（一）教师反思的本质与意义　　275
　　（二）教师反思的模式　　279
　　（三）教师反思的方法与策略　　282
二、学科的研究者　　291
　　（一）学科研究的意义与价值　　291
　　（二）学科研究的基础与内容　　294
　　（三）学科研究的方法与路径　　296
三、课程的开发者　　300
　　（一）课程理念重构　　301
　　（二）课程开发原则　　304
　　（三）课程资源开拓　　305
　　（四）校本课程开发　　311
　　（五）课程评价转型　　314
　　（六）课程开发参考案例　　318

# 第一章 教师：从职业走向专业

教师是一个古老而神圣的职业，尊师重教一直是中国文化的一个重要传统。新中国建立以来，教师始终是我国教育现代化事业的重要参与者与实施者。改革开放四十年来，伴随着教育改革发展，以及加强教师队伍建设、提高教师社会地位和经济待遇的一系列政策的实施，中小学教师的教育教学质量得到极大的提升，教师也逐渐成为社会广泛认同与尊重的崇高职业。

## 一、作为一种社会职业的教师

教育是伴随着人类社会的产生而产生的，是人类有意识、有目的、有计划、有组织地培养人的社会实践活动。人类的教育实践活动一经产生，教师这一特定的职业也就应运而生，成为人类社会最古老的职业之一。在教育的历史发展进程中，教师职业固然承担着教化年轻一代、为百姓树立道德表率等作用，但其社会地位却总是伴随着经济社会发展的兴衰、治乱而起伏。

### （一）教师职业的缘起与特点

在人类历史上，当人类掌握了用火、采摘、狩猎等生存技能后，开始对自然世界、人类自身的许多不可解释的现象寻求解释、解决的途径，承担与天地、神灵、祖先、生灵等进行对话、祭祀的巫师便作为兼具医生、教师的双重角色开始出现，为人类解释神秘现象、生老病死作出了最初的尝试，并由此建立了人类最初的宗教信仰。此后，由于巫师、巫医等逐渐成为专门职业，专司宗教信仰与治病救人，故而在人类社会最早出现的与世俗生活相关的非正式教育中，包括习俗的传递、采摘与狩猎技能的训练、语言的习得、音乐与军事能力的培养等，一些年长者就承担起了最初的教育者的角色。在正式教育出现后的相当长的一段时期内，最初的教师仍主要是以语言、文字、军事训练、祭祀仪式和音乐等形式为载体，对年轻一代进行口耳相传或师徒式的训练，从而也就承担起了传承人类文明与文化、培养合格社会成员的重要责任。

#### 1. 教师职业的缘起

在中国，自夏商时代开始，就出现了最早的正式教育机构。据《礼记·王制》所载，"有虞氏养国老于上庠，养庶老于下庠。夏后氏养国老于东序，养庶老于西序。殷人养国老于右学，养庶老于左学。周人养国老于东胶，养庶老于虞庠，虞庠在国之西郊"。在庠、序、右学、左学等教育机构中承担教师角色的则是"国老""庶老"，实际上都是有一定社会地位的致仕贵族与士族官员。《尚书大传》卷五云："大夫、士七十而致仕，老於乡里，大夫为父师，士为少师……上老平明坐於右塾，庶老坐於左塾，餘子毕出，然后皆归。"由此也可见，中国古代教育实践活动一经产生，便和王朝的政治生活紧密地联系在一起。进入春秋战国时期，"官师合一"的现象就更为普遍了，乃至于到秦代，出现了兼具养士、资政和教育等功能的博士官制度。进入汉代，自中央到地方建立起了完整的以儒学经典《诗经》《尚书》《礼记》《周易》《春秋》等为主要学习内容的官学体系。在"罢黜百家，独尊儒术"的汉学传统和"克己复礼"的儒学思想影响下，在此后两千多年的中国传统教育中，教师不仅承担着塑造"天下大同"的政治与教育理想和责任，而且也被塑造成尊奉儒家伦理、道德的榜样。不同的是，与在太学、国子监等大学教育阶段引领年轻学子研读儒家经典的亦官亦师的教师地位尊崇不同，在兴于唐、盛于宋元明清时期的私塾中从事蒙学教育的塾师则往往穷困潦倒，仅以有限的束脩来养家糊口，社会地位并不高。

在欧洲，在大陆占据主导的女性大神信仰中，承担祭祀的巫师或多或少承担着教师的角色；而当希腊的各城邦进入文明时代，承担对年青一代进行军事训练的武士则成为另一种类型的教师。进入希腊文明的黄金时期，随着语言、文字、音乐、绘画、雕塑、戏剧等文化符号在日常生活中日渐广泛而深刻地发挥着作用，人类最初的人文教育随之产生。不过，如果说毕达哥拉斯可以被看作是最早的哲学教师，真正对希腊文化与教育产生重要影响的，却是早期专门从事教育教学工作的智者所普遍开展的教育实践活动。当然，苏格拉底、柏拉图、亚里士多德等希腊历史上最为著名的哲学家，同时也是当时最为著名的教师。此后，随着罗马帝国开始信奉基督教进而建立起政教合一的神圣罗马帝国，基督教的教士则在宗教教育中更多地承担起教师的角色。在日耳曼人入侵并使欧洲进入封建社会后，骑士教育成为世俗教育的主要形态。一直到文艺复兴、启蒙运动时期，一些世俗性质更强的家庭教师则开始承担起教养下一代的责任。当然，世俗化的读写算的教育主要还是在宗教改革运动后快速发展起来的，新教教会、天主教教会都将教化百姓从而吸引更多的教众、通过诵读《圣经》来信仰上帝作为重要的举措，教师职业也就逐渐从教士行列中独立出来，最初的教师教育也就应运而生。与欧洲文明不同的是，在一些古老的亚非国家，教育活动始终和宗教活动联系在一起，所以僧侣或世俗知识分子往往承担了教师的角色。

可见，教师这一职业首先是基于人类的教育教学活动的需要而产生的。与古代有德行与知识就可以充当教师的传统不同，近代以来，首先是在欧洲，自17世纪末最初的专门培养和培训教师的教育机构与实践活动出现后，只有经过专门的训练才能从事教师职业开始成为一种共识和准则。当然，对教师的训练与教育也经历了一个漫长的发展历程。从最初以教学训练与研讨为主的教师养成培训转变为专门的教师教育机构，包括从中等教育层次师范学校逐步发展为高等教育层次的教师学院或师范学院最终成为大学的专业学院之一，始终追求的是为教师提供更为专业的教育，从而使得教师这一职业成为一种提供更高教育服务质量并由此获得更高社会地位的专门职业。在这一过程中，由于现代民族国家逐步将教育视为提升国民素质的途径与促进公共服务的手段，许多国家的政府都对教师职业与教师教育采取了积极的促进专业化的政策，并借助一些专业组织与教师教育机构的努力，将教师及其教育逐步塑造成为一种塑造教育与社会生活的重要力量。

**2. 教师的职业特点**

马克思把人类劳动形式划分为简单劳动和复杂劳动。教师是一种专门职业，从事这种职业的劳动必须接受专门培养和训练，具备专门的知识和技能。因此，从世俗化程度更高的教师职业产生以来，教师从事的教育教学实践活动，既与其他职业有许多共通之处，也有许多不同，呈现出独特的职业特点。当然，教师的职业特点与教育教学实践的对象、内容以及手段紧密相连，是在教师职业长期发展变革的过程中逐步形成的。

（1）教师工作对象的主体性和发展性

在社会现代化进程中，知识更新的速度不断加快，教师的教育对象也处于不同的成长环境中，具有不同的特点，这也就意味着教师的教育过程与教育任务具有复杂性。著名的苏联教育家苏霍姆林斯基在《致未来的教师》一文中写道："未来的教师，我亲爱的朋友！在我们的工作中最重要的是要把我们的学生看成活生生的人。"教育的对象不是建筑师所建造的楼房而是正在成长中的生命个体。他们具有主观能动性而且千差万别、人人不同。的确，教师工作的对象是学生，学生是千差万别的独立个体，他们有着不同的经历，不同的兴趣、爱好以及不同的秉赋、能力等等，他们是处在不断发展变化之中的。而教师传授的内容也是不断发展变化着的知识，这就决定了教师要以一种发展的态度来看待自己所从事的工作，包括工作对象和工作内容，这样才能与墨守成规相脱离，才能顺应时代的要求，与时俱进。[1]

（2）教师职业的示范性

德国教育家第斯多惠曾经说过："教师本人是学校里最重要的师表，是最直观的、最有教益的模范，是学生最活生生的榜样。"教师犹如一面镜子，面对的是无数双明亮的眼睛，也随时会成为学生摹仿的对象。学为人师，行为世范，教师的一言一行对学生都有很强的示范性。无论是在讲台前生动的谈吐还是与学生私下交流中不经意的一句话，都有可能在学生的心灵深处留下深刻的印痕。教育是培养人的活动，教师的言行举止是学生学习和模仿的榜样。夸美纽斯曾说过，教师的职务是用自己的榜样教育学生，学生往往视教师为自己的父母或朋友，尤其是年龄偏小的学生倾向于把教师看作是父母的化身，对教师的态度就好像是对父母的态度，随着年龄的增长、阅历的增加，高年级的学生则愿意把教师当作他们的朋友，希望可以从教师的身上学到更多的关于学习、生活、人生等多方面的经验与技能。因此，学生具有向教师学习的心理特征，教师的言论、行为，为人处事的态度、价值观、世界观都会有形或无形地对学生进行感染，使学生受到耳濡目染、潜移默化的影响。"其身正，不令而行；其身不正，虽令不从。"对于教师来说，其知识素养、言谈举止、处事方式以及人格魅力都会对中小学生产生重要影响。对于中小学生来说，教师不仅是知识层面的解惑者，更是道德品质的模仿者，教师在和学生交往的过程当中，其道德素养、行事作风往往对学生有着潜移默化的影响。[2]所以，教师的这种具有示范性的权威必须是积极向上的，才能有利于学生的发展。

（3）教师职业的创造性

教师的劳动是一种最富有创造性的劳动。教师的工作对象——学生处在不断的变化中。所以教师劳动的复杂性特点同样意味着教师劳动应该具有创造性。只有对教育的方法、内容不断创新，才有可能创造性地把握各种教育过程中的现象，真正做到因材施教。教师的创造性还体现在对自身专业知识和技能的更新和创造上。随着科学技术、文化知识的发展，现代社会的知识信息量愈来愈大，教师要想跟上时代的步伐必须不断地学习、研究。同时教师还要从浩如烟海的知识中创造性地选择和加工，使之成为

---

[1] 汪兵，李正帮. 从教师职业特点和道德素养浅谈师范生的德育教育[J]. 湖北成人教育学院学报，2009（4）：13-14.
[2] 杨昆. 基于教师职业特点的师范生德育研究[J]. 教育观察，2017,6(19)：80-81.

学生能够接受的形式，这也是一种知识的再创造。随着知识经济时代的到来，创新对一个国家和民族发展的意义越来越突出，培养创造性人才成为世界教育改革的一个共同目标。在2010年召开的第三次全国教育工作会议上，我国明确提出"教育工作要以培养学生的创新精神和实践能力为重点"。培养创造性人才，更加需要教师创造性的发挥。其实，创造是人的天性，人类经济生活的维系从对物的依赖转向对知识创新的依赖，标志着人类文明进入新的历史时代，这个时代对教育提出的全新要求，导致了世界范围内教育的深刻的历史性变革，这场变革对教师工作的创造性提出了前所未有的要求。[①]

### （二）教师的社会责任与地位

在漫漫的历史长河中，作为人类文明的重要传递者和创造者，教师的社会地位在不断发生变化。时至今日，伴随着教育普及化和教育理论与实践的不断丰富和发展，教师逐渐成为一种专门的、受人尊敬的职业，其社会地位也在不断提高。

**1. 教师的社会责任**

教师的社会责任，是指教师在社会发展中应该承担的公共责任及其所能产生的实质性影响。由于教育的社会功能与作用主要是通过知识的保存、传播、应用与创造来推动经济、社会的发展，作为教育教学活动的主要实施者，教师的社会责任与作用也主要体现在对人类文明的传承与创造上。

首先，教师是人类文化的传递者。在人类社会的发展中教师起着承上启下的作用。人类社会所创造的光辉灿烂的文化，正是由于教师的存在，才得以代代相传；除却这种纵向的传递，教师还承担着在同一社会中进行横向的文化传播的职责。当今的人类文明是由文化科学的世代继承而来的，正是有了对前人文化遗产的继承，才有现在社会的巨大发展与进步。从这个角度来看，教师把人类长期积累起来的文化科学知识经过整理传授给下一代，对社会的延续与发展发挥着极其重要的作用。

其次，教师是社会物质财富和精神财富的创造者。在现代社会，教师作为先进文化的拥有者，通过理论的构建、知识的创新等方式参与社会物质文明和精神文明建设，起着文化先导作用。同时，人类社会的发展、科学技术的进步离不开人才，而人才的培养则离不开教师的教导。教师肩负着培养一代新人的重任，在学生发展中起着引导、促进作用。教师在教授学生知识、发展学生智能的同时，也在培养学生的思想品德，帮助学生形成正确的道德观念、行为准则，养成良好的行为习惯。教师对于基础教育阶段学生的良好思想品德的形成具有重要作用，不仅仅是为学生的智力发展打好基础，还要在道德方面打好做人的基础，使学生能够真正地成长成才。教师在思想品德方面的育人作用，具有巨大社会价值：一方面，这为学生的健康成长提供了一定的保证；另一方面，更是为社会的文明进步、提高整个社会的道德水准、树立良好的社会风气、形成和谐人际关系等创造基础性条件。同时，教师是人的潜能开发者。教师能够帮助学生开发自身的潜能，使得每个学生固有的发展可能性转化为现实。当然，人的潜能是存在个体差异的，学生在发展方向与发展水平上都有着很大不同，这种潜能上的差异要求教师做到及

---

① 徐文峰. 教师专业发展实践导论[M]. 北京：人民日报出版社，2015：85.

时认识,因材施教。①由此可见,教师的社会作用是巨大而不可替代的,教师理应受到全社会的尊重与承认。

2018年1月国家发布《中共中央国务院关于全面深化新时代教师队伍建设改革的意见》,其中明确提出:"教师承担着传播知识、传播思想、传播真理的历史使命,肩负着塑造灵魂、塑造生命、塑造人的时代重任,是教育发展的第一资源,是国家富强、民族振兴、人民幸福的重要基石。"②这一表述进一步明确了教师在建设社会主义现代化强国历程中的地位和作用,也为持续提高教师的政治、社会地位和职业地位提供了依据和保障。

**2. 教师的政治地位**

教师的政治地位,是指教师在国家政治生活中所处的地位,这主要表现在教师政治身份的获得、教师自治组织的建立等方面。在我国古代,教师的政治地位首先取决于其是否具有政治身份,即是否通过科举获取功名。尽管教师位列"天、地、君、亲、师"之中,从而在尊孔尊孟的文化与教育传统中享有崇高的地位,但在不同朝代的政治与社会阶层划分上,教师的地位却并未得到落实。鸦片战争后,中国进入半殖民地半封建社会,在国家遭到西方列强的侵略、人民饱受封建势力的压榨的情形下,传统教育受到了严重的摧残,教师则在政治与社会阶层划分上更加处于不利的地位。

中华人民共和国成立后,党和国家为提高教师的政治地位做了大量工作,使教师获得了主人翁地位的政治身份:教师成为工人阶级的组成部分,教师被选举为人大代表、政协委员,对优秀教师进行表彰,授予"优秀教师""劳动模范"等光荣称号,都成为教师政治地位提升的重要表现。虽然在"文革"中"四人帮"歪曲了知识分子政策,教师被诬蔑为"臭老九",但在党的十一届三中全会以后,随着党的知识分子政策的落实、平反冤假错案等,教师的政治地位开始恢复。20世纪90年代以来,随着"科教兴国"战略的提出、党和政府对教育的高度重视,教师的政治地位也在不断提高。从1985年起,国家把每年的9月10日定为教师节,以号召全社会都来尊师重教。1994年,国家颁布《教师法》,以法律的形式保障教师应有的权利和待遇;同年,国家还把中小学教师纳入享受政府特殊津贴的选拔范围。同时,各级政府还选举教师作为人大代表进行参政议政,并公开表彰、奖励优秀教师,以及从教师中选拔人才进入各级政府的领导班子等。这些都有力地提高了教师的社会影响和政治地位,更是对教师的工作积极性给予了极大鼓舞。③

2018年1月《中共中央国务院关于全面深化新时代教师队伍建设改革的意见》中明确提出:"明确教师的特别重要地位。突显教师职业的公共属性,强化教师承担的国家使命和公共教育服务的职责,确立公办中小学教师作为国家公职人员特殊的法律地位,明确中小学教师的权利和义务,强化保障和管理。各级党委和政府要切实负起中小学教师保障责任,提升教师的政治地位、社会地位、职业地位,吸引和稳定优秀人才从教。"④

---

① 孙晨红,张春宏等. 教师专业化发展与教师成长[M]. 哈尔滨:东北林业大学出版社,2016:6-8.
② 中共中央国务院关于全面深化新时代教师队伍建设改革的意见[EB/OL]. (2018-2-1)[2018-6-1]. http://edu.people.com.cn/n1/2018/0201/c1006-29798831.html.
③ 陆明玉,孙霞. 现代教育学[M]. 北京:北京邮电大学出版社,2014:204.
④ 中共中央国务院关于全面深化新时代教师队伍建设改革的意见[EB/OL]. (2018-2-1)[2018-6-1]. http://edu.people.com.cn/n1/2018/0201/c1006-29798831.html.

### 3. 教师的社会地位

教师的劳动属于复杂劳动，而且是具有创造性的复杂劳动，因此教师的社会地位往往取决于这一劳动在社会层面的认可程度。其中，反映教师社会地位及其劳动价值的主要参考指标就是教师的经济待遇。在我国，由于教师是国家公职人员，因此其经济待遇是指国家给予教师的物质报酬包括工资、津贴、补贴及住房、医疗、保险、退休金等福利。

在1978年和1979年间，教师的平均工资位列全国十二个行业的倒数第二位。进入1980年代后，随着国家对教育的重视，教师的工资水平有所提高，在1985年达到最高位，列第五位。但进入1990年代，教师的平均工资又降到倒数第三位。为了改善教师的经济待遇，我国于1993年在《中华人民共和国教师法》中对教师的待遇作了明确规定："教师的平均工资水平应当不低于或高于国家公务员的平均工资水平，并逐步提高。"自此，教师的工资水平保持逐步提高。2013年，在全国十九个行业中，教师的平均工资以51 950元/年位列第十位。此后的三年中，教师的平均工资分别为56 580元/年、66 592元/年、74 498元/年，分别位列第十位、第九位和第八位，保持了平稳增长。

表1-1 全国按行业分城镇单位就业人员平均工资细目表（元/年）[①]

| 行　　业 | 2016年 | 2015年 | 2014年 | 2013年 |
| --- | --- | --- | --- | --- |
| 金融业 | 117 418 | 114 777 | 108 273 | 99 653 |
| 信息传输、软件和信息技术服务业 | 122 478 | 112 042 | 100 845 | 90 915 |
| 科学研究和技术服务业 | 96 638 | 89 410 | 82 259 | 76 602 |
| 电力、热力、燃气及水生产和供应业 | 83 863 | 78 886 | 73 339 | 67 085 |
| 租赁和商务服务业 | 76 782 | 72 489 | 67 131 | 62 538 |
| 采矿业 | 60 544 | 59 404 | 61 677 | 60 138 |
| 文化、体育和娱乐业 | 79 875 | 72 764 | 64 375 | 59 336 |
| 交通运输、仓储和邮政业 | 73 650 | 68 822 | 63 416 | 57 993 |
| 卫生和社会工作 | 80 026 | 71 624 | 63 267 | 57 979 |
| 教育 | 74 498 | 66 592 | 56 580 | 51 950 |
| 房地产业 | 65 497 | 60 244 | 55 568 | 51 048 |
| 批发和零售业 | 65 061 | 60 328 | 55 838 | 50 308 |
| 公共管理、社会保障和社会组织 | 70 959 | 62 323 | 53 110 | 49 259 |
| 制造业 | 59 470 | 55 324 | 51 369 | 46 431 |
| 建筑业 | 52 082 | 48 886 | 45 804 | 42 072 |
| 居民服务、修理和其他服务业 | 47 577 | 44 802 | 41 882 | 38 429 |
| 水利、环境和公共设施管理业 | 47 750 | 43 528 | 39 198 | 36 123 |
| 住宿和餐饮业 | 43 382 | 40 806 | 37 264 | 34 044 |
| 农、林、牧、渔业 | 33 612 | 31 947 | 28 356 | 25 820 |

---

① 国家统计局. 国家年度统计公报［EB/OL］.（2018-2-28）［2018-6-1］. http://www.stats.gov.cn/tjsj/tjgb/ndtjgb/.

#### 4. 教师的职业地位与声望

教师的职业地位不仅需要国家、政府的保障,同样也来自于社会的认可。其中职业声望就是教师职业地位的直接反映,是社会舆论对某一职业的意义、价值与声誉的综合评价。它反映了社会对一定职业评价的高低进而决定着人们对这一职业的肯定或否定、尊重或鄙视的态度。一般而言,"要了解现实社会中各种职业社会地位的高低,人们往往通过职业声望调查来实现"。[①] 一项对中小学教师职业声望总体以及教师职业道德声望、能力声望和贡献声望等进行研究的结果显示:各类群体对我国中小学教师职业声望的总体评价比较高,居中等偏上水平,社会公众对中小学教师有较高的职业期望,教师职业是许多家长在对孩子进行职业选择时优先考虑的三大职业之一。[②] 社会调查所揭示的教师职业声望,是对教师社会地位的主观评价。诚如于漪老师所言,"选择了教师就选择了高尚",教师拥有崇高的社会地位,是"太阳底下最光辉的事业"。

### (三) 教师的职业角色

角色是"与人们的某种社会地位、身份相一致的一整套权利、义务的规范,它是人们对具有特定身份的人的行为期望,它构成社会群体或组织的基础"。[③] 每种社会身份都伴随着特定的行为规范和行为模式,当个体以自己的社会身份所规定的行为规范去行动时,便充当了该角色。

#### 1. 传统的教师职业角色

传统意义上,社会对教师的职业形象要求很高,大家普遍认为教师扮演的是高尚、神圣、奉献、呕心沥血、权威、光辉等形象。[④] 例如,教师是"人类灵魂的工程师""园丁""路标""蜡烛""春蚕""孺子牛""铺路石"和"人梯"等。与其他社会成员一样,教师所扮演的角色不是单一的,而是一个集合。教师在面对学生时要充当教师的角色,在与其他教师交往时要充当同事的角色,在与学校领导接触时要充当下属的角色,在家庭生活中要充当父母、夫妻或子女的角色。而在教学这一特定范围内,随着教学活动时间、空间上的变化,"教师与学生、教育内容以及各种教育环境之间构成不同的关系,表现出不同的行为,从而扮演着不同的角色"。[⑤]

#### 2. 教师职业的多元角色

进入21世纪,随着新一轮基础教育课程改革的不断推进,教师的职业角色也发生着改变。教师由单纯的知识传播者转换为学生学习的参与者、引导者,由教学任务的执行者转换为课程资源的开发者,由教学效果的检查者转换为学生发展的评价者。的确,随着对教师观念的更新,教师职业领域的拓宽,传统的教师职业角色也发生相应的转变。当教师专业活动的领域拓宽为教、学、研三位一体时,教师在自身发展中的角色也自然就变成了学习者、教育者和研究者。[⑥]

---

[①] 袁振国. 当代教育学[M]. 北京:教育科学出版社,1997:83.
[②] 董新良. 中小学教师职业声望调查研究[J]. 教师教育研究,2011,23(06):56-61.
[③] 郑杭生. 社会学概论新修[M]. 北京:中国人民大学出版社,2003:140.
[④] 孙晨红,张春宏等. 教师专业化发展与教师成长[M]. 哈尔滨:东北林业大学出版社,2016:14.
[⑤] 黄甫全. 新课程中的教师角色与教师培训[M]. 北京:人民教育出版社,2003:10.
[⑥] 荀渊. 迈向专业的教师教育[M]. 上海:华东师范大学出版社,2018:106-107.

（1）引导促进者角色

新课程倡导教师要重视学生在教学中的主体地位，充分发挥学生的积极能动性。在这一理念的指导下，教师不再是教学过程中的权威，而是学生学习的引导者，是学生全面发展、自主发展和个性发展的引导者。在学习方面，教师创设问题情境唤起学生的感知、参与的热情，启发引导学生质疑、调查和探究，在实践中独立自主地、主动地学习。正所谓"不愤不启，不悱不发"，教师不再用透彻的讲解去代替学生的思考，因为那样做等于是剥夺了学生在课堂学习过程中自我探索、自我发现的乐趣。除了关心学生的学习，教师还要引导学生在情感、态度和价值观、学习过程和方法以及社会适应性等方面全面提高，特别是引导学生树立正确的世界观、人生观和价值观。诚如苏霍姆林斯基所言，"教师不仅是自己学科的教员，还是学生的教育者、生活的导师和道德的引路人"，教师引导者角色可见一斑。

教师也是学生知识建构和个性发展的促进者，其关键在于如何促进学生自主学习，使学生能够自己去实验、观察、探究和研讨，使学生的身心全部投入到学习活动之中。在课堂教学中，教师为学生的学习提供必要的心理和技术的支持，采取各种有效的教学手段，来激发学生学习的兴趣，帮助学生形成良好的学习习惯、掌握学习策略和发展认知能力，指导学生树立学习的信心、积极思考，使学生学会学习、乐于学习。

（2）参与者角色

在信息爆炸的时代，传媒高度发达，社会日益开放，互联网、电子读物、广播电视和报纸杂志等各显神通，学生获取信息的来源、学习知识的渠道日益多元化，教师不再是唯一的信息来源。2017年7月，国务院发布《新一代人工智能发展规划》，明确要求实施全民智能教育项目，在中小学阶段设置人工智能相关课程，逐步推广编程教育，鼓励社会力量参与寓教于乐的编程教学软件、游戏的开发和推广，利用智能技术加快推动人才培养模式、教学方法改革，构建包含智能学习、交互式学习的新型教育体系。正是在信息社会的大环境下，新一轮课程改革要求教师转变原来知识传授者的角色，成为师生合作学习的参与者，通过师生交往、共同发展的互动过程构建和谐的、民主的、平等的师生关系，建立起新的"学习共同体"。

教师作为师生合作学习的参与者，首先要打破教师中心的传统，构建民主、平等、合作的教室文化环境，创设融洽的、和谐的学习氛围，使学生的自由表达和自主探索成为现实。教师还要放下师道尊严的架子，从居高临下的权威中走下来，和学生一道去探索真理的奥秘。在学生学习的过程中，教师要参与到学生学习的各个环节中去，与学生交流和沟通，准确地了解学生的情况，引导学生解决问题，适时调整教学计划，从而发展学生搜索和处理信息的能力、自己获取新知识的能力、分析解决问题的能力以及交流合作的能力。在这一过程中教师不再是权威者，而是学生学习的交流者和合作者，与学生共同探讨问题、分享彼此的情感和想法，启发学生最终获取问题的解决。

（3）开发利用者角色

在传统的教育教学中，教师只是国家指定教科书的忠实执行者，课程内容和教学进度均是整齐划一的。课程改革取消了统一的教学大纲，增加了大量的校本课程，使课程和教学具有较大的弹性和灵活性，这样就为教师充分开发和合理利用各种有效的课程资源提供了可能。课程资源包括校内的各种资源如实验室、图书馆及各类教学设施和实践基地等,还包括校外的各种资源如公共图书馆、博物馆、展览馆、科技馆、植物园、动物园等广泛的社会资源及丰富的自然资源等,当然还包括各种信息化的课程资源如校内外的各种网络资源等。教师根据学校、学生的实际情况充分开发和合理利用这些课程资源,突破传统教科书、传统课堂的狭隘限制,同时各种社会资源、自然资源和网络资源带给学生多方面的感官刺激有利于充分调动学生参与的积极性、激发学生的兴趣,使学生在教师精心设计的教学情境中增长知识、培养能力、陶冶情操。

(4) 评价者角色

在传统的评价中,教师偏重学生的学习结果而忽视学生的学习过程,偏重对学生知识的评价而忽视对学生非智力方面的评价,偏重评价的甄别和选拔而忽视学生的可持续发展。在"评价不仅要关注学生的学业成绩,而且要发现和发展学生多方面的潜能"这一理念的指导下,教师对学生的评价应坚持发展性、多样化和情感性的原则。

发展性原则:教师在评价学生时要具有发展的眼光,既要看到学生当下在知识、能力和品德等方面的不足,也要看到学生在这些方面巨大的提升、发展空间。更为重要的是,教师要看到学生取得当下成绩所付出的艰辛努力。

多样化原则:加德纳的多元智能理论告诉我们,"每个学生都是具有自己的智力特点、学习类型和发展方向的潜在人才,教师就应选择相宜、多样的评价手段"[①]。教师在评价学生时应针对不同学生个体,使用弹性化的评价尺度,有意识地模糊学生在量化考试中成绩差异的区分度,重视学生发展的个性差异和基础差异。如果把学生的学习视为动态的坐标轴,那么对学生评价理当尊重学生在这个坐标系中的独特位置,承认他们之间存在差距,进而激励学生在自己原有位置上逐步发展和提升。这样建立在共同的基础层面上的多样性评价尺度,正是学生创新思维的催生剂。从这层意义上说,教师以伯乐的眼光和襟怀悦纳学生间的多样性和差异性,无异于自由放飞生命的灵思和才情。

情感性原则:教师对学生的评价不同于法官的裁断那样超然于情感之上,应以心灵拥抱心灵,以激情点燃激情。对学生的评价应以肯定和表扬为主,对学生不成熟却经过独立思考的观点、想法不宜求全责备。对学生的评价应多用鼓励性的话语,充分表达教师对学生发展的期待,使学生深受鼓舞而激发出自己探索求知的激情。

(5) 研究者角色

在苏霍姆林斯基看来,"如果你想让教师的劳动能够给教师带来乐趣,使天天上课不至于变成一种单调乏味的义务,那你就引导每一位教师走上从事研究这条幸福的道路上来"[②]。"教师即研究者"的概念,是由英国著名课程论专家斯滕豪斯(L. Stenhouse)首次提出的。随着科学的不断分化、综合,知识的不断积累、更新,传统的满足于"传道、授业、解惑"的教师已不能适应时代的需要,新课程期待教师同时成为研究者。当然,教师所进行的研究不同于专家学者的研究。由于教育教学问题具有极强的实践性和情境性,教师的研究主要是针对自身教育教学过程中出现的问题、困惑,采取行动研究的方法,独立或与其他教师合作,重在解决教育教学过程中的实际问题。教师一旦以研究者的心态置身于教育教学情境中,以研究者的眼光审视自己所进行的教育教学实

---

① 顾明远,孟繁华. 国际教育新理念[M]. 海口:海南出版社,2006:119.
② [苏]瓦·阿·苏霍姆林斯基著. 给教师的建议[M]. 杜殿坤,译. 北京:教育科学出版社,1984:494.

践，就会对教育教学过程中出现的新问题更加敏感、更有创见。同时，教师不断反思自己的教学行为，反思这些行为背后隐藏的前提假设及其合理性，就会进而改进自己的教学行为，提高自身的教育教学水平。

## 二、作为国家公职人员的教师

2012年颁布的《国务院关于加强教师队伍建设的意见》指出："教师是教育事业发展的基础，是提高教育质量、办好人民满意教育的关键。"[1] 2018年颁布的《中共中央国务院关于全面深化新时代教师队伍建设改革的意见》强调"教师承担着传播知识、传播思想、传播真理的历史使命，肩负着塑造灵魂、塑造生命、塑造人的时代重任，是教育发展的第一资源，是国家富强、民族振兴、人民幸福的重要基石"。由此，进一步提出要"突显教师职业的公共属性，强化教师承担的国家使命和公共教育服务的职责，确立公办中小学教师作为国家公职人员特殊的法律地位，明确中小学教师的权利和义务，强化保障和管理。各级党委和政府要切实负起中小学教师保障责任，提升教师的政治地位、社会地位、职业地位，吸引和稳定优秀人才从教。公办中小学教师要切实履行作为国家公职人员的义务，强化国家责任、政治责任、社会责任和教育责任"。[2]

### （一）教师肩负的使命

《中华人民共和国教师法》第三条规定，教师"承担教书育人，培养社会主义事业建设者和接班人、提高民族素质的使命"。由此可见，教书育人是我国法律对教师使命的规定。"教书育人"这一使命包含"教书"和"育人"两层含义。重视教书、重视德育是古今一切著名思想家、教育家的一贯思想。人民教育家叶圣陶先生曾经说过："教师既要教书，又要育人，才能使学生真正受益。"

首先来看"教书"。传统意义上的"教书"是指教师向学生传授系统的科学文化知识，培养学生学习的技能，发展学生的智能。这里主要涉及知识和能力两个层面。对于科学文化知识传授暗示着一种方向，即从教师向学生的转移，提倡学生的研究性学习，变学生被动地学为主动地学，教师也就从知识的传授者，转变成为知识的引导者。对于学生的能力，则更加强调培养学生发现、提出、分析和解决问题的能力，研究的能力，创造的能力，交流合作的能力等等。因而教师"教书"的使命，更确切地说是教师引导学生主动探索科学文化知识，培养学生分析问题、解决问题、研究、创造和合作的能力。

其次来看"育人"。传统意义上的"育人"是学校德育的代名词，是教师通过教育和教学活动以及自己的行为对学生进行政治、思想和道德教育，提高学生的思想道德素质、促进学生的全面发展。在这里，"育人"的主要立足点，放在学生的政治、思想和道德教育上。在新课程三个维度的目标中，知识、能力这两个维度是"教书"所要完成的使命；而情感、态度和价值观这一维度，则是新课程背景下"育人"所要重点承担的使

---

[1] 国务院关于加强教师队伍建设的意见[EB/OL].（2012-9-7）[2018-6-1]. http://www.gov.cn/zwgk/2012-09/07/content_2218778.htm.
[2] 中共中央国务院关于全面深化新时代教师队伍建设改革的意见[EB/OL].（2018-2-1）[2018-6-1]. http://edu.people.com.cn/n1/2018/0201/c1006-29798831.html.

命。因而，教师"育人"的使命，更确切地说，是教师通过教育和教学活动以及自己的行为对学生进行政治、思想和道德教育，进行情感、态度和价值观教育。

在2018年9月10日召开的全国教育大会上，习近平总书记对教师肩负的使命与责任提出了明确的要求："要在坚定理想信念上下功夫，教育引导学生树立共产主义远大理想和中国特色社会主义共同理想，增强学生的中国特色社会主义道路自信、理论自信、制度自信、文化自信，立志肩负起民族复兴的时代重任。要在厚植爱国主义情怀上下功夫，让爱国主义精神在学生心中牢牢扎根，教育引导学生热爱和拥护中国共产党，立志听党话、跟党走，立志扎根人民、奉献国家。要在加强品德修养上下功夫，教育引导学生培育和践行社会主义核心价值观，踏踏实实修好品德，成为有大爱大德大情怀的人。要在增长知识见识上下功夫，教育引导学生珍惜学习时光，心无旁骛求知问学，增长见识，丰富学识，沿着求真理、悟道理、明事理的方向前进。要在培养奋斗精神上下功夫，教育引导学生树立高远志向，历练敢于担当、不懈奋斗的精神，具有勇于奋斗的精神状态、乐观向上的人生态度，做到刚健有为、自强不息。要在增强综合素质上下功夫，教育引导学生培养综合能力，培养创新思维。要树立健康第一的教育理念，开齐开足体育课，帮助学生在体育锻炼中享受乐趣、增强体质、健全人格、锤炼意志。要全面加强和改进学校美育，坚持以美育人、以文化人，提高学生审美和人文素养。要在学生中弘扬劳动精神，教育引导学生崇尚劳动、尊重劳动，懂得劳动最光荣、劳动最崇高、劳动最伟大、劳动最美丽的道理，长大后能够辛勤劳动、诚实劳动、创造性劳动。"①

### （二）教师的职业要求

习近平总书记在同北京师范大学师生座谈时强调："好老师要有'捧着一颗心来，不带半根草去'的奉献精神，自觉坚守精神家园、坚守人格底线，带头弘扬社会主义道德和中华传统美德，以自己的模范行为影响和带动学生。"②为此，他要求"全国广大教师要做有理想信念、有道德情操、有扎实知识、有仁爱之心的好老师，为发展具有中国特色、世界水平的现代教育，培养社会主义事业建设者和接班人作出更大贡献③。"从国家强化教师队伍建设的角度看，好老师首先是一个合格教师，不仅要达到法律、法规对从事教师职业所做的规定与职业要求，而且要达到国家、社会对教师职业道德的要求。

#### 1. 国家对教师从业资格的要求

《中华人民共和国教师法》第十条规定："国家实行教师资格制度。"我国公民想要在各级各类学校和其他教育机构中专门从事教育教学工作，不仅要"遵守宪法和法律，热爱教育事业，具有良好的思想品德"，还要"有教育教学能力"，同时具备"规定的学历或者经国家教师资格考试合格"，经过国家认定合格才可以取得教师资格成为一名人民教师。

---

① 习近平在全国教育大会上强调"坚持中国特色社会主义教育发展道路 培养德智体美劳全面发展的社会主义建设者和接班人"[EB/OL].（2018-9-10）[2018-12-1]. http://www.moe.gov.cn/jyb_xwfb/s6052/moe_838/201809/t20180910_348145.html.
② 习近平同北京师范大学师生代表座谈时的讲话[EB/OL].（2014-9-10）[2018-12-1]. http://politics.people.com.cn/n/2014/0910/c70731-25629093.html.
③ 习近平同北京师范大学师生代表座谈时的讲话[EB/OL].（2014-9-10）[2018-12-1]. http://politics.people.com.cn/n/2014/0910/c70731-25629093.html.

（1）教师资格的分类及相应的学历要求

根据《中华人民共和国教师法》和《教师资格条例》的相关规定，我国中小学教师资格可以分为五种类型，取得相应教师资格应具备的学历如下：

小学教师资格。公民如果想要取得小学教师资格，应当具备中等师范学校毕业及其以上学历。

初级中学教师资格，包括初级中学教师和初级职业学校文化课、专业课教师资格。公民如果想要取得初级中学教师资格，应当具备高等师范专科学校或者其他大学专科毕业及其以上学历。

高级中学教师资格。公民如果想要取得高级中学教师资格，应当具备高等师范院校本科或者其他大学本科毕业及其以上学历。

中等职业学校教师资格，包括中等专业学校、技工学校和职业高级中学文化课、专业课教师资格。公民如果想要取得中等职业学校教师资格，与高级中学教师资格相同，也应当具备高等师范院校本科或者其他大学本科毕业及其以上学历。

中等职业学校实习指导教师资格，包括中等专业学校、技工学校和职业高级中学实习指导教师资格。公民如果想要取得中等职业学校实习指导教师资格，应当具备各类中等职业学校毕业及其以上学历；同时还应当具备相当于助理工程师以上专业技术资格或者中级以上工人技术等级，而具备相当于工程师以上专业技术职务或者高级以上工人技术等级的特殊技艺者，通过省级教育行政部门教师资格认定机构对其教育教学能力的考察后，报经省级教育行政部门批准，其学历条件可适当放宽。

取得教师资格的公民按照《教师资格条例》第五条规定，"可以在本级及其以下等级的各类学校和其他教育机构担任教师"。例如公民如果取得了初级中学教师资格，可以选择在初级中学或小学担任教师职务。

（2）中小学教师资格考试[①]

2013年8月，为建立国家教师资格考试制度，严格教师职业准入，保障教师队伍质量，依据《教师法》《教师资格条例》和《国家中长期教育改革和发展规划纲要（2010—2020年）》，教育部出台了《中小学教师资格考试暂行办法》。

根据《中小学教师资格考试暂行办法》的第五条规定，"教师资格考试实行全国统一考试。考试坚持育人导向、能力导向、实践导向和专业化导向，坚持科学、公平、安全、规范的原则"。2015年，教师资格证考试改革正式实施，打破了教师终身制，并且实行五年一审，改革后考试形式变为全国统考，考试内容增加、难度加大。在校本专科生能报考。改革后将不再有师范生和非师范生的区别，想要做教师都必须参加国家统一考试，方可申请教师资格证。

根据《中小学教师资格考试暂行办法》的第六条规定，符合以下基本条件的人员，可以报名参加教师资格考试：具有中华人民共和国国籍；遵守宪法和法律，热爱教育事业，具有良好的思想品德；符合申请认定教师资格的体检标准；符合《教师法》规定的学历要求。普通高等学校在校三年级以上学生，可凭学校出具的在籍学习证明报考。

---

① 教育部关于印发《中小学教师资格考试暂行办法》《中小学教师资格定期注册暂行办法》的通知［EB/OL］.（2013-8-15）［2018-12-1］. http://www.gov.cn/gongbao/content/2013/content_2547145.htm.

教师资格考试包括笔试和面试两部分。笔试主要考查申请人从事教师职业所应具备的教育理念、职业道德、法律法规知识、科学文化素养、阅读理解、语言表达、逻辑推理和信息处理等基本能力；教育教学、学生指导和班级管理的基本知识；拟任教学科领域的基本知识，教学设计、实施评价的知识和方法，运用所学知识分析和解决教育教学实际问题的能力。笔试主要采用计算机考试和纸笔考试两种方式进行。采用计算机考试和纸笔考试的范围和规模，根据各省（区、市）实际情况和条件确定。小学教师资格考试笔试科目为《综合素质》《教育教学知识与能力》2科；初级中学、普通高级中学教师和中等职业学校文化课教师资格考试笔试科目为《综合素质》《教育知识与能力》《学科知识与教学能力》3科。

面试主要考查申请人的职业认知、心理素质、仪表仪态、言语表达、思维品质等教师基本素养和教学设计、教学实施、教学评价等教学基本技能。面试采取结构化面试、情境模拟等方式，通过抽题、备课（活动设计）、回答规定问题、试讲（演示）、答辩（陈述）、评分等环节进行。

国家确定笔试成绩合格线，省级教育行政部门确定面试成绩合格线，考生在笔试和面试成绩公布后，可通过教师资格考试网站查询本人的考试成绩。考生如对本人的考试成绩有异议，可在考试成绩公布后10个工作日内向本省（区、市）教师资格考试机构提出复核申请。笔试单科成绩有效期为2年。笔试和面试均合格者由教育部考试中心（教育部教师资格考试中心）颁发教师资格考试合格证明。教师资格考试合格证明有效期为3年。教师资格考试合格证明是考生申请认定教师资格的必备条件。

笔试一般在每年3月和11月各举行一次。面试一般在每年5月和12月各举行一次。省级教师资格考试机构按照《中小学教师资格考试考务工作规定》《中小学教师资格考试机考考务细则》组织实施笔试考务工作；按照《中小学教师资格考试面试工作规程》，制定面试实施细则，组织实施面试工作。

省级教师资格考试机构使用教师资格考试考务管理信息系统进行笔试和面试的报名受理、考点设置、考场编排等考务管理工作。笔试和面试考生通过教师资格考试网站进行报名后，需携带省级教师资格考试机构规定的相关材料，到指定考点进行报名审核，并现场确认报考信息。考生笔试各科成绩合格并在有效期内的，方可报名参加面试。

（3）中小学教师资格定期注册暂行办法[①]

为完善教师资格制度，健全教师管理机制，建设高素质专业化教师队伍，根据《教师法》《教师资格条例》和《国家中长期教育改革和发展规划纲要（2010—2020年）》，国家制定了《中小学教师资格定期注册暂行办法》。

教师资格定期注册是对教师入职后从教资格的定期核查。中小学教师资格实行5年一周期的定期注册。定期注册不合格或逾期不注册的人员，不得从事教育教学工作。中小学教师资格定期注册的对象为公办普通中小学、中等职业学校和幼儿园在编在岗教师（以下简称教师）。省级教育行政部门可根据本地教师队伍建设的实际需要，将依法举办的民办普通中小学、中等职业学校和幼儿园教师纳入定期注册范围。教师资格定期注册应与教师人事管理工作紧密结合，将严格教师考核和促进教师专业发展作为

---

① 教育部关于印发《中小学教师资格考试暂行办法》《中小学教师资格定期注册暂行办法》的通知[EB/OL].（2013-8-15）[2018-12-1]. http://www.gov.cn/gongbao/content/2013/content_2547145.htm.

重要的工作目标。定期注册应坚持以人为本、科学规范和公开公平公正原则,客观体现教师职业道德、业务水平和工作业绩情况。

申请首次注册的教师,应当具备下列条件:具有与任教岗位相应的教师资格;聘用为中小学在编在岗教师;省级教育行政部门规定的其他条件。对于首次任教人员须试用期满且考核合格。

满足下列条件的,定期注册合格:遵守国家法律法规和《中小学教师职业道德规范》,达到省级教育行政部门规定的师德考核评价标准,有良好的师德表现;每年年度考核合格以上等次;每个注册有效期内完成不少于国家规定的360个培训学时或省级教育行政部门规定的等量学分;身心健康,胜任教育教学工作;省级教育行政部门规定的其他条件。有下列情形之一的,应暂缓注册:注册有效期内未完成国家规定的教师培训学时或省级教育行政部门规定的等量学分;中止教育教学和教育管理工作一学期以上,但经所在学校或教育行政部门批准的进修、培训、学术交流、病休、产假等情形除外;一个注册周期内任何一年年度考核不合格。暂缓注册者达到定期注册条件后,可重新申请定期注册。具体办法由省级教育行政部门根据实际情况制定。有下列情形之一的,注册不合格:违反《中小学教师职业道德规范》和师德考核评价标准,影响恶劣;一个定期注册周期内连续两年以上(含两年)年度考核不合格;依法被撤销或丧失教师资格。

取得教师资格,初次聘用为教师的,试用期满考核合格之日起60日内,申请首次注册。经首次注册后,每5年应申请一次定期注册。教师资格定期注册须由本人申请,所在学校集体办理,按照人事隶属关系报县级以上教育行政部门审核注册。教师应当在定期注册有效期满前60日内,申请办理下一次教师资格定期注册。定期注册实行网上申请。

（4）教育教学能力要求

《〈教师资格条例〉实施办法》第八条规定,申请认定教师资格者其教育教学能力应当符合下列要求:"具备承担教育教学工作所必需的基本素质和能力。"国家并没有制定统一的素质和能力标准,具体的标准和测试办法由各省级教育行政部门制定。"普通话水平应当达到国家语言文字工作委员会颁布的《普通话水平测试等级标准》二级乙等以上标准。少数方言复杂地区的普通话水平应当达到三级甲等以上标准；使用汉语和当地民族语言教学的少数民族自治地区的普通话水平由省级人民政府教育行政部门规定标准。""具有良好的身体素质和心理素质、无传染性疾病、无精神病史,适应教育教学工作的需要,在教师资格认定机构指定的县级以上医院体检合格。"

**2. 国家对教师职业道德的要求**

1997年,原国家教委、全国教育工会重新颁布了《中小学教师职业道德规范》,规定了新时期我国教师职业道德的基本要求,提出了"依法执教、爱岗敬业、热爱学生、严谨治学、团结协作、尊重家长、廉洁从教、为人师表"的八项条款。2008年,为贯彻落实党的十七大精神和胡锦涛总书记"8·31"重要讲话精神,进一步加强教师队伍建设,全面提高中小学教师队伍的师德素质和专业水平,教育部在广泛征求意见的基础上,对1997年颁布的《中小学教师职业道德规范》进行了修订,共计六条。新颁布的《规范》[①]基本

---

① 新修订《中小学教师职业道德规范》公布[EB/OL].(2008-9-1)[2018-12-1]. http://www.moe.gov.cn/jyb_xxgk/gk_gbgg/moe_0/moe_1964/moe_2462/tnvll_39978.html.

内容继承了我国的优秀师德传统,并充分反映了新形势下经济、社会和教育发展对中小学教师应有的道德品质和职业行为的基本要求。

(1) 爱国守法

爱国守法,是国家对教师基本的职业道德要求。修订后的《中小学教师职业道德规范》第一条规定:"热爱祖国,热爱人民,拥护中国共产党领导,拥护社会主义。全面贯彻国家教育方针,自觉遵守教育法律法规,依法履行教师职责权利。不得有违背党和国家方针政策的言行。"

爱国守法是师德修养的基础。作为一名教师,遵守法律和公共道德是一项基本要求,是成为一个合法社会个体的一项基本准则。在爱国方面,教师应做到坚持法制教育和师德建设相结合,提高依法执教水平,不断增强自己的民族自尊心、自信心和自豪感;在法制方面,教师首先要做到知法懂法。国家制定的一系列法律法规如《中华人民共和国教育法》《中华人民共和国教师法》《义务教育法》《中小学教师职业道德规范》《教师资格条例》等,教师要认真学习,做到心中有法,知法懂法。其次,教师要把相关的法律法规内化到教育教学的实践活动之中,即依照法律法规的规定,进行教师职业行为的选择。例如,一位班主任发现该班一个学生盗窃了少量公共财物,对这件事情他至少有以下几种处理办法:撒手不管、放任自流;体罚、侮辱学生;耐心教育帮助学生改正错误;把学生交由学校或公安机关处理等。面对种种可能的处理办法,这位教师的行为选择虽然会受到主客观因素的影响,但必须以法律法规作为最基本和最重要的尺度。

(2) 爱岗敬业

爱岗敬业是教师对所从事职业的根本态度和高尚的职业道德,也是中华民族优秀师德传统在今天的发扬。修订后的《中小学教师职业道德规范》第二条规定:"忠诚于人民教育事业,志存高远,勤恳敬业,甘为人梯,乐于奉献。对工作高度负责,认真备课上课,认真批改作业,认真辅导学生,不得敷衍塞责。"

教师要做到爱岗敬业,首先要树立投身教师职业、献身教育事业的理想。教师职业是古老而神圣的职业教育事业,是常新而永恒的事业;教师职业充满了魅力,教育事业伟大而平凡,值得有为之人去奋斗终生。乌申斯基是这样赞美教师职业的:"一个教师如果不落后于现代教育的进程,他就会感到自己是克服人类无知和恶习的大机构中的一个活跃而积极的成员,是过去历史上所有高尚而伟大的人物跟新一代之间的中介人,是那些争取真理和幸福的人们的神圣遗训的保存者。他感到自己是过去和未来之间的一个活的环节,他的事业从表面看来虽然平凡,却是历史上最伟大的事业之一。"[①]

其次,在日常的教育教学活动中培养从教光荣的乐趣。教师职业充满了乐趣,这乐趣只能到日常的教育教学活动中去寻找。只有那些视奉献为人生价值标准的教师,才能真正感受到这种乐趣。学生在不断地发展变化,教育内容也在随着知识的更新而进行相应的增减,教学方法需要教师根据学生、教学内容、环境等的变化而不断地开拓创新。开发校本课程、从事反思性研究、行动研究等新课程更是给予了教师发挥自己才能的舞台。教师只有在平凡的岗位上不断挑战自我、超越自我,才会有永续不断的乐趣。

---

① [苏]瓦·阿·苏霍姆林斯基.和青年校长的谈话[M].赵玮等,译.上海:上海教育出版社,1983:171.

## 案例 1-1

### 支月英：坚守深山36载的乡村教师[①]

为了让山村孩子也能享受到好的教育，她坚守深山36载。学生们对她的称呼，从最初的"支姐姐"，到后来的"支妈妈"，再到现在的"支奶奶"。

已经55岁的她，原本可以退休，离开山村颐养天年，但她不舍离去。"只要身体允许，我就要一直坚持下去！"

她是全国优秀共产党员、江西奉新县澡下镇白洋教学点乡村教师支月英。

**"让山村的孩子也能接受好的教育"**

1980年，19岁的支月英第一次到泥洋村时，先坐了2个多小时的汽车，再徒步走了2个多小时的山路。

"这么偏的地方，就从来没想过要离开？"

"何尝不想呢？可是我走了，山里的孩子怎么办？"

山里的孩子也应该接受好的教育，这是支撑支月英留守深山的精神支柱。她明白教育对山区孩子的特殊意义，"山里的孩子们与外界接触很少，掌握知识是他们走出大山的希望"。

备课，上课，批改作业。支月英以校为家，把全部精力都投入到教学中。为了让山里的孩子更多地了解外面的世界，她50岁后开始学习制作课件，从网上下载丰富的学习资料。

"教学方法好，孩子们都听她的话，成绩都很优秀。"泥洋村村民李业美说，支老师常常利用傍晚的时间到家里辅导孩子做作业。早晨有的孩子喜欢睡懒觉，也被她从被窝里叫起来。

她的学生大都是留守儿童。为了解决隔代教育问题，支月英不厌其烦地家访，给爷爷奶奶们传授教育方法，帮助孩子们改掉坏习惯。

**"总要有人作出牺牲"**

中午12点，刚结束一上午的课程，支月英就匆匆到二楼的厨房做饭。三年级学生洪涛回家要走6里的山路，午餐便在学校和支月英一起吃。从学前班到现在，支月英没收过一分钱。

"村民们家里有事只要打一声招呼，支老师就管孩子们的午饭，有时十几个孩子一起吃，碗都不够。"被支月英的事迹感动，两年前义务到白洋教学点支教的志愿者李霞说，支老师从不收钱，家长过意不去，常常送些鸡蛋和蔬菜来，支老师盛情难却，她便不时地给孩子们买书包、衣服。

2012年，考虑到支月英的身体，组织上再次决定调她下山到镇里的中心小学。此时，比泥洋小学还要远10多里的泥洋村白洋教学点没有老师，村民联名写信请她去任教，她被村民感动了！

别人都往山下调，她却往山上钻。这让担心她身体的丈夫真的愤怒了，他把她的行李都扔掉了。

"山里需要我！"支月英对丈夫说，"总要有人作出牺牲，为什么不能是

---

[①] 沈洋. 支月英：坚守深山36载的乡村教师[EB/OL].（2016-10-13）[2018-12-1]. http://www.jyb.cn/basc/rw/201610/t20161013_676779.html.

我呢?"

丈夫虽然很生气,但还是在行动上支持她。每次开学,丈夫都会帮她把课本送到教学点,米和油吃完了,丈夫总是及时送上山。

支月英的到来,给白洋教学点带来了新气象,校舍从土坯房变成了两层的楼房,还新添了乒乓球台和游乐设施。很多家长当年就是支月英的学生,他们纷纷把已经在外就读的孩子转回白洋教学点。

**"我要一直坚持下去!"**

"吃过了吧!""今天脸色有点不好啊,不舒服一定要上医院!"支月英端着饭碗在村里到处转,边走边吃,不时地和村民交谈。

白洋教学点周边两个自然村的几十户人家,支月英都串过门,没有一个村民她不认识。午餐和晚餐,她总喜欢端着碗到处走。一些不愿意吃饭的孩子,一听到她的声音,赶紧坐回桌子吃饭。

泥洋村的村民都是客家人,讲客家话。几十年在一起,支月英的客家话讲得很顺溜。村民更是把她当亲人看,家里有好菜总要叫她去吃。冬天,山里冷,村民把火炉生好,给她送去。

在山区从教数十年,支月英也落下了一身病:一只眼睛几乎看不见,一只耳朵的听力衰弱严重,嗓子经常痛得发不出声。另外,甲减和糖尿病让她每天不离药。

已到了法定的退休年龄,支老师的去留一直是村民最关心的问题。

"我们心情很复杂,既希望支老师能一直坚守,又担心她的身体。"李业美说,大家都觉得再挽留支老师,真的有点太自私了。

可支月英似乎还没把退休提上议事日程,她放不下山里的孩子,担心没有新的老师愿意来。"只要身体允许,我就要一直坚持下去!"支月英说。

(3) 关爱学生

关爱学生是教师职业道德的关键和核心,同时也是对教师提出的一项最重要的道德要求。修订后的《中小学教师职业道德规范》第三条规定:"关心爱护全体学生,尊重学生人格,平等公正对待学生。对学生严慈相济,做学生良师益友。保护学生安全,关心学生健康,维护学生权益。不讽刺、挖苦、歧视学生,不体罚或变相体罚学生。"

教育是培养人的活动,"育人心者莫过于情"。离开了"热爱学生"这一基础,一切的方法、技巧,将会变得苍白无力。只有对学生无私的爱,"用情感去熏陶情感,用人格去感动人格",才能唤起学生的共鸣,继而努力学习。托尔斯泰曾经说过:"如果教师只爱事业,那他会成为一个好教师。如果教师只像父母那样爱学生,那他会比那种通晓书本、但既不爱事业又不爱学生的教师好。如果教师既爱事业又爱学生,那他是一个完美的教师。"[①]

---

① [苏] 瓦·阿·苏霍姆林斯基. 把整个心灵献给孩子[M]. 唐其慈等,译. 天津: 天津人民出版社,1981: 208.

## 案例 1-2

### 吴培:"小蚂蚁"的守护者[①]

2014年9月,他成为一位特岗教师,在一所离家200余里的偏僻小学任教。在艰苦的环境中,他逆流而上,以博大的师爱,演绎着一个个感人至深的故事。他就是2017"马云乡村教师奖"获得者,被人们称为"小蚂蚁"的守护者的安徽省阜阳市颍东区杨楼孜镇王台小学教师吴培。

起初,吴培带的是一年级,班里只有29名学生,而且大都是留守儿童。在一次家长会中,全班只来了6位家长,吴培意识到家校沟通堵塞成为学生成长的绊脚石。于是,他萌生了一个"一日送一生"的念头,主动走进学生的家庭。

"每天下午放学,我都会送一个学生回家,这样既保障孩子的安全,又可以与孩子在路上交流,到家后与家长沟通、交流孩子的学习情况。"吴培说。

"班里有个小男孩,一直盼望着我早点送他回家,终于轮到送他回家了,他兴奋极了,一路上与我聊得很畅快。就快到家的时候,小男孩突然说,其实他想让我下个星期四送他回家。"原来下个星期四他妈妈就回来,想跟老师一起分享他那最幸福的时刻。听到这,吴培欣慰地说,"下个星期四老师就再送你一次,给你的幸福再加一点点温度",小男孩脸上露出了幸福的笑容。

班里有个自卑、自闭的学生,吴培对他特别重视和照顾,一学期送他回家七八次,慢慢地走进他的内心世界,与他交流,与他父母交流,帮助孩子走出了阴影。

此后,"一日送一生"成为当地的一段佳话,吴培以他的真诚筑起一座家校沟通的桥梁,呵护学生的健康成长。

在吴培的班里,他把学生称作"小蚂蚁",坚信"蚁虽小,毅无穷"。

为培养学生的阅读习惯,吴培尝试在群中发了求书贴,得到了河南翟老师的帮助,收到几十本适合低年级学生阅读的绘本。那个周末,吴培比照着绘本,花了一天的时间,做出一个小书架,开启了"小蚂蚁阅读"之旅。孩子们酷爱阅读绘本,仅有的书根本满足不了他们的需求,很快看完了。后来吴培又自掏腰包购买绘本,供孩子们阅读。

"二年级刚开学,北京清河四小的汪老师与我联系,提供了更多适合低年级学生阅读的图书;后来,又得到昌明教育基金会捐赠的近万元图书。"在吴培的努力之下,图书越来越多,"小蚂蚁阅读"人数也与日俱增。

"我不仅把图书供自己教室里的'小蚂蚁'读,还把书籍惠及校园里爱读书的孩子,每天中午拥有50分钟的午读时间,我会陪两组同伴读故事,孩子们都浸润在书香之中。"在吴培的引领下,"小蚂蚁阅读"已经成为该校特色品牌。

为了激发"小蚂蚁阅读"的兴趣,养成阅读习惯,吴培还发起了"挑战阅读"。从一开始的"挑战阅读一个月",到"挑战阅读60天""挑战阅读100天",甚至"挑战阅读300天",孩子们释放出坚强的毅力。

---

[①] 武永生,黄冠颖. 吴培:"小蚂蚁"的守护者[EB/OL]. (2018-9-11)[2018-12-1]. http://www.jyb.cn/zgjyb/201809/t20180911_1213832.html.

> 在"挑战阅读"中,吴培定期评选"阅读蚁王""阅读蚁后",亲自写颁奖词,颁发奖状;组织学生制作"蚁报",与学生一起"蚁"语、"蚁"画、"蚁"成长。在孩子们的带动下,有些家长也参与到阅读中来,并和老师孩子们一起在QQ群交流阅读感悟。
> 
> 不仅仅是阅读,吴培还引导学生养成做读书笔记的习惯,号召学生给爸妈写信,还让他们与北京清河四小的学生结对子,以书信的形式交流。上学期,每位学生家长都收到了《小蚂蚁的大脚丫》精美图书,里面记载了三年来孩子与家长的读书笔记、习作、绘画、活动图片等内容,全面展现了"小蚂蚁"的成长历程。
> 
> 学校的不远处,是美丽的沙颍河畔,常见一个大男孩和一群孩子的身影,或捧书惬读,或嬉戏玩耍,时而以沙作画,时而以石垒家,他们建立一个快乐的"蚂蚁家庭",享受阅读,快乐生活。吴培说:"每一个孩子都有追求向善和美好的心,生命的颜色可以互相渲染和滋养。我们小蚂蚁生命的色彩既专属于自己,又是我们每一只蚂蚁的共同财富。"

(4)教书育人

修订后的《中小学教师职业道德规范》第四条规定:"教书育人。遵循教育规律,实施素质教育。循循善诱,诲人不倦,因材施教。培养学生良好品行,激发学生创新精神,促进学生全面发展。不以分数作为评价学生的唯一标准。"

2018年9月10日,全国教育大会在北京召开。习近平总书记强调,建设社会主义现代化强国,对教师队伍建设提出新的更高要求,也对全党全社会尊师重教提出新的更高要求。人民教师无上光荣,每个教师都要珍惜这份光荣,爱惜这份职业,严格要求自己,不断完善自己。做教师就要执着于教书育人,有热爱教育的定力、淡泊名利的坚守。

一是教育者要示范性地为学生树立榜样。教师的人品、人格对学生有着潜移默化的影响,即所谓"身教重于言教""亲其师,信其道"。二是善于发现并发掘学生思想品格上的闪光点,鼓励继续实践,鞭策其他学生紧紧跟上,激励先进不骄傲、后进不自卑。三是讲究教育方法。学生犯错误时,不要一味地指责和呵斥,不能用简单粗暴的方法把品格训练的要求强加在孩子身上,甚至体罚与变相体罚。要知道,锤炼品格意味着每个孩子毕竟是孩子,不可避免会出现一些缺点或错误,这些缺点或错误也毕竟是成长中的缺点或错误,正是需要教育者加以引导的方面。四是结合课堂教学渗透品格教育。教育家徐特立指出:教育的作用就是按照一定的形式,培养一定的人格,为一定的时代服务。新教材的编写上充分体现了立德树人这一目标要求,把社会主义核心价值体系和中华民族优秀传统文化有机渗透在各学科课程中,要不失时机地引导社会主义核心价值观的种子在学生心中生根发芽。[1]

---

[1] 吴夕龙.演绎好教书育人的新时代角色[EB/OL].(2018-9-15)[2018-12-1].http://www.jyb.cn/zcg/xwy/wzxw/201809/t20180915_1221807.html.

**案例 1-3**

### 全国教书育人楷模张建华：让梦想从大山深处起飞[①]

2017年7月，"河北省名师张建华工作室"在大园小学成立，这是我省唯一设在偏远山区乡村小学的省级名师工作室。

这里面有没有同情分？巴掌大的学校，张建华靠什么当表率引领全省小学语文教学？

论文20多篇，省市级课题5个，各级作课比赛奖项13个，全国模范教师等荣誉称号40多个……当时评委们都惊讶，乡村教师竟然能取得这样的成绩。

"一定程度上，大山阻隔了我的生活视野，但不能阻隔我追求进步的执着。"

学校、家庭"两点一线"——在这简单的生活轨迹上，张建华却忙得团团转。

白天，她的时间属于学生，上课、谈心、带班。没有课的时候，她批阅那厚厚的像小山一样的作业本。期间，还要去开各种的会议，参加学校的各种教研，"连喝水的时间都是挤出来的"。

每天下班后，办公室安静下来，张建华才开始自己的功课：坚持写一篇教学日志；读一小时的书，摘录两页学习笔记；写一页毛笔字。每周读两本教学刊物、浏览中国教师报等报纸。每月看一本教学专著，一本儿童文学。一学年内，她写出12本学习笔记、教学日志。

保定、石家庄、北京……"这些年乡村教师学习机会越来越多，每次培训我都坐第一排，听课效果好。"张建华买智能手机，就是为了便于上课拍照，她把专家的PPT一张张拍下来，反复研究。"越学越能发现不足，跟这些大师比，我们山沟沟里的老师需要学的太多了。"

独行快，众行远。

张建华时间宝贵，却不遗余力地给全校教师做引领课，给全镇教师做示范课，给全县教师做公开课。

张建华的微信朋友圈里，有特岗教师群，有教学点教师群，还有新入职教师群，视频分享、案例教学、好书推荐……就在全国教书育人楷模颁奖当天，还有特岗教师打电话求助："要参加评优课比赛，张老师您帮我设计一下。"张建华连夜帮这位年轻的教师搭出框架供参考，还嘱咐她："起承转合的句子要再流畅些。"

"河北省名师张建华工作室"启动一年多来，张建华带领来自全省各地的7名工作室成员，公开发表论文18篇，主持、参与省市级课题研究5项，在"河北省名师张建华工作室"微信公众号推出教育教学理论指导文章78篇。今年4月，近10万字的《启航2017 河北省名师张建华工作室成长纪实》得到省考核组专家的充分认可。

名气大了，机会也接踵而来。"建华，来北京吧，这边天地更广，舞台更大。"面对各种邀约，张建华微笑谢绝。小时候家里没钱上学，父亲带着她挨家挨户借钱凑学费的场景一次次在脑海中重现。

"我不会离开太行山，不会离开山里的孩子们。"张建华说，"他们的梦想在，我就不会缺席。"

---

① 全国教书育人楷模张建华：让梦想从大山深处起飞[EB/OL]. (2018-9-10) [2018-12-1]. http://www.he.xinhuanet.com/xinwen/2018-09/10/c_1123403922.htm.

（5）为人师表

修订后的《中小学教师职业道德规范》第五条规定："为人师表。坚守高尚情操，知荣明耻，严于律己，以身则。衣着得体，语言规范，举止文明。关心集体，团结协作，尊重同事，尊重家长。作风正派，廉洁奉公。自觉抵制有偿家教，不利用职务之便谋取私利。"

国家民族的希望在教育，教育的希望在教师，在于教师的师德、风范、学识、水平等。为师者最重要最基本的就是为人师表。孔子云："其身正，不令而从；其身不正，虽令不从。"宋代王安石亦云："教人治己，宜皆以正直为先。"苏联教育家乌申斯基曾说过"在教育中一切都以教育者的人格为基础"。在教育教学活动中，教师对学生的模范作用非常重要。只有在学生心目中树立良好的榜样，教师才可能实施良好的教育。

**案例 1-4**

### 杜蕴珍：为人师表，做好学生成长的引路人[①]

提起杜蕴珍，天津教育界有一个众口一词的评价："师德的表率、育人的模范、教学的专家。"

杜蕴珍是天津教育界当之无愧的"坐标"，是见证天津教育发展的标志性人物。她是天津首批特级教师中最年轻的一位，也是当选天津市人大常委会委员的首位小学教师，曾先后荣获全国教育系统劳动模范、全国模范教师、全国优秀班主任等30余项国家级和市级荣誉称号。

在天津市南开区中营小学任教的60年中，她长年坚持每天听课三四节，然后是说课、评课，共性问题学科组教研。即便誉满全国后，她也安安静静地投身教改实践，传播教育思想，引领教师专业成长，从未停下教书育人的脚步。

潜心育人，春风化雨，爱是教育良导体——"爱"字品格。

提到育人，很多人都会想到杜蕴珍的一句名言："爱是教育成功的良导体。"很多教师也都把这句话当作座右铭。

杜蕴珍把爱全部献给了学生，倾注了全部心血：为了上好一节课，她曾十几次修改教案；为了在投影上写好一个规范的毛笔字，她曾练过几十遍；为讲准一个词语，她曾翻阅近十本工具书；为了做好一件教具，她夜战到两三点；为了帮助学生改正一个错别字，记住一个拼音字母，她走在路上也在编儿歌……

杜蕴珍认为，教师的全部工作就是为人师表。她说，对于"一棵被蛀虫咬伤的嫩苗，应该施药除虫；对于一棵被狂风刮倒的小树，应该夯土扶正"。在她看来，要做好学生品德成长的引路人，就应该满腔热忱、满腔真诚，把爱洒向每一个学生。

杜蕴珍之所以能静下心来教书，潜下心来育人，而且无怨无悔地坚持60载，源于她有强烈的社会责任感。这种社会责任感已成为她不同时期都在自觉坚持的理想和操守。

---

① 徐德明. 杜蕴珍：执着半世语文情[EB/OL].（2018-4-26）[2018-12-1]. http://www.jyb.cn/zgjyb/201804/t20180426_1054512.html.

她为人朴实、生活节俭、从不奢侈，获得"孺子牛金球奖"后，她将10万元奖金捐给南开区"青年教师奖励基金"，激励青年教师立业成才，报效祖国。

曾有人在教师节前夕，让她和几位特级教师利用接受慰问的机会搞有偿电视商品广告，被他们严词拒绝了；有些学校请她"兼职"，特意说明不必做实质性工作，只借用一下"杜蕴珍"的名字便给予可观的回报，她也坚决拒绝了。

40年前，师生使用的教科书发放并不及时。杜蕴珍曾接到安徽省一个贫困地区教师的求助信。这位教师从报上得知天津市有个特级教师杜蕴珍，于是抱着试试看的想法写信提出借书请求。因为条件有限，不能满足同行要求，杜蕴珍便向本班学生说明情况。大家爱心涌动，决定"抄书"，每人用规范楷体字抄写3个单元，制成40本书。收到手抄书后，安徽的教师激动万分，她在感谢信中写道："收到书的那一刻，学生们都高兴地跳起来了！特级教师和她的学生就是'特'！"

从教至今，杜蕴珍做观摩课教学总计500余节，发表经验论文近300篇，教学讲座百余场……这组数字，对于像杜蕴珍这样的教学专家来说，其实并不多。对她来说，赴各地作课、讲学，只要想做，便可以一年忙到头，但她却始终有自己的考量。她最常去的，是那些对教育教学有迫切需求的区县学校，面对面辅导基层的教师。教师们说："大专家到小学校指导，分文不取，令人佩服！"

杜蕴珍多次为"国培计划"学员作专题报告。无论在武汉、太原、成都，还是在天津本地，在交通工具选择上，她一直坚持"能坐火车，不乘飞机；能坐公交，不打出租"，为国家尽量节省开支。

曾有一次，杜蕴珍去外地参加教学研讨，主办方将她安排在一家档次较高的宾馆。杜蕴珍心里一算账，一天食宿将近500元，觉得太奢侈。于是，第二天她便开始到周边的小店铺自费用餐。大家对此肃然起敬，年轻人给她起了个充满敬意的绰号——"老八路"。

在中营小学校园里，有一间办公室，名为"劳模教育家杜蕴珍工作站"。办公室内，悬挂着一幅该校毕业生、著名书法家龚望先生的作品《父生师教》。对这幅作品，杜蕴珍的理解是："父生师教，父母生，老师教。学生是未来实现中华民族伟大复兴中国梦的主力军，教师就是这'梦之队'的筑梦人。我们要努力做到教书育人、行为世范，潜心教学、创新实践，让新时代教师精神发扬光大。"

（6）终身学习

修订后的《中小学教师职业道德规范》第六条规定："终身学习。崇尚科学精神，树立终身学习理念，拓宽知识视野，更新知识结构。潜心钻研业务，勇于探索创新，不断提高专业素养和教育教学水平。"

为了促进教师树立终身学习的理念和自身专业的不断发展，2018年1月20日，国务院出台《关于全面深化新时代教师队伍建设改革的意见》（以下简称《意见》）。《意见》中提到要全面提高中小学教师质量，建设一支高素质专业化的教师队伍。《意见》提出，要根据基础教育改革发展需要，以实践为导向，优化教师教育课程体系，强化"钢笔字、毛笔字、粉笔字和普通话"等教学基本功和教学技能训练，师范生的教育实践不少于半年。同时,要开展中小学教师全员培训,促进教师终身学习和专业发展。不但要注重转变培训方式,推动信息技术与教师培训的有机融合,实行线上线下相结合的混合式研修,而且要改进培训内容,紧密结合教育教学一线实际,组织高质量培训,使教师静心钻研教学,切实提升教学水平。①

> **案例1-5**
>
> ### 罗习锋:朝着生命发展的方向②
>
> 对于罗习锋来说,从教以来印象最深的一件事,莫过于在初次执教时,发现三年级成绩最好的学生竟然还需要父母帮他洗澡。这让他心里很不是滋味,陷入了迷茫。当他从一本书中看到"教育的本质乃是生命教育"时,眼前忽然一亮:"生命发展"应该是目标和方向,应该"创造适合生命发展的教育"。
>
> 成为校长后,他努力创设条件,促进师生的生命协调、全面发展,为梅山的孩子们提供最好的教育。
>
> **唤醒生命自觉,培养专业队伍**
>
> 2010年7月,罗习锋出任安化县梅城镇完全小学校长,上任的第一件事就是全面启动校级名师、骨干教师工程,将唤醒教师的生命自觉、推动教师发展作为学校内涵发展的突破口。
>
> 于是,他一边加强对教师的理想与信念教育,一边引领一批素养好的中青年教师自主申报,经学校考核、民众推选成为校级骨干教师,树立教师成长标杆。在骨干教师的带动示范下,教师队伍产生了发展内驱力。
>
> 同时,为增强教师"终身学习"意识,除了常规培训外,他推动开展了一系列活动:设立为教师购买书籍的专项资金,定期开展读书交流活动;设立"生命自觉讲坛",每月组织一次大型的教育、教学论坛;邀请专家学者来校讲座,给予方向指引、专业指导;创建"教师自主研修、同伴团体协作、管理者专业引领"三位一体的"以师为本"的校本教研模式,探索出一条"教科研训"四者有机结合,有梯度、分层次提高全体教师素质的新途径,形成"在反思中成长,在互动中提升,在实践中发展"的教研风气。
>
> **丰厚学生生命,探究内涵发展**
>
> 课程开发成为学校内涵发展的又一突破口。学校重视课程建设,努力追求"校园即课堂,处处皆课程"的境界。
>
> 为弘扬和传承国粹,罗习锋召开"京剧进校园"研讨会,成立京剧小社团,组织学生参加各种京剧表演活动;为打造"羽毛球之乡"这一品牌,在校园内创办"校中校"九红羽毛球学校,与体校联办,请专业教练。学校形成了"学于课堂,精于社团"的育人模式,开设习作、武术、田径、电视节目采编等社团,

---

① 中共中央国务院关于全面深化新时代教师队伍建设改革的意见[EB/OL]. (2018-2-1)[2018-6-1]. http://edu.people.com.cn/n1/2018/0201/c1006-29798831.html.
② 兰桂月. 罗习锋:朝着生命发展的方向[EB/OL]. (2017-12-20)[2018-6-1] http://www.jyb.cn/zgjyb/201712/t20171222_894889.html.

发掘学生特长与潜质，张扬学生个性，丰厚学生生命。每年的科技节、读书节、体育节、艺术节、合唱节等全校性的大型活动，成为学生张扬个性的大舞台。

随后，罗习锋把目光聚焦于学生的学习过程，探索"六环多元"教学，结合学校实情，打造适合农村学校校情、师情、生情的课堂。他明确高效课堂的标准，整合现代教育技术在学科教学中的运用，创新大班额下合作探究、汇报展示交流的方法，学生"自主、合作、探究"，学习真正成为一个积极、主动和富有个性的过程。

罗习锋注重学生实践能力培养，突破种种困难坚持带领学生走向农村，走进社区，到田头，进厂矿，用自己的触觉感知世界，以自己的标准判断正误。这种"行万里路"式的学习与教育，让孩子们收获颇丰，学校也因此被评为全国青少年科学调查体验活动推广示范单位、全国农村青少年课外科普活动试点学校等。

**打造培训"大本营"，引领区域均衡发展**

梅城因其深厚的文化底蕴和特有的地理、经济优势，在镇区聚集了一批优质师资，在省、市甚至是国家级的各类教学比武中还一度出现过让专家们称奇的"梅城现象"。然而，镇区以外的学校与之却有鲜明的落差。

这引起了罗习锋的深度思考：如果能打破每一所学校单元的界限，让"中心学校"成为"校本培训"的大本营，由名师引领，辐射全镇所有学校，就能真正实现教师的全员培训，助推全镇教师的同步成长，让教育均衡成为现实。

2014年，"小学数学教师学习共同体"开启了探索之旅。罗习锋构建起三个团队：管理团队由中心学校牵头，主要职责是制定章程、设计方案、活动组织等；指导团队是由6名教师组成的专家指导小组，他们的任务包括组织理论学习，开展专业指导并上带班课；学习成长体则是由初期在全镇挑选的14名年轻教师组成，他们分别与指导团队专家建立对应的师徒关系。

2015年下学期，罗习锋又组织全镇校长成立了"校长学习成长共同体"，分阶段定期开展理论培训、校长论坛、校长课堂展示、教育教学专家之路等研修活动。2016年，镇区周边的东华中学、栗林学校、田心学校形成"农村薄弱学校着眼师资、立足课堂的校级共同体"，并扎实开展活动。随后，以梅城镇完全小学语文组牵头，组建语文教师发展联盟。

如今，学科教师发展联盟相继成立了中小学语文、数学、英语、物理、化学等近10个教师成长共同体。而乐安镇完全小学、望城完全小学、东华完全小学、紫云完全小学四校"跨镇教研共同体"的组建，则由镇域延伸扩展，开启了引领片区教育均衡大发展的征程。

**3. 新时代教师职业道德要求**

党的十八大以来，党和国家对教育改革发展、教师队伍建设给予了高度重视。党的十九大报告更是将建设社会主义现代化教育强国视为中华民族伟大复兴的基础工程，而教师则被视为建设教育强国的第一资源。

"教师是教育的根本，师德是教师的灵魂。"在2018年9月召开的全国教育大会上，习近平总书记强调:"建设社会主义现代化强国,对教师队伍建设提出新的更高要求,也对全党全社会尊师重教提出新的更高要求。人民教师无上光荣,每个教师都要珍惜这份光荣,爱惜这份职业,严格要求自己,不断完善自己。做老师就要执着于教书育人,有热爱教育的定力、淡泊名利的坚守。"①2018年1月,中共中央国务院颁布的《全面深化新时代教师队伍建设改革的意见》明确提出要"把提高教师思想政治素质和职业道德水平摆在首要位置,把社会主义核心价值观贯穿教书育人全过程,突出全员、全方位、全过程师德养成,推动教师成为先进思想文化的传播者、党执政的坚定支持者、学生健康成长的指导者"。为此,提出要进一步"健全师德建设长效机制,推动师德建设常态化长效化,创新师德教育,完善师德规范,引导广大教师以德立身、以德立学、以德施教、以德育德,坚持教书与育人相统一、言传与身教相统一、潜心问道与关注社会相统一、学术自由与学术规范相统一,争做'四有'好教师,全心全意做学生锤炼品格、学习知识、创新思维、奉献祖国的引路人"。②

为深入贯彻习近平新时代中国特色社会主义思想和党的十九大精神,深入贯彻落实全国教育大会精神,扎实推进《中共中央国务院关于全面深化新时代教师队伍建设改革的意见》的实施,进一步加强师德师风建设,教育部于2018年11月下发了《新时代高校教师职业行为十项准则》《新时代中小学教师职业行为十项准则》《新时代幼儿园教师职业行为十项准则》三个重要的文件,其中《新时代中小学教师职业行为十项准则》对新时代中小学教师的师德师风、职业行为规范提出了明确的十项要求:③

(1)坚定政治方向。坚持以习近平新时代中国特色社会主义思想为指导,拥护中国共产党的领导,贯彻党的教育方针;不得在教育教学活动中及其他场合有损害党中央权威、违背党的路线方针政策的言行。

(2)自觉爱国守法。忠于祖国,忠于人民,恪守宪法原则,遵守法律法规,依法履行教师职责;不得损害国家利益、社会公共利益,或违背社会公序良俗。

(3)传播优秀文化。带头践行社会主义核心价值观,弘扬真善美,传递正能量;不得通过课堂、论坛、讲座、信息网络及其他渠道发表、转发错误观点,或编造散布虚假信息、不良信息。

(4)潜心教书育人。落实立德树人根本任务,遵循教育规律和学生成长规律,因材施教,教学相长;不得违反教学纪律,敷衍教学,或擅自从事影响教育教学本职工作的兼职兼薪行为。

(5)关心爱护学生。严慈相济,诲人不倦,真心关爱学生,严格要求学生,做学生良师益友;不得歧视、侮辱学生,严禁虐待、伤害学生。

(6)加强安全防范。增强安全意识,加强安全教育,保护学生安全,防范事故风险;

---

① 习近平在全国教育大会上强调"坚持中国特色社会主义教育发展道路 培养德智体美劳全面发展的社会主义建设者和接班人"[EB/OL].(2018-9-10)[2018-12-1]. http://www.moe.gov.cn/jyb_xwfb/s6052/moe_838/201809/t20180910_348145.html.
② 中共中央国务院关于全面深化新时代教师队伍建设改革的意见[EB/OL].(2018-2-1)[2018-6-1]. http://edu.people.com.cn/n1/2018/0201/c1006-29798831.html.
③ 教育部关于印发《新时代高校教师职业行为十项准则》《新时代中小学教师职业行为十项准则》《新时代幼儿园教师职业行为十项准则》的通知[EB/OL].(2018-11-14)[2018-12-1]. http://www.moe.gov.cn/srcsite/A10/s7002/201811/t20181115_354921.html.

不得在教育教学活动中遇突发事件、面临危险时，不顾学生安危，擅离职守，自行逃离。

（7）坚持言行雅正。为人师表，以身作则，举止文明，作风正派，自重自爱；不得与学生发生任何不正当关系，严禁任何形式的猥亵、性骚扰行为。

（8）秉持公平诚信。坚持原则，处事公道，光明磊落，为人正直；不得在招生、考试、推优、保送及绩效考核、岗位聘用、职称评聘、评优评奖等工作中徇私舞弊、弄虚作假。

（9）坚守廉洁自律。严于律己，清廉从教；不得索要、收受学生及家长财物或参加由学生及家长付费的宴请、旅游、娱乐休闲等活动，不得向学生推销图书报刊、教辅材料、社会保险或利用家长资源谋取私利。

（10）规范从教行为。勤勉敬业，乐于奉献，自觉抵制不良风气；不得组织、参与有偿补课，或为校外培训机构和他人介绍生源、提供相关信息。

我国有1 600多万中小学和幼儿园教师，在落实党的教育方针、培养社会主义合格建设者和接班人、促进中国特色社会主义事业建设与发展中作出了卓越的贡献。绝大多数教师都严格遵循国家法律和教育行政部门规定，恪尽职守、兢兢业业、关爱学生、教书育人、立德树人，但也的确存在个别教师不能很好履行应尽的职责，做出了伤害学生、有违师德的事情，并且由此损害了整个教师队伍的社会形象。教育部研制并印发《教师职业行为十项准则》及其配套处理办法，就是要明确教师职业行为的"负面清单"，引导所有教师有意识地规范职业行为，同时也为各级地方教育行政部门和学校对出现的个别具有不良职业行为的教师进行处理时提供依据。

### （三）教师的职务

1986年3月，中央签发了《中小学教师职务条例》。这部条例对中小学教师的职务制度作出了比较明确的规定，中小学教师实行的是专业技术职务聘任的制度，并且分成小学以及中学两个独立的教师职称序列。这对调动广大中小学教师的积极性、提高中小学教师队伍整体素质、促进基础教育事业发展发挥了积极作用。2000年，"中学高级教师"职称制度首次在我国山东等地区实施。2006年6月，国家在《中华人民共和国义务教育法》中规定了统一的义务教育的教师职称制度，将中小学教师职务分为了高级职务、中级职务和初级职务三种评定标准。

2009年，我国开始对中小学教师职称改革制度进行试点。经过国务院的批准，首先选取了山东潍坊、陕西宝鸡以及吉林松原等作为试点地区，目的就是建立一套符合我国教育事业发展要求的中小学教师职称评聘体系，并且使之与事业单位的聘用机制相连接，以充分体现教师职业的特点。2012年8月，温家宝同志在国务院会议上对中小学教师职称改革制度试点工作进行了总结，在此基础上，准备在我国各个省市全面实施中小学教师职称改革制度。2015年8月26日，国务院总理李克强主持召开国务院常务会议，决定全面推行中小学教师职称制度改革。中小学教师职称改革制度的全面实施，不仅能够提高教师的社会地位，而且能够吸引更多的高素质人才从事中小学教育工作。[①]

2015年，教育部印发《关于深化中小学教师职称制度改革的指导意见》，遵循教育发展规律和教师成长规律，按照深化职称制度改革的方向和总体要求，建立与事业单位

---

① 蔡群青，夏海鹰.中小学教师职称制度改革探究［J］.教育探索，2016（05）：122-124.

聘用制度和岗位管理制度相衔接、符合教师职业特点、统一的中小学教师职称（职务）制度，充分调动广大中小学教师的积极性，为中小学聘用教师提供基础和依据，为全面实施素质教育提供制度保障和人才支持。改革的主要内容如下：①

**1. 健全制度体系**

（1）改革原中学和小学教师相互独立的职称（职务）制度体系。贯彻落实义务教育法，建立统一的中小学教师职务制度，教师职务分为初级职务、中级职务和高级职务。原中学教师职务系列与小学教师职务系列统一并入新设置的中小学教师职称（职务）系列。

（2）统一职称（职务）等级和名称。初级设员级和助理级；高级设副高级和正高级。员级、助理级、中级、副高级和正高级职称（职务）名称依次为三级教师、二级教师、一级教师、高级教师和正高级教师。

（3）统一后的中小学教师职称（职务），与原中小学教师专业技术职务的对应关系是：原中学高级教师（含在小学中聘任的中学高级教师）对应高级教师；原中学一级教师和小学高级教师对应一级教师；原中学二级教师和小学一级教师对应二级教师；原中学三级教师和小学二级、三级教师对应三级教师。

（4）统一后的中小学教师职称（职务）分别与事业单位专业技术岗位等级相对应：正高级教师对应专业技术岗位一至四级，高级教师对应专业技术岗位五至七级，一级教师对应专业技术岗位八至十级，二级教师对应专业技术岗位十一至十二级，三级教师对应专业技术岗位十三级。

**2. 完善评价标准**

（1）中小学教师专业技术水平评价标准，是中小学教师职称评审的重要基础和主要依据。中小学教师专业技术水平评价标准，要适应实施素质教育和课程改革的新要求，充分体现中小学教师职业特点，着眼于中小学教师队伍长远发展，并在实践中不断完善。要充分考虑教书育人工作的专业性、实践性、长期性，坚持育人为本、德育为先，注重师德素养，注重教育教学工作业绩，注重教育教学方法，注重教育教学一线实践经历，切实改变过分强调论文、学历的倾向，引导教师立德树人、爱岗敬业、积极进取，不断提高实施素质教育的能力和水平。

（2）国家制定中小学教师专业技术水平评价的基本标准条件（见拓展阅读1-1）。各省、自治区、直辖市及新疆生产建设兵团（以下简称各省）根据本地教育发展情况，结合各类中小学校的特点和教育教学实际，制定中小学教师具体评价标准条件。具体评价标准条件要综合考虑乡村小学和教学点实际，对农村教师予以适当倾斜，稳定和吸引优秀教师在边远贫困地区乡村小学和教学点任教。中小学正高级教师、高级教师的具体评价标准条件要体现中学、小学的不同特点和要求，有所区别。对于少数特别优秀的教师，可制定相应的破格评审条件。各省具体评价标准条件可在国家基本标准条件的基础上适当提高。

**3. 创新评价机制**

（1）建立以同行专家评审为基础的业内评价机制。建立健全同行专家评审制度。各省要加强对中小学教师职称评审工作的领导和指导，完善评委会的组织管理办法，扩

---

① 人力资源社会保障部.教育部关于印发《关于深化中小学教师职称制度改革的指导意见》的通知.[EB/OL]. (2015-8-28)[2018-12-1].www.moe.gov.cn/jyb_xxgk/moe_1777/moe_1779/201509/t20150902_205165.html.

大评委会组成人员的范围,注重遴选高水平的教育教学专家和经验丰富的一线教师,健全评委会工作程序和评审规则,建立评审专家责任制。

(2)改革和创新评价办法。认真总结推广同行专家评审在中小学教师专业技术水平评价中的成功经验,继续探索社会和业内认可的实现形式,采取说课讲课、面试答辩、专家评议等多种评价方式,对中小学教师的业绩、能力进行有效评价,确保评价结果的客观公正,增强同行专家评审的公信力。要在水平评价中全面推行评价结果公示制度,增加评审工作的透明度。

**4. 实现与事业单位岗位聘用制度的有效衔接**

(1)中小学教师职称评审是中小学教师岗位聘用的重要依据和关键环节,岗位聘用是职称评审结果的主要体现。中小学教师岗位出现空缺,教师可以跨校评聘。公办中小学教师的聘用和待遇,按照事业单位岗位管理制度和收入分配制度管理和规范。

(2)中小学教师职称评审,在核定的岗位结构比例内进行。中小学教师竞聘上一职称等级的岗位,由学校在岗位结构比例内按照一定比例差额推荐符合条件的教师参加职称评审,并按照有关规定将通过职称评审的教师聘用到相应教师岗位。人力资源社会保障部门、教育行政部门应及时兑现受聘教师的工资待遇,防止在有评审通过人选的情况下出现"有岗不聘"的现象。

(3)坚持中小学教师岗位聘用制度。按照深化事业单位人事制度改革以及中小学人事制度改革的要求,全面实行中小学教师聘用制度和岗位管理制度,发挥学校在用人上的主体作用,实现中小学教师职务聘任和岗位聘用的统一。要建立健全考核制度,加强聘后管理,在岗位聘用中实现人员能上能下。

(4)中小学教师职称评审和岗位聘用工作,要健全完善评聘监督机制,充分发挥有关纪检监察部门和广大教师的监督作用,确保评聘程序公正规范,评聘过程公开透明。评聘工作按照个人申报、考核推荐、专家评审、学校聘用的基本程序进行。

个人申报。中小学教师竞聘相应岗位,要按照不低于国家和当地制定的评价标准条件,按规定程序向聘用学校提出申报。

考核推荐。学校对参加竞聘的教师,要结合其任现职以来各学年度的考核情况,通过多种方式进行全面考核。根据考核结果,经集体研究,由学校在核定的教师岗位结构比例内按照一定比例差额推荐拟聘人选参加评审。

专家评审。由同行专家组成的评委会,按照评价标准和办法,对学校推荐的拟聘人选进行专业技术水平评价。评审结果经公示后,由人力资源社会保障部门审核确认。

学校聘用。中小学根据聘用制度的有关规定,将通过评审的教师聘用到相应岗位。

(5)对改革前已经取得中小学教师专业技术职务任职资格但未被聘用到相应岗位的人员,原有资格依然有效,聘用到相应岗位时不再需要经过评委会评审。各地区要结合实际制定具体办法,对这部分人员择优聘用时给予适当倾斜。

(6)在乡村学校任教(含城镇学校教师交流、支教)3年以上、经考核表现突出并符合具体评价标准条件的教师,同等条件下优先评聘。

(7)中小学教师高级、中级、初级岗位之间的结构比例,以及高级、中级、初级岗位内部各等级的结构比例,根据新的中小学教师职称等级体系,按照国家关于中小学岗位设置管理的有关规定执行。其中,正高级教师数量国家实行总量控制。

# 中小学教师水平评价基本标准条件

一、拥护党的领导，胸怀祖国，热爱人民，遵守宪法和法律，贯彻党和国家的教育方针，忠诚于人民教育事业，具有良好的思想政治素质和职业道德，牢固树立爱与责任的意识，爱岗敬业，关爱学生，为人师表，教书育人。

二、具备相应的教师资格及专业知识和教育教学能力，在教育教学一线任教，切实履行教师岗位职责和义务。

三、身心健康。

四、中小学教师评聘各级别职称（职务），除必须达到上述标准条件，还应分别具备以下标准条件：

### 正高级教师

1. 具有崇高的职业理想和坚定的职业信念；长期工作在教育教学第一线，为促进青少年学生健康成长发挥了指导者和引路人的作用，出色地完成班主任、辅导员等工作任务，教书育人成果突出；

2. 深入系统地掌握所教学科课程体系和专业知识，教育教学业绩卓著，教学艺术精湛，形成独到的教学风格；

3. 具有主持和指导教育教学研究的能力，在教育思想、课程改革、教学方法等方面取得创造性成果，并广泛运用于教学实践，在实施素质教育中，发挥了示范和引领作用；

4. 在指导、培养一级、二级、三级教师方面作出突出贡献，在本教学领域享有较高的知名度，是同行公认的教育教学专家；

5. 一般应具有大学本科及以上学历，并在高级教师岗位任教5年以上。

### 高级教师

1. 根据所教学段学生的年龄特征和思想实际，能有效进行思想道德教育，积极引导学生健康成长，比较出色地完成班主任、辅导员等工作，教书育人成果比较突出；

2. 具有所教学科坚实的理论基础、专业知识和专业技能，教学经验丰富，教学业绩显著，形成一定的教学特色；

3. 具有指导与开展教育教学研究的能力，在课程改革、教学方法等方面取得显著的成果，在素质教育创新实践中取得比较突出的成绩；

4. 胜任教育教学带头人工作，在指导、培养二级、三级教师方面发挥了重要作用，取得了明显成效；

5. 具备博士学位，并在一级教师岗位任教2年以上；或者具备硕士学位、学士学位、大学本科毕业学历，并在一级教师岗位任教5年以上；或者具备大学专科毕业学历，并在小学、初中一级教师岗位任教5年以上。城镇中小学教师原则上要有1年以上在薄弱学校或农村学校任教经历。

### 一级教师

1. 具有正确教育学生的能力，能根据所教学段学生的年龄特征和思想实际，进行思想道德教育，有比较丰富的班主任、辅导员工作经验，并较好地完成任务；

2. 对所教学科具有比较扎实的基础理论和专业知识，独立掌握所教学科的课程标准、教材、教学原则和教学方法，教学经验比较丰富，有较好的专业知

拓展阅读
1-1

识技能,并结合教学开展课外活动,开发学生的智力和能力,教学效果好;

3. 具有一定的组织和开展教育教学研究的能力,并承担一定的教学研究任务,在素质教育创新实践中积累了一定经验;

4. 在培养、指导三级教师提高业务水平和教育教学能力方面做出一定成绩;

5. 具备博士学位;或者具备硕士学位,并在二级教师岗位任教2年以上;或者具备学士学位或者大学本科毕业学历,并在二级教师岗位任教4年以上;或者具备大学专科毕业学历,并在小学、初中二级教师岗位任教4年以上;或者具备中等师范学校毕业学历,并在小学二级教师岗位任教5年以上。

**二级教师**

1. 比较熟练地掌握教育学生的原则和方法,能够胜任班主任、辅导员工作,教育效果较好;

2. 掌握教育学、心理学和教学法的基础理论知识,具有所教学科必备的专业知识,能够独立掌握所教学科的教学大纲、教材,正确传授知识和技能,教学效果较好;

3. 掌握教育教学研究方法,积极开展教育教学研究和创新实践;

4. 具备硕士学位;或者具备学士学位或者大学本科毕业学历,见习1年期满并考核合格;或者具备大学专科毕业学历,并在小学、初中三级教师岗位任教2年以上;或者具备中等师范学校毕业学历,并在小学三级教师岗位任教3年以上。

**三级教师**

1. 基本掌握教育学生的原则和方法,能够正确教育和引导学生;

2. 具有教育学、心理学和教学法的基础知识,基本掌握所教学科的专业知识和教材教法,能够完成所教学科的教学工作;

3. 具备大学专科毕业学历,并在小学、初中教育教学岗位见习1年期满并考核合格;或者具备中等师范学校毕业学历,并在小学教育教学岗位见习1年期满并考核合格。

### (四)教师的权利及义务

#### 1. 教师享有的权利

教师享有的权利包括两个部分:一是作为国家的公民,教师享有一般公民所享有的基本权利如生存权、选举权、言论自由权等;二是作为履行教育教学职能的专业人员,教师还享有由职业特点所决定的特殊的社会权利即教育教学权、专业发展权和参与管理权。

(1) 教育教学权

教育教学权即教师依法享有对学生实施教育的权利,包括对学生指导、管理、评价的权利和开展正常教学活动的权利。这是作为一名教师最基本的权利。

教育是教师有目的、有意识地对学生施加积极影响的社会实践活动。在这一活动中,教师和学生都不是机器而是有意识、有情感、有独特个性的个体。因此教师必须依据自身和学生的具体情况对教育教学活动进行科学构思、灵活安排,并适时作出调整。这就要求教师被赋予在教育教学过程中一定程度的教育自由权。《中华人民共和国教师法》第七条规定教师有"进行教育教学活动开展教育教学改革和实验指导学生的学习和发展"及"评定学生品行和学业成绩"的权利。

（2）专业发展权

专业发展权即教师依法享有提高自身专业水平和发展个人兴趣特长的权利。现代社会发展迅速，社会生活日益丰富，教育领域内的变化也日新月异。教师要充分享受现代社会提供的更多的发展机会，更加充实地生活，适应社会发展的需要，必须不断更新自身的知识和技能。因此在要求教师辛勤工作的同时，也要为教师提供进修和个人发展的机会。《中华人民共和国教师法》第七条规定教师有"从事科学研究、学术交流，参加专业的学术团体，在学术活动中充分发表意见；参加进修或者其他方式的培训"的权利；第十九条规定"各级人民政府、教育行政部门、学校主管部门和学校应当制定培训规划对教师进行多种形式的思想政治、业务培训"；第二十条规定"国家机关、企事业单位和其他社会组织应当为教师的社会调查和社会实践提供方便、给予帮助"。

（3）参与管理权

参与管理权即教师可以通过各种合法途径和方式参与学校的各项工作。作为一个微型的社会系统，学校各个成员都应当有参与各个部门管理的权利。教学是学校的主要工作；教学管理是学校各项管理工作的中心。作为教学的实施者，学校各项工作的正常运行都离不开教师的积极参与、配合。因此学校在制定政策、规章制度时，应充分考虑教师的意见，听取他们的建议，使工作更顺利地实施。

《中华人民共和国教师法》第七条规定教师有对"学校教育教学管理工作和教育行政部门的工作提出意见和建议，通过教职工代表大会或者其他形式参与学校的民主管理"的权利。

**2. 教师应履行的义务**

教师履行的义务和享有的权利是相应的，也包括两个部分：一是作为国家的公民，教师必须履行一般公民所应履行的社会义务，如尊老爱幼、遵纪守法、维护民族尊严等；二是作为履行教育教学职能的专业人员，教师还必须履行从事教育教学活动、尊重学生人格和维护学生权益、提高思想政治觉悟和教学水平的义务。

（1）从事教育教学活动的义务

教师以教书育人为己任，教育教学工作是其本职工作，从事教育教学活动是其理所应当承担的义务。《中华人民共和国教师法》第八条规定教师应履行"贯彻国家的教育方针，遵守规章制度，执行学校的教学计划，履行教师聘约，完成教育教学工作任务"的义务，还应履行"对学生进行宪法所确定的基本原则的教育和爱国主义、民族团结的教育、法制教育以及思想品德、文化、科学技术教育，组织带领学生开展有益的社会活动"的义务。同时在教育教学中教师还要"遵守宪法、法律和职业道德，为人师表"。

（2）尊重学生人格、维护学生权利的义务

教师职业的独特之处就在于其教育对象是有思想、有情感、有独立人格的个体。学生是社会的未来，是人类的希望。在教师面前，学生知之较少，尚未成熟；教师作为学生心灵的培育者，对其成长担负着不可推卸的责任。但学生作为独立的社会个体，在人格上与教师是平等的。因此教师必须尊重学生的人格，维护学生的权利。《中华人民共和国教师法》第八条规定教师要"关心、爱护全体学生，尊重学生人格，促进学生在品德、智力、体质等方面全面发展";还要"制止有害于学生的行为或者其他侵犯学生合法权益的行为,批评和抵制有害于学生健康成长的现象"。

(3) 不断提高自身思想政治觉悟和教学水平的义务

教师承担着教书育人提高民族素质的使命。"要给学生一杯水,自己要有一桶水"的观点,早已不能满足社会发展的需要。如果学生需要的是"一杯水",那么教师应该是"一眼不断喷涌的泉水""一条奔流不息的河流"。这就要求教师不断学习,加强自身修养,提高自身教学水平,以适应教育教学工作的需要。《中华人民共和国教师法》第八条规定教师有"不断提高思想政治觉悟和教育教学业务水平"的义务。

**3. 与教师权利和义务相关的法律责任**

与教师权利和义务相关的法律责任,主要涉及两个方面的内容:一是侵犯教师权益的组织或个人应负的法律责任;二是教师在教育教学中应负的法律责任。

(1) 侵犯教师权益的组织或个人应负的法律责任

对于侵犯教师权益的组织或个人,《中华人民共和国教师法》针对不同情况作了以下规定:侮辱、殴打教师的,根据不同情况分别给予行政处分或者行政处罚;造成损害的,责令赔偿损失;情节严重构成犯罪的,依法追究刑事责任。

(2) 教师在教育教学中应负的法律责任

在教育教学中,教师的言行如果违反了相关法律法规的规定,也要承担相应的法律责任。

《中华人民共和国未成年人保护法》第四十八条规定:"学校、幼儿园的教职员对未成年学生和儿童实施体罚或者变相体罚情节严重的,由其所在单位或者上级机关给予行政处分。"

《中华人民共和国教师法》第三十七条规定教师有下列情形之一的,由所在学校、其他教育机构或者教育行政部门给予行政处分或者解聘:故意不完成教育教学任务,给教育教学工作造成损失的;体罚学生经教育不改的;品行不良、侮辱学生影响恶劣的。教师有上述所列情形之一且情节严重、构成犯罪的依法追究刑事责任。

## (五)教师的待遇及奖励

教师的待遇主要包括教师的工资、津贴和补贴与教师的福利待遇两个部分,其中教师的福利待遇主要包括住房待遇、医疗保健、退休退职待遇和社会保险四个方面。

**1. 教师的工资**

在2006年之前,我国实行的是中小学职务等级工资制度。随着2006年国家公务员、事业单位工作人员工资制度的改革,我国中小学开始实行岗位绩效工资制度。根据国务院常务会议通过的《关于义务教育学校实施绩效工资的意见》,从2009年1月起,在全国义务教育学校实施绩效工资,确保义务教育教师平均工资不低于当地公务员平均工资水平,对离退休人员发放适当的生活补贴。另外,《国家中长期教育改革和发展规划纲要(2010—2020年)》规定对长期在农村基层和艰苦边远地区工作的教师,在工资、职务职称等方面实行倾斜政策,完善津补贴标准,改善工作和生活条件。

(1) 1994年至2006年中小学职务等级工资制度

根据1994年《中小学贯彻〈事业单位工作人员工资制度改革方案〉的实施意见》

的相关规定,新的中小学工资制度总称为中小学职务等级工资制度。教师的工资由职务等级工资和津贴两部分构成。

职务等级工资是工资中的固定部分,主要体现工作能力、责任、贡献、劳动的繁重复杂程度,在教师工资总量构成中职务等级工资部分占70%。同时中小学教师实行国家统一的职务序列和职务工资标准。受聘中小学教师职务的人员,执行中小学教师职务等级工资标准。中小学教师在工资套改后,职务等级工资标准提高10%。

津贴是工资中的活的部分,它以考核结果为依据,与教师的岗位、实际工作数量和质量紧密挂钩,体现按劳分配原则,多劳多得、少劳少得、不劳不得,不平均发放。同时津贴的发放,实行国家宏观调控、政策指导,学校自主分配。中小学各类津贴由各省、自治区、直辖市教育行政部门根据国家有关实施意见规定的原则和指导性意见,制订当地的具体实施细则和津贴的基本标准。县级教育行政部门以学校为单位,按工资构成的30%核定各校津贴总额,由学校统一掌握使用。学校在不超过核定津贴总额的前提下,按照国家的规定和省级教育行政部门制定的实施细则和基本标准,根据本校的实际情况,具体确定津贴档次、津贴标准和发放方法。

(2)2006年至今岗位绩效工资制度

根据2006年人事部、财政部、教育部颁发的《中小学贯彻〈事业单位人员收入分配制度改革方案〉的实施意见》的相关规定,中小学实行岗位绩效工资制度。岗位绩效工资由岗位工资、薪级工资、绩效工资和津贴补贴四部分组成,其中岗位工资、薪级工资为基本工资,执行国家统一的政策和标准。并且中小学教师岗位工资、薪级工资标准在新的专业技术人员基本工资标准的基础上分别提高10%。

岗位工资主要体现工作人员所聘用岗位的职责和要求。工作人员按照聘用的岗位执行相应的岗位工资标准。目前中小学根据现行教师职务制度和国家关于岗位设置的相关规定设置教师岗位。在完成教师岗位设置并经核准后,教师按现聘用的岗位执行相应的岗位工资标准。具体办法是:聘用在中学高级教师一级岗位的人员,执行五级岗位工资标准;聘用在中学高级教师二级岗位的人员,执行六级岗位工资标准;聘用在中学高级教师三级岗位的人员,执行七级岗位工资标准;聘用在中学一级教师、一级岗位和小学高级教师一级岗位的人员,执行八级岗位工资标准;聘用在中学一级教师、二级岗位和小学高级教师二级岗位的人员,执行九级岗位工资标准;聘用在中学一级教师、三级岗位和小学高级教师三级岗位的人员,执行十级岗位工资标准;聘用在中学二级教师、一级岗位和小学一级教师一级岗位的人员,执行十一级岗位工资标准;聘用在中学二级教师、二级岗位和小学一级教师、二级岗位的人员,执行十二级岗位工资标准;聘用在中学三级教师、小学二级教师、小学三级教师岗位的人员,执行十三级岗位工资标准(见表1-2)。各地按照现行教师职务制度,在按国家有关规定完成中小学岗位设置和聘用(任)工作之前,中小学教师岗位工资暂按以下办法执行:聘为中学高级教师的人员执行七级岗位工资标准;聘为中学一级教师、小学高级教师的人员,执行十级岗位工资标准;聘为中学二级教师、小学一级教师的人员,执行十二级岗位工资标准;聘为中学三级教师、小学二级教师、小学三级教师的人员,执行十三级岗位工资标准。

薪级工资主要体现工作人员的工作表现和资历。对专业技术人员和管理人员设置65个薪级,每个薪级对应一个工资标准(见表1-2)。对不同岗位规定不同的起点薪级。

表1-2 事业单位专业技术人员基本工资标准表[①] 单位：元/月

| 岗位工资 | | 薪级工资 | | | | | | | | | |
|---|---|---|---|---|---|---|---|---|---|---|---|
| 岗位 | 工资标准 | 薪级 | 工资标准 | 薪级 | 工资标准 | 薪级 | 工资标准 | 薪级 | 工资标准 | 薪级 | 工资标准 |
| 一级 | 6 010 | 1 | 260 | 14 | 746 | 27 | 1 700 | 40 | 3 049 | 53 | 4 812 |
| 二级 | 4 650 | 2 | 286 | 15 | 800 | 28 | 1 790 | 41 | 3 168 | 54 | 4 969 |
| 三级 | 4 110 | 3 | 312 | 16 | 860 | 29 | 1 880 | 42 | 3 287 | 55 | 5 142 |
| 四级 | 3 530 | 4 | 338 | 17 | 920 | 30 | 1 979 | 43 | 3 406 | 56 | 5 315 |
| 五级 | 3 070 | 5 | 369 | 18 | 986 | 31 | 2 078 | 44 | 3 535 | 57 | 5 498 |
| 六级 | 2 710 | 6 | 400 | 19 | 1 052 | 32 | 2 177 | 45 | 3 664 | 58 | 5 681 |
| 七级 | 2 500 | 7 | 436 | 20 | 1 126 | 33 | 2 276 | 46 | 3 793 | 59 | 5 874 |
| 八级 | 2 200 | 8 | 472 | 21 | 1 200 | 34 | 2 385 | 47 | 3 934 | 60 | 6 067 |
| 九级 | 1 960 | 9 | 513 | 22 | 1 274 | 35 | 2 494 | 48 | 4 075 | 61 | 6 276 |
| 十级 | 1 810 | 10 | 554 | 23 | 1 356 | 36 | 2 603 | 49 | 4 216 | 62 | 6 485 |
| 十一级 | 1 640 | 11 | 600 | 24 | 1 438 | 37 | 2 712 | 50 | 4 357 | 63 | 6 714 |
| 十二级 | 1 620 | 12 | 646 | 25 | 1 520 | 38 | 2 821 | 51 | 4 498 | 64 | 6 943 |
| 十三级 | 1 510 | 13 | 692 | 26 | 1 610 | 39 | 2 930 | 52 | 4 655 | 65 | 7 204 |

（注：从2018年7月1日起调整）

绩效工资主要体现工作人员的实绩和贡献，是收入分配中活的部分。国家对绩效工资分配进行总量调控和政策指导，人事部会同财政部、教育部根据国家相关政策和规定结合中小学实际制定绩效工资分配的实施意见。地方各级政府人事、财政部门和教育主管部门根据本地区中小学实际制定实施办法，调控本地区中小学绩效工资总体水平。各级教育主管部门根据所属中小学的社会公益目标任务完成情况、绩效考核情况、事业发展和岗位设置等因素，按照同级政府人事部门和财政部门核定的绩效工资总量，具体核定各中小学绩效工资总量。各中小学在核定的绩效工资总量范围内，按照规范的分配程序和要求采取灵活多样的分配形式和分配办法自主分配。

津贴补贴分为艰苦边远地区津贴和特殊岗位津贴补贴。艰苦边远地区津贴主要是根据自然地理环境、社会发展等方面的差异，对在艰苦边远地区工作生活的工作人员给予适当补偿。中小学工作人员艰苦边远地区津贴按国家统一规定执行。特殊岗位津贴补贴，主要体现对事业单位苦、脏、累、险及其他特殊岗位工作人员的政策倾斜。国家对特殊岗位津贴补贴实行统一管理。中小学教龄津贴、班主任津贴、课时津贴、特殊教育津贴等仍按现行政策继续执行。

**2. 教师的津贴**

教师的津贴是国家对教师在特殊劳动条件下付出的劳动消耗和生活费支出所给予的适当补偿，是教师工资的一种补充形式。

---

[①] 参见国务院办公厅国办发〔2018〕112号 关于调整事业单位工作人员基本工资标准的实施方案。

《中华人民共和国教师法》第二十六条规定,中小学教师和职业学校教师享受教龄津贴和其他津贴。由于中小学教师和职业学校教师,尤其是农村教师工资和生活待遇相对较低,工作条件更加艰辛,国家在待遇上向中小学教师和职业学校教师有所倾斜,有利于稳定中小学教师和职业学校教师队伍建设,有利于促进我国基础教育事业的发展。

① 教龄津贴。教龄津贴是国家发放给中小学教师和职业学校教师的津贴。1985年,原国家教育委员会下发了《关于教师教龄津贴的若干规定》,对教师教龄津贴的执行范围、一般标准等作了明确规定。按照规定,中等专业学校、教师进修学校、技工学校、普通中学、职业中学、农业中学、工读学校、盲聋哑学校、小学、弱智儿童学校和幼儿园的公办教师均可享有教龄津贴。

② 其他津贴。其他津贴是国家给教师发放的教育教学工作的津贴,包括班主任津贴、特殊教育津贴和课时津贴(特殊教育津贴暂不作介绍)。

班主任津贴。1988年,人事部、原国家教委、财政部下发了《关于提高中小学班主任津贴标准和建立中小学教师超课时酬金制度的实施办法》文件规定:中小学班主任津贴标准提高的幅度由各省、自治区、直辖市结合实际情况自行确定。

课时津贴。按照《中小学贯彻〈事业单位工作人员工资制度改革方案〉的实施意见》的相关规定课时津贴以教师实际授课时数和教学质量为主要依据计发。根据国家教育行政部门规定的教学计划,计算课时总量;根据当地和学校的具体情况,规定标准周课时,对不同学科的课程确定适当的折合系数。(见表1-3)

| 学校类别职务等级 | 高　中 | 初　中 | 小　学 |
|---|---|---|---|
| 高　级 | 2.3—4.5 | 1.8—3.5 | 1.1—2.3 |
| 一　级 | 1.7—3.6 | 1.4—2.8 | 0.9—1.8 |
| 二　级 | 1.4—2.8 | 1.1—2.2 | 0.8—1.4 |
| 三　级 | 1.2—2.2 | 1.0—1.7 | 0.8—1.2 |

表1-3 中小学课时津贴参考标准(元/课时)

注:高中教师按10—12(课时/周计算)初中教师按14—16(课时/周计算)小学教师按18—22(课时/周计算)。

**3. 教师的补贴**

教师的补贴,和教师的津贴一样,也是对教师在特殊劳动条件下付出的劳动消耗和生活费支出所给予的适当补偿,也是教师工资的一种补充形式。

《中华人民共和国教师法》第二十七条规定,地方各级人民政府对教师以及具有中专以上学历的毕业生到少数民族地区和边远贫困地区从事教育教学工作的,应当予以补贴。这种地区性补贴,地方各级人民政府制定的标准略有不同,其目的是鼓励教师到边远地区、经济文化落后地区工作。

**4. 教师的福利待遇**

(1) 教师的住房待遇

教师的住房待遇是教师福利待遇的重要方面。《中华人民共和国教师法》第二十八条规定,地方各级人民政府和国务院有关部门对城市教师住房的建设、租赁、出售实行优先、优惠。县、乡两级人民政府应当为农村中小学教师解决住房提供方便。

所谓优先是指在同等条件下,城市教师建房、租用公房优先考虑,优先批准。所谓优惠是指对城市教师出售公房政府实行优惠政策或折扣房价或折旧优惠或面积优惠等。优惠还包括其他内容,如无偿提供或低价拨付教师住房建设用地;各级计划、财政、物资等部门对教师住房建设的基建计划优先安排;在资金、材料的供应上优先照顾;凡属为城市教师建设的住房减免有关税费;教师从城市公房迁居后的空房仍交教育部门和学校分给教师居住;在城市统建住房中向教师提供一定比例的住房。

同时教师享有住房公积金。所谓住房公积金是国家机关、国有企业、城镇集体企业、外商投资企业、城镇私营企业及其他城镇企业、事业单位、民办非企业单位、社会团体及其在职职工缴存的长期住房储金。

根据修订后的《住房公积金管理条例》的相关规定,教师住房公积金的月缴存额是教师上一年度月平均工资乘以职工住房公积金缴存比例;对于新参加工作的教师,从参加工作的第二个月开始缴存住房公积金,月缴存额为教师本人当月工资乘以职工住房公积金缴存比例。教师个人缴存的住房公积金由所在学校每月从教师工资中代扣代缴。

学校为教师缴存的住房公积金月缴存额,为教师本人上一年度月平均工资乘以单位住房公积金缴存比例。

职工和单位住房公积金的缴存比例原则上不得低于职工上一年度月平均工资的5%。当然具体的缴存比例各省、自治区、直辖市略有不同;条件比较好的城市缴存比例会高于5%。

(2) 教师的医疗保健

教师的医疗保健是教师福利待遇的又一重要方面,也是广大中小学教师尤其是农村教师十分关心的问题。《中华人民共和国教师法》第二十九条对教师的医疗待遇作了三方面的原则规定,各省、自治区、直辖市具体实施略有不同:教师的医疗与当地国家公务员享受同等待遇。这就使教师的医疗待遇有了法律保障,以国家公务员的医疗待遇作为参照系,充分说明国家对教师医疗待遇的重视程度。定期对教师进行身体健康检查,并因地制宜安排教师进行休养。教师长期从事教学工作,不仅容易罹患各种与职业有关的疾病如眼病、咽炎、肺炎、颈椎病及神经衰弱等,也容易因超负荷工作劳累而诱发心脏病、脑病、肝病等。为使教师的疾病得到及时诊断和治疗,各级政府建立教师定期身体检查制度,同时因地制宜安排教师休养,能使他们做到有张有弛、劳逸结合,保持旺盛的工作精力和良好的精神状态。医疗机构应当对当地教师的医疗提供方便。

(3) 教师的退休退职待遇

教师的退休退职待遇也是教师福利待遇的一个方面。《中华人民共和国教师法》第三十条对教师的退休退职待遇作了如下规定:教师退休或者退职后享受国家规定的退休或者退职待遇。县级以上地方人民政府可以适当提高长期从事教育教学工作的中小学退休教师的退休金比例。各省、自治区、直辖市具体实施标准各不相同。社会力量所办学校教师的待遇由举办者自行确定并予以保障。

(4) 教师的社会保险

教师的社会保险是通过政府或学校、教师向保险公司定期交纳一定的保险费,由保险公司对教师的工作条件和生活条件提供一定保障的制度。其中通过学校向保险公司定期交纳的保险费,学校会在每月教师工资中代扣代缴。

近年来随着单位人事制度和工资制度改革的深入,社会保障制度逐步形成,教师过去的有些福利制度逐渐纳入到社会保障当中,如医疗保险、养老保险、失业保险等。教师加入社会保险,对于深化人事制度改革,促进人员由单位所有制转为社会所有制,在社会更大范围内流动,用人单位和求职者进行双向选择,提供了可能。

**5. 教师的奖励**

(1)获取国家级教师荣誉称号应具备的条件

按照《教师和教育工作者奖励规定》的要求,获得"全国优秀教师""全国优秀教育工作者"荣誉称号的基本条件是:热爱社会主义祖国,坚持党的基本路线,忠诚人民的教育事业,模范履行职责,具有良好的职业道德。同时还应该具备下列条件之一:

一是全面贯彻教育方针,坚持素质教育思想,热爱学生,关心学生的全面成长,教书育人,为人师表,在培养人才方面成绩显著;

二是认真完成教育教学工作任务,在教学改革、教材建设、实验室建设、提高教育教学质量方面成绩突出;

三是在教育教学研究、科学研究、技术推广等方面有创造性的成果,具有较大的科学价值或者显著的经济效益、社会效益;

四是在学校管理、服务和学校建设方面有突出成绩。

(2)评选时间、评选比例、评选机构

目前国家级教师荣誉称号主要有"全国优秀教师""全国优秀教育工作者"和"全国模范教师""全国教育系统先进工作者"等,每三年进行一次评选,并于当年教师节期间进行表彰。各省、自治区、直辖市教育行政部门向国务院教育行政部门推荐"全国优秀教师""全国优秀教育工作者"和"全国模范教师""全国教育系统先进工作者"的比例控制在本地区教职工总数的万分之二以内,其中"全国模范教师""全国教育系统先进工作者"的比例不超过本地区教职工总数的十万分之六。

"全国优秀教师""全国优秀教育工作者"的奖励工作由国务院教育行政部门会同全国教育工会、中国中小学幼儿教师奖励基金会统一组织领导;"全国模范教师""全国教育系统先进工作者"的奖励工作由国务院教育行政部门会同国务院人事部门统一组织领导。各省、自治区、直辖市教育行政部门分别会同当地教育工会、教师奖励组织和政府人事部门负责组织本地区的"全国优秀教师""全国优秀教育工作者"和"全国模范教师""全国教育系统先进工作者"人选的评审和推荐工作。

(3)获取国家级教师荣誉称号的奖励

教师奖励工作坚持精神奖励与物质奖励相结合的原则。"全国优秀教师""全国优秀教育工作者"和"全国模范教师""全国教育系统先进工作者"享受由国务院教育行政部门会同中国中小学幼儿教师奖励基金会颁发的一次性奖金。

其中"全国模范教师""全国教育系统先进工作者"按照《人事部人核培发[1994]4号文件》规定享受省(部)级劳动模范和先进工作者待遇。尚未实行职务工资制度的民办教师获得"全国模范教师""全国教育系统先进工作者"荣誉称号时奖励晋升工资的具体办法由各省、自治区、直辖市制定。

同时"全国优秀教师""全国优秀教育工作者"和"全国模范教师""全国教育系统先进工作者"称号获得者的事迹和获奖情况,应记入本人档案并作为考核、聘任、职务和工资晋升的重要依据。

## 三、作为一种专业人员的教师

教师是不是一种专门职业,一直以来都是聚讼不休的话题。所谓"专业"(profession),简称"专门职业",是指"一群人在从事一种需要专门技术的职业,这种职业需要特殊的智力来培养和完成,其目的在于提供专门性的社会服务"。从事教师职业的人,必须具有特定的专业知识和专业能力,必须经过特定的专业训练和专业实践,所以,教师职业是具有一定专业性的。1966年10月5日,国际劳工组织和联合国教科文组织发布了《关于教师地位的建议》的报告提出:"教育工作应被视为专门职业。这种职业是一种要求教员具备经过严格而持续不断的研究才能获得维持专业知识及专门技能的公共任务;它要求对所辖学生的教育福利具有个人的及共同的责任感。"[1] 此后,关于专业化的理论研究,以及教育理念和教师教育制度的创新都被视为实现教师"专业化"的一种机制、一种保障。[2]

从20世纪60年代开始,教育界采取了一系列的措施,着力于提升教师的专业地位。这些措施主要包括六方面。一是在舆论或法规上承认教师的专业地位。1986年,我国颁布的《国家标准职业分类与代码》文件中,也正式把教师列入"专业技术人员"之列。二是延长未来教师的修业年限。为使未来教师接受更为严格和完备的专业准备,许多国家都延长了未来教师的修业年限,提高了教师入职的学历门槛。例如20世纪后期以来,很多发达国家都延长了小学教师的专业准备时间,由原先中等师范学校毕业提高到大学专科。在许多发达国家,通常是大学毕业生才有资格担任小学教师。在美国的许多州,一般要经过四年的本科学习,才能获得学士学位,再在州教育厅认可的大学的教育学院进行一年到一年半的教师教育专业进修,经过实习获得教育学学士或硕士学位,才能申请教师资格。三是确立和完善教师资格认定制度。教师专业化的努力方向之一,是让那些原先没有教师资格证书制度的国家纷纷确立本国的教师资格认定和审查制度,以确保合乎一定标准的人员才能担任教师(除学历外,这些资格通常还包括教育实践经验、相应的教育学或心理学准备甚至语言表达能力等)。我国在1995年由国务院颁布《教师资格条例》,正式实施教师资格认定制度。而在一些原先就有教师资格认定或审查制度的国家,如美国,20世纪后期也纷纷废除了教师资格证书终身制,实行周期认定制度(如每五年确认一次),并要求教师在续领教师资格证书时完成一定时限的专业培训。四是改善职前教师教育的课程设置。20世纪后半期,尤其是20世纪80年代以后,教师教育课程改革成为促进教师专业化的重要举措之一,许多国家的职前教师教育课程都发生了很大改变。这一轮改革总的趋势是加强未来教师在教育学、心理学等领域的知识准备,并强化未来教师在入职前的实践锻炼。例如,有些国家或地区规定,大学毕业生在获得某一专业的学士学位后,需要专门到教育学院修习一年教育相关学分,才能申请教师资格证书。也有些国家规定大学毕业生需要有至少半年的教育实习经验并获得实习学校的认可,才能申请教师资格证书。五是制定教师专业伦理规范。专业伦理是评断一个行业是否算得上一个"专业"的重要标准。在教育史上,几乎每个时代都有一些思想家,对教师提出了

---

[1] 傅维利.师德读本[M].北京:高等教育出版社,2003:53.
[2] 钟启泉.教师"专业化":理念、制度、课题[J].教育研究,2001(12):12-16.

特定的伦理要求。而在20世纪60年代以后,教育界就更自觉地开始确立某些教师伦理规范,作为促进教师专业化的重要手段。不同的国家,甚至在同一国家的不同地区和不同学校,对教师提出的具体的伦理规范都不尽相同。但一些基本的方面,如"教师不应因学生的种族、民族、性别宗教、父母职业、经济状况的差异,以任何形式歧视学生""教师应为每一个学生提供充分的受教育机会,并关照有特殊需要的儿童""教师应公平、公正地评价学生,不应以个人恩怨或偏好影响对学生的评价"等等,也已经成为普遍的教师专业伦理规范。六是建立教师专业组织。既然专业自主是衡量一个行业是否算得上"专业"的重要标准,谋求教师行业的专业自主也就成为20世纪最后30多年许多国家教育界的重要追求。在此期间,很多国家或地区都成立了一些教师的专业组织。这些专业组织中,有些是以学科划分的(如语文教学理事会、数学教育工作者联合会),有些是不分学科的(如教育专业工作者协会),有些是分学段的(如小学教育工作者联合会),有些是不分学段的。由于不同国家的教育传统和教育制度不同,教师的专业组织实际发挥的作用差别很大。有些专业组织在确定本专业的课程标准、教学标准、评价标准方面发挥着重要作用,但也有许多专业组织基本上没有在争取和体现教师的专业自主方面发挥明显的作用。①

### (一) 教师的专业化

改革开放40年来,我国教师教育领域最为显著的变革,就是从着眼于职前培养的师范教育转向职前培养与在职培训一体化的教师教育,其中蕴含的则是由政府政策主导的改革与发展目标:一是从需求导向的数量增长与规模发展逐步转向质量导向的结构调整与内涵发展,二是从定向培养模式的专业化路径转向开放化模式下的教师教育与教师的专业化路径。

**1. 我国教师专业化的发展历程②**

1978年以后,我国教师教育经历了从封闭定向的三级师范教育体系逐步向为教师专业发展提供全过程支持的灵活开放的教师教育体系的转型。在这一过程中,教师的专业化逐渐成为教师教育改革发展的核心目标。自从我国开始实施教师资格证书制度起,国家已经开始系统地建立教师教育制度体系,逐步向教师专业化迈进,目的是希望能够为基础教育培养更多高质量的教师。

1980年教育部召开第四次全国师范教育会议,明确了我国各级教师进修院校的作用,确定了我国的三级师范教育体系,提出"为了鼓励品学兼优的高、初中毕业生报考师范院校,鼓励广大教师从事人民教育事业,最根本的措施是提高人民教师的社会地位,逐步改善他们的经济待遇和工作条件"。③ 会后,《关于办好中等师范院校的意见》《关于办好高等师范专科学校的实施意见》等政策相继颁布实施,从高等师范专科学校的管理体制、专业设置、学制、师资队伍建设、教学工作以及学校基础设施建设等几个方面作出了规定,同时要求各级教育行政部门坚持中等师范教育培养小学、幼儿园师资的办学方向,努力把中等师范学校办好。同年颁布的《关于进一步加强中小学在职教师培训工作的意见》则制定和调整了中小学在职教师培训规划。此后,《小学教师进修中等师范教学计划(试行草案)》《关于加强小学在职教师进修工作的意见》和《关于中学在职教师进修大学

---

① 胡惠闵,王建军.教师专业发展[M].上海:华东师范大学出版社,2014:10-11.
② 荀渊.迈向专业的教师教育[M].上海:华东师范大学出版社,2018:40-52.
③ 金长泽,张贵新.师范教育史[M].海口:海南出版社,2002:162.

本科课程有关问题的意见》等一系列文件相继出台，为学历尚未达标或教学岗位不合格的在职教师提供"补偿性培训"的措施，完善与提升了基础教育阶段教师的教育教学能力，从而为提升教师培养与培训的质量提供了政策保障。作为对师范教育在内的中国教育改革与发展影响最为深远的政策文件，《中共中央关于教育体制改革的决定》（1985年）提出"师范院校要坚持为初等和中等教育服务的办学思想。只有具备合格学历或有考核合格证书的，才能担任教师"。此后，《关于加强和发展师范教育的意见》（1986年）则进一步强调师范院校要积极推进教育教学改革，提高师范生培养质量。与此同时，为了提高教师队伍建设的质量，这一时期还对教师资格、教师考核等问题进行了初步的探索。1983年颁布的《关于中小学教师队伍调整整顿和加强管理的意见》要求各级教育行政部门在抓教材教法、过关培训工作的同时，实施中小学教师"专业合格证书"考试制度，提高中小学在职教师的整体素质。1986年9月，国家教委发布《中、小学教师考核合格证书试行办法》，对实行中小学教师考核合格证书制度作出具体规定，把中小学在职教师的培训工作纳入规范化、制度化的轨道。到1991年，我国小学教师中取得"专业合格证书"的教师总数为475 862人，中学教师中取得"专业合格证书"的有211 292人。[1]

1993年《中国教育改革和发展纲要》提出，"其他高等院校也要积极承担培养中小学和职业技术学校师资的任务"，开启了我国教师教育体系从封闭定向的三级师范教育体系逐步转向灵活开放的教师教育体系转型的改革进程。

首先是三级师范教育逐步向两级教师教育提升。教育部于1999年颁发的《关于师范院校布局结构调整的几点意见》明确提出要"从城市向农村、从沿海向内地逐步推进，由三级师范（高师本科、高师专科、中等师范）向二级师范（高师本科、高师专科）过渡"。2001年《关于基础教育改革与发展的决定》进一步提出"推进师范教育结构调整，逐步实现三级师范向二级师范的过渡。有条件的地区要培养具有专科学历的小学教师和本科学历初中教师，逐步提高高中教师的学历，扩大教育硕士的培养规模和招生范围"。[2] 这一改革推进的结果是：到2008年，中等师范学校剧减至192所，高师院校则增至139所，其中本科院校为97所，教育硕士培养单位则增加到了57所，与此同时，师范高等专科学校则迅速减少至42所。[3]

其次是以师范院校为主、综合性院校共同参与的开放化教师教育体系逐步建立。伴随20世纪90年代在全国范围内的高等教育布局结构大调整，以《关于师范院校布局结构调整的几点意见》和《关于基础教育改革与发展的决定》等政策文件为指导，建立"以现有师范院校为主体、其他高等学校共同参与、培养培训相衔接的开放的教师教育体系"成为教师教育开放化确定的政策目标。其中，师范院校通过合并、升格、更名等发生的变革令人瞩目：到2005年7月，先后有121所高师院校并入其他高校或更名为综合大学，在2000年至2004年间甚至达到了平均每年消失15所高师院校的程度；[4] 到2007年，仅有师范本科院校96所，只占本科师范生培养院校数的28.2%；师范高等专科院校也仅有139所，占培养专科

---

[1] 金长泽，张贵新．师范教育史［M］．海口：海南出版社，2002：251．
[2] 教育部．关于基础教育改革与发展的决定［EB/OL］．（2001-5-29）［2018-6-1］．http://old.moe.gov.cn/publicfiles/business/htmlfiles/moe/moe_16/200105/132.html．
[3] 管培俊．我国教师教育改革开放三十年的历程、成就与基本经验［J］．中国高教研究，2009（02）：3-11．
[4] 于兴国．转型期中国教师政策研究［D］．吉林：东北师范大学，2010：94．

师范生院校总数的34.0%；中等师范学校只剩196所，仅为培养中师生学校总数的8.9%。[1]

再次是推进了教师教育一体化改革。作为落实教师教育结构调整的重要举措，即实现"职前职后教育贯通"政策，教师教育已逐步从职前培养与在职培训分别由师范院校和教育学院、教师进修学院承担的局面，通过合并部分教师职前培养机构与在职培训机构，实现了教师职前培养与在职培训的一体化。到2003年，11所省级教育学院先后并入所在地的师范大学、学院或综合大学，40所地市级教育学院相继与师范专科学校合并，组建成了新的师范学院或综合学院，17所地市级教育学院还被并入高职或其他专科层次的学校。同时还逐步取消了教师进修学校的建制，将之并入各区县教育学院，主要承担各区县教师的入职辅导和各种形式的在职培训。[2]正是在教师教育一体化改革的基础上，2002年下发的《关于"十五"期间教师教育改革与发展的意见》首次明确使用"教师教育"这一概念并将之界定为"在终身教育思想指导下，按照教师专业发展的不同阶段，对教师的职前培养、入职教育和在职培训的统称"。[3]

最后是开放化模式下教师教育制度的逐步建立。1993年《教师法》提出"实行教师资格制度"，1995年颁布的《教师资格条例》开始实施，其政策目标转向借鉴欧美国家实施教师资格证书的成功经验，通过专业化的制度建设来提升教师教育和教师的专业化程度。自2004年10月起，教育部师范教育司启动了包括教师专业标准、教师教育课程标准、教师教育机构认证标准和教师教育质量评估标准等在内的教师教育标准体系的研究与制定工作。2011年11月，教育部下发了《关于大力推进教师教育课程改革的意见》和《教师教育课程标准（试行）》；[4] 2012年2月，教育部印发了《教师专业标准（试行）》。两个标准的颁行，成为新时期教师教育领域制度建设的又一项重要进展。随后，2012年8月颁布的《国务院关于加强教师队伍建设的意见》则进一步明确提出要"完善教师专业发展标准体系"。[5]

**2. 教师的专业标准**

《专业标准》是国家对合格中小学教师专业素质的基本要求，是中小学教师实施教育教学行为的基本规范，是引领中小学教师专业发展的基本准则，更是中小学教师培养、准入、培训、考核等工作的重要依据。2012年2月，为了构建教师专业标准体系，建设高素质专业化教师队伍，教育部研究印发了《小学教师专业标准（试行）》和《中学教师专业标准（试行）》，通过学习宣传，帮助广大中小学、幼儿园教师和师范生准确理解《专业标准》的基本理念，全面把握《专业标准》的内容要求，切实增强专业发展的自觉性，把《专业标准》作为开展教育教学实践、提升专业发展水平的行为准则。

（1）中学教师专业标准[6]

中学教师专业标准的基本理念有：

---

[1] 管培俊. 我国教师教育改革开放三十年的历程、成就与基本经验[J]. 中国高教研究, 2009(02): 3-11.
[2] 荀渊. 教师教育一体化改革的回顾与反思[J]. 教师教育研究, 2004(04): 8-12.
[3] 教育部. 关于"十五"期间教师教育改革与发展的意见[EB/OL]. (2002-3-1)[2018-6-1]. www.moe.gov.cn/srcsite/A10/s7058/200203/t20020301_162696.html.
[4] 教育部教师工作司. 关于大力推进教师教育课程改革的意见[EB/OL]. (2011-10-8)[2018-6-1]. http://old.moe.gov.cn/publicfiles/business/htmlfiles/moe/s6342/201110/xxgk_125722.html.
[5] 国务院关于加强教师队伍建设的意见[EB/OL]. (2012-8-20)[2018-6-1]. http://old.moe.gov.cn//publicfiles/business/htmlfiles/moe/A10_zcwj/201209/141772.html.
[6] 教育部. 中学教师专业标准（试行）[EB/OL]. (2011-12-12)[2018-6-1]. http://old.moe.gov.cn/publicfiles/business/htmlfiles/moe/s6127/201112/127830.html.

一是师德为先。热爱中学教育事业,具有职业理想,践行社会主义核心价值体系,履行教师职业道德规范,依法执教。关爱中学生,尊重中学生人格,富有爱心、责任心、耐心和细心;为人师表,教书育人,自尊自律,以人格魅力和学识魅力教育感染中学生,做中学生健康成长的指导者和引路人。

二是学生为本。尊重中学生权益,以中学生为主体,充分调动和发挥中学生的主动性;遵循中学生身心发展特点和教育教学规律,提供适合的教育,促进中学生生动活泼学习、健康快乐成长,全面而有个性地发展。

三是能力为重。把学科知识、教育理论与教育实践相结合,突出教书育人实践能力;研究中学生,遵循中学生成长规律,提升教育教学专业化水平;坚持实践、反思、再实践、再反思,不断提高专业能力。

四是终身学习。学习先进中学教育理论,了解国内外中学教育改革与发展的经验和做法;优化知识结构,提高文化素养;具有终身学习与持续发展的意识和能力,做终身学习的典范。

中学教师专业标准的基本内容如表所述:

表1-4 中学教师专业标准

| 维度 | 领域 | 基本要求 |
| --- | --- | --- |
| 专业理念与师德 | (一)职业理解与认识 | 1. 贯彻党和国家教育方针政策,遵守教育法律法规。<br>2. 理解中学教育工作的意义,热爱中学教育事业,具有职业理想和敬业精神。<br>3. 认同中学教师的专业性和独特性,注重自身专业发展。<br>4. 具有良好职业道德修养,为人师表。<br>5. 具有团队合作精神,积极开展协作与交流。 |
| | (二)对学生的态度与行为 | 6. 关爱中学生,重视中学生身心健康发展,保护中学生生命安全。<br>7. 尊重中学生独立人格,维护中学生合法权益,平等对待每一位中学生。不讽刺、挖苦、歧视中学生,不体罚或变相体罚中学生。<br>8. 尊重个体差异,主动了解和满足中学生的不同需要。<br>9. 信任中学生,积极创造条件,促进中学生的自主发展。 |
| | (三)教育教学的态度与行为 | 10. 树立育人为本、德育为先的理念,将中学生的知识学习、能力发展与品德养成相结合,重视中学生的全面发展。<br>11. 尊重教育规律和中学生身心发展规律,为每一位中学生提供适合的教育。<br>12. 激发中学生的求知欲和好奇心,培养中学生学习兴趣和爱好,营造自由探索、勇于创新的氛围。<br>13. 引导中学生自主学习、自强自立,培养良好的思维习惯和适应社会的能力。<br>14. 尊重和发挥好共青团、少先队组织的教育引导作用。 |
| | (四)个人修养与行为 | 15. 富有爱心、责任心、耐心和细心。<br>16. 乐观向上、热情开朗、有亲和力。<br>17. 善于自我调节情绪,保持平和心态。<br>18. 勤于学习,不断进取。<br>19. 衣着整洁得体,语言规范健康,举止文明礼貌。 |

续表

| 维度 | 领域 | 基本要求 |
|------|------|----------|
| 专业知识 | （五）教育知识 | 20. 掌握中学教育的基本原理和主要方法。<br>21. 掌握班级、共青团、少先队建设与管理的原则与方法。<br>22. 掌握教育心理学的基本原理和方法，了解中学生身心发展的一般规律与特点。<br>23. 了解中学生世界观、人生观、价值观形成的过程及其教育方法。<br>24. 了解中学生思维能力、创新能力和实践能力发展的过程与特点。<br>25. 了解中学生群体文化特点与行为方式。 |
| | （六）学科知识 | 26. 理解所教学科的知识体系、基本思想与方法。<br>27. 掌握所教学科内容的基本知识、基本原理与技能。<br>28. 了解所教学科与其他学科的联系。<br>29. 了解所教学科与社会实践及共青团、少先队活动的联系。 |
| | （七）学科教学知识 | 30. 掌握所教学科课程标准。<br>31. 掌握所教学科课程资源开发与校本课程开发的主要方法与策略。<br>32. 了解中学生在学习具体学科内容时的认知特点。<br>33. 掌握针对具体学科内容进行教学和研究性学习的方法与策略。 |
| | （八）通识性知识 | 34. 具有相应的自然科学和人文社会科学知识。<br>35. 了解中国教育基本情况。<br>36. 具有相应的艺术欣赏与表现知识。<br>37. 具有适应教育内容、教学手段和方法现代化的信息技术知识。 |
| 专业能力 | （九）教学设计 | 38. 科学设计教学目标和教学计划。<br>39. 合理利用教学资源和方法设计教学过程。<br>40. 引导和帮助中学生设计个性化的学习计划。 |
| | （十）教学实施 | 41. 营造良好的学习环境与氛围，激发与保护中学生的学习兴趣。<br>42. 通过启发式、探究式、讨论式、参与式等多种方式，有效实施教学。<br>43. 有效调控教学过程，合理处理课堂偶发事件。<br>44. 引发中学生独立思考和主动探究，发展学生创新能力。<br>45. 发挥好共青团、少先队组织生活、集体活动、信息传播等教育功能。<br>46. 将现代教育技术手段整合应用到教学中。 |
| | （十一）班级管理与教育活动 | 47. 建立良好的师生关系，帮助中学生建立良好的同伴关系。<br>48. 注重结合学科教学进行育人活动。<br>49. 根据中学生世界观、人生观、价值观形成的特点，有针对性地组织开展德育活动。<br>50. 针对中学生青春期生理和心理发展特点，有针对性地组织开展有益身心健康发展的教育活动。<br>51. 指导学生理想、心理、学业等多方面发展。<br>52. 有效管理和开展班级、共青团、少先队活动。<br>53. 妥善应对突发事件。 |
| | （十二）教育教学评价 | 54. 利用评价工具，掌握多元评价方法，多视角、全过程评价学生发展。<br>55. 引导学生进行自我评价。<br>56. 自我评价教育教学效果，及时调整和改进教育教学工作。 |

| 维度 | 领域 | 基本要求 |
|---|---|---|
| 专业能力 | （十三）沟通与合作 | 57. 了解中学生，平等地与中学生进行沟通交流。<br>58. 与同事合作交流，分享经验和资源，共同发展。<br>59. 与家长进行有效沟通合作，共同促进中学生发展。<br>60. 协助中学与社区建立合作互助的良好关系。 |
| | （十四）反思与发展 | 61. 主动收集分析相关信息，不断进行反思，改进教育教学工作。<br>62. 针对教育教学工作中的现实需要与问题，进行探索和研究。<br>63. 制定专业发展规划，积极参加专业培训，不断提高自身专业素质。 |

（2）小学教师专业标准[①]

小学教师专业标准的基本理念有：

一是师德为先。热爱小学教育事业，具有职业理想，践行社会主义核心价值体系，履行教师职业道德规范，依法执教。关爱小学生，尊重小学生人格，富有爱心、责任心、耐心和细心；为人师表，教书育人，自尊自律，做小学生健康成长的指导者和引路人。

二是学生为本。尊重小学生权益，以小学生为主体，充分调动和发挥小学生的主动性；遵循小学生身心发展特点和教育教学规律，提供适合的教育，促进小学生生动活泼学习、健康快乐成长。

三是能力为重。把学科知识、教育理论与教育实践有机结合，突出教书育人实践能力；研究小学生，遵循小学生成长规律，提升教育教学专业化水平；坚持实践、反思、再实践、再反思，不断提高专业能力。

四是终身学习。学习先进小学教育理论，了解国内外小学教育改革与发展的经验和做法；优化知识结构，提高文化素养；具有终身学习与持续发展的意识和能力，做终身学习的典范。

小学教师专业标准的基本内容如表所述：

表1-5 小学教师专业标准

| 维度 | 领域 | 基本要求 |
|---|---|---|
| 专业理念与师德 | （一）职业理解与认识 | 1. 贯彻党和国家教育方针政策，遵守教育法律法规。<br>2. 理解小学教育工作的意义，热爱小学教育事业，具有职业理想和敬业精神。<br>3. 认同小学教师的专业性和独特性，注重自身专业发展。<br>4. 具有良好职业道德修养，为人师表。<br>5. 具有团队合作精神，积极开展协作与交流。 |
| | （二）对小学生的态度与行为 | 6. 关爱小学生，重视小学生身心健康，将保护小学生生命安全放在首位。<br>7. 尊重小学生独立人格，维护小学生合法权益，平等对待每一位小学生。不讽刺、挖苦、歧视小学生，不体罚或变相体罚小学生。<br>8. 信任小学生，尊重个体差异，主动了解和满足有益于小学生身心发展的不同需求。<br>9. 积极创造条件，让小学生拥有快乐的学校生活。 |

---

[①] 教育部. 小学教师专业标准（试行）[EB/OL].（2011-12-12）[2018-6-1]. http://old.moe.gov.cn/publicfiles/business/htmlfiles/moe/s6127/201112/127836.html.

| 维度 | 领 域 | 基 本 要 求 |
|---|---|---|
| 专业理念与师德 | （三）教育教学的态度与行为 | 10. 树立育人为本、德育为先的理念,将小学生的知识学习、能力发展与品德养成相结合,重视小学生全面发展。<br>11. 尊重教育规律和小学生身心发展规律,为每一个小学生提供适合的教育。<br>12. 引导小学生体验学习乐趣,保护小学生的求知欲和好奇心,培养小学生的广泛兴趣、动手能力和探究精神。<br>13. 引导小学生学会学习,养成良好学习习惯。<br>14. 尊重和发挥好少先队组织的教育引导作用。 |
| | （四）个人修养与行为 | 15. 富有爱心、责任心、耐心和细心。<br>16. 乐观向上、热情开朗、有亲和力。<br>17. 善于自我调节情绪,保持平和心态。<br>18. 勤于学习,不断进取。<br>19. 衣着整洁得体,语言规范健康,举止文明礼貌。 |
| 专业知识 | （五）小学生发展知识 | 20. 了解关于小学生生存、发展和保护的有关法律法规及政策规定。<br>21. 了解不同年龄及有特殊需要的小学生身心发展特点和规律,掌握保护和促进小学生身心健康发展的策略与方法。<br>22. 了解不同年龄小学生学习的特点,掌握小学生良好行为习惯养成的知识。<br>23. 了解幼小和小初衔接阶段小学生的心理特点,掌握帮助小学生顺利过渡的方法。<br>24. 了解对小学生进行青春期和性健康教育的知识和方法。<br>25. 了解小学生安全防护的知识,掌握针对小学生可能出现的各种侵犯与伤害行为的预防与应对方法。 |
| | （六）学科知识 | 26. 适应小学综合性教学的要求,了解多学科知识。<br>27. 掌握所教学科知识体系、基本思想与方法。<br>28. 了解所教学科与社会实践、少先队活动的联系,了解与其他学科的联系。 |
| | （七）教育教学知识 | 29. 掌握小学教育教学基本理论。<br>30. 掌握小学生品行养成的特点和规律。<br>31. 掌握不同年龄小学生的认知规律和教育心理学的基本原理和方法。<br>32. 掌握所教学科的课程标准和教学知识。 |
| | （八）通识性知识 | 33. 具有相应的自然科学和人文社会科学知识。<br>34. 了解中国教育基本情况。<br>35. 具有相应的艺术欣赏与表现知识。<br>36. 具有适应教育内容、教学手段和方法现代化的信息技术知识。 |
| 专业能力 | （九）教育教学设计 | 37. 合理制定小学生个体与集体的教育教学计划。<br>38. 合理利用教学资源,科学编写教学方案。<br>39. 合理设计主题鲜明、丰富多彩的班级和少先队活动。 |

| 维度 | 领域 | 基本要求 |
|---|---|---|
| 专业能力 | （十）组织与实施 | 40. 建立良好的师生关系，帮助小学生建立良好的同伴关系。<br>41. 创设适宜的教学情境，根据小学生的反应及时调整教学活动。<br>42. 调动小学生学习积极性，结合小学生已有的知识和经验激发学习兴趣。<br>43. 发挥小学生主体性，灵活运用启发式、探究式、讨论式、参与式等教学方式。<br>44. 发挥好少先队组织生活、集体活动、信息传播等教育功能。<br>45. 将现代教育技术手段整合应用到教学中。<br>46. 较好使用口头语言、肢体语言与书面语言，使用普通话教学，规范书写钢笔字、粉笔字、毛笔字。<br>47. 妥善应对突发事件。<br>48. 鉴别小学生行为和思想动向，用科学的方法防止和有效矫正不良行为。 |
| | （十一）激励与评价 | 49. 对小学生日常表现进行观察与判断，发现和赏识每一位小学生的点滴进步。<br>50. 灵活使用多元评价方式，给予小学生恰当的评价和指导。<br>51. 引导小学生进行积极的自我评价。<br>52. 利用评价结果不断改进教育教学工作。 |
| | （十二）沟通与合作 | 53. 使用符合小学生特点的语言进行教育教学工作。<br>54. 善于倾听，和蔼可亲，与小学生进行有效沟通。<br>55. 与同事合作交流，分享经验和资源，共同发展。<br>56. 与家长进行有效沟通合作，共同促进小学生发展。<br>57. 协助小学与社区建立合作互助的良好关系。 |
| | （十三）反思与发展 | 58. 主动收集分析相关信息，不断进行反思，改进教育教学工作。<br>59. 针对教育教学工作中的现实需要与问题，进行探索和研究。<br>60. 制定专业发展规划，积极参加专业培训，不断提高自身专业素质。 |

### 3. 教师的专业素养

教师专业素养是指"教师在教育教学活动中表现出来的，决定其教学效果，对学生身心发展有直接而显著影响的心理品质的总和"，包括作为教师所应具备的知识、能力、教育理念和教育情意等方面，它对学生的各方面发展有着重要的影响作用。教师由职业走向专业，教师的劳动具有自身的特点和任务，这要求教师必须具有相应的专业素养，才能胜任专业工作。素养是指构成事物的要素，反映这一事物的本质属性的成分或特征。一般而言，教师专业素养主要由专业情意、专业知识、专业技能、专业实践智慧等要素构成。

（1）教师的专业情意

教师的专业情意主要包括教育理念、职业道德、专业认同、自我专业发展需要和意识等。在教师的专业情意中，教师的专业伦理（或职业道德）是其核心内容。教师的职业道德是教师在教育活动中必须履行的行为规范和道德准则。它是一般社会公德和阶级道德在教师工作中的具体体现。2008年，新修订的《中小学教师职业道德规范》中提出教师应该遵守以下道德：爱国守法、爱岗敬业、关爱学生、教书育人、为人师表、终身学习。而教师的专业情意又是从何而来呢？无疑它与教师的人格力量是分不开的，即教师在学习和工作中形成的具有自身特点的人格魅力，它包括教师心理、道德以及由此引发的外显的行为等。它是教师职业精神的体现，也是人类知识薪火传承的必然。毫无疑问，一所学校的规范体系能够对人的行为有所指导，但最重要的还要看教师的直接人格力量是如何发挥作用的。教师的人格是启迪生命灵魂的源泉，它绝非任何课堂知识、教育格言、制度条例所能代替。当然学校校园文化所传承的精神也具有一种力量，但这种精神应该体现在作为生命个体的教师的人格之中，由此而促成学生自有人格的形成。

苏霍姆林斯基曾经说过："你是明天的教师，请记住：每一个儿童都是带着想好好学习的愿望来上学的。这种愿望像一颗耀眼的火星照亮着儿童所关切和操心的情感世界。他以无比信任的心情把这颗火星交给我们做教师的人。这颗火星很容易被尖刻的、粗暴的、冷淡的、不信任的态度所熄灭。要是我们做教师的人在心里也像儿童对待我们那样把无限的信任同样地给予他们就好了！那将是一种富有人情的相互尊重的美妙的和谐。"在教育过程中这种信任和尊重是指把学生当成富有生命的个性化主体和人性凝聚体来看待。要知道学生的学习兴趣和热情很大程度上来自于对自己的信心和自尊感，而我们教育者所给予的多一点信任、多一点尊重恰恰是学生们所需要的。这些举措无疑会给学生们尚未完全成熟的心灵带来希望的火花，而当这些火花被无情的打击而熄灭的时候，任何富有创造力的教育手段将变得无济于事。

我国教育家陶行知说，"因为道德是做人的根本。根本一坏，纵使你有一些学问和本领也无甚用处"。《面向21世纪教育振兴行动计划》也指出："要大力提高教师队伍的整体素质，特别要加强师德建设。"教师的品德修养具体包括热爱党、热爱祖国、热爱教育事业，能关心学生、坚持教书育人、为人师表、有责任感、治学严谨等方面。教师不仅是人类知识的传递者，更重要的是，教师是人类灵魂的塑造者，是人类崇高道德品质的塑造者。教师的德性、人格对学生高尚完美灵魂的塑造起着很强的示范作用，要以自身的灵魂去提升和净化学生的灵魂，通过自己的言行举止时时刻刻感染和熏陶学生。

爱是生命的源泉，爱是建构教育过程中各种关系的桥梁。古人云："亲其师，信其道。"怎样才能做到亲师和信道，恐怕只有在师爱中才能找到答案。著名教育家吕型伟说过："教育需要爱，也要培养爱。没有爱的教育是死亡的教育，不能培养爱的教育是失败的教育。"鲁迅先生也讲过"教育是缘于爱的"。事实上也正是爱的力量为人类历史进程注入了新的力量源泉。未来的教师要继承这样的传统，延续这样的精神，热爱教育、热爱知识、热爱学生。只有爱才是唤起交流的感应器、抚慰心灵的妙方；也只有爱才能真正营造出一种弥足珍贵的气氛，并使得这样的气氛能够极大地鼓舞和影响未来教育的发展。

（2）教师的专业知识

苏霍姆林斯基说："我们的教师要构筑一个牢固的知识地基。"特别是当代学生思想活跃、视野广阔、勤于思索、勇于质疑，有强烈的求知欲。随着时代的发展，新的科学文化知识在不断地出现，知识信息的总量也在成倍地增加。所以明天的教师要结合教育教学实践，不断地学习现代教育科学理论，更新自己的知识结构。

教师要谙熟本学科的专业知识。教师应该要通晓该学科的知识结构，能够分析清楚这门学科复杂的问题，了解那些处于学科前沿的问题。除了本学科外，教师还应该了解邻近学科、甚至完全不相邻学科的知识。知识面愈广,专业知识愈深,则在科学性、思想性和艺术性的运用上愈自如,结合愈巧妙,达至浑然一体。专业知识是教师知识结构中的核心内容,教师要拥有精深的自己所教学科的知识。只有这样,教师在教育教学过程中,才能居高临下,灵活地创造性地处理教材,并能运用自如地引导学生积极思维,向本门学科的广度和深度进军。

教师要掌握广博的人文、社会和自然科学知识。这是全面提升人的基本素养所需要的,也是教师能力、人格等素养发展不可或缺的前提,更是教师满足学生好奇心、激发学生求知欲、胜任教育者角色的前提。只有具备广博知识的教师,才能有效地塑造学生的灵魂,树立学生的理想,发展学生的智力,开阔学生的视野,带领他们去遨游充满乐趣和魅力的知识海洋。

掌握有关"学与教"的知识。教师了解和掌握一些基本的与学生学习相关的基本理论与方法,才能够开展教学方法方面的创新和有效指导学生学习。还要掌握关于教师自我的知识。此类知识主要体现在教师是否知道运用"自我"进行教学,是否了解自己人格特点和教学风格,能否及时调整自己的态度和行为。

教师要拥有丰富的实践知识。教师的实践知识是指教师在面临实现有目的的行为中所具有的课堂知识、情境知识及与之相关的知识。这些知识是教师教学实践经验的积累,是个人知识。也有学者把这种知识称为隐性知识或缄默知识。教师的实践知识是教师个人在具体的教育教学实践中,通过自己的体验、深思、感悟和领会并总结出来的有别于"理论知识"的实效性知识,它具有强烈的个人色彩。教师的实践知识体现在教师的实际工作之中,体现在教师的身心活动中。对教师而言,教师的实践知识既是对过去经验的重建,又具有将来意义。①

(3)教师的专业技能②

教师的专业技能,是指教师在教学过程中运用一定的专业知识和经验顺利完成某种教学任务的活动方式。教师专业技能主要是解决教师从事工作"能不能"的问题。能力是为顺利完成活动提供可能性并影响活动效率的个体心理和行为特征。

一般说来,教师的专业技能主要表现在教学技巧和教学能力两个方面。在教学技巧方面,包括导入的技巧、强化的技巧、发问的技巧、沟通的技巧和方法手段及媒体使用的技巧等。在教学能力方面主要包括以下几个方面:

① 全面掌握和善于运用教材的能力。教师的基本职责之一是教书,教师要想教好书,就必须全面掌握教材内容的体系,分清教材中各章节的重点、难点和关键,对教材内容达到懂、透、化的程度。同时,教师还必须具备运用教材的能力,能根据教材内容的特点和学生的年龄特征,恰当地选择教学方法,对教材内容进行分析与综合、抽象与概括,善于运用生动形象的例证帮助学生理解教材和掌握教材。

② 组织管理能力。教师在教育教学过程中处于领导者、组织者和管理者的地位,为了保证教育教学工作有条理、系统地进行,教师就应具备一定的组织管理能力。这种组织管理能力主要表现在善于制定教育教学工作计划,组织教育教学活动,组织学生开

---

① 张忠华.教育学原理[M].北京:世界图书北京出版公司,2012:250.
② 张忠华.教育学原理[M].北京:世界图书北京出版公司,2012:252.

展各种课外活动等方面。

③ 表达能力。表达能力是指教师通过语言及非语言（亦称体态语）等方式向学生表达自己思想、知识、信念、情感的能力。它是教师的基本能力之一。教师的语言表达能力包括口头语言表达能力和书面语言表达能力，它是教师进行教育教学活动的重要媒介，教师主要是通过语言来实现其"传道、授业、解惑"重任的。为此，教师语言表达要力求语音清晰，说普通话，用词准确，语句完整，系统连贯，逻辑性强，重点突出，结论明确，生动幽默，有感染力，语调、音量、速度适当，有节奏感。

教师要通过加强自身的能力素养为学生智力的发展挑灯引路。上述能力素养都是教师从事教育教学所必需的，是教师履行自己职责、完成教育任务的实际工作本领，是教师的渊博知识和执教的热忱得以发挥，并有效开发学生智能、提高学生素质的必要条件。

（4）身心素养——践行教育实践的坚实基础

教师在走向教育岗位的过程中必然会遭遇很多意想不到的障碍和挫折。作为培养新一代心灵、智慧、思想和情感的专业人员，由于所处的社会地位、劳动特点和职业要求的特殊性，在面对这些挫折的时候，教师应该具有较高的心理成熟度、较强的意志力和心理承受能力、较稳定的心理状态以及较强的自我调节能力。一方面，较好的心理素养能预防和克服心理挫折、增强应变能力，以保证顺利地完成教育教学任务；另一方面则能通过为人师表、言传身教，把学生培养成为自立自信、勇于进取的时代新人。

教师在保持心理健康的同时，还应该具备良好的身体素质。身体素质是人体活动的一种能力，指人体在运动、劳动与生活中所表现出来的力量、速度、灵敏和柔韧等机能的能力。由于教师的劳动是一种艰巨而繁重的劳动，没有良好的身体素质作保证是难以胜任的。

### （二）教师专业发展理论[①]

20世纪60年代，国外关于教师专业发展阶段理论的研究兴起，主要代表人物有富勒、卡茨、伯顿、费斯勒和休斯曼等等。富勒最早对教师专业发展做出系统研究，他首先提出了教师成长过程中的教师"关注"三阶段模式，之后经过大量的调查和数据分析，在三阶段的基础上提出了四阶段模式：① 任教前的关注阶段，是在培养阶段以学生的身份体会教师行为和学习教师专业；② 早期求生存阶段，教师在初期任职的时候，关注自己能否胜任工作和关注课堂控制等等；③ 关注教学情境阶段，教师格外重视教学、完成任务和教学表现；④ 关注学生阶段，开始重视学生发展，更好地将教和学联系起来。这四个阶段发展水平是由低到高顺序发展的，早期的关注问题出现并及时解决了，后一阶段的关注才会出现。富勒的教师关注阶段论提供了描述教师专业发展的概念框架，为进一步研究关注转换的过程、转换的条件和机制奠定了基础。[②]

20世纪70年代，美国学者卡茨以学前教师为研究对象，提出教师专业发展的四阶

---

[①] 荀渊.迈向专业的教师教育[M].上海：华东师范大学出版社，2018：93-95.
[②] 吴金辉.教师专业发展的理论与实践[M].北京：中国传媒大学出版社，2006：24-25.

段理论。① 求生存阶段，新入职的学前教育教师所关心的是自己在陌生环境中能否生存下来，这种情形可能会持续一两年。② 巩固阶段，在此时期的学前教师已经学习到一些处理教学事物的基础知识与方法，同时会巩固在前一时期所获的经验和技巧。这一阶段会持续到第三年。③ 更新阶段，教师对于平日复杂规律的工作产生倦怠感，想要寻找创新的事物。在这一时期，必须鼓励教师参加研究会，加入教师专业组织，参加各种进修活动等。④ 成熟阶段，这一时期的教师适宜参加各种促进教师发展的活动以寻求新鲜感。[1]

20世纪70年代末，伯顿提出了教师教学生涯发展的三阶段理论。① 求生存阶段，这一阶段教师面对新环境，知识和经验都十分有限，对周围的事物主要是处于适应的状态。② 调整阶段，这一阶段主要处于教师生涯的第2—4年，教师的知识和经验已经相对丰富，开始了解学生的复杂性，关心学生的不同需求。③ 成熟阶段，教师的教学生涯开始进入第5年或5年以上，教学经验十分丰富，并且对教学环境已有充分的了解与熟悉。[2]

美国的费斯勒和克里斯森提出了动态的教师职业生涯周期模型，在该模型的基础上将教师职业生涯分为了八个阶段：① 职前期，也是教师的培养期，同时也包括教师接受新角色或工作时的再培训期；② 职初期，教师在任教的前几年，努力做好教学的日常工作；③ 能力建构期，教师积极寻找新的方法和策略，建立属于自己的教学体系；④ 热心与成长期，教师在此阶段，已经具有较高水平的教学能力；⑤ 职业挫折期，此阶段通常在职业生涯中期，教师工作上遭遇挫折，工作满足程度也逐渐下降；⑥ 职业稳定期，这一阶段的教师不会主动追求教学专业上的卓越与成长，缺乏进取心，追求稳定；⑦ 职业消退期，教师主动或被迫地准备离开教育岗位的低潮时期；⑧ 职业离岗期，教师离开教职岗位。[3] 费斯勒的教师职业生涯阶段论为教师专业发展研究提供了一个较为完整的理论框架，具有十分重要的理论参考意义。

在费斯勒研究之后，休伯曼等人通过对教师职业生涯周期的研究，把教师职业生涯过程归纳为以下五个时期：① 入职期，为教师教学的第1—3年，可将这一时期概括为"求生和发现期"；② 稳定期，时间大概在教师教学的第4—6年，此阶段教师初步掌握了教学法，形成了个人的教学风格；③ 实验和重估期，大约在工作后第7—25年，在这一阶段，教师开始不满足于现状，有一部分通过实验等进行改变，还有一部分会因年复一年单调、乏味的课堂生活，重新估价和怀疑自己；④ 平静和保守期，时间大概在教学的第26—33年，教师在经历危机之后逐渐平静下来，开始变得较为保守；⑤ 退休期，大概在教师工作后的第34—40年，教师职业生涯逐步走向结束阶段。从该理论可得不同教龄的教师如果心理发展水平相近，就可以达到相同的专业发展水平。[4]

在国内，钟祖荣等人对教师专业发展的研究具有一定的影响力。其认为教师的成长大致要经过准备期、适应期、发展期、创造期四个阶段。① 准备期是指教师从事教育工作以前的阶段，是接受教育和学习的阶段。② 适应期是教师走上工作岗位，由没有实践体验到初步适应教育教学工作，具备最基本、最起码的教育教学能力和其他素质

---

[1] 杨秀玉.教师发展阶段论综述[J].外国教育研究，1999(06)：36-41.
[2] 臧书起.教师专业化发展的理论与实践[M].长春：吉林大学出版社，2009：19-20.
[3] 李海芬，赵春鱼.教师职业生涯规划与设计[M].重庆：重庆大学出版社，2014：36.
[4] 李海芬，赵春鱼.教师职业生涯规划与设计[M].重庆：重庆大学出版社，2014：36-37.

的阶段。适应期的周期大体上为1—3年。③ 发展期是教师在初步适应教育教学工作后,继续锻炼自己从而达到成熟的时期。教师度过这一阶段的时间差别较大,成长速度较快的人约需要3—7年,也就是工作以后的4—10年,有些教师则一生都在这个阶段中度过。④ 创造期是教师开始由固定的常规的自动化的工作,进入到开始探索和创新的时期,是教师形成自己的独到见解和教学风格的时期。在解决这一矛盾的过程中,教师的素质必须做出相应的调整,形成具有强烈的创新意识、科研能力明显提高、理论水平大幅度增长的素质特点。骨干教师要成长为专家教师,需要经历长时期的积累。对特级教师的调查表明,从走上工作岗位,到对教育问题有比较系统的见解,取得较多的研究成果和实践成果,大约需要16—25年时间。①

我国学者邵宝祥将教师专业的发展过程分为四个阶段。① 适应阶段,教师在从教的1—2年内,初为人师,环境全新,需要通过适应完成由师范生向教师角色的转变和教学知识向教学能力的转变。② 成长阶段,在教师从教3—8年之间,通过对教育教学工作的较多的成功与失败的体验,已获得初步的教育教学经验,逐步达到称职教师的标准。③ 称职阶段,也称为高原阶段。在这一阶段,教师的各项能力水平都达到较高水准。但是,相当多的教师的教育教学能力发展在这一时期开始缓慢下来,一部分教师甚至出现了停滞现象。④ 成熟阶段,突破高原阶段的教师将进入教师成长的新阶段。在这一阶段,教师的知识、能力结构将经历重大改造,认知、情感、人格等全面升华,形成了自己教育教学的独特风格和特色,成为骨干教师、学科带头人,成为专家型、学者型教师。②

教师专业发展是科教兴国的重要保证,是尊师重教的重要体现,是迈向现代化的重要标志。要想让教师成为像医生、律师、建筑师那样的专业工作者,不能只依赖社会其他方面的被动认可,而更应该通过教师教育自身的改革和发展,依托专业组织,通过专业培训,使教师掌握其他专业或职业无法拥有的教育理念、教育知识和教育技能,最终达成教学的专业化。同时,教师专业发展也可以认为是教师与知识系统的交互,从简单的知识传授者转变为知识的学习者、研究者、发现者。在科学知识飞速发展的时代,在终身教育理念的背景之下,教师专业发展应该更侧重于关注教师终身学习的能力和教会学生学习的能力:授之以鱼,不如授之以"渔"。好的教师应该不仅具有好的课堂教学知识、技巧与技能,而且还具有对自己的教学方法、教育内容进行反思、研究、改进的能力以及对教育的社会价值、个人价值更广阔的教育问题的研究、处理能力。③

**(三)教师教育:教师专业发展的支持体系**

作为教师专业发展支持体系的教师教育,基本形成了教师职前培养与在职培训两大系统,为教师专业的终身发展提供持续的支持。

(1)职前教师培养与培训

职前师范教育阶段是师范生进行专业准备与学习,初步形成教师职业所需要的知

---

① 臧书起. 教师专业化发展的理论与实践[M]. 长春:吉林大学出版社,2009:22.
② 臧书起. 教师专业化发展的理论与实践[M]. 长春:吉林大学出版社,2009:23-24.
③ 王延文. 教师专业化的系统分析与对策研究[D]. 天津:天津大学,2004:41-42.

识与能力的关键时期，是教师个体专业化发展的起始和奠基阶段。新中国建立以后至20世纪90年代之前，我国一直保持着以独立设置的师范院校定向培养教师为特征的师范教育体系与制度，采取欧洲国家奉行的国家中心、独立定向模式的教师教育专业化路径，承担教师职前培养的主要是中等师范学校（包括幼儿师范学校）、师范专科学校和师范学院、大学。在师范生的培养过程中，主要强调培养师范生"教什么"和"怎么教"两方面的专业能力，从而形成了双专业即学科专业和教育专业拼盘式的培养模式和课程体系。其中学科专业的培训要让教师掌握某一门或两门学科的系统知识，也即通常称之为"学术性"；教育专业培训要求教师掌握教育、教学的知识和技能，被称为"师范性"。① 双专业相辅相成不可缺一，又相对独立于对方，各有自己的一套构成因素和发展程序。②

在现代教育制度之下，高等教育机构是实施普通教育基础上的专业教育的主要场所，教师培训都是以高等教育机构为主体而进行的。高校为本的教师教育模式（higher education institute based teacher training model）趋向于以大学为本，无论是综合性大学，还是独立设置的教师培养院校。这满足了培养高素质教师的需要，使教师教育出现了高学历化的历史趋势。但是，高校为本模式下以大学系科为基地的教师教育模式具有理论性强等优势，而教师专业又是实践性很强的专业，大学教师教育固然关注实践教学与学生的教学实践，却难以保证其质量以及与真实的教学情境的结合，因此出现了教师教育理论与实践之间的脱节。③

（2）在职教师培养与培训

优秀教师不是先学习有关教学的理论，然后将其应用到自己的实践中，而是通过自己"具身化的行动中识知"（embodied knowing in action），为学生提供身教和垂范。④ 教师培训的本质是让教师的思想、观念与行为发生改变，让教师学会创造，成为独立思考者和研究者。⑤ 目前，教师入职以后的培训方式主要有以下几种：

一是新教师入职培训，主要是对刚刚踏上教学工作岗位的教师进行的培训，目的在于引导、帮助新教师尽快进入教师角色，适应教学环境和顺利开展教学工作。新教师培训大致采取三种方式。一是老教师"传、帮、带"式。这种培训不脱产，由教师培训中心选派或本校指定老教师对新教师进行传、帮、带，帮助其掌握课堂技巧，把所学的知识技能用于教学实践。通常为听老教师示范课，与老教师一起研究教案和研讨问题，到校内外培训基地参加培训等。这种在职培训形式在西方和亚洲都比较流行，效果也比较明显。二是集中培训式。集中新任教师进行职前培训，培训时间长短不一，长的有1—2年，短的有半年、几十天。主要培训两个方面内容：一是作为教师应具备的思想教育方面的素质；二是进行具体教学指导。例如，上海市实行的中小学新教师见习规范化培训制度。在一年的见习期内，新教师被安排到教师专业发展学校进行统一的规范化

---

① 谢安邦.师范教育论[M].北京:中国建材工业出版社,1997:67.
② 谢安邦.师范教育论[M].北京:中国建材工业出版社,1997:68-69.
③ 刘捷.专业化:挑战21世纪的教师[M].北京:教育科学出版社,2002:153-155.
④ 陈向明.优秀教师在教学中的思维和行动特征探究[J].教育研究,2014(05):128-138.
⑤ 刘加霞.教师培训何以产生效果?——培训促进教师专业发展的作用机制分析[J].中小学管理,2014(12):30-33.

培训。这种培训形式有两个优点:培训内容正规,是按国家对新教师的要求来培训;学习时间集中,便于教师深钻细学,培训效果显著。三是新教师研修式。这一培训方式的特点是联系中小学教育实际问题,在研究解决问题的过程中提高新教师的素质和能力。总之,通过入门训练,新教师能够在思想上和业务上尽快适应教育教学工作的需要,从而缩短从一个合格毕业生成长为一个合格教师的周期,加快教师专业成熟的速度。新教师经历了适应期的教育教学实践,经受了各种"危机"的冲击与洗礼,逐渐地向一名"正式"的"合格"教师方向迈进。[1]

二是校本培训(school-based in-service education),就是"以学校为中心"的在职培训模式,也称"以学校为定向"的在职培训模式。校本教师培训主要是为了解决教育理论与实践之间分离的问题,加强教育理论与教育实践之间的联系。其理论假设是高等院校为教育理论的增长提供了充足的条件,而学校则为教学实践的培养负责。高等教育机构负责理论方面的培训,而中小学校则提供教育实践的场所,双方合作,共同完成培训师资的任务。教师的培训包括两个方面:专业理论的增长和教学实践技能的培养,也就是教育理论与实践两个方面的培训。[2]教师专业化改革要更注重教学专业化的内涵发展,而教师的专业能力主要是在教学实践岗位中逐步形成并发展的,教师任职的学校是其专业成长的主要环境。因此,以中小学校为中心的教师专业发展计划因为适应了教师专业化的需要而受到普遍的欢迎与关注。

三是短期进修培训,即根据中小学教育发展需要而开展的短期培训教育活动。在我国主要有以下几种培训形式。[3]一是老教师培训。通过将需要进修提高的老教师培训对象集中起来,帮助他们总结教学经验,指导他们学习教育理论,从而促进老教师专业水平的提高。二是备课培训。备课培训,主要是为中小学新开设的学科或教材新补充的内容而开办。主要采取集中讲解和自学的方式进行培训,目的是使这些教师尽快熟悉和掌握新教学大纲和教材。三是一般性培训。这种培训就是集中几天的时间,对参加者进行一般性政治思想和文化水平方面的培训教育,促进中小学教师素质的提高。四是专题研究培训。主要针对中小学教学中的某个方面的问题而开展,目的是提高教师对该方面问题的认识和处理能力,时间大多只有两到三天。例如,"中学生物教学方法探讨""小学英语教材新内容教学研究"等,就都属于这种专题研究式培训活动。这种短期进修培训,与我国在中小学教师中开展的教研活动相类似,既有理论知识的学习、讨论,也有实践性的课堂教学观摩,教师互相听课等。这对于解决某个方面的问题,提高教师能力很有效果。五是广播电视讲座培训。这种广播电视讲座,也属短期进修培训模式。它主要侧重中小学教学中某些章节的讲授,而且是以示范课的形式进行,其间,既展示了教师观摩教学活动的过程,又开展了专题讨论和教学研究,对于中小学教师教学能力和水平的提高大有益处。英国就办有这种广播电视讲座培训。

---

[1] 姜德君.教育学原理[M].北京:清华大学出版社,2016:167.
[2] 刘捷.专业化:挑战21世纪的教师[M].北京:教育科学出版社,2002:163-167.
[3] 刘捷.专业化:挑战21世纪的教师[M].北京:教育科学出版社,2002:169-170.

# 第二章 学校环境的认识与适应

新教师走进中小学,首先遇到的不仅有如何备课上课的专业问题,而且还有学校环境适应的问题。对于新入职教师来说,如果环境适应不良,则入职的第一步就走不好,后面的专业道路也就难以走顺了。一般而言,学校环境可分为自然环境和社会环境两大类。学校的自然环境主要由地理因素决定,比如学校所在地的海拔与纬度、学校处于山区或平原等等。学校的社会环境则是指服务于教育教学目的的各种人工制品(如各类建筑、装饰、器具、设备以及各类政策、制度等)以及因人工制品的长期影响而形成的各种惯例、风气、氛围、人际关系等。本章所讨论的学校环境,主要是指学校的社会环境,而且侧重讨论新教师入职阶段最先遭遇或最为要紧的部分。本章的基本目的,旨在通过梳理学校环境认识要点和提供学校环境适应的要点与方法,帮助新教师走好入职第一步,为今后的教师职业生涯发展打下一个良好的基础。

新教师对学校环境的认识和适应,是同一个过程中互相联系、互为因果的两个方面。对学校环境的清晰认识,有助于新教师采取正确的行动去适应新环境;在主动适应新环境的行动中,也将进一步加深新教师对学校环境的认识。此所谓"知者行之始,行者知之成",① 不过,为了适合教材的叙述逻辑,本章还是采用分节的方法,分别对"认识新环境"和"适应新环境"加以讨论。

## 一、认识新环境

### (一)理解校园情景的改变

与中小学相比,大学真可谓五彩缤纷的生活世界。大学生身在大学校园时不觉得,到了中小学里马上就会感受到大学和中小学校园情景的巨大差异。除了大学和中小学空间面积的差异之外,两者之间还有许多不同。比如,大学的校园是开放的,校园内来往的人员就很多样,有中国学生,也有外国学生;有青年学生,也有成人学员;有学者教授,也有工友师傅;有普通百姓,也有政要名流。中小学的校园就相对封闭了,门禁制度也比较严,校园里走动的人员基本就是本校的师生员工。再比如,大学里除了课堂教学外,各种讲座、报告、社团活动可谓丰富多彩。相对来说,中小学里就单调冷清了许多:升旗、早操、上课、下课,周而复始。按理说,大学生都是中小学的过来人,对大学与中小学的这一差别应该是知道的。不过,大学生当年在中小学读书时,许多人只是埋头念书,不会太在意中小学究竟是个什么环境,也没有什么比较,一晃几年也就过去了。如今过了四年大学生活,再回到中小学,感觉上好比从一个五彩缤纷的大世界一下子掉进了一片逼仄的小天地,很多人都会有一种莫名的失落感,有的甚至由此对中小学这个新环境生出种种不满来,横看不顺眼,竖看不顺心。一个新教师,一进单位心态就不好,对专业

---
① 王阳明.传习录·卷上·门人陆澄录.

成长就多有不利了。所以,师范生毕业前应该利用见习、实习的机会多接触中小学的环境,多在中小学的校园里走走,预先感知中小学的氛围与气息,预先观察大学与中小学校园情景的差异。当然,光有校园情景差异的感知还不够,还需要对这种差异做理性的思考与分析。比如,比较和思考大学与中小学校园情景的差异,可以从大学教育和中小学教育的对象、目的、任务着手,思考两者存在差异的原因,分析这种差异存在的理由,这就可以将自己对校园情景差异的感知转化为对情景差异的理解,这样就可减轻新教师初入中小学校园的失意感,而能从中小学教育的角度来看待中小学校园情景的合理性。这种心态的转变,将有助于新教师平稳而快速地度过校园新环境的适应期。

### (二)认识自身角色的转换

所谓校园情景的改变,还只是一般意义上的大学与中小学环境的不同。实际上,大学生进入中小学工作,还有一个更大的变化,那就是身份从学生变成了教师。同一个校园,对于学生和教师的约束力是不同的;不同的身份,对于同一个校园的感受也是不同的。有些刚走上工作岗位的新教师还常常会忘掉自己身份的变化,一旦做出一两个与教师身份不符的举动,就会在职业生涯的起步阶段,留下某些遗憾。换言之,你可能会忘掉自己的教师身份,可能会忽视周围的环境,可是你周围的人始终在以教师的标准来看待你、评判你。所以,如果你对新环境、对你新角色的要求没有充分的思想准备,你很可能在最初的几天里就遭遇挫折,既给你自己的心境带来负面影响,也留给别人一个不太美好的最初印象。当然,对于新教师来说,从大学到中小学,除了学生到教师的身份转变,还有一个较大的变化,那就是伴随身份改变而来的资历变化。大学生到了大四毕业时,无疑是最"资深"的大学生,但只要一踏进中小学的门,就立马变成了资历最浅的小教师。"资深"的大学生常常拥有指点学弟学妹的优越感,而资浅的小教师在同事中就没有什么话语权了。对于这样的变化,有没有思想准备,结果会有很大的不同。因此,认识自身角色的转换也是新教师认识新环境的一个重要部分。

### (三)识别主要场所的功能

有关中小学校园校舍的布局与建造,原本不是新教师一定要关心的问题。但对校园校舍一般规格与各种场所的功能有个大概了解和识别,也有益于你对新环境的适应。不妨设想一下,一个对中小学各场所功能有点常识的新教师,不仅能减少自己初入校园的陌生感,而且也有助于减少与别人的交流障碍。如果一个初来乍到的新教师,能对什么叫教学用房,什么叫教学辅助用房说出个大概,而且能对中小学的用房分类了如指掌,甚至对各种用房的功能与要求也能说出个所以然,就很容易被同事们接纳了。更何况今后每个教师都可能要承担部分综合课程的教学工作,都要承担指导学生研究性学习的任务,而综合课和研究性学习活动往往会在相应的专用教室进行,这就更需要新教师从一开始就对学校的主要场所及其功能有一个比较全面的了解了。

我们平时所看到的中小学校园,常常是大小各不相同。的确,中小学校园的大小往往是由历史的原因或学校所处的地域决定的。不过就新建的学校来说,政府会以生均用地面积为指标,设定一个中小学校园的最低标准。对于新教师而言,不需要去掌握中小学的生均用地面积等太过专业的数据指标,只要了解不同校舍场所方面的常识就可以了。普通中小学的校舍场所，一般由教学及教学辅助用房、办公用房、生活服务用房三个部分组成。此外，一般中小学还有室外教育教学场所——运动场。这一切，就构成了学校生活的种种场所。下面我们就参照我国住房和城乡建设部发布的《中小学校设计规范》，[①] 教育部发布的《城市普通中小学校校舍建设标准》，[②] 并结合中小学建设的新进展，分门别类地介绍一下中小学校舍场所的一般情况。

**1. 教学及教学辅助用房**

中小学以教学为中心，教学及教学辅助用房自然是每个中小学校舍的主体部分。中小学的教学及教学辅助用房大致可以分为三类：一是普通教室，二是专用教室，三是公共教学用房。

（1）普通教室

普通教室是学校最主要的教学场所，基本与学校的各个班级一一对应。随着政府教育经费投入的增加，普通教室内部的硬件配置正在不断地改善。目前普通教室配备多媒体投影设备已经比较普遍，在条件比较好的学校里，普通教室已全部配备了电子智能白板等多媒体教学设备。普通教室硬件配置的改善，使教学手段愈益丰富，同时也对教师的教学技能提出了新的要求。

（2）专用教室

中小学的专用教室一般包括理科实验室、史地教室、计算机教室、语言教室、美术教室、书法教室、音乐教室、舞蹈教室以及劳技教室等，在条件较好的地区，中小学还设有专门的创新实验室。

理科实验室是物理、化学、生物实验室及相应的仪器标本准备室的总称，在中学尤其是高中，它是学生学习理科知识的重要场所。

创新实验室是对传统的理科实验室的补充与拓展，是在满足传统的理、化、生实验课的基础上，为充分发展学生个性特长，培养中小学生的创新素养而建设的新型实验室，一般根据学校的传统强项或师资、学生特长而建设不同主题的创新实验室。如，环境科学、生命科学、材料科学、创客、机器人、3D技术、遥感技术等等。虽然目前中小学设置创新实验室并不普遍，但将成为未来中小学实验室配置的趋势。例如，按照上海市的相关规划，到2020年，上海市的每所中小学至少要建一个创新实验室。[③]

史地教室是适应历史、地理教学的特点和增加学生直观感受的专用教室。在一些条件较好的中学，实际上历史和地理教室是分开设置的。在历史教室中，一般通过历史知识展板、挂图以及古代器具或出土文物的仿制品的陈列，便于开展直观生动的教学，也有助于学生掌握有关历史的发展线索。在地理教室中，一般陈列有各种地理挂图和地质、地貌模型，也可配置天象投影等其他设备或教具。近年，一些中小学的史地教室已经配置了"虚拟现实"（VR）和"增强现实"（AR）智能化装备用以辅助史地课教学。《中小学校设计规范》之所以将历史和地理专用教室合称为史地教室，一是体现了国家

---

① 参见中华人民共和国住房和城乡建设部. 中小学校设计规范GB50099-2011［Z］. http://www.soujianzhu.cn/Norm/JzzyXq.aspx?id=215.
② 参见中华人民共和国教育部. 城市普通中小学校校舍建设标准［M］. 北京：高等教育出版社，2002.
③ 许沁，范潇月. 从创新实验室到人才创新场，2020年上海每所中小学校建一个创新实验室.［EB/OL］.（2017-09-26）https://www.jfdaily.com/news/detail?id=66376.

图 2-1

上海晋元中学结构设计创新实验室

(a)

(b)

(c)

对教育教学场所综合利用的思想,二是反映了在未来综合课程教学中学生跨界学习的需要。

计算机教室俗称电脑房,主要供中小学信息科技课教学、学生课外计算机科学兴趣活动使用的教室,也是学校教师计算机应用技能培训或操练的场所。同时,计算机教室也可作为初中探究性学习和高中研究学习的学习场所。

语言教室又称语音实验室,是专供语言教学和学生练习的场所,现在的语言教室主要用于外语课教学以及学生课外进行的语言、语音练习,少数条件好的中学还配备了同声传译训练系统。

美术教室是美术课教学场所,也可供学生美术课外兴趣活动使用。美术教室一般按照普及美术基础知识和培养初步审美能力的目的来设计和布置,比如在室内放置一些立体的石膏模型或经典的石膏人头模型等。在一些用房比较宽裕的学校,在一般美术教室之外还可增设反映学校美术学习特色的其他美术教育场所,比如,有的学校美术教室之外,另设专门的陶艺吧等等。

书法教室是学生学习初步书法知识、练习基本书法技能以及接受祖国书法文化熏陶的场所。书法教室的设计和布置有专门的要求,包括应满足书法桌的布置和书法操练的特定尺度要求等。

音乐教室一般由教室正间和乐器存放间组成,在设计上,除了保证正常的音乐课教学外,还要考虑供合唱课或小型合唱排演及相应课外兴趣活动使用。条件较好的中小学已将传统的音乐教室升级为智能化音乐教室,使读谱唱谱纠错校正更为快速准确,也为学生的音乐创作和展示提供了更好的平台。

舞蹈教室是为满足中小学舞蹈艺术、体操、形体训练、武术等多种特色课程及相关兴趣小组活动的需要而设置的场所,除镜面、把杆、专用地板等设计要求外,一般还要求配置器材储藏室、更衣室、卫浴设施等。

劳技教室是帮助学生树立劳动观念,培养劳动技能并增强生活自理能力的场所。由于劳技设施设备及课程内容的特殊性,劳技教室一般应有减振减噪、隔振隔噪措施。

（3）公共教学用房

中小学的公共教学用房，大致有合班教室、电教器材室、图书室、心理咨询室、科技活动室、体育活动室等。

合班教室主要供同一年级合班上课、观摩教学、视听教学或年级集会使用，它往往与存放多媒体、声像等器材的电教器材室相互毗连并组合设计。合班教室一般设计为阶梯教室，以保证后排视线不受阻挡。

图书室也可称图书馆，是学校藏书室、报刊阅览室、图书阅览室、视听阅览室的合称。随着中小学教育改革的发展，图书室的内容和功能也在逐渐发生着变化。比如，现在中小学的图书室不仅有藏书，而且所藏的数字化资料也越来越多；又比如，在一些中小学里，图书室已成为语文课堂的延伸，部分语文教学活动已被移到图书室里进行。

心理咨询室是心理辅导教师为了对学生进行心理疏导与保健，排除学生心理不适或障碍而与学生互动交流的场所，一般可设置一些心理测试仪器，以方便教师对学生心理状态的检测。在空间上，心理咨询室应可以满足个别心理咨询和团体心理辅导的需要。由于中小学的心理咨询与社会上的心理咨询目标、任务都有所不同，所以心理测试仪器并不求全。

科技活动室是学生开展航模、船模等各种课外科技兴趣活动的场所，是培养学生科技兴趣、开发学生个性特长和创新精神、锻炼学生动手能力的平台。一般可根据学校的科技活动传统和特色来设计科技活动室，也有的学校在建设创新活动室时，将科技活动室和创新实验室加以整合。

体育活动室是学校全天候开展体育课教学的场所，也是学生锻炼身体和开展文体活动的地方。如果学校建有风雨操场或室内体育馆、游泳馆等，实际上就取代了体育活动室。此外，广义的学校体育场所还应包括大型室外田径运动场。

**2. 办公用房**

中小学的办公用房一般有教师办公室、备课室、德育展览室、行政办公室、会议接待室、卫生保健室、总务仓库、维修管理室、传达室等。

（1）教师办公室

教师办公室是供教师备课、学习、批改作业、教师答疑、找学生谈话的场所。中小学教师的办公室可以有两种安排方式，一是按学科，以各学科备课组为单位来安排教师的办公室，这样的教师办公室规模不会太大；另一种是按年级，全年级的教师不分学科，全都集中在一个规模较大的办公室办公。这两种教师办公室安排方式各有利弊，一般可根据学校实际需要而定。

（2）备课室

以往中小学并没有专门的备课室，后来由于电脑的出现和网络的应用，使教师在备课中可参考的资源大大增加。在许多还没有做到教师人手一台电脑或电信宽带还没有通达每个教师办公室的学校里，往往就专门设置一个备课室，在其中配置一些联网电脑专供教师备课使用，于是就出现了专门的教师备课室。随着移动通信的普及，备课室的功能将逐渐消退。

（3）德育展览室

德育展览室也可称校史陈列室，是记载学校发展轨迹，陈列、展示学校奖状、奖牌、锦旗等荣誉品，对外进行宣传、对内进行传统教育的地方。

（4）其他办公用房

行政办公室、会议接待室、卫生保健室、总务仓库、维修管理室、传达室等其他办公用房，名称和功能直接对应，新教师们在就读中小学时已十分熟悉，这里就不再赘述了。

**3. 生活服务用房**

中学除了教学及教学辅助用房、公共教学用房、办公用房之外，还有生活服务用房。生活服务用房大致包括食堂、学生宿舍、锅炉房、公共浴室、停车库等。

需要说明的是，由于我国幅员辽阔，各地社会经济发展水平不尽一致，目前并非每所中小学都能完全配齐上述各种校舍场所。

### （四）关注学校环境的重点

感知大学与中小学校园情景的种种不同，理解中小学校园情景与中小学教育目的、任务、对象特点将有助于新教师心态的平稳过渡；认识自身角色的转换，有助于新教师做好进入职业角色的思想准备；识别主要场所的功能，有助于新教师建立对中小学教育较全面的整体认识，也有助于新教师获得对未来工作场所的直观感受。但正如本章开始时所提到的那样，学校环境所含的内容是广泛的，对学校环境的认识和适应又有一个知行交替、逐步深化的过程，要求新教师在很短的时间内对学校环境有全面的认识与适应不太现实。因此新教师首先需要对学校环境做一番梳理，对教师入职初期至为关键的学校环境予以重点关注，这样才能秉轴持钧，顺利地实现职初阶段的环境适应。从新教师入职初期的角色、任务出发，学校环境中的制度、机构、人际三个子环境应该是新教师环境认识和适应的重点。在现代法治社会中，人们的社会活动都是在一定的规则下开展的。同样，学校教育教学活动的开展，也需要一系列的制度来提供规则上的保障。所谓制度环境，就是每个教师必须要面对的各种行事规则和规则体系。所谓机构环境，是指教师所从属的各种校内组织与部门。比如说，每个中小学教师依其学科不同，都分别归属于某个学科教研组；每个教师依其任教年级的不同，又分别归属于不同的年级组；而且每个教师还都是教育工会的当然会员，如此等等，教师就处在一个机构环境之中了。所谓人际环境，就是日常工作中与教师交往互动的各类人员。对新教师而言，中小学的各种校舍场所、设施设备几乎是一目了然的，只要下点功夫，就不难了解各场所、设备的功能，也很快能把握相应的操作要领。但对制度、机构、人际环境的认识，就需要一个较长的过程；而对制度、机构、人际环境的适应，则需要一个更长的过程。

## 二、适应新环境

### （一）制度环境的适应

制度是一所学校正常运行并实现预定目标的基本保障之一，是学校开展教育教学工作的基本程序、处事准则和质量要求。一般情况下,一所中小学的各种制度加在一起,大约100项左右。由于刚入职的新教师不可能一下子把所有制度全部烂熟于胸,所以制度环境的适应首先应从熟悉和遵守与教师关系密切的制度开始。下面我们先将中小学的主要制度罗列出来,以展示中小学的制度体系的概貌。然后再对其中那些与教师关系十分密切、新教师必须遵守和贯彻的基本常规制度以及教师不可触碰的违规"高压线"一一展开说明,以便帮助新教师尽快适应中小学的制度环境。

**1. 中小学制度体系概览**

中华人民共和国教育法第二十九条规定,学校"按照章程自主管理"。[①] 学校章程是学校构建制度体系的总纲,在其之下,一般为各项制度规定和各类岗位职责,由此构成整个学校的制度框架(见图2-2)。在中小学里,常设岗位有20余种,从校长、书记、主任、组长、教学人员、教辅人员一直到门卫、保洁员等各有专门职责规定。新教师一般涉及"教学人员"和"班主任"两个岗位,其相关职责及岗位适应提要将在后面相关部分讨论,在此不对中小学所有岗位职责罗列介绍。中小学的制度大体可以归为行政管理、党群管理、教学管理、科研管理、教师管理、学生管理、后勤管理和家—校关系管理等八个类别,每个类别又分别由一系列的具体制度或规则组成。与新教师所涉岗位较为单一的情况不同,学校的大多数制度均与新教师有关联,只不过关联疏密程度不同而已。表2-1列出了8类52项最常见的中小学基本制度,以便帮助新教师了解中小学制度体系的概貌。对于表2-1所列制度,我们还需做两点说明。第一,表中所列52项制度仅为中小学制度"举要",并非中小学制度的全部,其中有些制度在中小学管理实践中还有细分。例如,"学校例会制度",在实践中一般还分为"校务委员会例会制度""学校行政例会制度""教职工例会制度""德育工作例会制度""教学工作例会制度"等等。第二,各地各校的制度名目及内容虽总体相近,但也有部分制度名目及内容会因地因校而异,学校可根据自身历史传统和发展要求依法制定某些特定名目的制度。

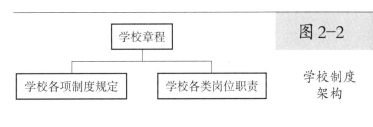

图2-2 学校制度架构

| 制度类别 | 制度举要 | 制度类别 | 制度举要 |
| --- | --- | --- | --- |
| 行政管理 | 教职工代表大会制度<br>校务公开制度<br>学校例会制度<br>人事管理制度<br>教职工薪酬制度<br>学校信息管理制度<br>图书档案管理制度 | 党群管理 | 党建工作制度<br>干部管理制度<br>宣传工作制度<br>统战工作制度<br>工会工作制度<br>妇联工作制度<br>团队工作制度 |

表2-1 中小学基本制度概要

---

① 中华人民共和国教育法[Z]. http://www.moe.edu.cn/2015-12-27.

续表

| 制度类别 | 制度举要 | 制度类别 | 制度举要 |
|---|---|---|---|
| 教学管理 | 教学常规制度<br>考务管理制度<br>校本课程建设制度<br>教学评优制度<br>教研组工作制度<br>备课组工作制度<br>专用教室/设备管理制度<br>实验室管理制度 | 科研管理 | 科研工作管理制度<br>科研成果奖励制度 |
| 教师管理 | 师德师风建设制度<br>教师专业发展制度<br>青年教师带教制度<br>骨干教师评聘制度<br>教师考勤考绩制度<br>教师奖励与惩处制度<br>文明组室评比制度 | 学生管理 | 学校德育工作制度<br>年级组工作制度<br>班主任工作制度<br>学生学籍管理制度<br>学生在校一日常规制度<br>集会活动规范制度<br>学生操行评定制度<br>文明班级评比制度<br>学生社团管理制度<br>学生社会实践管理制度 |
| 后勤管理 | 财务管理制度<br>财产管理制度<br>食堂管理制度<br>宿舍管理制度<br>校园安全制度<br>校园绿化保洁制度 | 家—校关系管理 | 家长委员会制度<br>家长学校制度<br>家长会制度<br>家长投诉受理制度<br>班主任家访制度 |

**2. 基本常规的适应**

上文提到，中小学的规章制度林林总总，加在一起约100项左右。表2-1虽已做了简化整理，但也有52项之多。若要新教师在短期内把这些制度都熟悉起来，不太现实。我们从中精选出"学生在校一日常规制度""集会活动规范制度""教学常规制度"这3项最基本的常规制度，特别加以说明。可以说，这3项常规制度是每个新教师在进入中小学的最初一两周内就必须主动、快速适应的。

表面上看，"学生在校一日常规制度"和"集会活动规范制度"主要是对学生的要求。但实际上，中小学里的许多规定凡要求学生做到的，教师首先必须做到，此所谓身教重于言教。如果新教师对这些简单的常规不加注意，一不小心犯下不必要的"低级错误"，那就很影响自身的形象。更进一步说，这些基本常规还是新教师日后建设班集体的抓手，是判别学生行为是否符合规范的依据。换言之，如果作为一个初来乍到的新教师就有办法教育、引导学生自觉按这些基本常规去做了，那就体现一个新教师的班级管理能力，你的领导没有理由不赞赏你，你的同事没有理由不佩服你，你自己不可能不体验到成功的喜悦。因此从这个意义上说，这两项制度是初入中小学的新教师不得不熟记的常规，也是首先需要适应的基本常规。

(1) 学生在校一日常规制度

中小学的"学生在校一日常规",是学校对每个学生在校行为举止的基本要求,涵盖了学生早上到校上学至下午放学回家整个过程的基本行为规范,其中的一些方面虽然由学校教务处或值勤教师来检查,但更多的需要班主任和科任教师的教育和督促。对于新教师来说,对"一日常规"的适应,主要是两个方面,一是做好自己,二是做好预案。所谓做好自己,是要求新教师既要做好"示范",也要做好"互动"。比如,在我们所选的"学生在校一日常规"实例材料中(参见拓展阅读2-1),"衣冠整洁""佩戴校徽""骑车者距校门2米左右处下车,要推车进校门"虽看起来都是对学生的要求,但又何尝不是对教师的要求呢?如果这些基本要求学生都做到了而新教师却没有做好,那将给学生和其他教师留下什么印象?所以新教师应仔细阅读"学生在校一日常规",对其中有些行为规范,教师首先应带头做好。其次,"一日常规"中的部分内容还涉及师生互动的行为。例如,"进校礼仪"部分有"学生向老师问早(问好),老师答礼"的规定,在"放学"部分又有"师生互相道再见"的规定。在这类师生互动行为中,如果学生表现出恭恭敬敬而我们教师却显得随随意意,那也是极不妥当的。所以,新教师适应"一日常规"制度的第一步,就是先做好自己。新教师在日常教育教学工作中,如发现学生有违"一日常规"的行为,有责任及时纠正与教育。然而新教师往往缺乏相关应对经验,如果这样的事情处理不当,既达不到教育学生的效果,也会使新教师一开始就在学生心目中丧失威信,所以新教师适应"一日常规"制度的下一步,就是要做好预案。所谓做好预案,就是要求新教师在熟悉"一日常规"内容的基础上,对学生可能出现的偏差行为作好心理准备,设想好相关的预案。比如:预备铃响过了,还有几个调皮的学生没有及时进教室怎么办?有的学生没有按时交作业怎么办?有学生课堂上出洋相引发全班哄堂大笑怎么办?可以一一设想好应对的预案,而且这些预案要合法、合理、合情。如果你没有把握,应该向带教的教师或其他同事请教。

---

### 学生在校一日常规[①]

拓展阅读 2-1

1. 进校礼仪
(1) 衣冠整洁,扣好纽扣,最好穿校服。
(2) 佩戴校徽,团员佩戴团徽;校徽、团徽佩戴于外衣左胸。
(3) 骑车者距校门2米左右处下车,要推车进校门。
(4) 学生向老师问早(问好),老师答礼。
2. 排放自行车
(1) 车尾对线"一条龙"。

---

① 本实例材料选自《华东师范大学附属枫泾中学日常管理制度汇编》。

(2) 迟到勿乱停,中午别疏忽。

3. 教室包干区打扫

(1) 教室内每天放学后打扫一次,教室外早、晚各打扫一次,校园包干区每周打扫一次。

(2) 早上轮值打扫者,提前20分钟到校打扫,早自修铃响即进教室。

(3) 打扫要求:地面无杂物,花坛花圃无杂草,墙面无灰尘、无涂画,天花板无积灰,门板无招贴印迹,课桌椅横排、竖排对齐,黑板擦净,黑板槽无粉笔灰,日光灯管无积灰,门窗洁净(擦洗危险处的对外一面除外);清扫工具置放整齐,放学后教室内电源关闭、门窗关好。

4. 上课

(1) 自修课安静自修,做到老师在与不在一样。

(2) 预备铃响即进教室入座。

(3) 课本、学习用品放置课桌左上角或右上角。

(4) 无故不迟到,迟到进教室喊"报告"。

(5) 专心听讲,勤于思考,参与互动,举手发言,记好笔记。

(6) 体育课穿运动装,不穿高跟鞋。

5. 升旗仪式

(1) 按进行曲步伐进、退场,精神抖擞、步伐整齐、双臂摆动有力。

(2) 升旗时脱帽、肃立、行注目礼。

(3) 跟唱国歌,歌声嘹亮。

6. 广播操

(1) 按进行曲步伐进、退场,步伐整齐、双臂摆动有力。

(2) 精神抖擞,动作有力到位。

(3) 目光注视领操台,全场保持安静。

7. 眼保健操

人人要做操,动作要到位,全场要安静。

8. 课间十分钟

(1) 文明休息,不追打吵闹。

(2) 不乱扔杂物。

(3) 不做作业。

9. 中午就餐

(1) 排队按序打饭菜。

(2) 不浪费粮食。

(3) 就餐中不喧哗。

(4) 不在餐厅外就餐。

10. 午休

(1) 文明休息,不追打吵闹。

(2) 推车出校门,进校放整齐。

(3) 不进行不健康的游戏或活动。

11. 放学

(1) 值日生按要求打扫卫生。

> （2）师生互相道再见。
> （3）推车出校门。
> （4）回家途中注意安全，遵守交通法规。

（2）集会活动规范制度

中小学的集会活动多种多样，频率最高的当数每周一次的升国旗以及与之相联系的唱国歌。升国旗和唱国歌是学校生活中非常严肃而庄重的事情，对此，学校一般都有专门的制度规定（参见拓展阅读2-2、2-3）。升旗仪式一般每周一次，安排在周一早上举行。按规定，升旗仪式不准无故缺席。其实，即使有缘故、有理由，也尽量不要请假，因为整个升旗仪式进行的时间并不长，升旗仪式结束后再去干别的事情，不会有什么影响。当然，参加升旗仪式也不能迟到，因为国歌一响，还没进校门的就被拦在校门外，进了校门的如走到一半，也得就地立定，设想一下，对于新教师来说，这是件多么尴尬的事情。所以，周一这天新教师应该稍微提早一点出门。除了不缺席、不迟到之外，还要考虑到升旗仪式也是全体师生集会的场合，出于好奇，人们对新教师总要多看几眼，而新教师的仪表举止，就会留给众人一个最初的印象。升旗仪式是个非常严肃的正式场合，它跟联欢会、运动会不同，不需要你表现太多的个性，而要求你表现出得体、规矩的一面。所以在周一的那个早上，新教师的发型、服装、姿态都大方一点为好，不必让全场对你"刮目相看"。而新教师倒可以留个心眼，对周围作一番观察与思考，比如：在举行升旗仪式的过程中，为什么有的班级表现好一些，有的班级表现差一些？这跟班主任的行事风格、学生管理手段有什么关系？个别调皮的学生有什么违规表现？班主任是怎么处理的？成功了还是不成功？是什么原因？如果我来处理还会有更好的办法吗？

实际上，升旗仪式是学校集会活动中最简短的一种。中小学里还有许多比升旗仪式进行时间更长、影响范围更广的集会活动。比如，学校邀请某个模范人物或某个专家来学校作报告，师生们集体听讲，也是一种集会活动。这样的集会活动，就不是纯粹的校内人员集会了，因为它还涉及我们的师生给报告人留下什么印象的问题。如果是校庆那样的重大集会活动，涉及的校外人员范围就更加广泛了。再比如，学校组织学生祭扫烈士陵园或瞻仰伟人故居等等，也是一种集会活动，而且是一种走出校门的集会活动。学校制定集会活动规范，不仅是为了保证学生的安全，而且也是为了向社会展示学校的文明风貌，更是学生思想品德教育的一种方式。刚到学校的新教师，可能暂时还没有担任班主任工作，但也不能抱"事不关己"的态度，而要主动把自己放到教师集体中去，主动去做一些力所能及的事情。具体来说，就是要做到"表率""友好"四个字。什么叫"表率"呢？就是集会活动前再重温一遍学校"集会活动规范制度"（参见拓展阅读2-4）规定不许学生做的事情，教师自己首先应该做出表率。如听报告时不迟到，不早退，不刷手机，不与人交谈等等。什么是"友好"？就是要目中有人、眼中有活。

**拓展阅读 2-2**

## 升国旗制度[1]

1. 每周一上午举行全校升旗仪式，奏、唱国歌，使用符合国家法规规定的国旗。
2. 升旗仪式是严肃的爱国主义教育活动，是展示学校精神面貌的一扇窗口，必须认真规范。
3. 全校师生须参加升旗仪式，班主任进学生队伍，其他教师整队入场，不准无故缺席。
4. 学校领导要在国旗下讲话，讲话稿入学校档案。
5. 升旗仪式由德育处主持。

**拓展阅读 2-3**

## 唱国歌制度[2]

1. 学校所有重大集会均应有唱国歌的程序，全体出席者届时均应起立齐唱国歌。
2. 在每周一的升旗仪式上，在场的全体师生员工均应齐唱国歌。
3. 班级、年级重大活动时，应齐唱国歌。
4. 周一升旗仪式各班学生唱国歌的情况列入抽查评比范围。
5. 本制度每学期由德育处进行检查，并视情况予以修订完善。

**拓展阅读 2-4**

## 集会活动规范[3]

1. 升国旗奏国歌时，要肃立、脱帽、行注目礼。
2. 凡集会活动，学生要穿好校服，戴好校徽、团徽。
3. 广播操集合号响后，应迅速到指定地点集合，保持肃静和队列整齐。
4. 全校或年级的广播会进行中，任何人不得关闭广播器，学生应静心听讲或按要求做好记录，不做作业，不看书报，不做其他事情；班主任不在场时，由值日干部维持秩序，学生须听从指挥。
5. 参加集会入场前由班主任或班干部在指定地点负责整队，队伍保持安静，排队入座后，应专心参加会议，不讲废话，对大会发言者，应有礼貌，不得

---

[1] 本实例材料选自《华东师范大学附属枫泾中学日常管理制度汇编》。
[2] 本实例材料选自《华东师范大学附属枫泾中学日常管理制度汇编》。
[3] 本实例材料选自《华东师范大学附属枫泾中学日常管理制度汇编》。

> 起哄。
> 6. 在观看电影时，按指定地点就坐后，不得随便走动、随便调换座位，保持安静，不吃零食，不迟到，不早退。
> 7. 外出集体活动（课外教育活动），要注意安全，听从组织者的安排，遵守社会公德和社会秩序，不损害学校的声誉。

尤其是校外的集会活动，你即使不是班主任，也可以主动协助其他教师维持一下秩序，过马路时招呼一下学生，一路上帮年长的教师提一下东西，回途中呵护一下体弱的学生。这一切，对你来说都可能是举手之劳，但在别人眼里就有点弥足珍贵了，因为人们不在乎你付出了多少体力，而在乎你传递了对学生、对同事乃至对学校这个大家庭的友好讯息。

（3）教学常规制度

上述"学生在校一日常规制度"和"集会活动规范制度"等，基本属于学生管理类制度。对于新教师而言，更需要适应的是与教师岗位直接关联的常规制度。比如，新教师应在尽可能短的时间内熟悉并适应"教学常规制度"。由于教学并非仅指上课活动，而是包含了课前的备课活动以及课后的作业布置、批改、讲评、辅导、评价等一系列环节，因此"教学常规制度"内容非常丰富。即便仅以其中的"上课"环节为例，新教师要适应其常规要求也非得下一番工夫不可（参见拓展阅读2-5）。当然，学校的"教学常规制度"是对全体教师的要求，对新教师来说，要全面达到其中的全部要求，既需要老教师的带教指导，也需要一个锻炼的过程，不可操之过急。新教师适应"教学常规制度"的重点，首先应放在明确"硬规定"上。比如，不占用学生的2分钟预备时间，上课中途不离开教室，下课铃响后不拖堂，课堂神态、用语的得体恰当，板书的布局合理等，这些还是比较容易做到的。至于如何做好课堂教学工作，如何对课前、课中、课后三个环节做贯通思考和设计，本书第三章将做专门的讨论。

> **拓展阅读 2-5**
>
> ### 教学常规制度（节选）[①]
>
> #### 上课
>
> 1. 遵循时间节点
>
> 上课预备铃声响后，教师应及时来到教室，但不允许占用学生的2分钟预备时间提前上课。

---

[①] 本实例材料节选自《华东师范大学第三附属中学教师教学手册》。

> 上课途中,教师不得随意离开教室。要合理安排40分钟时间。
> 下课铃声响后,教师不得拖堂,更不允许随手关闭教室内的喇叭。
> 2. 有序组织课堂
> 要有完整的课堂教学组织形式,严密、严谨、规范,避免课堂教学的松、散、乱。
> 教学步骤要清晰,避免前松后紧的现象。
> 3. 关注每位学生
> 根据课堂中学生学习的反馈,及时调节教学进度、教学内容和教学策略,有效捕捉和利用课堂生成性资源,使课堂真正成为师生互动和共同发展的场所。
> 鼓励学生发表个人见解,允许学生出错。对学习困难或性格内向的学生,教师要运用各种教学手段,充分调动他们参与课堂学习的积极性。
> 4. 善解重点难点
> 要善于抓住"核心知识",对重点、难点和关键点的把握要准、透、稳。努力贯彻备课意图,避免上课出现随意性、盲目性等现象。
> 尽可能采取直观手段,选择让学生快速掌握基本知识的最佳途径和方法,帮助学生形成和理解概念,对较复杂的知识和难理解的内容,宜采用精讲多练,循序渐进,突破重点,分散难点等策略。
> 5. 把握神态与用语
> 教师神态要自然、大方、亲切,精神要饱满,要充满教学激情;教师用语要注意规范,不仅要讲普通话,而且还要体现语言表达的简洁性、科学性和激励性,提问的指向要明确,设问要环环相扣。
> 6. 合理布局板书
> 课堂板书要布局合理、书写规范、纲目清晰、字体端正、大小适中、图线清晰、具有启发性及简洁性,能展现知识的系统性与层次的逻辑性。
> 要尽量保留主板书,便于学生记录与课堂归纳小结。如果教学过程中需要使用大屏幕,则要对大屏幕旁留有的黑板空间精心设计、合理利用。要避免整节课没有留下任何板书的现象。

**3. 岗位职责的适应**

新教师入职后,必定要承担学科教学任务,而学校则对各学科教师有相应的岗位职责要求。新教师的岗位职责适应,首先要遵从学校制定的教师岗位职责规定,保质保量完成教学任务。各学科的教育教学具有不同的具体任务和特点,学校为各科教师制定的岗位要求可能有所不同,但对教师的基本要求不外乎"一践行,三学会"(践行立德树人,学会教学、学会育人、学会发展)。[①]综合一些中小学教师岗位职责实例来看,学校制定的教师岗位职责一般包含9个方面,大致涉及师德修养、教书育人、课堂教学、教研活

---

① 教育部. 教育部关于印发《普通高等学校师范类专业认证实施办法(暂行)》的通知[Z].(2017-10-26) http://www.moe.gov.cn/srcsite/A10/s7011/201711/t20171106_318535.html.

动、教育科研、学生管理与辅导、专业发展等方面的要求(参见表2-2)。当然,新教师就职的学校对教师岗位还有更多的具体要求,新教师必须按所在学校的具体要求执行。新教师在履行教师岗位职责的过程中,如遇疑难,应及时向带教指导教师请教,以期完成对教师岗位职责的初步适应。新教师在一段工作之后,还可根据指导教师的意见和任教班级的具体学情,对教育教学工作有所探索、有所创新,以便更好地履行教师岗位职责,这便是对教师岗位职责的进一步适应。

| 方 面 | 职 责 内 容 |
|---|---|
| 师德修养 | 1. 遵守宪法、法律和职业道德,全面贯彻党的教育方针,立德树人,为人师表,爱岗敬业,关爱学生,做中小学生成长的指导者和引路人。 |
| 教书育人 | 2. 遵守学校各项规章制度,按照学校制定的要求开展教育教学工作,严格执行教学常规,完成学校安排的教育教学任务并达到学校规定的工作量。 |
| | 3. 熟知任教学科的课程标准、教材、教学方法,通过教学活动贯彻落实课程要求,激发学生兴趣,培养学生科学的学习方法和良好的学习习惯。 |
| 学生管理与辅导 | 4. 贯彻落实学校制定的"学生在校一日常规",重视课堂管理,与所教班级班主任一起共同维护班级良好纪律。 |
| | 5. 根据教务处、教研组(备课组)的安排,积极组织和辅导学生开展研究性(探究性)学习、学科课外活动以及学生社会实践活动。 |
| 教育科研 | 6. 认真参加教研组(备课组)活动,通过集体备课、听评课等教研活动开展教学反思,取长补短,不断改进教学质量。 |
| | 7. 积极参与科研课题研究,通过科研提高对课程教学的认识,为进一步提高教育教学工作质量服务。 |
| | 8. 积极参加教师专业发展活动,按时完成规定的在职学习任务。 |
| 其他 | 9. 完成上级布置的其他工作。 |

表2-2
教师岗位职责一般要点

在新教师入职初期,学校一般不会立即安排新教师担任班主任,而是通过担任副班主任等方式让新教师有一个学习班级管理的过程之后,再安排班主任工作。但也不排除有的学校因编制紧缺或其他特殊原因,需要新教师到岗后即承担班主任工作。此时,就要求新教师能尽快适应班主任岗位职责要求。由于班主任工作在本书中有专章讨论,在此仅提供一份比较典型的中学班主任工作职责实例,让新教师先行了解中小学对班主任及班主任工作的一般要求,以便对未来的班主任角色适应有一个预先的心理准备。

**4. 不可触碰的"高压线"**

上文讨论的"基本常规适应"和"岗位职责适应",基本都是从正面来说明新教师在入职初期需要做什么和怎么做。这里,我们将从另一角度来强调包括新教师在内的任何教师都不可触碰的违规"高压线",也即有关政策明令禁止的教师行为。刚入职的新教师涉世不深,对各种教师管理政策也不可能全部谙熟于胸,如果一不小心

**拓展阅读 2-6**

## 班主任工作职责[①]

班级是学校进行教育教学活动的基本单位，班主任是班集体的组织者、教育者和指导者，也是学校贯彻国家教育方针，促进学生全面健康成长的骨干力量。班主任有责任实施学校教育教学计划，协调本班任课教师的教育工作，关心指导团队的工作，关心班级教育、艺术、科技等活动，沟通学校与家庭、社会教育之间的联系，班主任具体的工作职责如下：

1. 根据学校工作要求和年级组计划，于每学期初制定本学期的班级工作计划。
2. 组织本班学生定期进行集体和个人的总结。
3. 建立健全行之有效的班级管理制度，积极指导培养学生干部，定期召开主题班会四次，并且写好教案。重视培养学生自我教育、自主管理的意识和能力。
4. 掌握班级基本情况，建立健全班级学生日常成长电子档案。
5. 重视每日常规的执行，培养学生良好的行为习惯。做好一日常规的小结评比工作。
6. 重视学生的体育锻炼，争取学生家长配合，帮助学生设计个性化体育锻炼方案，实现体锻达标合格率，力争优秀。毕业年级班主任及时将学生的体育成绩通知家长。
7. 自觉阅读教育学、心理学等方面的书籍，关注德育教育的信息、经验，有的放矢地进行德育实践。不体罚和变相体罚学生，并制止类似行为发生。
8. 走到学生中去，走到学生的心灵中去，走到学生的问题中去，关爱每位学生的健康成长，做好潜能生的帮教工作。加强与任课教师联系，了解学生的作业量并加以协调。定期分层分类地分析学生的情况和思想动态，每学期每生至少有一次个别谈话，每学期至少有一次与学生家长联系，每学期至少进行一次家访，形成家校教育的合力。
9. 指导学生参与社会实践活动，鼓励学生走入社区，服务于社区。
10. 高度重视学生的人身安全教育，避免重大违纪、偶发事件的发生。及时规范处理班级中发生的违纪、偶发事件。
11. 准时出席班主任工作例会，认真做好会议记录。协助年级主任做好各项工作。认真详细填写班主任工作手册和学生手册，及时记下工作心得，整理具体个案。
12. 按照值周要求做好值周的组织参与工作。
13. 完成上级布置的其他工作。

---

[①] 本实例材料节选自尹后庆主编. 浦东新区中小幼管理制度文本汇编[M]. 中国三峡出版社，2006：482-483.

触碰了违规"高压线",那可以说是新教师制度适应的彻底失败,其结果不仅是接受相应的处分,而且将对整个职业生涯带来负面影响。为此,我们专门列出"十不可"(参见拓展阅读2-7)和"六严禁"(参见拓展阅读2-8)。这些"高压线"简洁明了,无需再做多余的解释、阐述,新教师只要切记之,避免之,也就实现了另一角度的制度适应了。

> **拓展阅读 2-7**
>
> ### 中小学教师违反职业道德行为处理办法(节录)[①]
>
> **第四条** 教师有下列行为之一的,视情节轻重分别给予相应处分:
> (一)在教育教学活动中有违背党和国家方针政策言行的;
> (二)在教育教学活动中遇突发事件时,不履行保护学生人身安全职责的;
> (三)在教育教学活动和学生管理、评价中不公平公正对待学生,产生明显负面影响的;
> (四)在招生、考试、考核评价、职务评审、教研科研中弄虚作假、营私舞弊的;
> (五)体罚学生的和以侮辱、歧视等方式变相体罚学生,造成学生身心伤害的;
> (六)对学生实施性骚扰或者与学生发生不正当关系的;
> (七)索要或者违反规定收受家长、学生财物的;
> (八)组织或者参与针对学生的经营性活动,或者强制学生订购教辅资料、报刊等谋取利益的;
> (九)组织、要求学生参加校内外有偿补课,或者组织、参与校外培训机构对学生有偿补课的;
> (十)其他严重违反职业道德的行为应当给予相应处分的。

> **拓展阅读 2-8**
>
> ### 严禁中小学校和在职中小学教师有偿补课的规定(节录)[②]
>
> 一、严禁中小学校组织、要求学生参加有偿补课;
> 二、严禁中小学校与校外培训机构联合进行有偿补课;
> 三、严禁中小学校为校外培训机构有偿补课提供教育教学设施或学生

---

[①] 本政策材料节选自教育部. 教育部关于印发《中小学教师违反职业道德行为处理办法》的通知[Z]. (2014-01-11) http://old.moe.gov.cn/publicfiles/business/htmlfiles/moe/s7002/201401/163197.html.
[②] 本政策材料节选自教育部. 教育部关于印发《严禁中小学校和在职中小学教师有偿补课的规定》的通知[Z]. (2015-06-29) http://www.moe.gov.cn/srcsite/A10/s7002/201507/t20150706_192618.html.

> 信息;
> 
> 四、严禁在职中小学教师组织、推荐和诱导学生参加校内外有偿补课;
> 
> 五、严禁在职中小学教师参加校外培训机构或由其他教师、家长、家长委员会等组织的有偿补课;
> 
> 六、严禁在职中小学教师为校外培训机构和他人介绍生源、提供相关信息。

### (二) 机构环境的适应

学校组织机构,是指学校内设的各职能单元,这些职能单元组合在一起就形成学校的组织机构体系。学校的组织机构体系和学校的制度体系相结合,共同保障学校的正常运行并实现预定的办学目标。新教师甫一入职,就将按其所属学科被归入某一教研组,又因学校安排其任教的年级而被归入某一年级组。于是,新教师所在年级的年级组、所属学科的教研组以及该教研组在新教师所在年级的备课组,就是新教师首先要融入的机构。而这些机构的规则、要求以及各种活动,则构成了参与其中的新教师所面对的机构环境。当然,学校是个小社会,教师工作、生活其间,免不了还要跟教研组、备课组、年级组之外更多的机构交往和互动,由此构成新教师身在其中的整个机构环境。下面我们介绍中小学几种常见的组织机构体系,以帮助新教师了解中小学组织机构的一般概貌,然后就新教师在机构环境适应中应有的心态和应对策略提出建议,供新教师参考。

**1. 中小学组织机构概貌**

学校的组织机构是根据保障学校运转的需要和实现教育改革的追求而设置的,就此而言,各中小学的组织机构体系可谓大同小异。如果从我国中小学实行校长负责制算起,中小学组织机构体系的原始模式是"两线"+"一室三处"。所谓"两线"是指行政和党群两条管理工作线路,"一室三处"是指校长室以及教务处、德育处(政教处)、总务处。"两线"+"一室三处"的模式下,一般可以分为"教研组办公"(见图2-3)和"年级组办公"两种不同的模式(见图2-4)。图中的实线表示机构之间直接的行政(党群)领导与被领导的关系,虚线则表示机构间并无直接的领导与被领导关系,而是一种机构间的协调、合作或业务指导关系。在"中小学组织机构体系(A)"和"中小学组织机构体系(B)"中,德育处(政教处)的工作通常由分管德育的副校长主抓。2016年,中共中央组织部、教育部党组联合印发《关于加强中小学党的建设工作的意见》,明确中小学学生德育工作由党组织主导,校长负责。① 这样就形成了学校党组织和学校行政双重领导并以党组织为主的学校德育工作机制。这一变化反映到中小学组织机构体系中就形成了"中小学组织机构体系(C)"的模式(见图2-5,其中中层以下机构设置

---

① 中共中央组织部、教育部党组. 关于加强中小学党的建设工作的意见[Z].(2016-09-29)http://news.12371.cn/2016/09/29/ARTI1475148974646206.shtml.

与图2-3、图2-4相仿，不再于图中列出）。另一方面，由于2001年的新课程改革以来，中小学的教育科研工作的重要性日益凸显，许多中小学增设了"科研室"，统筹学校科研工作并兼管教师专业发展工作，这就形成了"中小学组织机构体系（D）"的模式（见图2-6）。

此外，随着大型和超大型中小学的出现，中小学年级组的规模变得相当庞大，原先分条线管理的模式就暴露出反应不灵敏和办事效率低的问题。为此，一些中小学便实施扁平化管理，撤销了中层处室，赋予年级组全面管理全年级教育教学工作的权力，每个年级分别交由一名校级领导分管（有的学校由分管校领导兼任年级主任并另设一位常务副主任），学校专设综合服务办机构，为各年级组提供必要的教育教学和学生生活服务，由此就形成了"中小学组织机构体系（E）"的模式（见图2-7）。图中的"综合服

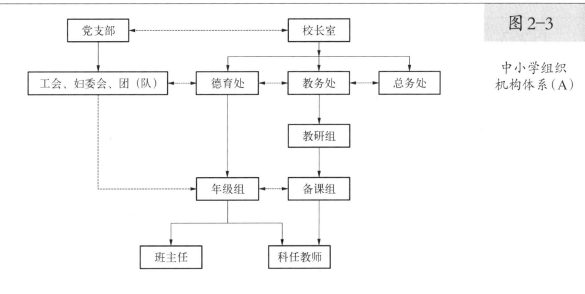

图 2-3 中小学组织机构体系（A）

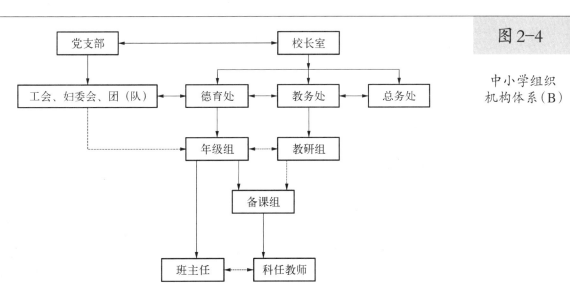

图 2-4 中小学组织机构体系（B）

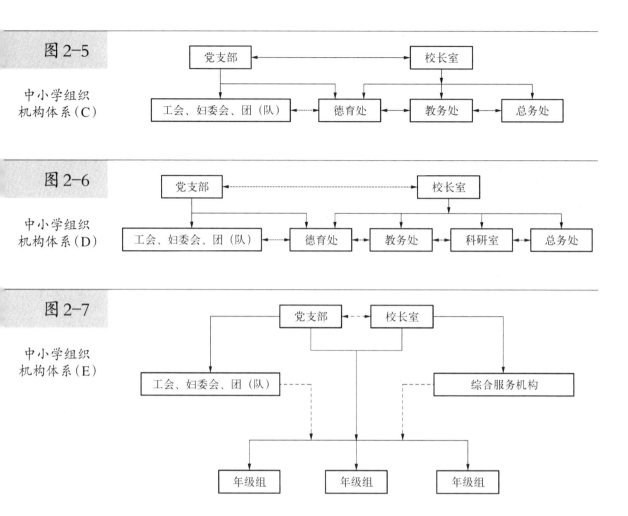

图 2-5 中小学组织机构体系（C）

图 2-6 中小学组织机构体系（D）

图 2-7 中小学组织机构体系（E）

务机构"是一个统称，具体设置可能因地因校而异。比如，有的学校通过设"人力资源部""学生事务部""教学事务部""信息中心"等机构，为各年级提供综合服务，另一些学校可能赋予这些机构另一些名称。但万变不离其宗的是，这些综合服务机构已不再承担原教务处、德育处类似的中层管理职能，其职能转变为统筹协调、业务指导和提供服务。这也是"学生发展为本""教育教学为中心"和"管理就是服务"的学校管理理念的反映。

**2. 机构环境适应的起点**

我们在上文中已说明，中小学的基层管理体制有两种，一种是按教研组办公，还有一种是按年级组办公，目前大多数中小学都采用后者。在年级组办公的体制下，年级组长（有的学校称年级主任）根据学校的部署，统领并协调年级的全面工作，指挥全年级班主任和科任教师开展工作。在年级组办公的体制下，新教师在行政上自然归属其所在的年级组，工作上听从年级组长的安排与调度。自然，新教师与年级组长所代表的年级组之间的日常互动自然是最多的。不过作为一个学科教师，还隶属于其所任教的学科教研组。比如，你是个数学教师，你自然就是学校数学教研组的一员，要按时参加数学组定期或不定期的教研活动。所以，教研组也是一个互动较多的机构。不过教研组是跨年级设置的,为了适应各年级学科教学和业务活动的特点,教研组还在各年级下设备课组,比如高中的数学教研组,就下设高一数学备课组、高二数学备课组和高三数学备课组。如果你在高一教数学,那么你的业务学习和交流活动,多半在高一数学备课组内进行,只有少量的大型业务专题学习和培训活动,才会在跨年级的教研组范围内开展。在按年级组办公的体制下,教研组对备课组只是一种业务指导关系,在日常教育教学工作中,每个备课组都是由所在年级的年级组管理的。当然,若按教研组办公,则年级组只负责管理班主任工作,而一般科任教师在工作上就要听从教研组的指挥了。初入职的新教师,应该一开始就弄明白自己所在学校究竟是实行按年级组办公还是按教研组办公(尽管现在按教研组办公已经比较少见了),否则就无法厘清年级组、教研组、备课组之间的"三角关系"。所以,我们将厘清这种"三角关系"称为新教师机构环境适应的起点。

**3. 机构环境适应的十二字诀**

通过上面的交代新教师已经明白,平时与新教师关系最密切、互动最多的就是年级组、备课组和教研组。除了互动最频繁的年级组、备课组和教研组之外,与新教师互动的部门机构还有总务后勤及党群机构等。跟年级组、备课组、教研组相比,这些部门与教师的互动既不那么频繁,又是因人而异的。比如,新教师是否党团员,是否有文体特长等等,都将影响新教师与党群部门的互动频次。有时候,新教师在与各个部门机构的交往互动中,可能都会接到一些活动的要求和任务的布置,这就需要新教师统筹安排时间,分别轻重缓急加以应对。比如,可能你正忙着为教研组布置的课例研究活动做准备,却被团委书记找去要求你帮助策划"五四"歌会活动,而年级组长又要求你两周内拿出文明班级建设方案。课例研究是教研组计划中的重要业务活动,做不好会留给同科教师不好的印象;"五四"歌会是全区各中小学青年教师之间的风貌竞赛,关系到学校一个方面的声誉;文明班级建设是区教育局有关职能部门组织的一次评比检查,几周后就要进行。像这样的事,新教师可能常常会碰上,如果没有心理准备,就会感到极度焦虑,最后还可能导致事情处理失当。如何解决此类矛盾?我们在这里给出"心态调适""任务分析""主动沟通"十二个字的建议。以上面那个例子来说,教研组、年级组、团委同时布置一些突击性的任务,当然是件棘手的事情。此时,如果你老是纠缠于"这些任务合理不合理""为什么给我不给他"等等,只能把自己的心态搞得一团糟,己、于人、于事都是不利的。所以,遇到这种多头布置任务的情况,最要紧的是自己先沉稳下来,把心态调整好。其实,随着现代社会工作节奏的加快,那句"一心不能二用"的老话已经有点不适用了。现代社会的许多行业,都要求从业者"一心二用"甚至是"一心多用"。当教师,就得有这个心理准备。自己的心态调适好了,再冷静地分析一下几项任务,根据它们的难易、消耗时间的多少合理运筹时间,把几件事情安排好。如果分析下来,自己确实没有能力同时把几件事情都做好,那就应该主动与几个方面沟通,实事求是地摆出困难,甚至还可提出一些任务调整或增加某个帮手的建议,以便妥善解决矛盾。如果新教师能够恰当把握好这十二个字诀,也就算是初步适应了一个中小学教师各个部门机构多头互动的环境了。

### (三) 人际环境的适应

在学校中，无论是制度的制定与执行，还是机构职能的履行和发挥，都是在人际互动下完成的。新教师在执行相关制度、履行岗位职责的过程中，也不可避免地与各方人员互动，不知不觉便进入了学校的人际环境之中。就人际环境适应而言，新教师的最低适应目标是经过入职之初的三五个月后，自我感觉与人交往没有困难，对自己周边的人际氛围没有反感，同事们对新教师的日常表现基本接纳，同事们与新教师交往中未产生负面情绪和评论，双方安然度过相互间的初识和接纳的阶段。新教师人际环境适应的高一层的目标，是经过入职之初的两三个月后，自我感觉与人交往轻松自如，喜欢自己所处的人际氛围，同事们对新教师的日常表现时有赞扬，双方在交往中磨合顺利并建立初步的互信。从某种程度上说，新教师对学校人际环境的适应，首先是对学校文化的适应，其次才是与相关人员互动中所表现出言行上的合理性和恰当性。如果能够主动适应学校文化，并在与学生、家长、同事、师傅、领导等主要互动对象交往中采用合适的方式和方法，就能够顺利度过人际环境适应期。从教师工作的性质和任务来看，教师交往最频繁的对象是学生。由于教师与学生的交往与互动主要发生在课堂教学和班级活动之中，因此有关教师与学生的互动将留待本书第三章和第四章讨论。在本节中我们主要探讨新教师与家长、同事、师傅、领导的交往与互动问题。

**1. 确立待人处事的基本标准**

学校文化是一个常被提及和使用的概念，也是一个可以有不同界说的概念。学校文化的外延颇为宽广，学校所特有的传统、惯例、风气、氛围可被视为学校文化，学校的一系列仪式、程序甚至校园布置与装饰的样态也可归为学校文化。然而，无论人们怎样去理解和诠释，学校文化中最根本、核心的部分还是学校成员共享的价值观和是非标准。一如我国社会学家费孝通所指出的那样，所谓文化，是指一个团体在长期应对处境的过程中所形成的一套生活方式。在这套生活方式的背后，是一系列的是非标准和价值观念。团体中的每个个体在面对同一件事情时，因受相同的是非标准和价值观念的支配而表现出行为上的一致性，从而体现了文化的功能和文化的力量。[①] 这种共享的价值观和是非标准虽不那么具象，但新教师可以在学校各方人员的互动中逐渐体悟。比如，新教师可以结合发生在学校工作中的具体事例，尤其是如何对待学生、如何对待家长、如何对待自己的工作、如何处理个人和集体关系的具体事例来思考：在这个学校里，大家究竟认定哪些事情是有意义的，哪些事情是没有意义的？究竟怎样做是对的？怎样做是不对的？究竟得到什么样的结果是光荣的，得到什么样的结果是耻辱的？如果新教师能够领会学校的共享价值观和是非标准，并尽力以学校的共享价值观和是非标准来调节自己的言行，那既是对学校文化的主动适应，也为自己的待人处事的恰当性确立了一个基本判断的标准。

**2. 把握与家长互动的分寸**

依据《中华人民共和国民法总则》第十七条、十八条以及二十六条、二十七条的法律精神，中小学生处在未成年人阶段，尚属无完全民事行为能力者，学生的父母（或父母无监护能力情况下的其他法定顺位监护人）承担监护的责任，也负有抚养、教育和保护

---

[①] 费孝通. 乡土中国[M]. 上海：上海人民出版社，2006：115-116.

的义务。[①] 家长的这种法定身份，决定了他们是学校教育的重要合作对象。正因为此，教师与家长的互动是经常而密切的。由于家长来自各行各业，其工作单位、文化程度、经济状况、人生经历以及教育理念各有不同，因此教师在与家长的互动上，既要积极主动也要注意拿捏好分寸。对于初入职的新教师来说，在与家长交往互动上并无经验积累，要把握互动分寸就必须抓住"立规在先"和"预案在胸"两个基本要点。所谓"立规在先"，就是新教师要利用首次与家长群体交往的时机，就应及时立下合理的沟通规则。例如，随着社交媒体应用的普及，以建立班级家长微信群的方式保持班主任与家长的沟通已成为常态，班主任在建群之初就要与家长们"约法三章"，共同立下若干规矩，至少可以包括：

（1）宣示建群宗旨——重在家校信息沟通，传递会议、活动通知，提醒相关事宜，介绍学校相关政策，分享家庭教育经验以及一些有意义的家庭教育文章等。

（2）划定群友范围——不拉非本班学生家长入群，且群内家长均使用学生实名+"家长"，如，"赵红家长""钱橙家长""孙黄家长""李蓝家长"等。

（3）明确行为边界——不在群里公开批评某位学生，不在群里公开指责教师，不在群里讨论个别学生问题，以上均可通过家长与班主任之间的私信进行沟通；不在群里推送广告，不在群里拉票，不在群里转发无关帖子；教师不在群里公布学生成绩排名，不在群里点名表扬某学生；家长不在群里晒孩子的成绩，不在群里晒自己家庭照片，不在群里摆阔显富等。

所谓"预案在胸"，是指新教师在与家长进行个别交流之前，应该先备备课，可以起到弥补自己交往经验不足的效果。例如，教师的家访尤其是对新生的家访，就是一次教师与家长的个别交流。如果是对新生的首次家访，在家访前，新教师可以思考一下：

（1）本次家访的目的是什么？通过这次家访我想要向家长传递哪些信息？通过这次家访我想要获得哪些信息？

（2）这个学生在小学阶段的表现如何？小学的班主任对这个学生有什么评价？从这些评价可以看出这个学生的性格特点是怎样的？

（3）这个学生的家庭背景大致是怎样的？到访这样的家庭在与家长交流时开场白可以是怎样的？交谈中忌讳提及什么？

当然，新教师还可以通过跟随老教师一同家访，学习或通过向老教师请教的方式，为自己第一次的独立家访做更详尽的预案。总之，通过"立规在先"和"预案在胸"可以帮助新教师初步把握与家长互动的分寸。

**3. 保持同伴间的融洽程度**

如果我们把学校各部门机构的教职员工看作新教师的同事的话，那么，与新教师在同一办公室办公的教师就可算是新教师的同伴了。因为办公室是教师最主要的学校生活场所之一，办公室里的同事当然就是与新教师交往最为密切的同伴。就中小学的人际环境适应而言，新教师与办公室同伴融洽相处这一关是非过不可的。新教师初到一个办公室，只要注意尊重办公室的原有生活方式，你与办公室同伴融洽相处就有了好的

---

① 中华人民共和国民法总则[Z].(2017-03-15)http://www.npc.gov.cn/npc/c12435/201703/7944f166a8194d788c63cc6610aebb4a.shtml.

起点。如果你还能参与办公室的友好环境建设,那你与办公室同伴融洽相处就更有了实质性的保障了。什么叫做"尊重原有生活方式"?就是要注意观察并遵循办公室已经存在的某些不成文的习惯。比如,办公室的教师们都比较喜欢安静,你就不宜在办公室里跟朋友煲电话粥。必须要打电话时,也最好能压低声音简短交谈。如果实在需要长谈,可以离开办公室到校园里去接听手机。这样的事情虽然很小,但累加在一起就形成办公室的生活方式。如果你不懂得尊重办公室业已存在的原有生活方式,可能就会成为办公室内不受欢迎的人。所谓"参与友好环境建设",就是在与办公室同伴交往上随和一点、大度一点。逢年过节,办公室的同伴们愿意聚一聚,你就参与一下;同伴家里有个红白喜事,大伙都有表示,你也就凑个份子;只要不是什么原则问题,你就让一下、忍一点;同伴之间有个小误会,你不是得理不让人,而是得理也让人……这每一桩、每一次,都是你对办公室友好环境建设的贡献。久而久之,你不仅能与办公室同伴融洽相处,而且将受到大家的尊敬。

### 4. 悦纳同事的多样交往方式

新教师在保持与同办公室同伴融洽相处的同时,还免不了与更广泛的学校同事进行交往与互动。"同事"包含的对象比较广,从学校里的一般教职员工到各级领导,都属"同事"之列。一个教师与同事的交往面,是因人而异的。性格外向一点的,兼任社会工作多一点的或文体特长多一点的人,与同事的交往面自然就会广一些;性格内向一点的,基本没有兼任社会工作、没有什么文体特长的人,同事交往面就窄一些,这是社会人际交往中常见的现象。这种同事交往面的差异,在同一批进入学校的新教师中一定会存在。对此,你不必过于在意,因为这里面只有性格不同,没有什么好坏之分。看到别的新教师交往面比你广,既不要感到有什么焦虑,也不应该去指摘别人。新教师进入一个陌生的同事人际环境,往往对交往中的一些细节比较敏感。比如,有的同事在跟你交往中微笑多一些,另一些同事则更严肃一些;有的同事跟你说话比较委婉,另一些同事则说话更直白一些。其实,严肃一点的同事未必对你有什么成见,说话委婉或直白也不过是性格使然,你不应过于敏感,也不必过于计较或过多揣摩,而应该保持良好的交往心态。新教师应当认识到,接纳同事交往方式上的多样性,正是人际环境适应的一个部分。

### 5. 珍视师徒带教的经历

作为新教师,第一个深度交往的同事,就是负责带教的教师,也就是你的师傅。如果你能够通过交往,让你的师傅接纳你、认同你,那就算你通过了中小学人际环境适应的重要一关。反过来说,如果你连师傅交往这一关都过不了,甚至跟师傅闹出点什么矛盾来,你今后的人际交往之路就不那么好走了。有人说,师傅是人,人的脾气性格、知识品行都有不同,谁能保证我遇到个好师傅呢?如果真的在交往中出了矛盾,一定是我的错么?对于这个问题,我们首先应该这样来分析:新教师的带教,是任何学校都非常重视的事情,谁能带,谁来带,学校都是经过比较和选择的。一般情况下,学校是不会让脾气性格有缺陷或知识品行有问题的教师来当师傅的。认识这样一个事实,是新教师跟师傅正常交往的必要前提。其实,师傅带教只涉及新教师职初的一段时间,相比新教师的整个职业生涯,那只是一段很短的经历。新教师应该珍惜这段难得的经历并珍视这段经历中的种种收获。从许多新教师顺利度过师傅带教环节的经验来看,有几句话是值得新教师参考的,那就是"少一点比较,多一份敬重;少一点自尊,多一份勤奋"。新教师刚从大学出来,头脑中还保留着对大学教师的深刻印象,在跟师傅的接触中,有意无意地会拿大学的某教授来跟师傅比。这一比,常常就会比出两个不满意来。一是教授总是主张学生创新,不为现成框框所囿;而师傅呢,老是让徒弟"守旧",开口就是备课、上课、作业、辅导、评价五环节,闭口还是这五环节,看来这师傅的理念太落后。二是教授上课有教材但绝不拘泥于教材,古今中外无所不涉,谈天论地挥洒自如,这就叫学问;而师傅呢,总是不让人大胆发挥,时时处处拿课程标准、教学大纲来套,看来我这满腹经纶在中小学里是无用武之地了。其实,这样的比较是不合适的。在新教师刚刚入门阶段,师傅要带你熟悉学科教材和课程标准,了解教学的基本常规、把握教学的基本技能。所以,在这个阶段,师傅对你的要求往往比较"死"。只有当你过了基本功这一关,师傅才会允许你慢慢"活"起来。此所谓先"死"后"活",也可以说是教师专业成长的规律。再者,大学与中小学在教学目标、任务、要求、特点上多有不同,中小学教师教不了大学,同样,大学教师也未必能完成中小学的教学任务。所以我们建议新教师"少一点比较",而且要对师傅"多一份敬重",要敬重师傅言传身教上的细心周到和无私付出。只要站在师傅角度想一想,他/她要把你这个中小学教学的门外汉带进专业之门,还要扶持你迈出专业道路上的最初几步,得费多少心思、多少劳动?多给师傅一份敬重难道不应该么?新教师还容易犯另一个毛病,那就是太顾及自尊。通常来说,师傅是充分尊重你的人格的,但对你在教学业务上暴露出来的问题又是会直言不讳地指出来的。在师傅面前,徒弟不应过于顾及自尊而掩饰自己的问题。比如,课堂教学试讲下来,师傅会指出你的某些不足,提出一些改进的建议。这时最忌讳的就是师傅的话还没讲完,你就赶紧打断说:"知道,知道。"这是不礼貌的,也是不允许的。师傅讲解时,聆听是第一位的。即便师傅有些误解你的地方,且等师傅全部讲完,再做解释不迟。退一步说,即使你对某一点已经懂了,师傅误以为你不懂,你再耐心听一遍那又何妨?所以,在师傅面前"少一点自尊"不丢人,而"多一份勤奋"倒很重要。你要想到师傅也就带你一程,在有限的时间里,谁能够勤看、勤问、勤学、勤思、勤做,谁的收获就最大。所以,珍视师徒带教的经历,认认真真走好每一步,无论对新教师的人际环境适应,还是对新教师今后的专业成长,都是非常有利的。

**6. 留意与领导交往的得体性**

新教师的性格各有不同,有的新教师比较内向,也比较胆怯,见了学校领导不是手足无措,就是远远绕道走开。其实,这大可不必。在学校里,校长和教师之间只有工作分工不同,没有高低贵贱之分,新教师完全可以跟学校领导进行得体的交往。所谓得体交往,就是要注意"不刻意、不回避、不炫耀、不越级"。所谓"不刻意",就是不要没事找事刻意接近领导。一来领导很忙,不宜经常去打扰;二来过于刻意,也可能引来别人的误会。原本你想通过与领导接近,赢得较好的人际环境,但实际效果可能适得其反。所谓"不回避",就是因工作原因,需要与领导正常交往时,或在食堂等非正式场合正巧与领导相遇时,也不必回避。说不定在非正式场合领导还想了解一下新教师对学校工作的想法、看法,你就应该大大方方地跟领导交流。面红耳赤或躲躲闪闪,都会让人觉得你很不成熟,这是一个教师不应该有的表现。所谓"不炫耀",就是与领导交往时心态平稳一点,不要急于炫耀自己的工作成绩。其实,你做了什么,没做什么,或许领导早已知道了。"不炫耀"的另一层意思，就是不要把自己跟领导的交往，作为一种人际资本，有事没事在同事面前炫耀一番。所谓"不越级"，就是一般情况下，工作不要越级汇报。该跟年级组长汇报的事情，不必越级跟教导主任去汇报；该跟教导主任汇报的事，也不必越级向校长汇报。当然在某种特殊或紧急情况下的越级汇报，就另当别论了。

# 第三章 潜心教学

美国学者柯林·博尔曾提出教育的三本护照理论。他认为，未来的人都应掌握三本"教育护照"，即三个方面的造诣和素质准备：一本是学术性的，一本是职业性的，第三本是证明一个人的事业心和进取精神的。对教师而言，学术性的素质就是科学文化知识；职业性的素质就是教育领域的专业知识以及从事教学活动必备的知识和能力。学术性素质和职业性素质就是教师的业务素质。第三方面则是教师的思想道德素质。教师的业务素质和思想道德素质在整体素质结构中占据重要地位。这是因为，教师的业务、思想道德素质和教学活动有着直接的相关性。没有工作本领就不能做好工作，没有特定的专业素质就不可能顺利完成教学任务，尤其是专业性很强的学科教学工作。

教学是师生主体之间交互影响和作用的活动过程，体现在教学理念、教学目标、教学内容、教学方法、教学评价、教学管理等具体的环节中。作为新教师，在教学过程中基本的教学信念应该是，教师和学生都以各自的经验、情感、个性投入教学活动中，自由、充分地展现自己的丰富性，相互影响，相互促进。交流、对话、模仿、感染是教学活动发生发展的基本方式，知识传授、智力培养和个性塑造，是教学活动的基本内容。教学以学生的特点、能力状况以及兴趣、爱好、动机、需要为逻辑起点，创设有利于丰富学生经验系统的教学情境，激活学生的现有经验，在人类文化的广阔知识背景中建构学生的知识体系，发展学生的身心素质和潜在智力。因此，教学总是在学生"想学"的基础上展开的，总是有明确的目标和具体的内容的，总是要采用学生能够理解的方式进行的。通过教学，学生可以找到攀登智慧高峰的捷径，从而获得走向生活、创造生活的底蕴和勇气。教师的智慧和人格在潜心教学中也同样会得到滋养和提升，对知识和人生形成一种全新的感受和深层次的把握。

作为新教师，在开始教学实践工作之前还需要理解如下要点。

**首先，要学习和理解课程标准**。课程标准是教材编写、教学、评估和考试命题的依据，是国家管理和评价课程的基础；它规定了各门课程的性质、目标、内容框架，提出教学建议和评价建议。与以往的教学大纲不同的是，课程标准规定了不同阶段的学生在知识与技能、过程与方法、情感态度与价值观等方面所应达到的基本要求，对教材、教学和评价具有重要指导意义，是教材、教学和评价的出发点与归宿。在进行教学设计的过程中，通过学习和理解课程标准，理解教学方法和教学手段对于传授知识、培养能力的适用性和有效性，从而在进行教学设计的过程中精心设计和安排各种教学方法和手段，提高课堂教学效率。鉴于教学内容的丰富性，新的课程标准在教法上不可能对每一个知识点都进行明确细致的指导，但基本的思路、方法是清楚的，这些思路方法恰恰体现了新课程的精神，我们应该在此基础上结合具体的教学对象、教学内容进行具体教法的设计。

**其次，要"吃透"教材上的内容**。教材是教学之本，是教学内容的重要知识载体，是教师进行课堂教学的依据。只有在备课中"吃透"了教材才能保证所授知识的正确无误,才能做到课堂教学从容不迫,才能建立起学生对师道的信任和尊重。对教材掌握到什么程度才叫"吃透"呢?一般说来,"吃透教材"指的是,教师必须对所教内容的每一个环节、每一个知识点都掌握得非常清楚准确,不会出现知识性错误,无须手捧课本、眼盯教案就能顺利完成教学任务;必须对教学内容各环节之间的逻辑联系非常清楚,能理出教学内容的内在脉络,课堂上能自然、顺利地实现各环节间的过渡转换;必须把握教学的重难点所在,并有突破的方法,理科能熟记乃至背诵例题、定理、公式,文科能背诵重点段落。新教师在备课时由于一开始不知道如何着手,因此常常会只依赖教参和其他教学资料,照搬、照抄有关内容,眼睛只盯着教学参考资料,没有自己对教材的理解,也没有对学生学习状况的了解,心中没有了教材,没有了学生,也就失去了自我。这样的备课不仅与教材脱离,与学生隔膜,而且不可能有自己的备课体会和认识,要想"吃透"教材是不可能的。因为新教师缺乏教学经验,自行研读分析教材时出现偏差和失误是难免的,但不要因为"不会"而"不敢做",而应该敢于面对差错和不足,总结经验,从"不会"走向"学会",并通过比较、辨析、矫正、提升,逐步做到真正意义上的"吃透"教材。在此基础上,参阅教参和老教师的教案、笔记,把教学设计思想落到实处。按照教参的建议与自己原来的初步分析判断进行对照,特别要重视借鉴老教师以往的教案和教学设计,然后根据自己的教学特点,对教学方法、手段作进一步调整和改进,更准确地把握教材内容,将所有知识和重、难点的教学设计具体清楚地落到实处,不能有半点含糊。对学生可能由教材引申出来的相关问题、知识有充分预计和认真准备,尽量避免在课堂上被学生"问倒"。这一环节对吃透教材来说是非常重要的,因为它对初备教材时所形成的思考认识进行了检查、落实、调整、延伸。通过这一环节,教师对教材已有了较为清晰、正确的把握,教案也基本形成。作为一个新教师,这是必须要下的硬功夫,只有熟记一些重点内容,才能在课堂上做到从容不迫,援引自如;只有清楚并自如地实现课堂教学各环节之间的"起、承、转、合",教学才能真正达到自由的状态。在"吃透"当前要讲授的教材内容之余,要仔细揣摩本册教材各部分间的联系,做到对全册书有整体的把握和全局的认识。因为只有对全册教材有整体的认识,才能清楚当前教学内容中哪些地方该延伸,哪些地方该简略,才能做到首尾兼顾,收放自如,这对日常教学中的备课是很重要的。对一名新教师来说,"吃透"教材需要背熟一些东西,但它不仅限于此,最重要的还是对教材内容的深入理解和把握,对教材内容的熟练驾驭和大胆处理。如:当前数学教材中的例题普遍存在着简单、与考试的能力要求脱节的现象,如何改变这种状况呢?对教材中的例题进行大胆更换、改造不失为一种做法。总之,如何用教材教而不是教教材,是一个需要重视的问题,后面还会进一步论述。

当前,单元整体教学是一个热点。对一个教师的更高要求是,在"吃透"了当前章节、把握了整册教材的前提下,有条件和有余力的教师还可以通览整个学段的所有教材,知道它们的前后联系,甚至对学生前面学段所学的内容也有所了解,这样才能做到教学中前后勾连,帮学生温故知新。

**第三,有效地利用教学参考资料。**有效地利用教参要避免走入两个误区,一是奉为圭臬,备课时照搬照抄。青年教师刚开始教学实践时,很容易对教参产生迷信和依赖的心理,备课时惟恐遗漏教参上的任何信息,于是自己变成了搬运工。用这样的教案上课,教师就变成了传声筒,课堂变成了杂货铺,上课变成了发布会,一节课下来,教师昏昏,学生也昏昏,大家都很累。其实,我们忘了,再好的教学参考资料,也只是"参考",不是标准,更不是真理。二是只记结论,忽视了学生的认知规律。教师在备课时如果只记下教参上的结论,而忽视了学生的认知规律,上课时就可能会感到迷茫:我在课堂上已经讲得很清楚很明白了,学生怎么还是听不懂还是不理解?其实这是因为我们违背了一条重要的规律,即人的认知规律。我们直接由教参获得了对教材的认识,而并没有获得对学生认知规律的认识,而对后者的认识恰恰是成功进行教学的关键。有效地利用教参要摆正位置,做到"教材第一,教参第二"。同时,有效地利用教参更要有创造性,做到"了解学生,个性解读"。即以教参的分析为触发点,发散思考,逆向思考,形成自己的独到见解。其前提是,教师对教材的钻研要很深刻,对学生的了解要很全面,能在研读揣摩的过程中进行个性化的解读,并且能将自己的解读与学生的实际结合起来。

第四,处理教材和其他教学资源的关系。教育家叶圣陶先生说,教材无非是个例子。新课程标准指出,教师在教学中要"用教材教",而不是"教教材";要"用好教材,超出教材"。在明确了课程标准关于素质目标的要求之后,教师可以调整具体的教学内容,既以教材为依据,又可对具体的教学内容作调整,不拘泥于教材上有限的内容,而是努力做到创造性地使用教材。在此过程中,处理好教材和其他补充教学资源的关系就变得至为重要。

教师备课中,对"其他教学资源"的利用一般是通过以下两种方式来实现的:用以延伸、拓展教材中不够深入的内容,来补充教材中不够丰富的知识;二是验证教材中的观点、辨析、澄清某些容易混淆的知识、概念等。例如理科可以根据学生的学习状况补充一些课外的例题,或更换教材中的例题。而文科在这个方面则空间更大,可以进行学科间相关知识的互融渗透,可以广泛搜集课外资料提供给学生阅读思考,可以通过丰富多彩的形式,借助多样化的空间平台,来拓展、丰富、延伸、补充教材内容。

案例:使用教材与补充素材

第五,充分了解学情,对学生的学习情况"心中有数"。学生的学习情况包括几个方面:学习成绩、学习兴趣、学习愿望、学习习惯、问题不足等。一个新教师在接任新的教学任务时,要重点了解学生在上一个年级的学习情况,以便对接下来的教学进行科学合理的规划安排。了解的方式通常有:问卷调查、学生座谈、课堂漫谈、入学检测、查看原来档案、向前任教师了解或家访等。如何以学生为中心开展教学,详见后文阐述。

第六,用好"同步听课"等老教师带教的机会。新教师在第一次任教某一门课程时去听讲授同一教学内容的有经验的教师的课。许多学校都会做出这样的带教安排,这是新教师学习备课和上课的一个有效途径。新教师听后再讲,学后再教,可以少走很多弯路,成长的速度也会更快。如何通过"同步听课"得到更多的收获呢? ① 听课前:要先了解本节课的教学内容,花些时间认真研读,初步形成自己的认识和设想,如果能带着一些疑问或困惑去听课会更好。另外,还要与指导教师交流,了解其教学设计的基本内容和教学环节的主要安排,做到心中有数。② 听课中:要眼、耳、手、脑并用,眼观六路,耳听八方。听教师如何导入新课,看教师如何板书课题(在什么时间、在什么位置、选什么样的书写方向、用什么颜色的粉笔等);听教师如何讲解新知识,看教师如何站立、如何行走;听教师如何提问、如何突破重点难点,看教师如何调节课堂气氛、如何点拨启发学生;听教师如何处理教学环节之间的过渡、如何使用多媒体,看学生神情状态之变化……边听边看,还要边记边想,记下教学过程,记下所见所闻,同时记下自己的听课感受——可以是启发也可以是疑惑;想想自己听课前的设想,以及原来的疑问和困惑,在对比中思考,在比较中分析。③ 听课后:及时与上课教师交流,向指导教师虚心请教。有经验的教师对于课堂上的每一个细节常常都是精心设计,听听他们对每一个精彩设计背后的良苦用心的分析,会大有裨益。另外,还要有一种敢于展现自我的精神,勇敢地说出自己的设想和困惑,请他们批评指教。当然,指导教师的课不一定没有缺点,但我们应该以审美者的眼光去欣赏和学习他们的长处和闪光点,而不是以批评者的心态去吹毛求疵。只有善于学习,取人之长补己之短,才能写出既符合教学要求又具有自己特点的教案。带着较为完善的教案走进课堂,才有可能让自己跨上讲坛的第一步获得良好的开端。

第七,要理解教学设计是教师反复思考"想"出来的,不是"写"出来的,也不完全等同于教案。教学设计指的是为达成一定的教学目标,统筹规划整个教学系统,提出教学具体方案的过程。它是教学准备工作的重要内容,是对教学活动的一种构想。在课程设计和教材解读已经了然于胸的条件下,教学设计的重点应放在每堂课的教学设计的层次上。有些新教师或许会认为上课有教案就可以了,再思考或者撰写教学设计是一件浪费时间的事情,但是无论从教师的"教"还是学生的"学"两方面看,怎样强调教学设计的重要性都是不过分的。从"教"的方面看,教学设计会使教师将大量的时间与精力用于思考教与学,有利于课堂教学的最优化。教学设计尤其对新教师有更大的益处,因为对教什么、怎样教这些方面的深思熟虑能够给新教师提供更多的自信,同时也鼓励教师在教学上有更多的多样性和创造性。从"学"的方面看,教学设计对学生也有很大的价值,新课程理念要求教师写教学设计时要更多关注学生的学习过程和转变学生的学习方式,这样的考虑将使"学生为主体"的理念在课堂教学中得到具体的体现。教学设计所采用的格式是多种多样的。下表列举了目前上海5门不同学科常用的教学设计基本格式的例子。

表3-1 不同学科的教学设计的基本格式

| 语文 | 数学 | 外语 | 物理 | 历史 |
|---|---|---|---|---|
| 教材分析 | 设计思路 | 教学内容 | 教学任务分析 | 教学目标 |
| 学情分析 | 教材分析、学情分析 | 学情分析 | 教学目标 | 教学重点、难点 |
| 教学目标 | 教学目标 | 设计思想 | 教学重点、难点 | 教学设计 |
| 教学重点、难点 | 教学重点、难点 | 教学目标 | 教学设计思路 | 资料附录 |
| 设计思路 | 教学策略与手段 | 教学重点、难点 | 教学资源 | 板书设计 |
| 教学流程 | 课前准备 | 教学过程 | 教学流程 | 训练设计 |
|  | 教学过程 |  |  |  |
|  | 板书设计、作业设计 |  |  |  |

比较这些格式发现,它们有许多相似之处,为了能更好地区分教学设计和教案,体现教学设计的宏观性和整体的规划性,建议使用如下所示的格式。当然,每位教师都可以根据自己学校的具体要求和自己的教学特长选择自己的教学设计格式。

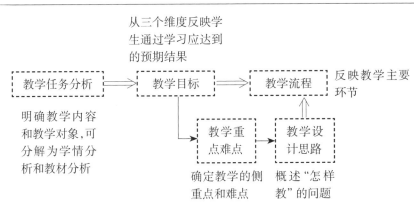

图 3-1 常规教学设计链

① 教学任务分析。首先是教学对象的分析。当学习者对某项学习目标的学习所具备的知识和技能，重视和了解的程度，是教学成败的关键和决定因素。因此，在设计教学时要根据平时积累的经验和对学生有目的的了解，充分收集每个学习者在学习时所具有的一般心理特点和起点能力的有关证据，要明确从事某项特定学习任务的基础与技能。其次是教学内容（教材）的分析。需要教师将准备的知识跟学习的知识联系起来，将要学习的技能跟要学习的知识联系起来。

② 教学目标。钟启泉教授指出："教学目标是教学过程中师生预期达到的学习结果和标准。它是课程目标的进一步细化，在方向上对教学活动设计起指导作用，为教学评价提供标准和依据。"[1] 教学目标明确，那么整节课的各个教学环节要达成的目标也就明确，构成每个教学环节的基本因素：提问、阅读、讨论、学生活动等也就有了目的，而目的明确是提高课堂教学效率的关键和前提。

③ 教学重点与难点。教学重点主要从教学内容、要求中确立学习的核心内容；教学难点则更多考虑学生的学习现状，从学生学习知识的角度确立学生在知识上和思维上的障碍点。

④ 教学设计思路。重点是说明选择突出重点的方法和策略以及突破难点的方法和策略。

⑤ 教学流程。一般从教学内容和方法两个维度按教学顺序展开设计，主题是把握教学的各个环节，周密思考各环节、各步骤之间的衔接与呼应；精心考虑导入环节的设计、问题和情境的设计、学生活动和师生互动的设计等；教学设计必须把教学目标的实施作为一条主线贯穿在"教学流程"中，前后要有清晰的逻辑关系，要符合学生的认知过程。

进行教学设计时应注意如下几个问题：

① 注意教学设计与教案的区别。与教案相比教学设计相对宏观、简洁一些，主要阐述教学思路和包含在教学过程中的策略，侧重于"突破口"的选定与解决方法，而对教学内容的分析和过程的描述是非常概括的。教案一般比较详尽，更注重教学中每个环节的具体阐述和前后之间的联系，有的新教师写的教案还写明教师怎样提问，预设学生可能的回答，甚至考虑导入语的生动形象等。撰写教案应符合教学设计的思路，结合不同类型的学生、不同的教学环境、教师自身的特点，将教学的科学性与艺术性融合在一起。

教学设计案例（物理）

---

[1] 钟启泉. 课程与教学概论[M]. 上海：华东师范大学出版社，2004：60.

② 教学目标的确定要恰当、细化。一节课的教学设计一定要注意目标要切合学生实际。许多概念和规律都会随着所学知识的丰富、学生理解能力的提高而产生更为深广的内涵。例如物理教学中"加速度的概念",是在高一学习时主要在研究变速直线运动时提出的,随后学习了牛顿运动定律,引出了加速度与合外力的密切关系;学习了测加速度的实验后,得出了测加速度的技能和方法;学习了圆周运动后,提出了"向心加速度"的概念,并进一步揭示与速度方向垂直的加速度是用来描述速度方向变化快慢的,与速度方向同线的加速度是用来描述速度大小变化快慢的。因此,在提出"加速度"这个物理概念的过程中,对该概念的理解有一个层层展开逐步深入的过程。这就要求教师必须对教材有一个整体的把握,要有全局观。对不同学年、不同章节、不同课时的目标制定,要细化,要恰当,要防止目标定得太高。

③ 正确清晰地陈述教学目标。新课程曾提出：

知识与技能：基础知识+基本技能+实际应用+一般能力。

过程与方法：思维方法+科学探究+信息处理+研究方法。

情感、态度与价值观：兴趣习惯方法+辩证唯物主义+科学精神。

新教师往往照抄照搬这个框架,其实,教学目标既可以分成三个方面进行叙述,也可以结合在一起进行叙述。陈述时应明确行为主体,教学目标陈述的是学生学习的结果,而不应该陈述教师做什么;应明确行为指向,陈述的是学生的学习方法,而不是教师的行为方式;陈述要明确具体,要可以观测;尽量避免用含糊的、不切实际的、不确定的语言;应明确表现程度,表现程度是指学生产生学习结果的一种程度或要求等。

④ 教学流程设计要注重下列组织的合理性：

心理化组织：教师要通过对教学内容的心理化组织,创设符合学生心理特点的教学情境,激发学生的学习兴趣。

问题化组织：教师要通过对教学内容的问题化组织,将教学内容转化为具有针对性、引导性、层次性的问题,促进学生的自主探究与合作交流。

操作化组织：教师要通过对教学内容的操作化组织,将"做"、"想"、"讲"有机结合,帮助学生内化学习内容。

结构化组织：教师要通过对教学内容的结构化组织,加强学习领域、科目、模块或主题之间的整合,注重各章节或单元中教学内容之间的相互联系,帮助学生形成良好的认知结构。

怎样进行课前的教学设计

## 一、有备而来

上好一节课的前提,是教师对即将到来的课堂有个精心的准备,对于准备充分的教师,即使教学水平差一点,也会在课堂教学中有不错的表现;对于准备不充分的教师,即使教学水平高一点,也会在课堂教学中顾此失彼。相对于课堂教学,学生的预习与教师的备课是同等重要的,有了预习自然让学习更有效,有了教师大格局的备课也会让课堂更有远见。除了在内容上的预习和备课,对教师来说,认识真实的学生,按照学生的思路来设计课堂教学,并据此为学生精选教学内容,按照这样的原则和流程执行的课前备课,早已为现场课堂教学的精彩打下了伏笔。

### （一）课堂因预习而有效

从提高课堂教学效率来看，学生预习是推动课堂走向深刻的原初动力。

**1. 预习让学习事半功倍**

王春是小学五年级的学生，除了在学校要上六七节课之外，回到家里他还要做大量的作业，不到晚上十点，他休想睡个安稳觉。然而，他似乎并没有因为做了大量的作业，作业量就会逐渐变得少一点；也没有因为做了大量的作业，考试成绩就变得更加的喜人一点。怎么样才能够让王春同学从作业中解放出来呢？

学习的三个环节，即课前预习、课堂学习和课后复习。课前预习是要求学生在上课之前能够对上课学习的内容有大致的了解，甚至可以说先让学生把要学的内容学一遍，然后把学习过程中可能遇到的问题和困惑带到课堂学习中来，借助于教师的课堂教学和同学之间的相互学习，全面而又彻底地解决学生存在的学习问题与困惑。与预习相对应，课堂学习的任务并不是学习学科知识，而是解决学习学科知识时可能存在的问题与困惑。课后复习，一是巩固当天学习过的学科知识，避免因为时间的流失让已经掌握的知识又忘记或者生疏了；另一是通过做作业的方式具体应用一下学习到的知识，并让学生对学习到的知识有更深刻的理解。这三个环节都是必不可少的，其中任何一个环节都是别的环节所无法替代的。

王春同学的学习究竟存在什么问题，让他陷入了作业越做越多，而且成绩还不见长的困境之中？王春同学很明显的问题，就是在学习中少了一个环节，那就是课前预习。虽然王春同学上课很认真，课后做作业也很认真，但却没有进行课前预习。他的理由是自己没有时间预习。可是，为什么没有时间预习？因为他花了大量的时间去做作业。为什么要花大量的时间去做作业？是因为上课没有把学科知识学好。为什么上课没有把学科知识学好？是因为仅仅靠上课那些时间和机会，根本就不可能把学科知识学好。那怎么办呢？靠做更多的作业可以解决这个问题吗？肯定不可能。因此，课前要进行有效的预习，这才是解决问题的根本之道。

**2. "真正的预习"就是"真正的学习"**

一年之计在于春，一天之计在于晨。"一年之计在于春"的道理，并不在于她收获了多少，而在于她是播种的季节，如果没有了春天的播种，那夏天的孕育、秋天的收获和冬天的储备都变得毫无意义。课前预习也是一个播种的学习时段，但它也是离学习成果最远的学习时段。课堂学习教师和同学都看得见，你认真不认真，你学得好还是不好，马上都会有个反馈。课后复习就更是收获的学习时段了，当你会做这道作业时，就证明你学会了；当你不会做这道作业时，就表明你没有学懂。可是，真正决定着你在课堂上学好与否，真正决定你在作业上做对与否，很可能就是预习上的投入。

要说大家都忽略了预习，似乎也不完全对，今天那些时髦的课堂教学模式，基本上都包括"先学后教"这个词，这也证明了大家对于"先学"的重视程度。但是，非常遗憾的是，这儿的"先学后教"并没有把"先学"和"后教"区分开来，而是将他们都放在课堂教学之中。之所以要在课堂教学中强调学生要先学然后才让教师教，这实在不是什么高效的课堂教学方法，仅仅是对学生没有课前预习的一种补偿性举措。"先学"应该是要求学生先在课前学习，"后教"是指课堂教学要在学生课前学习的基础上来展开。要真正解决当前课堂低效的问题，只是在课堂中增加学生的自学时间是远远不够的，为学生的课前学习预留时间和空间，让学生在课前就有充分的学习，才可能垫高整个课堂教学的高度，让课堂教学在为学生解惑和引领学生更深刻地理解学科知识上，变得更加的高效。

其实，真正的预习就是真正的学习，不管是课前预习，还是课堂学习，还是课后复习，都是整个学习过程的一个环节。对学生来讲，既然学习是自己的责任，那就意味着在每一个环节都要抱着认真的态度，按照彻底的原则来展开；如果把学习的责任都推到课堂学习上来，那就等同于大家都把学习责任推给了教师，而这是教师无论如何都承担不了的责任。

### 拓展阅读 3-1

## 基于教材的预习方法指导[①]

我们应该将预习看成一种能力来对学生进行培养和指导。以北师大版数学教材为例，我把数学的预习总结成找信息、提问题、做例题、划标记、写习题这五个步骤，教学生怎么去预习。

（一）找信息。北师大版数学教材的特点就是重视情境的创设，基本上都采用情境+问题串的方式进行编排。情境图作为一节课的开端，常常蕴含着大量的数学信息。我们在课堂上，也是把引导学生发现情境图中的数学信息作为一节课的开始的。可以告诉学生先从观察主题图入手，看看发现了什么样的数学信息，然后记录下来。这样，不管是优等生还是学困生，都有更充足的时间来了解主题图，发现数学信息。

（二）提问题。在发现主题图中的数学信息后，要尝试提出数学问题。学生在预习中提出问题，往往比他们在课堂上提问效果更好。因为课堂上很多学生在听到前面的同学回答问题后，就顺着人家的思路走了，不利于培养学生思考的习惯、提出问题的能力和质疑的精神。而预习就很好地调和了这个矛盾。所以，在指导预习方法的时候，可以让孩子们尝试着在获取信息后提出数学问题来，进而试试能不能提出几个不同的问题来。

（三）做例题。在预习中，应该要求学生先阅读问题串中的例题。如果遇到重要的语句、定义，建议多读两遍，再用笔画一画其中的关键点。数学知识间是具有前后联系的，往往新知识的建构都是在学生已经掌握相关旧知或者具备相关的生活经验的基础上进行的，所以可以让学生尝试着做一做例题，看看能不能理解，能不能通过旧知识来解决新问题。遇到需要操作的内容时，可以自己动手试一试，需要进行推导的就尝试推导一下，通过亲身体验知识的形成过程，深化对概念、公式的理解，这样更利于掌握新知识。

（四）画标记。预习中难免会遇到不懂的地方，学生可以将自己不懂的地方标记出来。这样在上课的时候，可以重点听一听，如果还不明白，课后可以就这部分知识向教师提问。这样不放过一个知识点，对于知识的提高非常有帮助。做标记也能在复习中发挥作用。当学生在复习的时候，看到自己在预习中留下的标记，也能够提醒注意这个知识点，从而进一步加深印象。

（五）写习题。通过预习得到的知识是不是正确的，能不能应用？可以通过做做课后练习题来试试。学生带着自己预习的收获来完成课后相关的习

---

[①] 李伟. 基于教材的预习方法指导[J]. 江西教育, 2018(5): 34-35.

> 题,看看自己在预习中得到的认识,应用到别的问题上是不是一样可以,从而印证出知识是否正确。学生完成练习还能够检查自己对新知识的理解与掌握的程度,回顾整个预习的过程,归纳出新知识的重点,再次找出自己不理解的难题、有疑问的地方,进行标记,以便听课时重点解决。

**3. 预习让课堂变得深刻**

(1) 有了学生的课前预习,才可能有教师真正的备课。备课主要是备三个方面的内容,一是备教材,二是备学生,三是备方法。其实这三个方面的内容,都是以辅助学生的学习为最终目的的。可是,当学生自己不预习就来听课时,那就意味着这个学生是"零",教师自然没有必要去备学生了。其实教材也不需要教师怎么备,那些书上的东西对教师来讲已经熟悉得不得了,而那些书上的东西对学生来讲却还陌生得不得了,这就意味着教师只需要把书上的东西搬给学生就足够了。于是,教师们备课的重点,就落脚在教学方法上了。课堂上的教学方法,要么以学生为出发点,要么以教材为出发点,要么为了方法而方法。既然教师不需要备学生,自然不大会以学生为出发点;既然教师不怎么备教材,那就意味着教师以教材为出发点的不多;于是剩下来的就是为了方法而方法了。现在评价一堂课好不好,不是看任务完成得怎么样,而是看教学形式是否多样,教学工具是否都用过了,学生是否发过言了。偶尔有一两堂好课,也是把教材演绎得比剧本还好的教师,相信真正以学生为出发点的课堂,是不会有那么多的亮点的。因此,要让一堂课变得深刻起来,一定不是在方法上如何深刻,也不是在教材上怎么深刻,而是要在学生身上深刻起来,这就要求学生自己在进入课堂前,能够有充分的准备。

(2) 有了学生的预习,才可能让教学内容深刻起来。可以这么说,学生在预习上花了多少功夫,也就决定着今天这堂课能够把教学内容学到什么样的程度。一堂课的教学深度,并不是由教师决定的,而是由学生提要求,由教师与学生共同演绎的。如果学生根本就不预习,这就注定了教师只能在课堂上讲点肤浅的东西,一旦把教学内容讲得深刻起来,那就不得不面临被学生抛弃的局面。之所以说,课堂教学的深度是由学生提要求的,就在于教学深度必须以学生现有的准备状态为基础,过高了学生跟不上,过低了学生没有兴趣。那又为什么说,课堂教学的深度是由教师与学生共同演绎出来的呢?这是因为如果教师一方过于深刻,那这样的课堂就变成了教师卖弄的舞台;如果学生一方过于深刻,那这样的教学也就失去了指导价值。因此,当学生通过预习提高了自己,那整个课堂教学的水平线就提高了,不管是对教师教学水平的要求,还是对课堂教学内容理解难度的要求,都会因此而提高。

(3) 有了学生的预习,才可能让学生在课堂中主动起来。在生活中经常说这样一句话,"人并不是因为爱而付出,而是因为付出才爱"。当学生不预习就去听课时,反正他对这堂课也没有什么期待,于是教师怎么上课他就怎么听课,教师让他做什么他就做什么,到最后究竟学到了什么,或者什么都没有学到,这个责任自然也就是教师的了。当学生充分预习了之后再去听课,这时候他对这堂课就有了期待,如何解决自己在预习中碰到的困难,如何让教学内容因为教师的指导点而变得更加的深刻,于是这样的课堂就变成了学生自己的课堂。判断这堂课好不好的标准,并不是教师自己"表演"得如何,也不是教师教学方法选择得如何,而是这堂课是否解决了自己心中的疑惑,这堂课是否对自己理解教学内容有帮助。如果做到了这点,学生就会为自己下一步的学习制订更高的标准;如果没有做到这一点,那学生就会通过复习来弥补还没有实现的学习目标。

预习真的可以起到如此重要的作用吗?是不是学生好好预习了,就可以保证他把知识学好了,就可以保证他在考试中取得好的成绩?虽然本文对预习是特别有期待的,但并不是说预习就是灵丹妙药,能够包治百病。之所以对预习特别有期待,是因为目前学生预习的人太少,因为目前学生预习的深度还大大的不够;之所以说预习并非灵丹妙药,是因为预习只是一个播种的过程,真要到收获的季节,还需要我们在课堂学习和课后复习上科学投入。此处的科学,一是指时间上要科学,不要过多,也不要过少,更不要因为上课或者复习占了过多的时间,从而抢占其他学习环节的时间;另一是指要在方法上科学,勤奋与认真肯定是需要的,但如果只有勤奋与认真,没有科学方法的支撑,十有八九到最后都很难获得理想中的教育成效。

### (二)用心备课

教师是一个牵肠挂肚的行业,天天都有课,也就天天都要备课,可是,天天都有课,所以天天都备课,这就是对学生真的负责吗?这样的课堂就真的有效了吗?这样的做法就真的能够造就一位优秀的教师?时不时想起苏霍姆林斯基那句"用一生去备课",就觉得越发的困惑,是要教师"一生都要备课",还是要"为了教师一生而备课"?要是教师天天都备课,为了一节一节的课而备,那一个学期的课,一个月的课,一个星期的课是不是能够被科学地分解成一堂一堂的课呢?更让人困惑的是,备课究竟是为了教师的教而备,还是应该在备课中同时要为学生的学而备?在教师备课的时候,教师的教和学生的学是不是能够如此有机地分解成两个部分呢,即使分解成功了又是不是让这样的课堂变得有效呢?

---

**拓展阅读 3-2**

### 有感于"终生备课":读苏霍姆林斯基《给教师的建议》断想[①]

苏联教育名家苏霍姆林斯基所著的《给教师的建议》一书,堪称"经典之经典",书中讲了这样一个例子:一位有30年教龄的历史教师上了一节公开课,受到普遍好评,非常引人入胜。当这位教师的同行问他花了多少时间备这节课时,他是这样回答的:"对这节课,我准备了一辈子。而且,总的来说,对每一节课,我都是用终生的时间来备课的。"苏霍姆林斯基对这类教师的教学作风和工作特点作出如下概括:"他们从不抱怨没有空闲时间,他们中间的每一个人,谈到自己的每一节课,都会说是用终生的时间来备课的。"这里对"终生备课"的理解,绝不能简单地停留在"备课"这一教学环节上,而应从更高

---

[①] 孙贞锴. 有感于"终生备课":读苏霍姆林斯基《给教师的建议》断想[J]. 基础教育,2005(11):29-30.

更深的层次充分挖掘其中包蕴的丰富教育内涵和教学思想。

"终生备课""终生备每一节课",苏霍姆林斯基在上个世纪很早就提出的教育信条,当我们迈步于21世纪的今天,再一次把它拿出来"重温"的时候,对许多人来说,这或许尚是非常"新鲜"的东西,对此恐怕还缺少深刻的理解。为什么? 因为很多教师还远远未达到"让自己的精神世界更加丰富,让自己脱离庸俗"的境界。没有达到如此境界的根本原因又是什么? 因为我们中的许多人没有抓住达到这一境界最重要的途径——读书。与教育家对话,是教师成长的基本条件,是教师教育思想形成与发展并以此充分指导自身教学实践的基础。其实,当代的许多"教育新思维",相当程度上仍是我们在以这个时代的言语和案例与过去大师的对话而已。

"终生备课"到底备的是什么意义上的"课",又怎样进行这种"准备"呢? 对此,苏霍姆林斯基作出的回答是:"这就是读书,每天不间断地读书,跟书籍结下终生的友谊。"读书的目的何在? "读书不是为了应付明天的课,而是出自内心的需要和对知识的渴求。"可见,"终生备课"需要"终生读书",但"终生读书"绝不是为了进行简单而重复、归于纸页形式的终生"备课"上,"出自内心的需要和对知识的渴求"才是"终生读书"的出发点和目的所在,才是为"终生备课"所进行"准备"的根本前提。说到底,"终生备课"与"终生读书"的目标指向在于通过"不间断"的学习充实和完善自我,换言之,其实质就是"终身学习"。

### 1. 忙碌而低效的"堂堂课都备"

记得小的时候和别人下围棋,我总是关注自己眼前的路,会为了走几步好棋而绞尽脑汁,也会为自己走了几步好棋而兴高采烈。但往往在自己兴高采烈的时候,那些高手却在陷阱旁等着我,会在突然之间,把我的一大片阵地包围起来并予以歼灭。到了这个时候,就会觉得前功尽弃,让自己对下围棋一点信心都没有,最后是一点兴趣都没有。非常幸运的是,我并不是一个专业的棋手,对此放弃了也就放弃了,并不需要我用一生去坚守。随着自己年龄的增长,慢慢地才知道做任何事情都要有长远的眼光,不能只看着眼前的路,这大概就是我们常讲的,既要抬头看天,又要脚踏实地。只是抬头看天,那就是好高骛远;只是脚踏实地,难免迷路或者迷失自己。

对很多教师来说,都或多或少地遭遇过我在下围棋时的那种失落感,自己非常认真地备好每一节课,自己非常认真地准备上好每一节课,但当学生的学习成绩出来时,却备受打击,和别人的差距是那么的大,仿佛自己掉进了别人的陷阱一样。于是,教学不再有任何成就感,教学过程也没有什么愉悦而言,剩下来的就是一个不得不坚守的岗位,就是一个为了养家糊口不得不进行下去的工作。

如果教学只是一场教师自己的游戏,哪怕这场游戏并没有成就感,只要教师心甘情愿地坚守下去,也没有什么不可以的。但问题在于,教学是一场教师主导,而学生主演的"游戏";如果教师在备好每节课、上好每节课的过程中并没有获得成就感,也没有愉悦感时,相信更惨的并不是作为导演的教师,而是作为主演的学生。"导演"让他们吃尽了各种苦头,表演出了各种各样的剧情,但却无法把这些剧情串成一部精彩的电视剧或者电影,导演牺牲的是自己的职业成就感,而演员们牺牲的却是自己的未来。因此,对作为导演的教师来说,重要的不是要拍好每一个剧情,而是要寻找到一个好的剧本,从而把这些剧情串起来,奉献给观众一部部精彩的大片;只有这样,在课堂中作为主演的学生,才会拥有美丽的未来。

**2. "什么样的课才是一堂好课"的误导**

课堂教学就是教师的生命线,没有一位教师敢松懈自己的课堂教学。于是,一个永恒的话题就出来了,那就是"什么样的课才是一堂好课"?既然这是一个永恒的话题,那就意味着这是一个永远也没有标准答案的问题。记得有一次去广西的北海买珍珠,在买珍珠的现场,通过把珍珠与珍珠进行对比,从而选择出一些令自己满意的珍珠来,当然店家给出的价格也就越来越昂贵(非常有意思的是,店家总是先拿出最小最差的,当然价格也是让你非常满意的;然后把更大更好的逐步拿出来,最后到了你真正喜欢的珍珠时,这个价格离最初的价格已经相差十万八千里了)。可是,当自己把挑出来最满意的珍珠拿回家时,夫人却说为什么花这么多钱买一颗珍珠,我说因为这颗珍珠最大最好呀;她说哪一颗不都一样呀,反正也就这么一颗。如果把课拆成一节一节的,那么教师的课就像一颗一颗的珍珠,呈现在你面前的永远都只是一颗珍珠,既然只有一颗珍珠,那就分不清这堂课是不是最好的,也分不清这堂课是不是最差的,还是夫人那句话说得有道理,哪一颗不都一样呀!

要体现那颗最大最好的珍珠,就得把很多的珍珠串起来,而且要把大小不同的珍珠串起来,这样你一眼就可以看得出来,哪一颗珍珠是最大最好的,也是最值得你出高价买的。所以,最大最好的珍珠是难以得到的,但在每一串项链里,都有着一颗珍珠是最大最好的,所以我们去追问"什么样的珍珠是最好的珍珠"是没有任何现实意义的。关键是要得到整条项链,把那些大大小小的珍珠都串起来,当我们看到最大最好的珍珠时,也还要看到那些不大不小的珍珠;但当我们看到所有的珍珠时,就不大会在意哪颗珍珠大,哪颗珍珠小了,而是在意整条项链漂亮还是不漂亮了。这时候我们的关注重心,就从"什么样的珍珠是最好的珍珠"转变成了"什么样的项链是最好看的项链"。如果这时候还有人和你讨论"什么样的珍珠是最好的珍珠"时,你还会不会觉得这样的问题有意义呢?甚至于你会不会觉得问这个问题的人比较幼稚呢?

当我们天天都在追问"什么样的课才是一堂好课"时,听起来这个问题特别的具体,对这个问题的探讨和研究,对课堂教学实践也具有实际的指导意义。因为对这个问题有了答案,就可以用这个答案引导教师上好每一堂课,也可以用这个答案作为评价教师每一堂课的标准。可是,我们从来不去追问,这个问题本身是不是有答案;也从来不去追问,这个问题本身是不是在误导我们,从而让我们把对课堂教学所有的注意力,都放到了一个一个的点上,从而让我们失去了对整条线的把握,就更别说对整个面的设计了。当教师们把整个注意力都放在一个一个的课堂点上时,要上好一节课是不容易的,但要每堂课都上好那就不是不容易,而是基本上不可能。所以当我们要求教师只是关注每堂课时,教师就会觉得非常的累;更重要的是,累完了还没有成就感。

**3. 高效备课**

最近一段时间特别忙,根本不能保证每天都有时间去备课,但每天该上的课还得去上。于是,只能在有空的那段时间里,尽可能把明天或者后天要上的课都一起备了,这

拓展阅读 3-3

### 教师备课要做到"四读"[①]

无论是个人备课还是集体备课，在笔者看来，至少都要做到如下"四读"。

**第一，研读课程标准，让教学"有据"。** 课程标准是课堂教学的基本依据，是教材编写、教学实施和质量评价的行动指南。新修订的学科课程标准不仅凝练了学科核心素养，而且明确了学科核心素养育人的价值取向。所以，教师备课时，必须认真研读新课程标准，读懂其思想和精神，读透学科核心素养的内涵和外延，读明"为什么教"和"教到什么程度"，读出落实核心素养的学科教学方案。

**第二，精读教材内容，让教学"有底"。** 教材内容是经过精选的素材，是课堂教学的主要教学资源，是教学育人的重要依托。教师要精读教材内容，根据学情适当地进行增、减、调、删等处理，预设好教学内容的广度和深度，然后安排合理的教学活动及学习方式，选择合适的教学媒体和教学方法，这样就清楚了"教什么"和"怎么教"，也就使课堂教学的生成有了方向和方法，从而形成教学的底气。

**第三，品读学生和自己，让教学"有人"。** 人既是备课的逻辑起点和研究支点，又是课堂教学的"承重墙"。一方面，教师备课的首要任务是品读学生，进行学情分析，掌握学生的学习起点、习惯和优势，甚至当下的兴趣点、兴奋点和生长点，并预设学生的学习远点；另一方面，教师还要品读自己，把握自己所能引导的"路"和所能掌控的"度"，让自己的学科优势和个性特长得到充分张扬，照亮自己以更好地照亮学生。

**第四，泛读课程资源，让教学"有料"。** 这里的"泛读"不是"泛泛而读"，而是"广泛地挖掘"。备课过程中，教师不但要利用好教材资源和师生资源，而且还应根据所设置的教学情境、教学活动和学生的生活状况，开发和利用好学校、社区、生活、社会等课程资源，并结合教学内容和师生与这些课程资源的关联度、契合度进行有效选择和重构。

样哪怕明天或者后天没有时间备课，但也不至于因为没有备课而去浪费学生的时间。如此一来，肯定不能保证每节课都讲得特别精彩，但非常有意思的是，反倒是这样几天上下来，学生似乎对这段时间上的课特别有感觉。事后去问学生，为什么对于这些并不是特别精彩的课，反倒是学得更有感觉？学生说，虽然教师的每节课并不如以前精彩，但他们更容易从整体上把握，教师在这段时间里究竟讲了些什么，在讲的这些内容里哪些是重点，哪些是非重点。我说我并没有强调哪些是重点，哪些是非重点呀；他们说，你这段时间里，总是会有意无意地重复那么几个知识点或者讲那么几句话，这不就是重点吗？而且你有意无意重复讲的知识点或者那么几句话，往往比你以前讲完一个知识点或者讲完一句话，再向我们强调这个知识点或者这句话是重点，显得更有教育成效。

这样的体会真是"有心栽花花不开，无心插柳柳成荫"，在这种繁忙的工作过程中，反倒悟出了有效备课和有效上课的方法；在以前有足够的时间，为了上一节课而充分

---

[①] 李文送. 教师备课要做到"四读"[J]. 中国教育学刊, 2019(6): 103.

地备一节课的时候,却难以想到如何把这些课有效地串起来,特别是在备课的时候把这些课串起来备。而那时候想得最多的,就是如何花更多的时间,把明天的课备得更加的充分;殊不知把明天的课备得再充分,要是今天的课和明天的课、明天的课和后天的课串不起来,那么不管明天的课有多么的精彩,把它单独拿出来听课或者欣赏,也看不出来它的教育价值何在,教育成效何在。

这不由得让我想到,如果让我们在操场上跑五千米,那我们一定要事先想好,在什么时候要领跑,在什么时候要跟跑,在什么时候要保存体力,在什么时候要冲刺。但如果我们用跑五十个百米的方式,或者用跑一百个五十米的方式,这就注定了我们是不可能取得胜利的,其实能不能坚持下来都是一个大问题。原来教学中"偷懒"最好的办法,就是要把一个月的课,至少是一个星期的课,先做整体的计划;只有有了这种整体的计划,才不担心因为忙而来不及备哪一堂课;也不担心因为某些特殊的原因,而让哪节课上得不好;也不会因为过于担心哪一节课的教学进度完不成,而去拖堂或者额外地补课。

要对一个月或者一个星期的课事先就有计划,看起来这只是一个意识的问题,其实隐在后面的,却是一个能力的问题,就是一个教师有没有具备驾驭一个月的课堂、驾驭一个星期的课堂的能力。那些疲弱的马,往往只能跑一两公里,但非常容易驾驭,而且在这一两公里之内,既看不出马的疲弱,也看不出骑马人驾驭能力的缺失。与之相应,那些千里马,虽然能够行千里而不累,但对骑马人驭马能力的要求就高了,不但要学会驯服千里马,还要懂得爱惜它,懂得在关键时刻使用好它。看起来把一个月一个星期的课事先做好计划和统筹,是对教师备课时间的节约,其实是需要教师用自己的教学智慧来换取教学时间,只有教师自己走在了每堂课的前面,才不会被每堂课追着走。

备课究竟是为教师自己备的,还是为师生共同备的?如果备课只是为教师自己怎么上课而备,那么教师就只需要自己清楚自己备了些什么,到了课堂上再把自己备的东西展现出来就差不多了;如果备课并不仅仅是为教师怎么上课而备,而是为了师生共同的这节课而备,那么教师不但在备课中要备怎么教,还要在备课中备怎么学;不但到了上课的时候需要教师把备课的内容展现出来,还需要教师在上课前,就把备课的内容告诉学生。于是,备课不再是教师教学的剧本,而是整节课的剧本,不但导演自己要知道今天要导什么,还要事先就让演员们知道今天要演什么,今天导演要导什么。

把一个月或者一个星期的课割裂成一节一节的课,这本身就是不科学的。同样的道理,要把课堂教学彻底地分割成教师的教和学生的学,那就更不科学了;如果教师只是把自己如何教备好了,但并没有告诉学生他们应该如何学,学生在来上课之前也不知道究竟要怎么教,这就注定了教师的教在课堂上是非常主动的,是主动出击的;而学生的学却永远都是被动的,是被动防守的。因此,教师不但要备一个星期的课,要备一个月的课,更要备一个学期的课,甚至要备一个人生的课;而且教师在备好这些课之后,在上具体的一节一节的课、一周一周的课之前,就要把自己备课的内容告诉学生,不但要告诉他们在课上你要怎么教,还要事先告诉他们在这节课上他们需要怎么学,这样学生才会有备而来。

## (三)认识真实的学生

对教师,有一个非常可人的称呼,那就是"孩儿王",但可惜的是,很多人没有将重心放在"孩儿"上,而是放在了"王"上面,使得教师主要是想"王孩儿",而不是真心实意做"孩儿王"。如果你是一位刚刚走上讲台的新教师,相信那些关照你的老教师一定会提醒你,要对你的学生凶一点,否则以后你会管不住他们。可是,当你真正对学生凶了以后,管得住学生的情况并没有出现,反倒是学生因为你凶,他变得更凶。本来你的凶是装出来的,谁知学生的凶却是实实在在培养出来的。于是,你只好怪现在的学生太凶,实在是没有办法管。可你又是否想过,之所以学生这么凶,并不是他们本来就这么凶,而是被你那么凶的管理模式培养出来的呢?当然,教师也有自己的困惑,如果对学生不凶,又怎么管得住他们呢?

**1. 打开学生这个黑箱**

新学期就要开始了,王老师一直处于焦虑状态,从新学期开始,她就要做班主任了。其实王老师对这个班的同学并不陌生,作为这个班的数学教师已经有两年了;但正因为这两年数学教师的经历,让她觉得要管好这个班的学生不容易,不要说管好这个班了,就这两年自己的数学课堂都一直处于风雨飘摇之中。看着王老师这么难受的样子,我忍不住问她,你为什么会怕学生呢,你年龄比他们大这么多,你知识也比他们丰富这么多,不管怎么说也是学生怕你,而不应该是你怕学生呀。王老师说,怕学生肯定是不会怕的,关键是怕学生不怕我,因为他们不怕我,我就没有办法去管他们。于是,整个暑假王老师都在想办法,如何在开学之初就要在同学面前树立威信,而形成威信的前提似乎就是让学生怕她,要在开学时就要镇住学生。当王老师说完她的想法时,我不但理解了她的焦虑,更理解了为什么她的数学课堂会始终处于风雨飘摇之中。

教师要管得住学生,这是肯定的,如果连学生都管不住,那就不要谈教育学生了。可是,需要追问的是,对管理学生这个词来说,教师应该在"管理"上花功夫,还是应该在"学生"上花功夫呢?很明显,王老师是在"管理"上花功夫,为了让学生以后会怕她,也为了以后能够真正地镇住学生,就需要自己想一些管理的奇招出来,等到开学的时候一使用,学生就被自己"管理"好了。可是,真的有那种放之四海而皆准的管理方法吗?经常听班主任教师说自己是如何管好班级的,可把这些方法用到自己班级,有用的不多,没有用的倒不少;也经常听科任教师介绍如何让课堂有序,但这些方法往往是别人用起来有效,到自己这儿效果就不明显了。所以管理肯定是一门学问,但如果离开了对学生的了解,单独考虑管理的方法与策略,可能的结果并不是管理有效了,而是让学生对你的管理深恶痛绝。

没有学生,也就不存在对学生的管理,因此管理学生的前提,是对作为管理对象的学生有全面的了解。虽然王老师以前当过这个班的科任教师,但毕竟对这个班的学生还不够熟悉,也正因为她对学生不够熟悉,所以她以前的数学课堂有点乱,所以她现在对于如何当这个班的班主任在思路上也比较乱。举一个非常不恰当的例子,当你射箭的时候,如果你的目标非常清晰,你一定会一箭一箭瞄准了再射;如果你的目标是模糊的,你最好的办法就是抓一把箭乱射;可是,越是乱射越是射不中你的目标,但却映射出了你内心的恐慌。当教师担心自己管不住学生的时候,最好的办法不是躲在自己办公室里想管理的办法,而是勇敢地走到教室里去接触和了解自己的学生,甚至是更主动地参与学生的活动。当你真正了解学生后,可能你会发现你考虑的那些管理举措要么是不恰当的,要么是没有必要的。

拓展阅读 3-4

## 权力的基础及其有效力[1]

权力从何而来，是什么赋予个体或集体以影响他人的能力？为了回答这些问题，首先要把权力的基础或源泉划分为两大类——正式的和个人的。然后再把它们进一步划分为更具体的类别。

正式权利以个体在组织中所处的位置为基础。正式权力可以来自强制或奖赏，来自正式职权。强制性权力建立在惧怕的基础上，一个人如果不服从的话就可能产生消极的后果，出于对这种后果的惧怕，这个人就会对强制性权力做出反应。这种权力的例子有使用或威胁使用身体处罚（如皮肉之苦）、通过限制活动而产生失落感、对基本的生理及安全需要的强制性控制。奖赏性权力与强制性权力相反，人们之所以服从另一个人的愿望或指示，是因为这种服从能给他们带来益处。因此，那些能给人们带来他们认为有价值的报酬的人就拥有了权力。在正式的群体或组织中，获取一种或多种权力基础的最经常途径大概要算一个人在组织结构中的职位了，由此获得的权力就是法定性权力，它包括强制性权力和奖赏性权力，但它比两者更为宽泛，具体而言这种权力包括组织成员对职位权威的接受和认可。

个人权力则包括专家性权力和参照性权力。你不一定非要在组织中拥有某个正式职务才会有权力，通过拥有专业知识、获得他人的尊重和敬佩，通过这些个性特征也可以赢得影响他人的能力。专家性权力来源于专长、技能和知识。参照性权力的基础是对拥有理想资源或个人特质的人的认同。如果我喜欢、尊重和崇拜你，那么，你就对我拥有权力，因为我想取悦于你。

哪种权力最有效呢？有趣的是，研究相当清楚地表明由个人来源的权力最有效。专家性权力和参照性权力都与员工的监督管理满意度、组织承诺和绩效正相关。而奖赏性权力和强制性权力似乎与这些没有什么关系。并且，有一种正式权力的来源——强制性权力——实际上会有反作用。因为它与员工满意度和忠诚度负相关。

### 2. 悦纳学生的真实表现

教师们之所以把课堂管理看得这么重，并不是因为课堂管理能够提高教学效率，而是因为大家深怕学生在没有管理的情况下破坏了课堂秩序，从而降低了教学效率。可是，是不是有了课堂管理也就一定有了课堂秩序呢？是不是没有了课堂管理就一定导致课堂失序呢？尽管教师课堂管理的动机就是为维持课堂秩序，但很难说有了良好的动机，就会产生良好的结果，因为不适当的课堂管理反而有可能激发课堂秩序问题。没有课堂管理也不一定导致课堂失序，毕竟没有学生到学校读书的动机就是破坏课堂秩序。之所以把这两种情况拿来解释，就是想告诉教师，在你没有找到可行的课堂管理策略之前，不要急着对学生的课堂表现采取行动，按兵不动可能比乱动更有利于课堂教学效率的提高。

---

[1] 摘编：罗宾斯，贾奇. 组织行为学(12版)[M]. 北京：中国人民大学出版社，2008：399-400.

在对学生没有足够了解的情况下,哪怕是别人证明最有效的管理方法,都不一定能够取得预想中的管理效果。既然教师对学生还没有足够的了解,就意味着教师也不可能马上就提出一种有效的课堂管理方法;既然教师对于如何管理课堂还没有一套有效的方法,那就不如相信大多数学生的本性是善良的,是会与人合作的。在信任学生的情况下,教师可以全方位地观察,在没有管理约束的情况下,每位学生的本性是什么,哪些学生是属于性格外向的,哪些学生是需要激励的;整个班级的运转在哪些方面是值得以后保留和放大的,在哪些方面是需要今后优化甚至放弃的。在师生关系中,在教师没有足够把握的情况下,保持沉默是最好的管理方法;在教师的沉默中,我们才可能看到学生最真实的表现;在学生最真实的表现面前,我们为他们提供的管理举措、为他们提供的教育教学,才是他们发展中最需要的,也是最切中他们发展障碍的地方。

在传统的管理思想中,都提倡教师要"新官上任三把火",先把学生镇住再说。可是,在彼此都还不了解的情况下,教师越是急着表明自己的管理态度和管理方法,越是证明自己的管理态度和管理方法是多么的武断。你根本就不认识这些学生,但你却形成了非常强硬的管理方法,在学生看来,自己就成了被教师监管的对象,成了教师追求教学业绩和管理政绩的对象。教师教育学生的水平,主要在教育教学过程中表现出来;教师教育学生的目的与态度,则是在管理学生的过程中表现出来的。教师武断地管理学生,不但证明教师对待学生态度不好,还证明在以后的教与学的过程中,教不是为了学,而是学为了教,因为一开始学生就已经处于极其被动的局面。

**3. 有了真实性才有针对性**

"好心不得好报"这一句话常被用来批评受益者不对,接受了人家的恩惠,不但不给予回报,还往往对其心生抱怨。很有意思的是,做了好事的人掌握的最有效的工具,就是对这类人的抱怨而已,却很少看到做了好事的人反思自己行为的适当性。好心应得好报,这是人之本能;而好心不给好报,这是违背本能。所以当有人违背本能采取好心不给好报的行为时,一般有两种可能:一是这个受惠的人是一个非常乐意于违背自己本能的人;另一是在受惠人看来,施惠人给予他的并不是一种恩惠,只是在施惠人看来是恩惠而已,之所以他会对受惠人心生抱怨,还有可能是因为施惠人不恰当的施惠行为对他带来了其他的伤害。两种可能性相对比,在概率上违背自己本能是很少的,而由于施惠人与受惠人立场不同,导致对什么是恩惠的定义不同的概率是很高的。因此,对于施惠人来说,充分了解受惠人的真实需求,而不是急于按照自己对受惠人的需求的理解来施惠可能更有意义。(这个类比可以帮助大家理解为何要了解学生的真实需求。)

一个班级总有几十位同学,而课堂中的教师只有一位,所以学生了解教师相对容易,而教师了解学生却比较困难。对课堂教学来讲,教师在备课时不但要备教材,更重要的是备学生,当然此处讲的备学生主要是指备学生的知识储备状态和学习可能性;对课堂管理来讲,教师并没有像上课时有教材为证,所以课堂管理最重要是备学生了。由于课堂管理是附属于课堂教学的,所以并不是当学生来到课堂就要开始管理,课堂一开始课堂教学就开始了;课堂教学开始了,教师对课堂,尤其是对课堂中的学生的观察就开始了，通过教师对学生以及学生群体全面的观察，才能够发现什么时候需要将课堂管理融入课堂教学过程之中，什么时候需要将课堂管理单列出来。换句话讲，在课堂教学中，比判断如何进行课堂管理更重要的事，是判断是否需要课堂管理。

如果班级学生表现非常好，每个同学都能够积极主动地学习，同学之间也能够相互帮助，那这种情况根本就不需要课堂管理，因为在教师没有实施课堂管理行为的时候，课堂管理的目的就已经实现了。如果课堂上只有少数几个同学无心学习，甚至会时不时干扰其他主动学习的同学，那就意味着需要对这几个同学进行"管理"了。但管理的前提是要搞清楚为什么这几个同学无心学习，其后才是如何诊治他干扰其他主动学习同学的症状。如果在没有搞清楚这几位同学为什么无心学习的情况下，就治住了他干扰其他同学的症状，有可能这几位同学在酝酿更具破坏性的活动。如果班上较多同学无心于学习，这时候课堂管理的重心就不是如何管理学生了，而是要如何管理"课堂"了，要看教师为学生提供的课堂是否是学生们喜欢的，是否能够被绝大多数同学所接受；甚至于是管理教师自己了，那就是自己的课堂教学方式是否恰当，自己对教学内容的选择与处理是否能够被学生理解。

事实上，不恰当的管理方式不但达不到管理的目的，反而会恶化学生的违纪行为，甚至还会引导学生产生违纪行为。当班上只有几名同学无心学习时，如果教师就在班上批评学生学习态度不好，哪怕只是针对那几名同学，也只会产生教师所不期望的效果。对于那几名同学来说，其实教师不批评他们也知道不好好学习是不对的，但由于教师并没有帮助他们解决学习上的障碍，所以虽然教师批评他们了，但他们还是做不到主动学习（往往教师还会因为自己批评过学生而学生没有改变更生气）；对于那些好好学习的学生来讲，也会觉得教师为了少数几个同学而打破了正常的课堂教学秩序，而这是对自己好好学习的不尊重。所以，管理要有针对性，而针对性的前提要有真实性。要搞清楚管理的对象是谁，他在课堂教学中存在什么问题，而这些问题哪些是需要通过教育来解决的，哪些是要通过管理来解决的。如果将教育问题以管理方式来解决，不但解决不了问题，反而会导致更多的管理问题；如果把管理问题通过教育方式来解决，那就成了迁就甚至纵容学生。比如在课堂上明明看到学生故意干扰其他同学的学习，不想办法去制止他，而是想事后通过教育他来解决这个问题，这就是对学生的迁就了。

**拓展阅读 3-5**

## 多元智能理论及其应用[1]

根据加德纳的多元智能理论，至少有8种相互独立的能力：语言（口语）、音乐、空间、逻辑数理、运动、人际关系（理解他人）、自我认知（理解自我）以及自然认知（观察、理解自然和人为的模式和系统）（如下表）。加德纳认为也许还有更多种能力——8并不是一个很确定的数字。最近一次美国心理学会的

---

[1] 摘编：阿妮塔·伍德沃克著，陈红兵等译. 教育心理学[M]. 南京：江苏教育出版社，2005：124-126.

会议上,他提出可能还有第9种智力——生存的能力或者说是寻求生活意义这种重大问题答案的能力。

表3-2 加德纳的多元智能理论及其构成表

| 智力 | 最终表现 | 核 心 能 力 |
|---|---|---|
| 逻辑-数理 | 科学家、数学家 | 灵敏的辨别能力,逻辑或者数学模式,处理复杂推理的能力。 |
| 语言能力 | 诗人、记者 | 对声音、韵律、词义的敏感;对语言不同功能的敏感。 |
| 音乐 | 作曲家、小提琴家 | 能自己写曲,欣赏韵律、音调、音质,能欣赏不同表达形式的音乐 |
| 空间 | 航海家、雕刻家 | 准确的空间认知,并转化为基本的感知觉的能力。 |
| 身体运动 | 舞蹈家、运动员 | 详尽、准确把握控制自己身体的能力,能熟练地操作物体。 |
| 人际关系 | 精神治疗师、商人 | 对他人的情绪、脾气、动机以及需要作出正确的反应。 |
| 自我认知 | 政治家、哲学家、心理学家、教师 | 了解自己的情感,具备辨别自己天赋能力以及依据这些情感来指导自己的行为的能力;对自己力量、弱点、智力的认知。 |
| 自然认知 | 植物学家,农民,猎人 | 辨别植物和动物的能力,在自然界进行区别判断的能力,理解和分类的能力。 |

近来,加德纳记述了一些对他的理论或消极或肯定的应用,下面是在这个问题上摘引的一些他的话。

误用:

1. 试图用全部的智力成分教授所有的概念和科目:"每门课都能至少用7种方法有效达到教学目标,这种假定是毫无意义的,这样做只是浪费时间和努力。"2. 假定不管你怎样使用,只使用某一种智力已经足够了:比如对于体能,"不定时的肌肉运动和培养智力没什么关系"。3. 把一种智力当做其他一些活动的背景,比如让学生思考数学题的时候演奏音乐,音乐就相于水龙头的滴水声和扇扇子的嗡嗡声。4. 把智力和其他希望获得的品质融合起来:例如,人际关系智能"常常被曲解成合作学习的许可证",而自我认知智能则"常常被曲解成自尊项目的理论基础"。5. 直接对智能进行评价,甚至给智能划分等级,而不考虑情境:"我很少看见在评价个体时采用这样的描述,说他们'语言'怎么样,或者'身体的动觉'怎么样。"

正确使用:

1. 培养我们所期望的能力:"学校应该培养那些在社区或在更广阔的社会上有价值的技能和能力。"2. 用不同的方式来教授一个概念或一门学科,一个原理:"学校总是试图囊括太多的内容,把时间用在学习关键性概念、普遍观点以及基本的问题上更有意义,以使学生熟悉这些概念,理解它们的含义。"3. 个别化教学:"无论理论还是实践,多元智能理论的核心就是强调个体间的差异。"

### (四)用学生的思路教学

曾经看到这样一个故事,让人觉得尽管行骗不可为,但骗子的智慧却是大大地值得学习。说有一个人,在每次英超联赛开始之前,都会接到一个自称能猜得出本次联赛结果的人的邮件,更奇怪的是,每次邮件的猜测都是正确的。在这个人看来,这位发邮件的人猜球能力实在太强了,要是一直能够在赛前就得到如此准确的球赛结果,那实在是一笔不小的财富。可是,当他向这位发邮件的人支付一定的信息使用费之后,所有的猜测结果都变得不再真实起来。为什么前后有这么大的差距呢?原来在这个人支付信息使用费之前,这位发邮件的人根据英超比赛结果的多种可能,向成千上万的人发出了不同的邮件;当比赛结果出来之后,他再继续向已经猜准了的人发邮件,依此类推所有在赛后还接到他邮件的人,都是认为他把比赛结果猜对了的人。如此处心积虑的骗术,实在是高明得很;但把这个骗术想透了,也就得出一个骗子们共同的行骗智慧,那就是全心全意地站在被骗对象那边想问题。这就让我联想到一个问题,在课堂教学中一直提倡教师要以学生为本,可究竟什么是以学生为本呢?你看看,骗子的行骗智慧不就是一个很好的例子吗,要是我们的教师也能够如此"处心积虑"地把学生吸引来学习,那实在是一种极其高明的教育智慧。

#### 1. 思路一致是课堂教学的前提

当你只有一块手表的时候,不管这块手表是走得快了,还是走得慢了,你大致都能知道现在是几点钟了。可是,如果我再拿一块手表给你,而这块手表和你的手表相差一个小时,恐怕这个时候你就搞不清楚究竟是几点了。如果我们把手表视为我们的行动思路,那就容易理解思路在我们生活中的独占性了:当我们采取行动时,只能遵循一种思路,当另外一种思路出现时,我们不会因为思路的增多而变得更清楚,反而会让我们变得不知所从。问题在于,虽然我们每个人行动的时候,只能遵循一种思路,但每一个人都会有自己的行动思路,估计这也是两个人合作和多人合作很困难的根本原因。

当我们明白了思路独占性的同时,也就明白了思路一致性的困难。在课堂教学中,不管是教师的教,还是学生的学,也都具有思路上的独占性,也即教师的教很自然会遵循自己教的思路,学生的学也会很自然地遵循自己学的思路。可是,如果学生学习的时候遵循学的思路,而教师教的时候遵循教的思路,那样就无法实现思路一致性了。当学生背着书包来学校时,我相信每一位学生每一天都是希望自己来好好学习的,不会或者只有极少数学生会以调皮捣蛋为目的来上学。可是,为什么当他们上了几堂课之后,这种良好的学习愿望就逐渐消失了,调皮捣蛋的行为却逐步冒出来了呢?其实,学生之所以要到学校来读书,尤其是要到课堂中听课,目的并不是来向教师学习知识的,而是希望教师帮助他解决学习知识过程中碰到的问题和难题。当他听了几节课之后,就会发现自己根本就听不懂教师讲的东西,自己遇到的问题和难题自然得不到解决了,他也就对课堂教学失去信心了。如果这时候教师还责备学生"为什么听不懂",那学生就觉得分外委屈了,想得到的帮助没有得到,反倒被教师数落了一番。

为什么学生听不懂教师讲的东西呢?难道教师上课的目的,就是为了让学生听不懂吗?我想自然不是如此,其中一个重要的原因,就在于教师教的思路和学生学的思路之间的不一致性在作祟。对教师而言,教师是先自己学懂了教学内容,然后再来教教学内容,因此教的出发点是从有知走向无知;对学生而言,不敢说学生对教学内容是完全无知的,但对于他没有搞懂的问题与难题,那肯定是处于无知状态,因此学的出发点是从无知走向有知。从有知走向无知,自然觉得学习是轻松的,理解学习内容是容易的。凡是考上大学的人,很多人都会说考大学是一件容易的事;那些没有考上大学的人,可是一辈子也没有考上,于是,当你越说考大学容易,对那些没有考上大学的人来说,你就越是瞧不起他们。

> **陶行知:教学合一**[①]
>
> 　　总之:一,先生的责任在教学生学;二,先生教的法子必须根据学的法子;三,先生须一面教一面学。这是教学合一的三种理由。第一种和第二种理由是说先生的教应该和学生的学联络;第三种理由是说先生的教应该和先生的学联络。有了这样的联络,然后先生学生都能自得自动,都有机会方法找那无价的新理了。

拓展阅读 3-6

### 2. 应该用谁的思路教学

要让学生听得懂课,就得要求学生和教师在思路上保持一致性。可问题在于,教师的教学思路有独占性,学生的学习思路也有独占性,如何才能够让两者保持一致呢?这个问题如果去问学生,学生不但给不出有用的答案,可能连这个问题都搞不清楚,要求自己的学习过程,要去和教师的教学思路保持一致,但什么是学习思路,什么又是教学思路呢?因此,对这个问题的回答,主要的责任就回到了教师身上。我们常讲"教师主导,学生主体",大致也就是要求教师在教与学的思路上,能够引导学生的学习;当然,虽然在思路上学生需要教师引导,但并不需要教师替代学生的学习主体地位,也就是说学习的责任仍然是学生自己的。

要教师主导课堂教学,并不是让教师控制课堂教学。控制与主导的区别在于,控制是要求别人按照自己的思路去采取行动,主导是要求自己按照别人的思路去帮助他人。如果教师是要控制自己的课堂,那就意味着学生必须按照教师的思路来学习,学生没有必要也不可能遵循自己的学习思路;如果教师要主导自己的课堂,那就意味着教师要按照学生的学习思路,来设计和推动自己的课堂教学。控制强调的是一个"制"字,控制成功与否的标准,是看学生是不是在学习过程中放弃了自己的学习思路,从而完全遵循教师的教学思路;主导强调的是一个"导"字,主导成功与否的标准并不是看学生是否听教师的话,而是看教师是不是真的对学生的学习过程产生了积极的影响。因此,控制不需要学生支持,只需要学生服从;主导不需要学生服从,只需要学生行动。要让学生服从,那只需要按照教学思路发布命令就行了;要让学生行动,那就需要遵循学习思

---

[①] 原载1919年2月24日《时报·教育周刊·世界教育新思潮》第1号.

路开展教学指导了。

对教师来说,课堂教学自然应该用学生的思路了。于是,这对教师的教学思路的独占性就提出了挑战。我们似乎有这样一种印象,即当教师大学刚毕业的时候,教师还是大学水平;但教师当了几年高中教师后,教师就变成高中生水平了;当教师当了几年初中教师后,教师就变成初中生水平了;当教师当了几年小学教师后,自然也就变成小学生水平了。这样说,对教师肯定是不公正的,但之所以形成这样的印象,就在于当教师全身心投入到高中教育、初中教育或小学教育之中后,教师为了"主导课堂教学",就逐步采用学生的思路来备课,用学生的思路来上课,最后就变成了用学生的思路来思考问题。因此,对教师来说,要主动地用学生思路上课,对教师自我的确是一种极大的挑战,既需要自己花心思去考虑如何用学生的学习思路来备课和上课,还要忍受因为用学生思路备课、上课和思考问题,为自己带来的"思维水平"的下降。

对学生来说,了解和理解教师的教学思路,对提高自己的学习效率大有益处。虽然我们要求教师要尽可能用学生的学习思路来备课、上课,从而让自己的课堂教学不但把知识内容讲清楚了,而且是用学生能够接受的方式、能够让学生觉得开心的方式把知识内容讲清楚了;但是,这种要求虽然有道理,做出来却是很困难的,要让一个人用另外一个人的思路思考问题和讲解问题,这绝对是一个挑战。因此,学生不仅仅要向教师学习知识,还需要尽可能了解教师思考问题和讲解题目的思路是什么。一方面,通过了解教师思考问题和讲解题目的方式,可以提高自己的思考水平;另一方面,通过了解教师思考和讲解题目的方式,有助于学生更有效地听懂教师的课,让自己的学习效率更高。

### 3. 走进学生的学习思路

讲话或者上课究竟应该用谁的思路,有一个非常简单的标准,那就是你讲话或者上课想让谁搞懂,你就得用谁的思路。如果你是想让自己搞懂,那你就用自己的思路,不过就不用讲出来了,自己在心里面对自己说说就可以了;如果你是想让别人,比如学生,搞懂你讲了些什么,你就得尽可能地用别人的思路来讲话或者上课。不管在日常生活中,还是课堂教学中,我们容易见到这样的人或者教师,自己一个人在那儿不停地讲着,而其他的人或者学生索然无味地听着,或者一边听一边做着自己的事情。在这种情况下,教师往往很委屈,"我讲的知识这么重要,你怎么能够不听呢?"殊不知,他根本就听不懂你在讲什么,自然也就不知道你讲的东西有多重要了。可是,如果真的要求教师用学生的思路来讲课,对教师来讲就不仅仅是转变态度这么简单了,还需要教师了解学生的学习思路究竟是什么,还要知道如何在课堂教学中弱化自己的思路,知道如何在课堂教学中指导学生的学习思路,这就是实实在在的能力要求了。

学生的学习思路究竟怎么样?虽然我们提倡教师要因材施教,但对于"材"是什么的认识,一直处于比较茫然的境地。教师对学生的了解,最重要的就是学生是按照什么思路在学习,学习思路既是学生学习的核心要素,也是需要教师指导的核心要素。但教师如何去了解学生的学习思路呢?有三条路可以去尝试,事实上我也是借助于这三条路来了解我的学生。一是想想自己是如何学习的,尤其是对于自己没有兴趣学习的内容,自己当时是如何面对又是如何克服的,自己过去和现在的学习经验虽然离今天学生的学习经验比较远,但还是具有一定的借鉴意义;二是在指导学生的过程中,也给予学生表达自我的机会,不仅仅是让学生表达自己学到了什么知识,还在于让学生表达自己在学习过程中的方法与思路,自己在学习过程中的痛苦与幸福;三是阅读与学生学习思维和学习思路相关的书籍,特别是教育心理学和儿童发展心理学,理论的东西看起来离实践很远,但当我们直面实践的时候,关于实践的理论还是能够给我们不少的启示。

如何在课堂教学中弱化教学思路?首先要肯定的是,在课堂教学中有思路肯定比没有思路好,不管这个思路是教学思路还是学习思路。如果课堂教学中一个思路都没有,或者两个思路都不妥协,这样的课堂哪怕秩序井然,但教学效率一定极低,因为根本不可能实现学习内容在教与学之间的传递。但是,在教学思路和学习思路之间,肯定还是希望在课堂教学中尽可能弱化教学思路和强化学习思路。一旦教学思路在课堂教学中占了主流,不但学生很难(也不是不可能,只要学生主动去了解教师的教学思路,前提是学生要有能力去了解教师的教学思路)听懂教师讲的内容,而且教师觉得自己讲得很清楚,于是就剩下对学生无穷无尽的抱怨。要让教师弱化在课堂教学中的教学思路,一方面要让教师意识到教是协助学的,要意识到教师的教并不是教授知识,而是帮助学生解决学习知识过程中的问题;另一方面还需要教师通过强化学习思路,来填补教学思路逐步弱化的空白。

课堂教学如何指导学生的学习思路?我们一直在讲,教师要授之以渔而不是授之以鱼,如果给学生一条鱼,这个动作本身不复杂,而且学生也明明白白地得到了实惠;但要教给学生学习方法时,学习方法本来就是看不见摸不着的东西,就更别说如何去传授了。当我们要求课堂教学要遵循学生的学习思路并指导学生的学习思路时,就要在如何授"渔"上做文章了,这就更是加深了我们对课堂教学本质的理解。课堂教学并不是传授知识,而是帮助学生解决知识学习上的问题;甚至课堂教学并不是帮助学生解决知识学习上的问题,而是帮助学生形成解决学习问题的思路。这就要求教师,不要急于以知识来压问题,以问题来压解决问题的思路,如果教师非得要在课堂上实现自己的教学目标,那就肯定不可能让学生的学习问题暴露出来;如果教师急于要在课堂上解决学生的学习问题,那就不会想着去探究学生为什么会形成这些学习问题,以及如何从思路的层面寻求解决这些学习问题的方法了。此外,要真正地对学生的思维与思路有影响,这就要求教师不但要明白学生的学习思维与思路究竟是什么,还要明白在学生的学习过程中,究竟包括哪些学习阶段,在这些阶段中是什么样的思路把它们串起来的。相信这样的过程一定不像我们在这儿讲的这么简单,但一定值得我们去探索。

**(五)精选教学内容**

不少教师认为如果要取得较好的教学成绩,那就得在平时掌握更多的教学内容,这也是指导教师教学和学生学习的基本原则。但这个原则就一定正确吗?有没有可能学生掌握的知识多了,在测试的时候反而考出来的知识却少了呢?如果存在这种可能,那就真的让我们对课堂教学有一个全新的认识了;对目前这种讲得越多、学得越多,就考得越好的教学假定,就需要进行新的审视了。

**1. "都是重点"等于"没有重点"**

有一位朋友,一直是大家公认的老好人,他也自认为是大家的好朋友。可是,当他要买房,准备向大家借点钱暂渡难关的时候,才发现事实并不是这样,他身边的每位"朋友"都会跟他讲,自己是没有钱的,但朋友圈子中谁肯定有钱借给他。到了这个时候,他似乎才明白一个道理,那就是如果你把每一个人都当朋友,就等于到自己需要朋友的时候,你一个朋友都没有。再去看看身边那些看起来人际关系并不好的人,虽然他们朋友不多,但在身边总有几位挚友,一旦谁需要别人的帮助时,仅有几位挚友虽然不一定很主动地帮他,但当他真的求助上门的时候,也很少会完全推托。讲这个故事,并不是提倡大家就不要多交朋友了,而是指在我们需要与大家都保持良好的人际关系的基础上,也需要结交几位挚友;前者让我们在社会中可以过着"不被人害"的生活,后者才能让我们在社会中过着"有人帮助"的生活。

在我们的课堂教学中,教师为了帮助学生掌握学科知识,惯常采用的方法,就是把本学期需要掌握的学科知识分解成若干个知识点,然后在一学期的教学周期中,把每个知识点都当重点来教。如此一来,就出现了教师在每堂课中,都有一到两个教学重点的现象。这种教学逻辑看起来也没有什么错误之处,把一学期的教学内容分解成若干个知识点,这样的确有利于学生从无到有地掌握学科知识,避免因为一口吃下太多的知识而噎着了;在每堂课中都重点讲解一到两个知识点,这似乎也没有问题,的确可以让学生循序渐进地掌握知识点。但是不是这样的教学方式就真的没有问题呢?当学生在一堂课中有重点地掌握了两个知识点,在一个星期中就有重点地掌握了十个知识点,在十周内就有重点地掌握了一百个知识点,在一个学期内就有重点地掌握了两百个知识点,请问,虽然学生对每个知识点都是有重点地掌握了,但当学生突然要面对两百个知识点时,他还分得清楚谁是重点谁又不是重点吗?当学生无法分清楚本学期所学的知识点中哪些是重点哪些不是重点时,他在学期的期末考试中还能够考出理想的成绩吗?这就出现了我们经常在生活中所做的比喻,尽管我们有很多珍珠,但如果缺少把珍珠串起来的那一根细绳,那我们就不可能造就一条真正的珍珠项链。

教师把每个知识点都当重点教,看起来是对学生最负责任的做法。一是可以保证教材上所列的所有知识点都教到了;二是可以保证试卷中出现的知识点都被教师有重点地强调过或者教授过。于是,当学生在考试的时候还不了解这些知识点,或者在考试中没有把试题解答出来时,自然都是学生自己的责任了。可是,是不是教师把每个知识点都有重点地教了,学生就一定能够在考试中考出好成绩呢?如果是,那么学生在考试中考不好的责任自然应该归因于学生自己了;但如果并非如此,那就意味着教师有必要改变自己的教学方式,从而用更有效的教学方式来传授学科知识了。究竟怎么样才能够使学生对学科知识的学习更加有效呢?

**2. 知识"轻重之别"胜于"多寡之分"**

曾经碰到一位教过多轮高三的教师,在高一和高二的时候,他所教的学生考试成绩一直没有另外一位新教师好,但在当年的高考中他的学生成绩考得特别好。我问他,你今年高考运气蛮好的嘛,怎么会突然考得这么好,比那位新教师好多了,而这在以前是蛮难出现的。他说,之所以考得好并不是运气,而在于自己对学生整个高中阶段的学习有一个相对完整的计划;而新教师虽然在学生整个高中阶段都很努力,但由于缺少一个完整的教学计划,所以越到后来就越不行了。正因为自己以前教过几轮高三,所以能够对整个高中三年的教学有长远的计划,这样就会在高一和高二时,把那些高考重点考的知识重点教,把高考不重点考的知识轻松地教,等到学生参加高考时,由于当时学的知识详略得当,考试时轻重缓急拿捏得比较准,所以不但平时学得比较轻松,而且考试的时候成绩也不会差到哪儿去。

他接着说到,至于那位新教师,他的学生在高一高二的时候考得比我的学生好是因为他把整个高中阶段要教的知识,不分重点地均分到了每个月或者每个学期,看起来把每个知识点都教到位了,但由于是均衡用力,所以学生把每个知识点都学了,这样存在一个非常大的问题,就是没有区分知识中的重点和非重点,于是一上高考考场,就不可能把学到的知识有效地发挥出来了。接着他更详细地举例说,假设我们在高一的一个月里要教四个知识点,由于我教过几轮高三,自然能够区分这四个知识点的重要程度,假设其中有两个知识点是重点,两个知识点并不是特别重要,那我就会拿一个星期解决那两个并不怎么重要的知识点,拿三个星期来解决那两个重要的知识点。我这样的教法肯定更有利于学生在高考中取得优秀的成绩,但却不能保证学生在月考中取得优秀的成绩,因为月考总是相对均衡地对待四个知识点,可我却只对那两个我认为重要的知识点给予足够的重视,这样就导致我的学生只能在月考中保证拿到我重点教的知识点的成绩。但对于青年教师来说,由于他不知道这四个知识点在高考中的轻重缓急,所以他只好采取一个星期教一个知识点的方法,看起来把每个知识点都教到位了,但他的学生在高考中自然考不过我的学生。虽然,他的学生在月考中容易取得好成绩,因为他如此均衡地教授四个知识点与月考均衡地对待四个知识点的逻辑是一致的,可正是这个一致,正是有了月考对他教学效果的确认,反而让他坚持不懈地用这种方法教下去,直到在高考碰壁为止。

这位老教师解释的一个道理,那就是决定学生考试成绩的因素,远不只是学生掌握知识的多与少,更重要的还在于学生自己是否能够区分知识的轻与重。对课堂教学而言,既然教师的教学功能是帮助学生掌握知识,那么教师既有责任帮助学生掌握更多的知识,也有责任帮助学生区分知识的轻与重。问题在于,在哪一个"责任"上学生对教师的需求更强烈呢?在掌握更多知识上,哪怕没有教师的帮助,学生也是可以自我完成的,只是进步会慢一点;但在区分知识的轻重上,如果只是靠学生自己的经验,不但这个进步会很慢,而且很可能是一件难以完成的任务。教师可以教几轮高三,但学生一般却不大可能参加几次高考;教师是先掌握了整个学科知识再去教学生的,而学生一旦掌握了整个学科知识就毕业了,所以不管是从高考的角度,还是从整个学科知识的角度,教师在帮助学生区分知识的轻重上,应该比帮助学生掌握知识的多少,更有优势,也更有责任。

### 3. "选择知识"胜于"传授知识"

在大学教书,觉得最郁闷的事,就是教材实在是"太薄"了,你教不了几周,教材就被你讲完了。但与之相反,在中小学教书,觉得最郁闷的事,就是教材实在是"太厚"了,哪怕是教了一个学期,教材还没有讲完,甚至还要通过补课来完成任务。当我去问中小学教师,为什么那么薄的教材在一学期里还教不完,而我们的教材那么厚却在那么短的时间里教完了呢?他们往往回答我,说你们教的是大学生,那多么聪明呀,所以你们一讲他们就懂了,自然你们教得也快;可我们教的是中小学生,中小学生很多的学习内容要通过实践和巩固来习得,所以我们的进度自然就慢了,于是只好通过补课来保证教学进度能够正常完成了。

这样的解释听起来还是蛮有道理的,但在解决了这个问题以后,却产生了另外一个问题,那就是既然学生有差异,那为什么中小学教师必须按照同样的标准,把教材上的所有知识都讲给学生听呢?如果教师碰到了聪明的学生,那不但要把教材上的知识讲完,还应该为这些学生补充一些知识;但如果碰到了后进的学生,那就不应该把教材上的知识都讲完了,而是根据知识的轻重之分,选择那些重要的知识传授给学生,把那些不怎么重要的知识剔除出去。毕竟教材是统一编写的,教材的编写者不可能在一本教材中同时照顾到聪明的学生和后进的学生,那就只好通过教师对知识的选择来照顾不同聪明程度的学生了。按照上节的分析,也只有教师把教材中不同知识点的轻重区分出来了,才可能让普通学生,在重要的知识点上重点学习,在不重要的知识点上也就不必要重点学习;对于那些学习稍差的学生来讲,在那些不重要的知识点上甚至不必学习。相信有了对教学内容重要性的区分,可能远比通过补课的方式来完成教学任务,更有利于学生掌握知识和考出优异的成绩。

为具有不同学习能力的学生选择出不同的教学内容,不但需要教师有选择教学内容的勇气,更需要教师有选择教学内容的智慧。在教师们看来,如果自己完全按照教材的编排来上课,只要自己把教材上的知识点讲完了,不管学生掌握还是没有掌握,考得好还是考得差,自己能够承担的责任都是有限的,最多说自己教学水平不够高罢了;可是,如果教师敢于根据学生的学习能力来选择教学内容,不管学生聪明还是愚笨,如果学生考差了,都有可能把责任归结到教师对教学内容的选择上来,比如考的没有教,或者教的没有考等等。此外,既然教材是由专家们编撰出来的,教材对知识的选择水平也一定是高于绝大多数教师的选择水平的,那么教师怎么就敢相信自己对教学内容的选择就是正确的呢?既然自己都不能证明对教学内容的选择比教材本身更好,那就干脆直接用教材的好了,何必惹事生非呢!

其实,教师对教学内容的选择,并不是说把某些部分知识不教了,而是指把教材中的知识做一个简化版,把一些不是特别重要的知识过滤掉,因此整个知识结构还是完整的,这也就避免了因为挑选知识而漏教知识的情况。另外,之所以要对教材提供的知识进行选择,并不是说教师不信任教材,而是因为教材本身是针对中等学习能力学生编写的,而教师在课堂中面对的学生却是多元的;另外,从教材提供什么教学内容,到试卷要考什么教学内容,中间也是需要选择和转换的,而且往往是谁选择和转换到位了,谁的学生就会取得更好的考试成绩,自然教师的教学业绩也就更好了。

## 二、有 效 教 学

从走进课堂那一时刻开始,如何让自己的课堂变得更加有效,就成为引领课堂教学的基本要求。要做到让自己的课堂教学既有趣还要有效,需要我们在上课的时候,充分构思课堂引入的各个环节;在课堂教学过程中,将学生的学习和教师的教学组织起来;让教材服务于教学,让教材教学服务于育人。有了课堂引入的思考、将课堂教学组织起来,并超越教材对课堂教学的约束,这样的课堂离教出情趣和教出成绩也就不远了。

## （一）课堂引入：定位、构思与路径

大家议论过一堂《安塞腰鼓》的课，在课堂一开始，教师为学生播放了一场气壮山河的腰鼓大戏，然后请学生用自己的语言，把这场大戏以及自己的感受描述下来。于是，一堂课就这样被启动了，学生也逐步在教师的引领下进入了课堂学习状态。上课的是一位名师，很自然这堂课也上得非常的精彩，既让学生体验到了安塞腰鼓的恢宏气势，又学到了作者用文字描述和驾驭这种恢宏气势的能力。可是，在课后的点评中，另外一位名师说到，这堂课上得的确不错，也有效地实现了这堂课的目标，但如果吹毛求疵，是不是不要一开始就让学生观看腰鼓大戏的视频，因为当学生有了这种视觉冲击力后，课文中文字的表现力就会大打折扣，剩下来的就只是语言文字的描述功能，文学的内在美却被忽略了。听到如此的点评，虽然大家的确认为这样的点评是在吹毛求疵，但这种水平的课堂点评的确不可多得。尤其是对课堂引入来说，虽然它本身和知识的传授没有必然联系。

**1. 课堂引入需要达到什么样的效果**

课堂引入有两项任务：一是把学生分散的注意力集中起来，让学生知道现在要上课了；另一是通过唤醒或者激活学生已经掌握的知识，为课堂教学的开展奠定知识与趣味的基础。由于课堂引入是整个课堂教学的开始，按照传统的想法，良好的开始就已经成功了一半，所以教师们都希望在课堂的开始就给学生一个惊喜。正是怀着这样的想法，课堂引入一直是大家非常关注的课题，但也是一直倍感困惑的问题，似乎课堂引入就成了一个永无止境的追求了。把教师们对课堂引入的重视程度，和课堂引入本身的重要程度相比较，肯定是重视程度远大于重要程度，这就会在课堂引入中形成过度设计或者过度教学问题。

课堂教学是一个理智的学习过程，从激发学习兴趣的角度来看，肯定也需要在课堂引入时激活学生的兴致，但兴致本身并不能替代学习过程的理性与理智。这就注定了课堂引入要有对学生兴致的激发，但并不能因为课堂引入，反而让学生对课堂兴致的期盼，胜过对课堂教学理智的期待。以《安塞腰鼓》这堂课为例，当学生在课堂引入阶段就感受到腰鼓现场的恢宏时，在课堂上他们会花更长的时间恢复理智，甚至可能在整堂课中，都会失去感受文字魅力的机会。但如果教师把安塞腰鼓的视频放到后面去，学生在体验过文字魅力之后，再去感受现场的壮观，这时候文字魅力就不会冲淡现场感受，反而会强化或者引领现场感受。

对教师来说，会认为良好的开始就已经成功了一半；但对学生来说，开始就是开始，再好的开始也只是开始，而且越好的开始，使得他们对整堂课的期待值越高。如果课堂教学只是虎头蛇尾，那这种课堂的效果肯定没有蛇头蛇尾的课堂效果好，有了虎头就有了对老虎式课堂的期待，当期待不能实现时就会失望，甚至会抵制这堂课；如果从一开始就只出现个蛇头，虽然对这堂课的兴趣不会特别高涨，但没有太大的希望也就没有太大的失望，反而有利于同学们把整堂课坚持下来。当然，事情不能走到另外一个极端，那就是一开始就让学生对这堂课没有希望，这样也会让学生一开始就放弃这堂课。所以，课堂引入要适可而止，只要达到了让学生的心回到课堂，让学生初步具有了课堂教学的知识前提，就可以了，既要避免让学生过于兴奋，也要避免让学生对这堂课彻底绝望。

**2. 课堂引入何以彰显学科教学特征**

每个学科都有自己的特性，因此培养的学生能力也很不一样，我们把学科在学生培养上表现出来的特性，命名为学科教学特征。在课堂引入时，要注意到我们究竟需要把学生的学科学习引到哪一个方向，如果这个方向与这堂课的定位不相适宜，对于课堂目标的达成就比较困难了。我们还是以《安塞腰鼓》这堂课的引入为例，如果这堂课主要是训练学生的语言写作能力，那就可以先让学生看视频，然后借作者的表达方式来表达自己的感受；但如点评专家所说，由于语文重在培养学生对文字的感受能力和再现能力，所以一开始就把一副壮观的场面呈现在学生面前，这样就让学生失去了体验文字所渲染出来的壮观情景的机会。这两种不同的态度，就代表着对语文学科教学特征的定位，前者是功能性的，后者是审美性的。

数学是一门抽象的学科，即使学生做再简单的题目，都必须完成从具体思维向抽象思维的转化。据小学数学教师的观察，认为小学生的数学成绩在三到四年级的时候会发生很大的变化，之所以如此，是因为小学三年级前学生是在背数学，而不是已经掌握了数学的抽象思维能力。于是，数学课的引入基本上就可以遵循从具体思维中找到问题，由抽象思维来分析和解决问题的方法，当然这主要是指小学和初中等低年级的数学教学；对高年级的数学教学来说，课堂引入基本上是沿袭较简单的抽象思维到较复杂的抽象思维的路径。但是，在数学课堂的引入时，感性认识不能过于丰富或者刺激，以引出具体的问题为目的，避免学生停留在感性认识之上。

从语文和数学的学科教学特征中可以大致得出一个规律，那就是课堂引入的方向，就在于从这个学科培养的学科能力分析，从低位的学科能力入手，逐步将课堂引入高位的学科能力之中。比如历史学科，是培养学生借鉴过去的事物规律和经验，来剖析和认识当下和未来的事物，因此课堂引入最好的办法就是从当下的事情，或者让学生对将学的历史史实有当下的体验。于是，当我们从学科教学特征来审视课堂引入时，虽然没有为我们提供具体的方法，但大致的方向却呈现出来了，这样对学生学科思维能力的培养也清晰起来了。

**3. 课堂引入如何激发学生学习需求**

课堂引入只是一个引子，它的根本任务不是满足学生的具体需要，而是激发学生的学习需求，这就是我们常讲的要形成学生的胃口，要把学生学习的胃口吊起来。作为课堂引子，要起到的作用是让学生食之有味，但又讲不清是什么味；要让学生看之有物，但又不知道是什么物；要让学生学之有趣，但又不知道是什么趣。所以课堂引入之所以困难，并不是要让课堂引入如何生动有趣，如何花样别出，如何惊天逆转，而是要让课堂引入引而不发。下面介绍几种常用的课堂引入方法：

（1）层层递进。课堂引入一定要为这堂课找到一个起点，让学生非常明确，这堂课是从哪儿出发的。比如我们要讲二元一次不等式组，那我们就可以从二元一次方程组出发，如果我们把等号改成了不等号，那应该怎么解呢？当我们要讲徐志摩的《再别康桥》时，就得告诉学生徐志摩怎么到了剑桥大学，他在剑桥大学有什么样的心情，用了什么样的表达手法在诗中表达出自己的心情。这样的起点并不一定要直观，但起点一定要是一个学生可以把握的起点。相比而言，课堂引子中切入的起点越低，参与课堂的学生人数就越多,当然要从起点到目标终点的路线也就越长了。

(2)另眼相看。学科中的每一个知识点,在今天看来都是不可缺少的,但在这些知识产生之前,社会照样是存在的,人们也没有因为这个知识的缺失让生活变得不可延续。但有了这些知识以后,就让我们对特定事物的视角发生了变化,要么变得更加理性了,要么变得更加深刻了,要么变得更加有意义了。因此,当我们在课堂之初要引入新的知识点时,一定要引导学生用另外一种眼光,来审视他已经熟悉的事物或者知识,这儿的另外一种眼光,就是这堂课的核心内容。比如在我们学习高锰酸钾加热生成氧气这个化学实验时,这个实验重要的并不是产生了氧气,而是引入了催化剂的概念。于是,在课堂引入时,我们可以列举很多的例子,说明化学反应的即时与猛烈;但也要告诉学生,是不是所有的化学反应都是这样即时呢?比如酒的化学成分是乙醇,当我们喝了酒,是不是马上再喝含乙酸的醋,就可以更好地醒酒呢?恐怕不能,化学反应是有过程的,是有快有慢的,催化剂的功能就出来了,它可以让化学反应更快,也可以让化学反应更慢,使得化学反应可以根据我们的需要做相应的调整。

(3)悬而未决。当我们学了椭圆之后,知道了平面上到两定点的距离之和是一个常数的点的轨迹就是椭圆;于是,另外一个问题就产生了,既然到两定点的距离之和是常数时,可以在平面上形成椭圆,那么在平面上到两定点的距离之差如果是一个常数时,这时候点的轨迹可以形成什么呢?这就是一个悬而未决的问题,于是,当我们在平面上画出一个特定常数的轨迹时,双曲线就出来了。对于学科知识来讲,它总是对应于一个问题的,对这个问题的分析,以及对问题解决过程中形成的规律与原理及其应用,就成为这堂课的主要知识点了。

### (二)把课堂组织起来

叶澜教授曾经说:"课堂教学改革的第一步是从'还'字做起的,即'把课堂还给学生,让课堂充满生命气息',其目的是要改变教学过程中大多数学生大量时间不是听教师讲,就是听教师与其他同学一问一答的被动'听'课的局面,要求教师在课堂上努力为每个学生的主动参与教学提供广泛的可能性。"为了使学生能主动参与到课堂教学中来,我们教师设计的教学活动必须是有效的,是能够吸引学生积极参与的。常见的课堂教学活动有演讲、表演、讨论、体验活动、游戏活动、学生实验、展示交流等。

**1. 有效组织课堂教学活动的策略与方法**

有效组织课堂教学活动的基本策略有:

(1)目标性策略。教学目标是教学活动的出发点和归宿,它支配、控制和调节着整个教学过程。任何教学活动都要围绕某个教学目标展开。教师在设计课堂活动时要围绕教学目标,并考虑所设计的课堂活动是否生动、富有情趣和吸引力,使教学效果在有限的时间内达到最优化。要避免重形式、轻内容的倾向。例如,在实际教学中,许多英语课上常出现只有活动、没有语言的现象,课堂呈现出假"繁荣"的景象。例如,一节话题为 A Balanced Diet 的公开课。授课教师先把与本单元有关的词汇编成一首 chant 进行热身活动,帮助学生很快进入本课的学习,然后导入与 balanced diet 有关的漫画,接着把 food groups 设计成金字塔的形式呈现给学生,以促进学生对 grains, fruits and vegetables, dairy 和 meat 四类食物的理解;之后,学生针对健康饮食这一话题编写对话,并互相提出合理的饮食建议。整节课师生之间实现了多维互动。但美中不足的是,授课教师在最后环节设计的活动与主题联系不够密切:该活动要求学生根据菜单点菜,目的是考查学生能否从健康饮食的角度点菜,但教师所提供的菜单中却没有 a balanced diet 应包含的食物。如果授课教师能根据教学目标精心设计菜单,就能避免这个问题,课堂活动也会更加有效。

教学活动中的演讲、表演、活动内容或主题的选择一定要与这节课的教学目标紧密相关,这样才能使教学活动为教学目标服务。

(2) 有序性策略。有些课堂教学活动可指导部分学生事先准备,如有主题的演讲、表演,专题研究的展示交流等,课前的充分准备,有利于课堂上有序开展,以达到预期的目的。有些课堂教学活动采用分组的方式是有效的,例如讨论、实验等就可以采用先分组活动,再汇总交流的方式,使活动的参与面更广。另外,体验活动、游戏活动、学生实验等都有具体的实施步骤、规则和注意事项的讲解,讲解时必须照顾到全体学生,要求大家保持教室里安静,让每一位同学都清楚活动要求,这样的活动才能有序而有效。例如上实验课时,学生比较兴奋,没有认真听教师的讲解,而教师在交待实验步骤和要求时,也没有注意到学生的情绪,结果课堂是热闹的,学生情绪也是高涨的,但最终得不出应有的实验结论,这一节实验课就无法完成教学目标。

(3) 示范性策略。在有些课堂教学活动中,只有一部分学生参与表演、展示、交流等,而另一部分学生是观看、观察、倾听,在组织这样的课堂教学活动时,教师的示范作用就显得尤为重要。教师应表现出非常专注地倾听,用欣赏的眼光观看学生的表演,即使你已经熟悉学生的表演。发现下面学生注意力不集中或同学间讲话时,最好用手势制止,而不打断台上学生的活动。之后教师要及时点评,点评时要把握要点,甚至引用原话,表现出教师认真倾听的程度和对表演者的尊重。这样的示范作用会影响到今后类似活动的有效性,能使台上台下同学共同参与活动。

(4) 体验性策略。有些课堂活动尽可能地让学生全体参与,共同体验。例如物理学科中的一些演示实验,可以改成学生活动,让学生亲身参与,增加体验,产生深刻的理解,使教学活动更有效。例如在"机械波的形成"这节课中,把横波演示仪演示横波的形成,改成让学生勾肩搭背地站成一排,第一位同学的下蹲起立,带动其他学生的运动形成"人浪"。通过这样的体验,学生就能更好地理解机械波的形成原理。

新教师在进行教学实践的过程中,教学组织要多采用"启发式",并把握好如下四个环节:

(1) 激,即激趣,激疑。教学通过创设一定的学习情境,揭示该课知识的社会实践意义,激起学生的学习欲望。这一阶段可直接作为新课导入,也可以设计在新课导入和进入新知识学习之间的过渡,但它决不等同于导入过程,而是启发式教学必不可少的第一步,因为它直接牵动学生发现、探索问题的兴趣。"学起于思,思源于疑。"根据教学内容需要,针对学生思维障碍和思考习惯,巧妙地设疑,出奇制胜地抓住症结所在,灵活地变换提问方式,把新问题有步骤地呈现在学生面前,使学生在惊叹中,寻找问题的解答,有时不妨采用"脑筋急转弯"的设问方式,鼓励学生从多个角度、不同层面、换向思维等途径尽力追根溯源,真正体验思考的乐趣。

这一环节的教学目的是:激发兴趣,引起思考。它从教育教学目标上,否定了以传授知识为目标的注入式教学,变教师讲授为主为学生探求为主,把教学的目标定在发展思维和培养能力方面;它在教学内容上,改变了把教学内容和结论一下子全盘托出的传统教学,以创设情境和呈现过程的方法为主,引出重点的教学内容,对于提出的问题并非直接给出结论性的答案,而是在基本结论的一定范围内,留有余地,以便启发学生充分发展自己探索问题的能力;它在教学活动的组织结构上,以学生观察、联想活动为主,教师仅是通过媒体显示或实物呈现等方式,激发学生学习的兴奋点。

（2）启,即开导,启迪。通过启发式教学模式的第一阶段,学生基本上都能进入有意义学习的心理过程,但这并不意味着直接讲授知识的时机已经成熟。教师应当承接第一阶段给学生呈现的与教学重点相关联的内容,通过简洁、生动的讲解,由此及彼,由表及里,引导学生逐步接近知识结构。教师启发式教学的高超艺术和水平不在于如何准确、完整、系统地把知识教给学生,而在于能否根据学生个性发展的特点,激发他们的学习动机,让学生沿着思维的阶梯,在教师有效的引导下,自觉地发现、掌握知识,从而调动他们潜在的勇气、胆识,培养他们的能力。

（3）发,即发散,发展。学生在教师的引导下自觉、主动地叩开知识的大门以后,需要进一步去掌握知识的内涵,把握知识的构成,为此,必须充分发挥主动认知的能力,积极、努力地进行自我探索。为了达到这个阶段目标,师生之间、学生之间建立个别与个别、个别与群体、群体与群体之间讨论与对话的合作关系就是至关重要的。在实施启发式教学的过程中,教师要尽可能有意制造认知过程中的障碍,如提供正反两方面的立论、故意误导等,从而使学生在迂回曲折、历经坎坷的多向发散思维之后,主动获取知识。

（4）疏,即疏导,梳理。在经过激、启、发三个阶段之后,教师要抓住学生急于鉴别自己探索结果的心理,回到主导地位中去,剖析错漏,归纳、推导出正确的结论,具体、准确、系统地讲述知识的内涵和构成。这一过程带有总结的性质,与传统教学总结不同的是,教师不是对自己的分段讲述进行自我总结,而是在学生自我发展的基础上,通过梳理学生的认知结果,推导出结论。由于学生思维主动性的贯穿和渗透,其教学结构表现为教师的主导作用和学生的能动作用的有机统一。

新教师感到挑战比较大的是探究式课堂教学,即在教师的启发诱导下,以学生自主学习和合作讨论为前提,以现行教材为基本探究内容,以学生周围世界和生活实际为参照对象,为学生提供充分自由表达、质疑、探究、讨论问题的机会,让学生通过个人、小组、集体等多种形式的解难释疑活动,将自己所学知识应用于解决实际问题。探究式课堂教学不是"放羊式",也不是"包办式",是启迪学生以科学家认识世界、观察世界的方式认识世界,营造一种生动活泼的教学气氛,使学生形成探求创新的心理和性格,形成一种以创新的精神吸取知识、运用知识的教学模式。

运用探究式课堂教学时教师应首先向学生明确布置本阶段、本单元或本课时的学习任务,并给予学生学习方法的指导:① 要求学生带着要完成的任务和要解决的问题认真读书,掌握基本概念和原理;② 要求学生敢于发表自己的看法,敢于动手,勤于实践;③ 要向学生讲清楚,掌握知识和技能需要一个过程,不可能一次完成,需要有锲而不舍的精神。教师要鼓励学生以顽强的意志去钻研教材,同时应该向他们指出,学习不

如何上好新授课

如何上好复习课

如何上好习题课

如何上好试卷讲评课

是直线式的前进过程,而是"螺旋式"上升的过程,因此,探究还需要坚持"循序渐进"原则。教师要指导学生以科学的态度看待反复,克服"一蹴而就"的急躁情绪,以不懈的努力去达到既定的探究目标。

在我国新一轮基础教育课程改革中,探究式教学日益成为中学课堂教学的重要教学方式,对改变广大教师的日常教学行为和学生的学习方式起到了重要的作用,但是不少教师对如何运用探究式课堂教学模式产生了误解,主要表现有:

**误解1**:认为探究式教学就是科学家进行的探究。科学家们研究自然界时所进行的科学探究,主要是针对自然界或社会领域中尚未有确定性结论的问题所进行的研究。研究的周期一般很长,这样的研究需要对国内外同类研究成果全面了解和评析,需要自主创新的思想和不拘一格的科学方法,得到的将是前人没有获得的成果。

探究式教学区别于传统教学的要点就在于"探究"两个字上,探究式教学必须体现探究的理念、探究的精神和探究的态度,但是它主要体现在课堂学习中,体现在学生的自主学习方式和自主学习的过程中。在探究式教学的过程中,学生探究的大多数问题是已有结论的,探究的周期一般也很短,但是从中,学生体验到了探究的过程和方法,不仅学到了书本上没有提到的知识,还提高了他们的创新精神和创新能力,这对于学生今后的学习和发展将起着重要的作用。

**误解2**:认为创设了情境就是探究式的教学。情境的创设是探究式教学的重要组成部分,由情境导入新课,从情境提出问题,把情境贯串在教学过程的始终。但创设情境只是探究课题的开始和实现探究活动的一个有利条件,并不是探究教学的全部。因为探究教学的主体是学生,探究教学的目标是提高学生的实践能力和创造能力。而情境往往是教师从外部提供的,即使是为了探究而设置的情境,也是教师选定探究题目以后设定的,学生基本上没有自己选择的余地,也谈不上主动地进行探究。

**误解3**:认为做几个实验就是探究教学。探究式教学的方式很多,没有固定的模式,实验探究只是其中的一种,理论探究也同样是重要的探究方式。科学史表明,任何科学实验的探究实际上都是在理论探究的指导下进行的,离开了理论的探究,如何设计探究的实验?理论的探究成果指导实验探究,反之,实验的探究可以用来检验理论探究的成果。

**误解4**:认为探究教学就是按照课程标准规定的程序进行。探究式教学作为一种新的教学模式,应该是师生在共同的教学实践活动中,基于不同的探究内容和不同的探究主体而创造的成果。因此,它没有事先规定的程序。即使是在一校一地成功的探究教学模式在另一校一地也未必是成功的探究教学模式。

**误解5**:认为探究式教学就是教师在课堂上少讲,让学生多做。为了实施探究教学,有的教师课堂上开始"谨小慎微"起来,宁可讲少了,多让学生自己去"领悟",唯恐讲多了,落下个"满堂灌"的"罪名"。实际上,探究式教学的目的是为了提高学生的实践能力和创造能力,一旦离开了探究式的教学活动,仅在形式上教师少讲学生多做是不能达到探究教学的目标的。多年来的新课程改革实践表明,并不是所有的教学内容都是适合探究的,有些教学内容是约定俗成的,不能靠学生自己去发现,也无法探究,因此我们要根据实际情况来设计探究,而不是所有内容都得探究一番,也不是由少讲多做来判断是否是探究式教学。

下面是探究效果完全不同的两个(数学教学)案例。

案例 3-1

## 数的整除

在教学"数的整除"一课时,有位老师设计了这样一个小组探究活动。

上课一开始,老师问学生:"同学们,你能写出一个除法算式吗?"学生纷纷举手回答,老师挑了 10÷5=2,20÷3=6……2,1.2÷3=0.4,0.6÷0.2=3,6÷5=1.2,250÷5=50,13÷6=2……1,0.16÷0.8=0.2 这样8道除法式子写在黑板上。然后以小组为单位,让学生进行自由分类。学生讨论得很热烈,大多数学生根据商是小数还是整数把除法式子分成两类,有的根据有没有余数分成两类,有的根据小数除法、整数除法和有余数的除法分成三类……真是议论纷纷,答案五花八门。

案例 3-2

## 圆的认识

在教学"圆的认识"一课时,一位教师设计了下列的小组探究活动。

师:为什么在同一个圆里,直径是半径的2倍呢?下面以小组为单位进行讨论,可以利用手中的学具。(学生热烈讨论,并动手实践)5分钟后各小组进行汇报:

甲组:我们测量了一个圆的半径是3厘米,直径是6厘米。发现了在同一个圆里,直径是半径的2倍。(板书:量)

乙组:把直径对折,发现直径就相当于两条半径。(板书:折)

丙组:其实只要看一看直径,每条直径都是由从圆心出发的两条半径组成的。(板书:看)

丁组:还有一个办法,如果把两条半径移到直径上,正好是一条直径。

师:(老师显然没考虑到)什么方法?

生:移!(添上板书:移)

同样是小组探究活动,然而仔细品味一下,效果是完全不同的。案例3-1在揭示"数的整除"这一概念时采用了让学生自由写式子,然后根据除法式子的特点让学生自由分类。看起来似乎改变了"让学生听,老师讲"的课堂教学模式,给学生提供自主探索的机会,落实了小组探究学习这一教学组织形式,然而,热烈的讨论背后是深深的思索:第一,让学生自主写式子,教师选择各种类型,这样的自主只能激起学生的兴趣,对探究没有多大的帮助;第二,根据8道除法式子让学生自由分类,似乎起到了对"整除"这一概念进行探究的作用,然而仔细分析,学生对这一概念尚不清楚,各种分类都是根据表面现象在进行,根本无益于对"数的整除"这一概念的理解。因此,这样的探究不安排也罢。而案例3-2中的小组探究活动有明确的目标,教学内容易于学生操作和探究,通过观察、折叠、测量、位移等多种方法,学生得出了"在同一个圆里,直径是半径的2倍"这一规律,这样的小组活动才真正起到了探究的作用。

小组探究学习这一教学组织形式能充分显示它在培养学生合作意识、自主学习能力、创新意识和实践能力等方面的作用与优势,我们要尽量给予学生自主探究的机会,然而也不能滥用,因为并不是所有的教学内容都是适合探究的。

误解6:认为探究式教学就是多应用现代化教学手段。有些教师认为不用多媒体等现代化的教学手段就不能体现新课改的探究理念,甚至有的教学大赛明文规定,没有课件不能参赛。为此,教师不惜花费大量时间精心制作课件,可效果怎样呢?有的课件不过是课本知识的搬家,只起到小黑板的作用;有的课堂干脆成了"放电影",教师成了画面的"配音演员",鼠标点点,小棒指指,学生成了地地道道的"观众";有的教师把界面搞得五彩缤纷,结果学生被鲜艳的色彩所吸引,忘记了听教师讲课,忽略了课堂教学中应掌握的知识,更谈不上开展主动探究;有的教师为了展示自己精心制作的课件,忽略了学生的动手操作和自主活动;有的教师因为有了多媒体,黑板干脆成了"空白板",一节课下来,黑板上除了课题没有其他任何字迹;有的因课件制作粗糙,链接失效,弄得教师手足无措。教师跟着电脑走,学生跟着教师的思维走,哪里还有课堂上的师生互动和合作探究?

此外,如何在课堂的有限时间里有效地培养学生的思维、情感、态度、文化和价值观?新教师对此也感到不容易把握。首先,教师要调动自己的积极情感因素来激发培养学生的积极情感。其次,教师要准确理解和体验教材。正所谓"文章不是无情物,字字句句吐衷肠。"每篇文章的内容都会形成一定的情境和气氛,所以,一些课堂教学就需要教师准确体验教材,营造一种与教材内容一致的情境气氛,使学生仿佛身临其境,如闻其声、如见其人、如观其景。通过这种方法来拨动学生感情上的心弦,以培养学生良好的情感态度和正确的价值观。另外,不同学科具有自己特定的优势,教师应当选择适当的方式进行渗透。如语文、历史、地理、音乐、美术、体育等课程要充分发挥人文精神和科学教育的优势,加大民族传统文化教育的比重,让学生在赏心悦目中体验我国民族传统文化的隽永魅力。数学、物理、化学、信息技术、劳动技术、科学等课程要加强以科学知识、科学方法、科学思想和科学精神为主要内容的教育,体现民族精神在中华文明发展进程中的重要作用。要培养学生开拓创新、刻苦钻研、团结协作的精神和动手实践能力,提高学生的科学素养。值得一提的是,为了有效地实现情感、态度、思维、价值观等核心素养,教师在以情激情时,一定要发自内心,真实可信,适可而止。记得有位哲人说过:"当孩子意识到你在教育他时,你的教育已经失败了。"这一名言给了我们启示,那就是情感目标的落实要"润物细无声"。

由于没有很好地理解课程标准,在实施思维、情感、态度、文化、价值观目标上出现了一些偏差和误区。例如,为了达到课堂教学在形式上具有情感交流的效果,有些教师将情感态度与价值观的教育演变成了政治思想教育,或者采用庸俗的说教方式来试图达成情感态度与价值观的教育目标。这是一个教师特别是刚踏上教师岗位的教师必须克服和纠正的。

下面两个教学片段中出现的问题就很值得注意。

> **案例 3-3**
>
> ## 《运动快慢的描述——速度》片段
>
> 主题：高中物理第一册第二章第三节　运动快慢的描述——速度
> 教学目标：通过刘翔雅典夺冠的分析评价，培养学生的爱国主义情感。
> 教学过程
> （播放刘翔雅典奥运会110米栏夺冠的视频）
> 师：你对刘翔夺冠有什么感想？为了进一步提高刘翔的运动成绩，你认为应该从哪几方面入手进行研究？请以小组为单位展开讨论，并将你们的讨论结果写在合作学习交流卡上。
> 学习小组一：我们非常激动。
> 学习小组二：我们激动得无以言表。
> （学生及听课教师哄堂大笑）
> 师：大家的感想就这么简单？
> （教师将网上的评论投影在屏幕上，师生一起点评。）
> 网上评论一：新飞人诞生，尘封11年的记录被打破。
> 网上评论二：香港各大媒体盛赞刘翔。
> ……

点评：显然，教师在这里希望给予学生的是一种爱国主义教育，里面并没有蕴涵与教学内容相关的任何情感态度与价值观。即使从德育渗透的角度来看，学生在观看录像的过程中就已经很好地完成了这种渗透，学生确实看得十分激动，那么，后面的讨论、交流及提问还有什么必要呢？这样的提问和回答都显得很庸俗，甚至会淡化前面的体验。

由于长期以来，整个社会（包括学校教育）的泛政治化倾向及其教育方式的影响，很多教师误以为情感态度与价值观教育就是政治思想教育，并且认为只要加强简单的说教就可达成这个目标，这就是一个误区。

> **案例 3-4**
>
> ## 《质量守恒定律》片段
>
> 主题：初中科学　质量守恒定律
> 教学目标：略
> 教学过程：教师布置学生分组进行"白磷燃烧前后质量守恒测定"活动。
> 由于实验设计上的问题及学生操作的不熟练，在学生还没来得及塞紧瓶塞时就已有部分白磷燃烧产物（烟雾状的五氧化二磷）从锥形瓶中逸出，致使原来平衡的天平不再平衡，而这一切学生也都看到了。
> 当教师在学生们完成了这一"不成功"的活动后提出了这样的问题："通过刚才的实验，我们发现物质在反应前后质量如何？"学生们几乎异口同声地回答："相等！"课堂回答之所以整齐而又斩钉截铁，是因为学生知道这是今天要学习的内容，因而也是教师需要的答案。

点评：由于活动的要求不高，许多活动的结果都会与理想的结论之间存在差异，可很多教师在处理这一问题时，常常置事实于不顾。于是，本来是培养学生一丝不苟、实事求是等科学精神的重要途径，现在却起了相反的作用。

下面这个案例则是比较成功的案例。

---

**案例 3-5**

### 《在化学反应过程中物质质量的变化》片段

主题：在化学反应过程中物质质量的变化

教师先让学生列举了大量化学反应，然后请各组学生对反应前后各物质的质量总和是否变化做一下猜测。

生一：肯定变了，而且是变小了，不然蜡烛怎么会变短呢？（学生的逻辑）

生二：不见得，你看铁生锈后似乎质量越来越大了。

生三：老师让我们讨论的是反应前后各物质的质量总和，而你们只关注的是反应中某种物质的质量。你看，比如铁生锈，不能只比较铁与铁锈的质量，反应之前还有氧气参与呢。

生四：有道理。能测出参加反应的氧气的质量吗？

师：同学们敢于提出不同的看法，很好。但我们要为自己的观点寻找确凿的证据。想想能设计实验去验证吗？

---

点评：科学的态度、情感、价值观既不神秘，也不是科学家专有的，每个人都应该获得它，因为这对于一个人来说可以受用终生，而且无论从事何种职业以及个人处于何种环境中。但是它不像传授知识一样可以直接"教"给学生，而是要创设机会，通过亲自参与活动来感受、体验与内化，需要较长的时间才能达成，不是一二节课就能立竿见影的。长期的点滴积累才能汇滴成溪，奔流到海。

#### 2. "教师教学"隐在"学生学习"之后

以笔者的个人体会为例，在生活中我是一个不太愿意记路的人。尽管同路人会非常善意地告诉我，应该从哪儿到哪儿之类的，但我总是以听到的话来回应他，让他以为我在他的指导下，已经记住了路应该怎么走。其实，一方面，他讲的话有些我是听进去了，有些并没有听进去，之所以他认为我听进去了，是因为我只是用听进去的话来回应他，没有听进去的话才真正地阻碍我自己如何走路；另一方面，当我把听进去的话告诉他以后，我自己也把这些话忘记了，既然有他带路，我为什么还要浪费脑细胞去记路呢，当我说完之后，也就把原本听进去的话也还给他了。所以，尽管他认为我已经知道怎么走这条路了，其实我是一点印象都没有。

因此我也往往用以上的逻辑去推测学生：那就是每次教师把知识点讲完之后，教师往往会通过提问等方式检查学生是不是真的掌握了所讲的知识点。可是，学生会不会也用我的"伎俩"来应付教师呢？当教师提出一个问题时，那些听懂了的同学马上就举手了；当教师提出另外一个问题时，另外一些听懂了的同学又举手了。看起来，教师提的每一个问题都被同学们解决了，但很可能没有一个学生把教师讲解的内容全都搞懂。事实上，我也怀疑，当这些同学当面把教师提出来的问题解决之后，他是否真的还继续巩固这些知识；更担心的是，那些当时不能解决教师提出的问题的学生，他是否还会去请教别人，或者自己想方设法把这些问题解决掉。原因只有一个，这些问题并不是学生自己的，而是教师的，只要有人帮教师解决这些问题，那课堂的任务也就完成了。

有的时候，当学生来问我们问题时，一开始还有点拨或者启发的耐心，可当自己讲了两三遍学生还不懂时，我们最直接的体会，就是自己直接做题目，直接把答案告诉学生，然后问学生是不是会做了。这个时候的学生要么已经把答案记住了，要么可以模仿我们怎么做这道题目了，在我们"威逼"之下，他们也就直接再一次把答案告诉我们，或者再一次模仿我们做题目的程序做一遍。于是，学生仍然无知地走了，虽然他得到了答案，却还是没有搞懂为什么是这个答案，更没有搞懂这个答案是怎么出来的；而我们呢，既为自己能够做这道题目而骄傲，更有意思的是，我们还自以为是地觉得，学生在我们的"教导"之下已经学会了。

经常听到教师说，同学们一定要认认真真地听课，这句话偶尔一听，觉得挺有道理。学生听课，自然应该认认真真地听，要是不认真听课，那岂不是浪费了课堂学习的时间。可是，难道学生上课的目的，就是为了听课而听课？学生在上课的时候，除了听课，就不能有别的目的吗？如果学生只是为了上课而上课，那他上课的目的就是听教师的，就是帮助教师上好整堂课，而不是让自己从课堂中学到什么。当学生对教师讲的东西早就明白了，他为什么还要好好听课？当学生对教师讲的东西百思不得其解，他为什么还要好好听课？也就是说，当教师上课讲的东西对学生学习没有帮助时，学生最应该做的并不是好好听课，而是想办法去自学。课堂教学的基本定位，就是帮助学生学习，而不是替代学生学习；只有有了学生的自主学习，有了学生对教师课堂教学有选择性的接受，这样的课堂才会有学生学习的活力，而不是只有教师教学的激情。

如果我们承认学生学习对教师教学的选择性接受，也就承认了学生在课堂中自主学习的权利。于是，课堂教学的第二个功能就出来了，那就是如何把拥有自主学习权的学生组织起来，通过课堂教学对学生的组织功能，把学生自主学习时无法解决的问题，在自主学习时难以取得的成效，尽可能地达成或者予以实现。因此，学生的学习包括三个层次：一是学生自己学习，二是在教师帮助下的自主学习，三是在有组织的同学群体中的合作学习。在整个课堂教学之中，学生学习都始终贯穿其中。如果没有了学生学习，这样的课堂教学再热闹，都是没有灵魂的课堂；虽然课堂教学并不能替代学生学习，但却可以让学生学习上升到更高的层次，去解决在下一个层次所无法解决的学习问题，去实现下一个层次所无法实现的学习目的。

课堂组织意味着教师要把学习的责任还给学生，让每一位学生因为有了学习责任，而成为课堂学习中的动车，而整个班级就成了动车组。在学生学习过程中，教师的定位可以用"得寸进尺"来形容。最早的教师，是家长带孩子实在忙不过来，或者家长实在教不过来，就请一个人偶尔来帮帮忙；一看有人帮忙，而且帮得越来越专业，就干脆把孩子送到教师家里去，教师家里肯定没有这么大，于是就单独办起了学校；一旦有了学校，学习的责任似乎就已经不再是学生的了，因为判断一所学校的好与坏，判断一位教师的好与坏，就是由学生的学习情况决定的。于是，原本是因为学生要学所以需要教师教，变成了因为教师要教所以学生要学，教师就从裁判变成了运动员，从导演变成了演员。很有意思的是，裁判往往更愿意当运动员，导演也更喜欢当演员，因为身份降了一级，会少了更多的责任，多了更多的自主性，即教师少了组织整个课堂的责任，但却多了如何管制单个学生的权力。

课堂组织意味着教师要注重学生的课堂参与和课堂感受，让学生在参与和感受中收获知识。当教师把学习的责任还给学生之后，教师对课堂教学的驾驭，就变成了如何设计和组织整个课堂教学了。问题在于，教师在设计课堂教学时，究竟是把课堂教学视为一次日常活动，还是视为知识的传授。如果视为一次日常活动，而知识的传授只是活动的附带品，那这样的活动就会更加注重活动中学生的感受，更加注重学生对活动的参与程度，注重学生在活动中有没有收获，当然最大的收获就是学生因为参与而喜欢上课，因为参与而收获知识、方法与能力。但如果教师把课堂教学视为知识的传授过程，教师就成为了知识传播的载体，学生成为知识学习的工具，知识成为课堂的灵魂与主宰。因此，课堂组织的一个重要原则，就是要让知识融入课堂，而不是让知识主宰课堂。

课堂组织就意味着要发动学生相互学习与相互竞争，让学生在相互学习中借鉴方法并学会与人相处，让学生在相互竞争中激发潜力并提高班级整体水平。课堂教学中的竞争，并不是教师与学生比，看谁更优秀；而是学生与学生比，看谁更优秀。因此，教师是课堂教学中的裁判，重要的不是如何管制学生，而是如何让学生接受好的课堂游戏规则，并让好学生在课堂游戏规则中胜出，让差的学生在课堂游戏规则中寻找到努力的方法与方向。很可惜的是，教师们往往在课堂中披挂上阵，最后的结果，不是教师评价学生学得好不好，评价学生在学生群体中表现得好不好；而是学生评价教师课讲得好不好，教师对学生的态度好与不好。

### （三）从"教教材"到"用教材教"

新一轮课程改革有很多新意，相信课程专家三天也解读不完。可有些一线教师并没有足够的耐心来听这些解读，他们更为关心一个切身的问题：面对新课程，我们的课堂教学要发生哪些变化，其中最关键的变化是什么？从个人的体会来看，新一轮课程改革对课堂教学的要求，最关键的是要求教师们的课堂教学，能够从传统的"教教材"向"用教材教"转变，如果真的实现了这个转变，相信新课程对课堂教学要求的其他变化也会随之实现。可是，这样的回答不但没有解决一线教师心中的困惑，反倒让大家觉得更困惑了，平时自己拿着教材去上课，难道就不是用教材教吗，怎么就变成了"教教材"了呢？当然可能有些教师会认为，自己平时也的确是在"教教材"，但"教教材"和"用教材教"似乎并没有什么区别呀：你不教教材，那还需要用教材教吗？你用教材教，其目的也还是教教材呀？那么，就要搞清楚什么是"用教材教"了。

#### 1. 什么是"用教材教"

你相信教材会出错吗？尽管我们并不希望教材出错，然而百密恐有一疏。当你发现教材已经错了，你在课堂教学中是捍卫已经出错的教材，还是鼓励学生勇敢地指出教材中的错误，并坚持与教材相左但却是正确的观点？从理论上讲，既然知道教材上的知识错了，当然应该教给学生正确的知识；但在实践中问题并没有这么简单，虽然教材上的知识错了，可那毕竟是教材上的知识呀，如果以后考到了这个知识点，虽然明明知道这个知识点错了，但只要你照着教材答上去，你还是会得分的；可如果你勇敢地在课堂教学中纠正这个知识点,并鼓励学生掌握正确的知识点,而考试中遇到了这道题目,学生如果用正确的知识点答题,究竟能不能得分就不一定了。所以,在理论上,教材肯定有对与错之分,而且课堂教学肯定是对正确的知识负责,而不是对教材负责;但在实践中,虽然教材有对与错之分,课堂教学肯定是对学生分数负责,那就意味着遵循教材是肯定可以得分的。而对正确知识负责只是有可能得分,也有可能失分,从保险的角度出发,可能遵循教材是一个更好的选择。

遵循教材就一定可以得分吗?只要我拿着教材去找改考卷的教师,他是一定会给我分数的,哪怕我和他都知道教材上的知识错了。为什么会出现这种明知错了,但还一定要给分数的现象呢,那是由长期以来"一本教材一统天下"的格局所导致的,既然天下一统于同一本教材,那么教材也就成为真理的代名词了。可是,在课程改革之后,当你再拿着教材去要分数时,就不一定有这么幸运了,因为改考卷的教师可能会拿出另外一本教材,而你拿的教材是错误的,但他拿的教材却是正确的。这个时候再以教材是怎么说为标准,就难以保证能够得分了。在这种情况下,让课堂教学对正确的知识负责,才是对学生真正的负责;课堂教学可以借助于教材来展开,但并不能以教材为唯一依据来展开了。

其实,教材出错的概率还是很低的,在这儿如此强调教师对待出错教材的态度,只是想借此区分一下究竟什么是"教教材",什么是"用教材教"而已。从以上分析可知,其实"教教材"就是"为教材而教",当教材是对的时候,要捍卫教材的正确性;即使教材错了,也要捍卫教材的正确性,是教材的唯一性确定了教材的正确性。对于"用教材教",则要求教师只是把教材当作帮助学生寻求真知的工具,在以寻求真知为目标的课堂教学过程中,如果教材错了自然是要纠正的,即使教材是正确的,如果有更有利于学生寻求真知的教材版本,也是可以放弃目前正在使用的教材;当然最好的办法并不是将课堂教学依赖于一本教材,而是教师能够以学生寻求真知为目标,按照课程标准的要求,综合分析现有的教材,并结合学生的学习情况和自己的教学情况,以超越教材的方式来"用教材教"。

**2. 因为"育人",所以"用教材教"**

课堂教学究竟是用来育分的,还是用来育人的?这是"教教材"和"用教材教"之间的理念差异。如果课堂教学只是用来育分的,那么即使教材上的知识错了,但如果能够保证学生得到分数,对错误教材的坚持也是值得的。如果课堂教学是用来育人的,不要说教材上的知识错了,即使教材上的知识是正确的,只要存在更有育人价值的教材时,这些教材都是可以撤换的。事实上,随着课程标准权威性的增强,教材的权威性已经被大大减弱,教师们不但承担着传授教材知识的职责,承担着鉴别教材知识的职责,还承担着对教材知识进行课堂开发的职责。在这样的制度设计下,"育分"已经不再是盲目捍卫教材的借口,对教材的盲目捍卫是教师疏于对教材知识的鉴别、懒于对多种教材的横向比较、懒于对教材内容的课堂化开发的表现。

究竟是教师被教材驾驭,还是教材被教师驾驭,这是"教教材"和"用教材教"之间的能力差异。根据课程标准编撰出来的教材,并不是用来约束教师教学的,而是用来约束学生学习的。学生应该掌握哪些知识,在这些知识中哪些应该重点掌握,哪些应该泛泛了解,在教材中都可以找到相应的指引。那么教师在教授教材时,自然应该把学生的学习能力与使用教材的能力结合起来,在需要教师帮助的地方丰富教材内容,在不需要教师帮助的地方简化教材内容,只有这样才可能真正地做到把教材当作帮助学生寻求真知的教学工具。教师为了帮助学生寻求真知而使用教材,那就意味着教师是根据教学的需要来选择与解读教材的,这就要求教师要有跳出教材看教材的视角,这就要求教师要有对教材进行课堂化开发的能力。在传统的课堂教学中,虽然看起来是教材在驾驭教师,但教师却因为教材的驾驭而获得了思想上的怠惰;在新的课堂教学中,虽然看起来是教师在驾驭教材,但却对教师的能力提出了更高的要求。

教学按照教材知识逻辑,还是依循学生心理逻辑,这是"教教材"和"用教材教"之间的实践差异。如果把掌握教材当作课堂教学的目标,那么按照教材自身的知识逻辑来展开教学,是帮助学生掌握教材的一条捷径,尽管这样的教学会让学生在学习上牺牲自己的兴趣,但却可以换来学生对教材模仿能力的提升。可是,如果我们把教材当作是帮助学生寻求真知的工具,课堂教学的真正目的不是简单地模仿教材,而是要通过教材来提升学生的学习能力时,我们就可以跳出教材自身的知识逻辑,根据学生学习的心理逻辑来重新组合教材,从而实现学生学习兴趣与学习能力的双赢。在传统的课堂教学中,在教材一统天下的局面下,教师成为教材的代言人,学生成为教材高峰的攀登者,通过磨损学生的兴趣换来对教材知识的掌握;但在新的课堂教学中,教师成为学生学习的帮助者,通过对教材的重组与重构,来帮助学生寻求真知,建构属于自己的知识结构。

### 3. "用教材教"的实施路径

**科学解读课程标准,是课堂教学走向"用教材教"的第一步**。课堂教学要帮助学生寻求真知,要帮助学生建构属于自己的知识结构,但学生的学习时间是有限的,学生的学习精力也是有限的,并不是什么真知都需要学生在有限的时间与精力内掌握,也不意味着学生的知识结构可以无限制地增长下去。可是,究竟哪些真知是这个阶段的学生必须掌握的呢,究竟学生的知识结构必须包括哪些真知呢?这些并不是教师可以随心所欲地选择的,而是在学科专家和学科教学专家通过系统的研究和分析之后,以学科课程标准的方式来选择和界定的。因此,对课程标准的深度解析,是对"用教材教"的目标的设定,自然也是对"用教材教"过程中基本原则的明确。

**深度研判考试标准,是课堂教学走向"用教材教"的第二步**。课程标准肯定是非常重要的,但如果课堂教学只是以课程标准为标准,那这样的课堂教学肯定是低效的,因为谁也不能保证这样的课堂教学能够符合考试标准。从逻辑上讲,课程标准既应该是教材撰写的依据和准则,也应该是考试标准的依据和准则;在实践中,在撰写教材的过程中,虽然会遵循课程标准,但并不意味着教材会百分之百地体现课程标准,正因为不同的教材会各有千秋地体现课程标准,所以鼓励教师要跳出教材开展教学;同样的道理,在确定考试标准和编制考试试卷的过程中,也应该遵循课程标准,但由于对考试功能的界定不一样,考试对课程标准内容的侧重不一样,从而使得不同的考试标准和考试试卷,虽然都会体现课程标准的精神和准则,但各自的要点与特征却有着很大的差异。然而,到最后判断课堂教学有效性的标准,并不是看课堂教学与课程标准的适合程度,而是看课堂教学与考试标准的适合程度,因此教师研读课程标准有利于课堂教学明确方向,但具体的教学重点还有待于教师对考试标准的研判。

**深入分析学习过程,是课堂教学走向"用教材教"的第三步**。如果课堂教学以教材为归宿,那么不管是教师,还是学生,都应该牺牲自己的教学个性,牺牲自己的学习个性,来满足教材对教学和学习提出的要求。所以在"教教材"的过程中,学生学习肯定是痛苦的,教师教学肯定是刻板的,当教师与学生基于"以教材为本"而相互折磨时,彼此之间虽有怨言但却认为这是必须的。可是,当教材在课堂教学中只是作为一个工具时,课堂教学的目的就成为如何帮助学生寻求真知和建构知识。要帮助学生寻求真知,要帮助学生建构知识结构,前提就是要对学生的学习过程有深入了解。如果我们对学生学习过程缺乏了解,我们就无法保证为他们提供的课堂教学会有助于他们寻找真知与建构知识,更可能出现的情况,是我们本来想帮助学生更好地寻找真知与建构知识,但却事与愿违地越帮越忙。从"教教材"到"用教材教",让教师的课堂教学从教材的奴役中解放出来了,但并不等于课堂教学可以随心所欲了,而是希望课堂教学能够真正地服务于学生的成长。因此,这样的转换,既需要教师有从教材中跳出来并反过来驾驭教材的能力,还对教师提出了全面了解学生学习过程的实践要求。

### (四)把知识教出情趣来

每年高考结束,不管是高考考得好的学生,还是考得不好的学生,都会出现把教材和相关辅导书要么拿来烧了、要么拿来撕了的情况,不过据说现在还有一部分学生把它们拿来当废纸卖了。虽然说卖了,总比烧了或者撕了好,但总觉得高三学生如此对待教材和相关辅导书,的确暴露出学生对整个高中生活,甚至整个学习生涯的不满与愤怒。由此可见,教师在教学科知识的过程中,将太多的关注给予了考试成绩的获得,把更多的忽略给予了学习情趣的培育。于是,在没有学习情趣的支撑下,虽然有的学生也取得了优异的成绩,但由于他们付出的代价太大,所以也难免对学习生涯心生不满;对于那些既付出了学习代价,还没有取得优异成绩的学生来讲,他对学习生涯就更是心生怨恨了;而那些由于没有学习情趣的支撑,早就不能坚持学习过程的学生,由于长期在课堂上处于被边缘化的地位,自然也不会对学习生涯有什么好印象。因此,要让学生在学习上坚持下来,让学生享受学习过程中的情趣生活,自然是让课堂持续有效的不二法则。

#### 1. 课堂教学的理念与实践之争

在教育教学理念上,以兴趣为前提、以学生为核心的理念容易占上风;在教育教学实践中,以成绩为前提、以知识为重心的理念容易占上风。于是,这就出现了一个非常尴尬的局面,目前的课堂教学理论,都是以讲如何尊重学生,如何让学生学得开心为目的;而课堂教学实践要求的则是如何掌握更多的知识,如何获得更好的考试成绩。于是课堂教学实践既不接受课堂教学理论提出来的目标,也没成为验证与优化课堂教学理论的领域;在课堂教学理论无法指导课堂教学实践的情况下,课堂教学实践只好越来越依赖以牺牲生活质量来换取考试成绩的方式。

对于理想的课堂教学来说,自然应该尊重学生,以学生已经掌握的知识为起点,顺应学生的学习规律,从而让学生在课堂中充满活力。正因为有了这样的认识,所以古人提出来的"因材施教"原则才如此长盛不衰,更不可能成为大家反驳的对象。可是,课堂中的教师与学生总是相对应而言的,当我们过分强调对学生的尊重时,难免会出现对教师的不尊重。看起来通过对教师的严格要求,可以更有效地提高教学质量,但也难免会出现,在对教师严格要求时却放松了对学生学习责任的强调,在有效地提高教学质量时却导致了学生对教师教学的依赖。当我们在要求教师要因材施教时,学生就会把学习的责任转嫁给教师,从而被动地等待和接受教师按照因材施教的标准,为他们提供的量身定制的课堂教学服务;当我们要求教师在课堂上把知识点讲得清清楚楚、明明白白时,请问学生还有必要来思考吗?

对于实践的课堂教学来说,帮助学生掌握更多的学科知识,帮助学生在考试中获得更优异的成绩,哪怕让学生暂时牺牲眼前的生活品质,也是值得的。于是,课堂教学目标的实现占了绝对的主导地位,为了能够实现明天的教学目标,今天就失去了应有的生活意义。正因为有了这样的想法,才始终让教育教学研究总是停留在很低的水平上。既然大家都认为让学生暂时牺牲眼前的生活来换取学习目标的实现是值得的,那么教师也就没有必要在"通过提高专业水平来帮助学生实现学习目标"上努力了;与此同时,既然学生学习成绩的习得,要通过牺牲眼前的生活品质来实现,于是对于绝大多数学生来讲,总认为只要我牺牲了生活品质,如果还换不来优秀的成绩,那也就不是自己的过错了。

**2. 课堂生活与课堂学习的结合**

是不是学生的课堂生活与学习目标就真的那么对立呢?我想肯定不是那么绝对。尽管我们看到大量学生都在课堂生活与学习目标之间挣扎,但也看到不少学生把两者结合得很好,上课的时候开开心心,考试成绩出来也同样地开开心心。很有意思的是,那些将课堂生活与学习目标对立起来的学生,不管是牺牲当下生活来换取学习成绩,还是牺牲未来成绩来享受当下生活的学生,都有一个共同的特点,那就是很难在他们身上寻找到有效的学习方法。那些以牺牲当下生活来换取学习成绩的学生,在他们身上可以看到勤奋学习,也可以看到意志坚定,也有可能看到良好的成绩,但看不到他对学习过程的反思和驾驭;那些以牺牲未来成绩来享受当下生活的学生,他们可以在各种各样的调皮或者非调皮的活动中想方设法,但他们对学习过程却视若不见,这样的情况很难让我们相信,这些孩子不再学习或者学习成绩不好,是因为他们太笨所致。因此,让学习目标包含有情趣的课堂生活,这样的想法似乎有点挑战传统观念,但如果不打破传统观念,不但让学习目标的实现很困难,而且会让教师的教与学生的学停留在吃苦耐劳的层面,而不是想方设法地既提高学习效率,还让课堂生活更富有情趣。

对教师的课堂教学来说,从教是为了学的角度来看,课堂教学并没有教学目标,只有学习目标,因为教学目标也是以辅助学习目标的实现为己任的。在没有课堂教学的情况下,学生也会有自己的学习目标,也会认真学习的,那为什么还需要课堂教学呢?是因为在自己学习的情况下,学生会因为学习方法的缺少而低效、而沉闷,于是这就需要教师通过学习方法的指导来提高学习效率,通过学习过程的调控来增加学习过程的情趣,这两个任务是并驾齐驱的,对任何一方的过度强调,或者对任何一方的过度忽略,都会导致课堂教学本身的失效。如果非得在这两者之间有所侧重,可能增加学习情趣比提高学习效率更有协助价值,因为课堂教学对学生学习来讲本身就只是锦上添花的事,也就是说学生可以接受你的协助,也可以不接受你的协助;如果教师只是一味地想着提高学习效率,而忽视学生课堂生活的学习情趣,学生自然会逐渐远离教师的协助。但如果教师能够有效地激活学生在课堂上的学习情趣,虽然不能够直接提高学习效率,但可以让学生对课堂学习更投入,让学生对教师更喜欢,如此一来学习效率的提高也就自然而然了。可惜的是，让课堂更有趣，只能证明这位教师是位乐观的教师；直接让课堂更有效，就能证明这位教师是富有智慧的教师，两者相比大家都情愿被别人认可是富有智慧的。让课堂更有趣，只是间接提高学习效率；让课堂更有效，是直接提高学习效率，对教师的成就感而言，后者也就更容易占上风了。

对学生的课堂学习来说，如果为了课堂情趣而牺牲学习效率，那这样的课堂情趣也不会得到巩固，不但学生自己从这样的课堂情趣中感觉不到成就感，教师与家长也会想方设法打压这样的课堂情趣，因为在他们的眼中这样的课堂情趣就是调皮捣蛋。但如果为了学习效率而牺牲课堂情趣，那这样的学习效率也不具有可持续性，学生可以为了未来的学习目标暂时牺牲当下的课堂生活，但不可能让学生为此坚持一个学期、一年甚至更多年，他们毕竟是孩子，何况这样的坚持对成人都是一个极大的挑战。当领导讲话过长或者过于无趣的时候，虽然成人并不站起来调皮捣蛋，但睡觉的人也不少呀。因此，学生自己也要有机地把课堂学习和课堂生活结合起来。其实，相比提高成绩，在提高成绩的同时还要学得开心，不知道要困难多少。从提高成绩的角度来看，只要学生刻苦努力，总会有成效的；但要让自己学得开心，这就需要学生去调整自己的学习方法和优化学习过程了。

### 3. 让学生在课堂中更有情趣

**把课堂学习责任还给学生。**让学生觉得课堂学习是自己的事，这是让学生在课堂中享受生活的第一步。相比课堂过程中的痛苦，课堂究竟为谁而学可能更加重要，痛苦地为自己学，也比快乐地为别人学要幸福。大家都在提倡要把课堂还给学生，个人认为，在班级授课制的情况下，课堂是还不回去的；但目前最重要的事情，是要把课堂学习的责任还给学生，不要总是让学生觉得之所以要听课，并不是因为教师的课堂教学对自己有帮助，而是因为教师上课了，我得给他面子，所以要听他的课。其实，学生听课，一是为自己的学习，二是给上课教师面子，这两种因素都是有的；但重要的是谁更紧迫，谁表现得更明显，如果学生认为为自己的学习而听课更紧迫，那教师就可以搭学生的便车，让学生主动听课；但如果教师认为学生上课时不听课是对自己面子的伤害，那学生就可以搭教师的便车，认为上课是为教师而上。因此，教师对待学生课堂学习的态度，虽然不是一种教学方法，但却会对整个课堂进程中教师与学生的心态产生影响。

**教师自己要有情趣地教知识。**记得有位朋友问我，说他总觉得自己家儿子不是很喜欢自己，问要怎么样才能改变这种局面？我说那你要多陪他玩呀，日久生情嘛，这个道理还是很简单的。他说早试过了，时间是陪了不少，但并没有陪出感情来，所以才如此郁闷呢。我说当你和儿子一起玩时，是你自己觉得好玩，还是认为是儿子觉得好玩。他说当然是儿子觉得好玩才陪他玩了，自己怎么可能觉得这些傻傻的游戏好玩呢。我说这就对了，当你自己觉得游戏不好玩时，你还陪你儿子玩，你肯定会暴露出为了儿子而玩的态度，这对你儿子来讲，他就会得出两个结论，一是你认为他喜欢玩的游戏不好玩，另一是你并不是真心陪他玩的。我想这样的情况，对课堂教学来讲道理也是一样的，教师要让学生享受课堂生活，前提是自己本身就享受课堂生活；或者说教师自己就要把课堂教学当作是生活的一部分，这样的课堂是享受的，而不是忍受的。当教师自己把课堂教学当作是神圣不可侵犯的，是脱离日常生活而需要顶礼膜拜的，那自然这样的课堂是不可能有生活情趣的，即使有也是学生自己创造出来的，而这也是教师所无法容忍的。

**教师要把知识中的情趣教出来。**以前听一位特别喜欢历史的学生说，自己之所以喜欢历史,是因为在他看来,历史是立体的而非平面的;我问什么叫立体的历史呢?他说历史总是在特定的地理环境下,在特定的时代背景下,在特定的人群中发生的,当我们能够透过历史事件去解读那个时代的地理环境、时代背景和人群交往时,就会让你朝后多活几千年;同样的,历史也是有成长规律的,当你看到那个地理环境、时代背景和人群交往时,自然也会想到当下的生活和未来的生活,于是又会让你朝前多活几千年,这难道还不是立体的吗?这位学生的话让我深思了很久,最后才明白一个道理:原来今天看起来异常抽象的知识,在没有这个知识之前一定有关于缺少这个知识时引发出来的故事,在产生过程中也一定有如何形成这个知识的故事,在已经存在这个知识后也一定存在有了它的故事。之所以我们只是把他们当抽象的知识来学习,是因为我们没有复原整个知识的"立体历史"而已。看起来,课堂情趣的营造,并不只是一种态度的形成,更是需要知识、技术和智慧的支撑。要把知识中的情趣教出来,前提是教师自己要能够寻找到知识中蕴含的情趣;然后再用富有情趣的方式把这些知识表达出来,两者都不是理念的问题,而是需要教师用智慧去探索的。记得有一位数学教师说过,双曲线总是伤心的,因为它无限接近但永远无法接近两轴,而椭圆是最忠诚的,因为两点到焦点的距离之和总是不变的。于是,当我们说"伤心双曲线"和"忠诚椭圆"时,估计不会再有同学记不住双曲线和椭圆的定义了。

### (五)把知识教出成绩来

当我问学生,你喜欢还是不喜欢读书?很多学生都说不喜欢读书。我说,不会吧,读书是多幸福的事情呀,可以让自己长见识,知道以前不知道的,明白以前不明白的,怎么会不喜欢呢?学生说,读书哪有这么幸福呀,要是只是读书,我们也不会这么讨厌,现在读书的目的既不是为了长见识,也不是为了长知识,都是为了出成绩,在成绩的压力下,谁还愿意读书呢。想想也挺有道理,哪怕你很喜欢去游乐场玩,但让你每次去游乐场,都得把玩的心情记下来,而且还得在理念或者价值观上有所拔高,如此一来,我想以后你也不愿意去游乐场玩了吧。由此可见,要让学生喜欢上读书,只是考虑如何读书肯定是不够的,还得想办法帮助学生在读书之后,能够把读书掌握的知识转化为考试成绩。也就是说,只要考试成绩不再是学生读书的心理压力,而是让考试成绩成为学生读书的心理动力,相信学生不但会感受到读书能够长知识,而且还能够感受到读书带来的成就感。

**1. "不会读书"还是"不会考试"**

小明是一位非常听话的学生,除了读书,他似乎也没有别的爱好,而且他在读书时还勤于思考。说句实在话,像这样的学生,现在已经很少见了。但很不幸的是,小明的考试成绩一直不理想,这让他的家长特别困惑,当然也让小明自己很困惑,为什么自己这么认真地读书,但就是考不出好成绩来?而且让他更郁闷的是,他的好朋友小华似乎比他幸运多了,小华看书不多,而且远比他贪玩,大家也公认小明比小华更有知识、有思想,但小华的考试成绩就是比小明好。当小明向教师求助时,教师经常对小明讲的话,就是小明不会读书;当问为什么小华比小明考得好时,教师也是一句话,小华比小明会读书。

小明真的不会读书吗?当你和小明接触之后,就会发现小明还真是一位非常喜欢读书,而且非常善于读书的学生,他不但读过很多书,而且还经常把书中的观点应用到生活之中，所以在同学中他还有"小诸葛"之称。但小明既然喜欢读书，而且还如此善于读书，为什么在考试中就考不好呢？这就让我们反过来问一个问题，是不是把书读好了的同学，就一定能够在考试中取得好成绩呢？那得看判断是否把书读好了的标准，和判断在考试中是否取得好成绩的标准，是否保持一致；如果两者保持高度一致，那么把书读好了和取得好成绩就是一回事，也就是说，把书读好了就意味着肯定能在考试中取得好成绩，在考试中取得了好成绩就意味着肯定把书读好了。很遗憾的是，从小明和小华的身上看来，这两个标准并不一致。尤其在小明身上，似乎小明在考试中总是考不好，第一并不是小明不聪明，第二并不是小明不认真，第三并不是小明不会读书。

仔细分析小明考不好的原因，可能并不是他不会读书，也不是他没有把书读好，而是他把书读得太好。为什么把书读得太好反而考不好呢？一是小明有读书的爱好，就难免把所有的知识都读得很认真，这就导致他无法在较短的时间内，掌握更大范围内的知识，而考试有一个最起码的标准，那就是必须保证试卷能够较大比率地覆盖学科知识，因此小明虽然能够对试卷中的若干题目有非常深刻的理解，但很可能对其他的题目见所未见；另一是小明可能把有的知识读得太好，理解得过于深刻，迁移得过于宽泛，当目前的考试要求答案规范性与统一性时，小明对这些题目的回答有可能反而得不到高分。反过来，为什么小华读书"不求甚解"，却反而能够得到比小明更好的成绩呢？我想道理也是如此，正是因为小华读书时不求甚解，所以他能够在较短的时间内把所有的学科知识都学习到，尽管学习得并不到位；另外，也正是因为小华读书不求甚解，所以他正好能够按照规范化与统一性的标准来答题。

由此可见，把书读好和在考试中取得好成绩之间并没有必然的因果关系，在惯常的思维中，那些把书读好的同学就能够取得好成绩，于是教师的职责就是教学生如何把书读好。可事实上并不完全如此，对教师来说，教学生把书读好，的确有利于学生在考试中取得好成绩，但并不必然如此，要让学生在考试中取得好成绩，不但要求教师要帮助学生把书读好，还要求教师要帮助学生在考试中取得好成绩。

拓展阅读 3-7

表3-3 布卢姆的认知结果分类[①]

| 知识 | 记住先前学习的材料，包括事实、词汇、概念、原理。 |
|---|---|
| 理解 | 领会材料的意义。 |
| 运用 | 在具体的情境中使用抽象观念、规则、原理、思想及其他信息。 |
| 分析 | 把材料分解为它的构成要素或部分。 |
| 综合 | 把要素、片断或者部分结合起来形成一个整体或组成一个新的模式或结构。 |
| 评价 | 对方法或材料满足现在标准的程度作出判断。 |

---

① 摘自：德里斯科尔著，王小明等译. 学习心理学——面向教学的取向[M]. 上海：华东师范大学出版社，2008：301.

**2. 从"不求甚解"到"只求甚解"**

在传统的观点中,读书总是越多越好,读书总是理解得越深刻越好。甚至那些为了读书而读书的人更容易得到他人的认可,因为这样的人读书并没有外在的目的,所以显得格外地尊重知识与真理。那些把读书当手段的人,就没有这么好的待遇了,总让人觉得这些人并不像个读书人,更像个读书贩子,因为这些人并不以掌握知识为目的,而是以如何利用知识为目的。正是由于这样的观点普遍存在,才使得有些人情愿当书呆子,也不要当书贩子。下面我们来看,课堂教学中的学习应该是什么样的状态,学生应该把知识的学习当目的,还是把知识的学习当手段呢?如果学生把知识的学习当目的,那这样的学习肯定是幸福的,因为这样的学习不必对外在的要求负责任,只需要对自己的学习感受负责就可以了。当自己觉得读得比较开心时,那就多读一点;当自己觉得读得比较辛苦时,那就少读一点。之所以有些学生不愿意读书,就是因为在课堂教学中的学习,并不是把知识的学习当最终的目的,而是把知识的学习当作获得成绩的手段。

如果读书只是根据自己的兴趣来展开,根据自己的能力来选择,那这样的读书肯定更容易吸引学生,也会让学生在读书中更有乐趣,这也就难怪古人也以追求读书不求甚解为荣了。如果只是为自己的兴趣而读,或者只是为自己的求知欲而读,这样的读书可以提高自己的素养,但却难以判断这样的素养是否是社会所需要的。判断所学知识或者所形成的素养是否真的是社会需要的,最简单的标准就是社会为学生提供的考试,而且考试越正式、越规范,具有的判断力就越大。于是,古有科举考试,以此判断学子们掌握的知识和形成的素养是否是皇帝和国家所需要的;今有高考,以此判断学生们掌握的知识和形成的素养是否是高校、国家和社会所需要的。这就要求今天的学生读书时,在不求甚解的基础上,逐步养成只求甚解的学习风格。

当我们说学生读书是"只求甚解"时,估计很多教师和学生都会说,这不就是当下大家最痛恨的应试教育吗?我想这两者之间还是有区别的,应试教育之所以饱受诟病,有两个非常重要的原因:一是应试教育虽然拼命地想要成绩,但结果却是成绩也没有要到,还把学生的学习兴趣扼杀了,把学生提高学习能力的机会错失了;另一是应试教育虽然会让学生得到一些成绩,但这些成绩并不是让学生通过对知识的"求解"来获得的。让学生在课堂教学中对知识"只求甚解",其前提是对知识要"求解",如果你根本不理解知识,那自然谈不上为什么要"求解"了;但此处之所以强调一定要"只求甚解",是指在课堂教学中的学习和学生在生活中的随意学习不一样,随意学习并没有具体的目的,也没有时间的限制,只要是自己感兴趣的,只要是对自己有利的知识,都是可以学习的;但课堂教学中的学习是有限定的学习。

首先限定的是学习内容。不管你有兴趣还是没有兴趣,你要学的就是这么些知识,如果因为没有兴趣而不学这些内容,那只是对自己的伤害,丝毫不影响其他同学对学习这些内容的兴趣与兴致,这就只能让自己在学习上与其他同学的差异更大。其次限定的是学习的目的。不管你是为了丰富自己知识和提高自己能力而学,还是为了在考试中取得好成绩而学,判断课堂的教学效果和学生的学习效果的标准,仍然是在考试中取得好成绩。不管你是多么地讨厌考试,也不管你认为考试是让你学习的动力,还是阻碍你学习的压力,你都迈不过考试这一道关,反倒是那些主动接受考试、并把考试当作学习动力的同学,反而在考试中感受到了成就感,从而将这些成就感转化为自我效能感。

于是，当你在讨厌或者抱怨考试时，那些把考试转化为动力的成就感的同学，自然也就更容易在考试中战胜你了。最后限定的是学习内容的呈现形式。不管你是否喜欢做题目，是否喜欢做这一类题型，你学到的知识都必须通过试卷题目的形式表达出来。你可能认为用这种呆板的形式无法把自己的知识倒出来，甚至认为这种呆板的形式本身就是对知识的反动，但没有办法，你必须通过这种形式来证明自己是否掌握了知识。你可能说我喜欢论述题但不喜欢简答题，或者说我喜欢选择题而不喜欢填空题，但这并不是你可以选择的，如果要在考试中取得好成绩，不但要求你喜欢不同的题型，更要求你喜欢所有的题型。要是你有所喜欢，有所不喜欢，那些你不喜欢的题型并不会因为你的不喜欢而消失，反而会通过让你在这些题型上得不到分来处罚你。因此，如果要从知识中获得成绩，就意味着并不是把书读得越多越好，也不是把书读得越深刻越好，而是把书读得和考试的要求越一致越好，只有突破了课堂学习中的诸种限制，才可能真正让自己感受到学习的乐趣和成就感。

---

**拓展阅读 3-8**

## 影响成绩的因素[①]

**课堂时间的应用。**教学时间的应用在中学课堂里有各种各样的情况。一些教师用一节课45分钟中的40分钟来让学生掌握概念，而其他教师则只用20到25分钟。斯达林斯研究了87个中学课堂，其研究报告指出，用更多时间来进行非互动教学的教师，相对来说，学生的成绩要差些。

**学习的机会。**学生的学习机会也影响学生的成绩。看起来教同一课程的教师，会向其学生提供不同的知识信息、作业安排和学习活动。因此，即使时间分配是一样的，学生接受的内容和学习机会也不尽相同。这一切的发生，实际上是有意识决策的结果，但有些情况的发生，教师可能并没有意识到。而且，把学习能力和学习机会作出区分是非常重要的一件事，因为相关研究文献表明，当教师认为学生学习能力不强时，就不会给其提供学习机会。

**课程配套考试。**很多学区使用标准化考试，这种考试很难与教师个人的教学方法相匹配。显然，除非课程与考试保持一致，否则，就可能对学校教育的影响得出不正确的结论。我们认为，应该是课程目标决定用什么考试方法，而不是相反。

**课堂任务的选择。**实践研究表明，教师给学生安排的特定任务（实验操练、做练习等）一般要求学生稍作思考就行了。而且，一些教师强调不要求学生的认知参与和对材料进行理解的任务。显而易见，一些教师没有致力于任务类型方面的探究，没有多想上述这种任务安排会对学生的思维和行为产生什么样的影响。

---

[①] 摘编：Thomas L. Good & Jere E. Brophy著，陶志琼等译. 透视课堂[M]. 北京：中国轻工业出版社，2002：42—45.

**3. 把知识学出成绩的方法**

要取得好成绩,第一个准则就是要把读书的范围限制在考试的范围之内,既不能读得太多,也不能读得太少。为什么要为学生设置课程,并根据课程编写教材,就是因为现在的知识实在太多,以学生自己的精力和能力,是不可能正确地选择出那些重要的知识的;于是,就以课程和教材的形式为学生呈现学习的内容,并以考试的形式来检测学生的学习内容,从而对学生的学习范围有所限制。如果学生读书的内容超出考试范围太多,难免因为学习不够聚焦,或者因为把有限的时间花在了不考的知识上,使得学生考试成绩不够理想。如果学生读书的内容还达不到考试范围,那肯定不可能在考试中取得好的成绩。如果在考试中你把一道题目用三种方法做出来了,也只能把这一道题目的分数给你;如果你在考试中把三道题目都只有一种方法做出来了,三道题目的分数没有谁敢扣你一分。

要取得好成绩,第二个准则就是要把读书的深刻程度与考试试卷要求的难易程度保持一致,也就是说,对于试卷要求不难的知识,一定不要理解得过于深刻;对于试卷要求难的知识,一定不要理解得过于肤浅。当你把本来要求不高的知识讲得非常深刻,或者把要求不高的知识理解得非常深刻,不但得出来的答案可能和试卷的标准答案不一致,尤其是文科,而且更主要的原因是,让学生在这些要求不高的知识上花的时间太多,从而影响学生在要求高的知识上的学习。对于那些试卷要求高的知识,自然应该理解得深刻,否则要么答起题来文不对题,要么根本就不会做这些题目。对于这些试卷要求高的知识,究竟应该理解到什么程度才叫深刻呢?对于每一份试卷来说,真正拉开成绩差距的,并不在于那些要求不高的知识点上,而是在这些要求很高的知识点上。于是,这就要求教师在教学时和学生在学习时,一是要尽可能为要求很高的知识留够留足时间,另一是要尽可能把这些知识点理解透,当然理解透既不是太个性化的理解,也不是太怪异性的理解。

要取得好成绩,第三个准则就是要把知识的储存形式和考试试卷的题型模式保持一致,也就是说,对于通过再认就可以解决的选择题,就不要花时间去死记硬背;对于通过死记硬背部分内容就可以解决的填空题,就不要花时间去通篇背诵;对于通过死记硬背关键词就可以解决的简答题,就不要花时间去全部记住;通过理解和应用就可以解决的论述题,就不要花太多的时间去阅读而非思考。如果学生把所有的知识都储存成选择题,那就肯定不可能在其他题型上取得好成绩;但如果把所有知识都按照论述题来应对,估计学生要把试卷做完就非常不容易了。以简答题为例,试卷的要求是只要把相应的关键知识点答出来就可以了,如果学生不但要记住所有的知识,而且还在答题时论述自己的观点,这就难免让他在简答题上既得不了高分,还浪费了宝贵的答题时间。

## 三、超越课堂

潜心教学,并不完全等同于潜心上课,还需要我们对教学有更长远的打算。从上课到教学,远不只是形式上的不同,而在于课堂是限于一步一个脚印,但教学却是一个更系统的概念,是对各个课堂串联起来的集合名词。要让课堂有效,也不仅仅需要教师搞好教学,还需要搞好师生关系,给予学生更多的学习正能量,体现德育对课堂教学的支撑和引领作用。此外,作为课堂教学的延伸品,究竟应该为学生布置多少作业、布置何种类型的作业,这都需要我们对作业的定位有深刻的理解才能得出正确的答案。此外,应该在课后为学生提供何种类别的指导与帮助,才能够帮助学生在课堂教学表现优秀,同时也不断提高自己的指导能力。

### (一)从"课堂"到"课程"

小的时候觉得每条路都很长,每座山都很高;时隔多年故地重游,才发现儿时长长的路变短了,儿时高高的山也变矮了。当我问父亲为什么有这么大的反差时,父亲说并不是故乡的路变短了,也不是故乡的山变矮了,而是因为你走过更远的路,爬过更高的山。于是我在想,那些一辈子就在方圆五平方公里生活的乡民们,是不是永远都觉得家乡的路是那么的漫长,家乡的山是那么的高远,甚至用自己一生都走不完,用自己的一生都爬不过呢?究竟是路走不完、山爬不过,还是他们自己非得在这么短的路上,在这么高的山上耗去自己的一生呢?由此联想到我们的课堂教学,大有不把四十五分钟用到极致誓不罢休的味道。究竟是执着于去追求一堂课的有效性,还是应该将一堂课置于整个课程教学的有效性之中来考虑呢?

**1. 何以保证每堂课都有效**

在教育界有不少非常响亮的口号,这些口号响亮到无人敢出来反对,"向课堂的四十五分钟要效率"就是其中之一。教师的任务就是上好每堂课,这样的口号你敢反对吗?但是,每堂课都上好了,这门课程就教好了吗?每堂课都上好了,就意味着你是好教师了?况且,真的每堂课都上得好吗?把每堂课都上好,这应该成为每位教师的理想,但却很难变成事实。教师每天都要上课,而且还不只上一节课,这就意味着教师每天都要备课,而且还不只备一节课,在这样高频率的工作状态下,要保证每节课都是好课,那实在是强人所难了。教师每天不只上一节课,也不只上一个班的课,所以教师要上好每节课实在是一个不小的挑战,当然也有可能是我太低估教师的教学能力了,但我情愿低估教师的教学能力也不愿意去高扬那不大可能实现的教育理想,把教师逼到在课堂中总也找不到成就感的地步。

即使教师真的把每堂课都上好了,这对学生来说又意味着什么呢?学生每天也不只上一节课,也不只上一个教师的课。学生每天都要上六到八节课,可能这个数字和课程标准的要求不相吻合,但与教育实践却比较吻合。如果教师为学生提供的六到八节课都富有效率,能够确保每堂课的四十五分钟都被充分地利用起来了,那可想而知学生每天的学习负担是多么的繁重。人每天做八个小时的体力活都是一种煎熬,那学生每天还要做六到八节课时的高强度脑力活,这又会是一种什么样的生活状态呢?如果学生处于如此疲惫的状态,相信教师提供的课堂教学再怎么有效,在学生这方都会遭遇到低效学习的抵抗。在课堂教学中,教师都会把本堂课的重点和难点揭示出来;可是,在一堂课里可能只有两三个重点与难点,但在一周里重点与难点就变成十到二十个了,在十周里就变成一百到两百个了,在一学期里就变成两百到三百个了。这就难怪,为什么在开学之初,学生都乐意学习;但过了一段时间后,乐意学习的学生也就越来越少了,之所以如此,其中一个非常重要的原因就在于学生不堪"重"负。

学生也不只上一位教师的课,当学生上了一堂非常精彩的课之后,接下来的这位上课教师的压力就大了,如果他不能在较短的时间内,把学生还停留在上堂课的兴奋转移过来,很可能他的这堂课就成了上堂课的牺牲品,关键是事实往往如此。要让学生每天六到八节课都能坚持在课堂上不睡觉,这已经是一件非常困难的事情了;但是,还有更困难的事情,那就是让学生每天六到八节课,在课堂上都睡觉。前者如果教师的课都上得好一点,或者上课的教师都凶一点,或者允许学生在课堂上喝咖啡,都勉强能够达到目标。后者就非常困难了,哪怕你给学生吃安眠药,也不能保证他六到八节课都睡得着。既然学生六到八节课都不睡是困难的,六到八节课都睡是更困难的,那就意味着绝大多数学生会在六到八节课上小睡片刻。可是,学生会选择在谁的课上睡觉呢?

曾经有一位年轻的语文教师反馈她遇到的困惑,尽管她很努力,但教学业绩并不理想。我就劝她多去听听其他教师是怎么上课的。她说自己基本上把学校其他语文教师的课都听了。我说你去听其他语文教师的课干什么呢,反正你自己的学生根本就没有机会去听他们的课,也就不知道你和他们相比谁的水平更高。她问我在学校如果不听其他语文教师的课还听谁的课呢,我说当然应该去听同一班级其他学科教师的课。她说这有什么好听的呀,教的内容都不一样;我说听课又不是看别人怎么教内容的,关键是看别人怎么在课堂上吸引学生不睡觉的。她说这和自己有什么关系呀。其实,这个关系可重大了,当学生在其他学科教师的课上不睡觉,甚至学得非常兴奋时,那就意味着到了你的课上,那就只能通过睡觉来休息了。虽然这样的对话比较片面,但的确揭示了学生每天上六到八节课,要让六到八节课都有效是多么的艰难,甚至是一种值得向往但可能永远实现不了的理想状态。

**拓展阅读 3-9**

### 学科结构课程理论[①]

学科结构课程理论认为,知识是课程中不可或缺的要素,强调要把人类文化遗产中最具学术性的知识作为课程内容,并且特别重视知识体系本身的逻辑程序和结构。主张以学科的知识结构作为课程设计的基础的理由是:学科结构是深入探究和构建各门学科所必需的法则。学科结构由三种结构组成:(1)组织结构,即指说明一门学科不同于其他学科的基本方式;(2)实质结构,即指探究过程中要回答的各种问题,也就是指基本概念、原理和理论;(3)句法结构,即指各门学科中收集数据、检验命题和对研究结果作出概括的方式。

美国学者布鲁纳认为,传授学科结构有四点好处:(1)掌握结构,有助于解释许多特殊现象,使学科更容易理解;(2)有助于更好地记忆科学知识,因为除非把一件事情放进构造得很好的模式里,否则就会忘记;(3)有助于促进知识技能的迁移,达到举一反三、触类旁通的目的;(4)有助于缩小高级知识与初级知识之间的差距。总之,学生所学原理越是基本,对后继知识的适用性

---

[①] 摘编:施良方.课程理论——课程的基础、原理与问题[M].北京:教育科学出版社,2005:14-15.

> 便越是宽广。掌握学科结构的目的,就是要学生学会如何学习。
> 　　另一位课程专家施瓦布认为,学科结构对教育具有双重意义。第一,教育工作者在设计课程和准备教材时就必须考虑学科结构,否则课程计划可能被错误地实施,教材可能被误教。第二,一定要把学科结构深入到课程的各个方面,使其成为课程内容的实质,否则就会把学生引入歧路。这意味着教与学不是一次只注意一件事物或一个观点,不是要搞清楚一个问题再继续进展到另一个问题,而是要重视问题之间的相互联系。
> 　　若要按照学科领域基本结构的方式来设计课程,就需要对那个领域有极为深刻的理解,因而学科专家在课程编制中起着重要的作用。

**2. "课堂"离"课程"究竟有多远**

苏霍姆林斯基的那句话:教师要用一生去备课。并不是要求教师把自己的生活都陪到教育工作中来,而是提醒我们:教师要用一生去备课,因此就不要堂堂课都备了。为什么要反对堂堂课都备呢?此处并非反对教师为每堂课做精心的准备,而是反对教师将具有学科系统性的课程肢解为一堂一堂的课,看起来把课程中的每个知识点都教到了,但实质上却把具有生命力的课程肢解成了一个一个的知识点,学生每个知识点都学了,在学生的眼中每个知识点都是活的,但整门课程却是死的。当教师们只有每堂课的概念而没有课程的理念时,对每堂课的精心设计就失去了方向,就只能在课堂教学技巧上、在教育技术的使用上、在教师教学细节上"精雕细琢",教师每堂课都教好了,学生每堂课都学好了,但在课程学习上却是成效甚微。

**3. 让"课堂"服务于"课程"**

在目前要求教师深挖课堂有效性的背景下,每位教师都在把课堂当作一粒粒珍珠雕琢,唯恐哪一个细节出了问题,从而让整堂课败于细节之处。再加上那本让大家见了都喜欢,但看了都害怕的畅销书《细节决定成败》推波助澜,更是让教师们不得不在课堂细节上费尽心思了。可是,当我们在一学期里精心雕琢出上百颗珍珠时,并没有看到一串美丽的珍珠项链,上百颗珍珠仍然是珍珠,正因为每颗都是教师精心雕琢出来的,所以学生拿着也分外的小心谨慎,可一旦到了课程考试的时候,缺少系统设计的课堂,也就只能用精心雕琢的珍珠,去撞运气了,看试卷中有几个位置是为我们设计好的珍珠预留的,这就是大家讲的猜题与压题了。记得有一次去北海旅游,大家都买了不少珍珠项链回来,看着饱满而又匀称的珍珠大家都乐滋滋的,可一位比较懂行的教师悄悄地说了一句话:如果一串项链的珍珠大小都一样,十有八九这串项链就是假的,因为真正的珍珠每一颗都有自己的个性,所以珍珠项链的价值也就在于有大有小,而不在于将每颗珍珠都弄得一样大小,这势必是人为而不是天成的了。原来如此,当我们把每堂课都雕琢成大小一样的珍珠时,是不是也因为课堂教学的人为而剥夺了学生学习的天份呢;会不会因为有了课堂形式之美而伤了课程学习的真呢?

在中学的课程中,很多学生都害怕物理,往往因为物理学不好而弃理从文。但那些物理好的学生,对于大家对物理的害怕都觉得不可理解,在他们看来物理是越学越容易,学到最后并不比历史难多少。为什么会出现这么大的反差呢?从中学物理教材对知识的排列来看，首先学的是力学，然后才是光学和电学；从难度来看，力学最难，光学和电学次之，尤其是电学，在力学学好之后，只要把电视为一种力的来源，把握它的大小和方向，问题就解决了。在力学中，首先学的是受力分析，然后是动量守衡，最后是能量守衡；从难度来看，受力分析最难，然后是动量守衡，最后是能量守衡。分析到这儿就不难发现，物理之所以吓走了那么多的学生，正是把物理学好的学生讲的那句话，物理是"越学越容易"，其实并不是物理本身越学越容易，而是因为中学物理教材在知识的排列上遵守了学科知识的形成逻辑，但这种逻辑与学生学习物理的心理逻辑正好相反，因此不得不让学生先学了困难的知识再来学容易的知识。在这种教材编排已定的情况下，就得要求我们开展课堂教学的物理教师，要在教授力学，尤其是受力分析时，能够帮助学生学好学科知识，更重要的是还要帮助学生处理好此时学习物理的兴趣与态度，告诉他们渡过了这个难关，后面就一马平川了；而且即使现在学不好也没有关系，因为在受力分析中解决不了的问题，还可以借助于后面的动量守衡和能量守衡来解决。

不论是理科还是文科，每个学科的内在思维与逻辑都是隐性的，在教材中呈现出来的多是现象与案例，在理科中是例题，在文科中是例文。于是，课堂教学就有了两个完全不同的努力方向，一是通过现象与案例来解读隐性的学科思维与逻辑，另一是精心解读现象与案例本身，甚至用更多的例题与例文，来证明教材上的例题与例文的正当性。下面我们举两个例子来说明这个问题。在初二数学中，有一类题目是二元一次方程组的应用题，对学生来讲这类题目的难度在于，以前只需要列出一个方程就可以解题了，而现在却不得不凑齐两个才能够得出答案，让他们找一个方程没有问题，但第二个方程就成为难点了。其实大家仔细阅读二元一次方程组应用题的文字材料就不难发现，既然要形成两个具有并列关系的方程，文字材料就不得不为学生提供两个并列的事件或者情景，文中往往会有分号来把这两个事件或者情景分开，于是分号前后就各自存在一个方程了。因此二元一次方程组应用题主要考查的是两个能力，一是对两个并列关系的分解能力，另一是解答二元一次方程组的能力，两者缺一不可，而且前者往往是重点。再举一个文科的例子，那就是学生对唐诗宋词的学习，唐诗宋词是中国古典文化的精粹，不但数量多而且水平高。可是，虽然每一首唐诗宋词都是珍珠，但也有将他们串起来的绳子，那就是作者所处时代的共同性。对于处于同一时代的作者，他们在诗歌中表现出来的意境还是大同小异的，如果离开作者所处的时代背景去单独解读诗词本身的字面意义，相信学生会学得很痛苦，看到考试结果会更痛苦。

对课程标准的编制者来说，一方面要注意课程对知识的选择和案例的组织是否具有科学价值，是否遵循了学科逻辑；另一方面还要注意如何让教师能够比较容易地将课程演化为课堂，从文字上的课程转化为教师的课程，从教师的课程转化为学生的经验。课程最经典的定义就是学生的经验，也就是说最终不能转化为学生经验的东西，都不能称之为课程。但是，虽然课程标准的编制者有考虑如何将"课程课堂化"的使命，但是并不意味着教师就可以就地等候了。对教师来说，就提出了与课程标准的编制者正好相反的使命，一是如何把编制者选择出来的知识和案例还原为学科体系，另一是考虑如何让自己的"课堂课程化"。课程课堂化使得课程编制者不得不把原本一统的学科知识，按照每一堂课的容量分化成一个一个的单元，而且为了让学生学起来容易理解，还不得不把学科内在的逻辑隐掉，通过一个一个的案例或者故事来解读或者串联这些学科知识,相信每一位科学家读自己这个学科的教材时,既会觉得这样的串联方式很好笑,也会为自己学科被这样肢解而觉得可恨,但这就是学科研究与学科课程之别。因此,当教师去做课堂课程化这项工作时,就需要教师在借助于具体案例与故事帮助学生理解学科知识的同时,还要帮助学生还原学科知识的系统性,而这并不是只懂学科知识点的教师所能够完成得了的。

常讲"教师要给学生一碗水,自己要有一桶水",如果只是在量上理解这句话,那就只是提倡教师要比学生更努力地学习学科知识,从而比学生掌握更多的学科知识而已。如果从质上理解这句话,就意味着要帮助学生掌握学科知识,就需要教师对学科知识结构要比学生理解得更全面,对学科知识之间的内在逻辑掌握得更充分,对学科思维有更深刻的理解。也就是说,当学生在理解例题与课文时,教师要能够理解例题与课文背后的学科知识点;当学生掌握学科知识点时,教师要能够理解将知识点串起来的学科结构与学科思维。只有这样,当学生在课堂上活起来的时候,教师也就在课堂上让课程活起来了。

### (二)用"德育"温暖"课堂"

曾经托学校德育主任到某校高一(10)班做一个调查,调查题目分外简单,就是让学生当场把教师所教学科和教师姓名写下来。还真是不做不知道,一做吓一跳:已经到了高一下学期了,根据当时的调查结果,全班57位同学中,居然有36位同学压根就不知道历史教师的姓名,有24位同学不知道地理教师的姓名,有12位同学不知道数学教师的姓名,有4位同学把班主任教师的姓写错了,唯一值得欣慰的是语文教师,基本上所有同学都知道他的姓名。当我把这个结果汇报给校长时,校长说说,这个结果和教师的教学效果基本上呈正比,这个班语文教师最好,历史教师一直是我们的心病,但这个心病由于种种原因难以祛除。究竟师生关系的不和谐与课堂教学低效是什么关系呢,莫非它们之间还存在因果关系,那究竟是谁影响了谁呢?

#### 1."错位的认真"不如"不认真"

年龄越小,做事的目的性就越低,但对事情过程性的要求就越高。你问幼儿园的小朋友,为什么喜欢上幼儿园,他们的回答一定不是说上幼儿园可以学到很多东西,更不会说在幼儿园学好东西就可以上好的小学,尽管家长会这么想,得到最多的答案应该是幼儿园有很多小朋友,大家可以在一起玩。原来幼儿园吸引小朋友的并不是良好的师资,也不是知识,而是有更多的小朋友;当然,如果幼儿园教师也愿意和小朋友们交朋友,相信幼儿园教师也会成为最吸引小朋友去幼儿园的那个"小"朋友了。对幼儿园的小朋友来讲,他们丝毫不关心在幼儿园能够学到什么,但却非常关心在幼儿园的学习过程是否开心,开心成为小朋友是否愿意上幼儿园的根本理由。但当这些孩子上到高中的时候,如果还有人说喜欢上学是因为学校有更多的同学,那别人肯定会嘲笑他还没有长大。

年龄越大,做事的目的性就越强,但对事情过程性的关注就越少。对于在学校的每一天,学生的体会和教师肯定不一样,学生把教室当作一天校园生活的全部,在这儿肯定包括学习知识,但也包括自己喜怒哀乐的日常生活;教师就有点不一样了,每堂课都带着教学任务进来,虽然教师在教学设计时也希望把课上得有生机一点,但始终回避不了对教学任务的完成。而且，与学生把教室当作一天校园生活的全部不一样，绝大多数教师还是认为教师办公室才是自己校园生活的主阵地，教室只是自己教学生活的主场地而已。此外，教师作为工作人员，哪怕他自己并不愿意过多地关注教学任务的完成，也躲不过学校对作为工作人员的他的教学要求。教师在课堂教学中对目的关注多了，自然而然对教学过程的关注就少了。如果哪位教师承认自己上课非常有趣，但就是学生考不出成绩，那也一定会遭到其他同事的笑话。反倒是那些整天板着脸的教师，哪怕上课效果不好，但只要考出了成绩，也会赢得大家的尊重，尤其是学校管理者与家长的喜爱。

与八九十年代的教师相比，今天教师的教学水平应该是高了不少。姑且不谈普通话是否标准、多媒体水平是否高超，你就看教师的学历水平，教师们在公开课中表现出来的整体素质，似乎都是以前的教师难以相比的。而且，那个时候的学生虽然学得也比较辛苦，但似乎远没有今天的学生学得这么痛苦。虽然那时候也有家庭作业，时不时教师也会把学生留下来补课，还会为优秀的学生推荐一两本课外辅导书，但这一切都比较自然；虽然也会觉得是一种负担，但并不是一种负累。而真正让人觉得困惑的是，教师的教学水平提高了，学生的学习负担增加了，但为什么教学效果却远没有那么好呢？不能怪教师不如以前努力，也不能怪学生不如以前勤奋，真正的问题在于教师的努力与学生的勤奋错位太多，而教学效果并不是教师或者学生单独努力就能够实现的，缺少了两者的合作，努力只能证明投入多，这与产出并没有必然的因果关系。当学生关注课堂教学的过程性，而教师关注课堂教学的目的性时，两者动机的不同自然阻碍了师生间的合作，在没有良好合作的背景下，努力与勤奋只能证明自己努力过了，教学效率不高，或者教学成绩不明显也就不足为奇了。

**2. 被"学科知识"掩盖的"师生关系"**

教师上课的核心使命，就是要完成教学任务，更重要的是要让学生掌握学科知识，考出好成绩来，这是无可厚非的。至于说"师者，所以传道、授业、解惑也"，实在是把教师教育功能泛化了，相信绝大多数教师都听过这句话，从道理上也理解和接受这句话，但在具体的做法上，还是离不开如何让学生掌握学科知识并考出好成绩这个看起来比较俗气、但却不得不直面的教学任务，对此我们可以说，这样的教学目标是一个事实，尽管它不是一个理想。当我们在教学目标上回归现实时，却不得不在过程上有更多的考虑；其实要让学生掌握学科知识并考出好成绩，也并不是一个容易实现的目标，没有对支撑这个目标过程的深思熟虑，我们的教学任务也很容易成为一个理想，从而把事实让位给教师教得辛苦而又乏味，学生学得勤奋而又无趣，但最终还是看不到理想的成绩。

教师要帮助学生掌握学科知识，最直接的手段就是教师把学科知识教给学生，如果一堂课不够，就用两堂课；如果一天不够，就用两天；如果还不够，那就整天整天地教，哪怕周末不休息。当周末都不休息时，当教师不得不花更多的时间去教学科知识时，当学生不得不依靠听课来学习学科知识时，教师的负担自然越来越重，学生的负担也不会因教师坚持不懈的讲解而轻松，虽然教师的课堂教学考虑得越来越细，但整个过程学生始终处于被动状态，教师课堂教学越是精细与精致，处于被动状态的学生就会越被动。这样为了让学生掌握学科知识而不断地给学生讲解学科知识的过程，看起来非常有道理，毕竟缺什么补什么嘛，显得富有针对性；但事实上有了针对性，却离课堂教学的有效性越来越远了。当学生在教师眼中只是一个学习学科知识的人,而教师在学生眼中只是一个教学科知识的人时,可能教师越辛苦,学生越勤奋,效果反而会越差。

其实不管是教师还是学生,彼此都希望掌握学科知识并考出好成绩,但为什么在共同的目标面前,我们看到的并不是教师与学生携手共进,反倒是在教与学的进程中,双方的关系越来越疏远。当看到初三和高三毕业的学生将学了三年的书烧掉或者撕掉的时候,我就在想,要是允许他们这样对待自己的教师,他们会作出怎样的选择!教师应该帮学生掌握学科知识并考出好成绩,结果是教师不但没有帮出好成绩,还时不时惹得学生生气,学生一旦生气起来就不学习,更甚的还会与教师顶撞;本来就是帮学生学习的教师,看到学生自己不学习了,甚至还与自己顶撞,就更是生气。如此恶性循环的病根究竟何在呢?

在《礼记·檀弓》里有一篇我们熟悉的文章,讲的是"君子不食嗟来之食"的故事。原文为"齐大饥。黔敖为食于路,以待饿者而食之。有饿者,蒙袂辑屦,贸贸然而来。黔敖左奉食,右执饮,曰:'嗟!来食!'扬其目而视之,曰:'予惟不食嗟来之食,以至于斯也!'从而谢焉,终不食而死。"黔敖虽然态度不好,但心还是好的;但有意思的是,饥者是肯定需要食物的,但他情愿以死抵制黔敖不好的态度。在课堂教学中,有些教师虽然态度还不至于比黔敖更差,学生对教师的抵制也不如饿者那么坚定,但这个故事是否也应该值得我们警惕:虽然每个学生都需要学习学科知识,但如果教师在教学态度上不好,不尊重学生,有可能导致学生全面抵触教师,哪怕学生明知这样的抵触会让自己在学业的道路上"终不食而死"。其实这样的例子在生活中也不少见,现在的家长都希望孩子多吃点好长身体,于是每顿大鱼大肉急吼吼地往孩子嘴里塞,殊不知在没有多种味道搭配的情况下,在没有正常进食速度的情况下,只会让孩子越来越讨厌吃饭,甚至到厌食的程度。吃饭尚且如此,学习学科知识又何尝不如此呢。

---

**拓展阅读 3-10**

### 互悦机制:你喜欢他,他就喜欢你[1]

世界上最了不起的卖车人乔·杰拉德成功的秘诀就是顾客喜欢他。为了让顾客喜欢他,他会去做一些看上去完全是费力不讨好的事情。比如说,每逢节日他会向他的1.3万名顾客每人送一张问候的卡片。卡片的内容随节日而变化(新年快乐,情人节快乐,感恩节快乐等等),但卡片的封面上写的永远是同一句话:"我喜欢你。"用乔的话来说:"卡片上除此之外就没有什么别的东西了,我只是想告诉他们我喜欢他们。"乔正是借助这种方式使他每年的收入都超过20万美元,创下连续12年都赢得"销售第一名"的纪录,他平均每一个工作日都会卖掉五辆车,被吉尼斯世界纪录称之为世界上"最了不起的卖车人"。

---

[1] 摘自:刘儒德等.教育中的心理效应[M].上海:华东师范大学出版社,2006:194.

### 3. "亲其师"才可能"信其道"

教师的首要工作并不是去保护学科知识,而是要尽其所能地保护好自己在学生心目中的印象,有了教师自己在学生心目中的好印象,才有可能在事后慢慢地改善学科知识在学生心目中的形象。如果教师为了体现自己先人后己的"美德",在学生已经讨厌学科知识的情况下,还要尽其所能地要求学生喜欢学科知识,最后的结局往往是学生并没有喜欢上学科知识,反倒是连学科教师也讨厌起来了。

从另一个角度来看,学生究竟是先喜欢学科教师再喜欢学科知识呢,还是先喜欢学科知识再喜欢学科教师呢?不排除有的学生天生就喜欢某一个学科,而不管教这个学科的教师是否讨学生喜欢,对于这部分学生,既然学科教师是否讨学生喜欢对他的影响不大,那也就意味着学科教师对他学科学习的帮助也不会特别明显。与之相反,课堂教学的功能就在于学科教师能够通过自己对学科知识的解读与讲授,让不喜欢这个学科的学生喜欢上这个学科,让喜欢这个学科的学生更喜欢这个学科。在一堂课中,教师的任务是让学生掌握学科知识,但对整个课程教学来讲,让学生喜欢上学科课程才是最根本的目的,因为只有喜欢了才可能有学生的主动学习,才可能有学生的持续学习。有了主动而又持续的学习,学生才可能在这门课程上走下去,而且很好地走下去。

在课程改革中,曾提出课程学习的三维目标为知识与技能、过程与方法、情感态度与价值观,教师们很容易描述清楚知识与技能的目标,对过程与方法还能够理解,但对于情感态度与价值观就不太容易了,因为同样的课堂教学行为,有可能在学生心目中形成完全不同的情感态度与价值观。同样的道理,如果想在学生心目中形成完全相同的情感态度与价值观,那就意味着教师要提供非常多元的课堂教学行为,在知识与技能目标已经被限定的情况下,能够有效实现知识与技能目标的课堂教学行为在理论上是单一指向的。正由于单一与多元之间的冲突,使得教师要在课堂上为了培养学生完全相同的情感态度与价值观,而选择多元的课堂教学行为,甚至不惜牺牲课堂教学在知识与技能目标上的有效性,相信这是绝大多数教师所不愿意的。其实,课堂教学中的情感态度与价值观很难说是教师通过课堂教学行为培养出来的,往往是通过教师在课堂教学表现出来的对待学科知识、对待学生、对待自己的情感态度与价值观的感染而形成的。因此,在三维目标中,知识与技能、过程与方法可以看成是课堂教学的直接目标,情感态度与价值观是课堂教学的间接目标。注意,说情感态度与价值观是课堂教学的间接目标,并不意味着说这个目标就不重要;正好相反,正因为情感态度与价值观是课堂教学的间接目标,所以要实现这个目标往往需要更多的知识与智慧,你既不能直接告诉学生你在情感态度与价值观上想达到什么目标,也不能在课堂教学中采取过于明显或者直接的行为或者行动。

### 4. "教师"是"学科教师"的前提

教师与学生最大的区别,在于教师掌握了学科知识而学生没有掌握学科知识;两者最大的相同,在于不管是教师还是学生都是希望得到尊重与人性化对待的主体,而不希望被别人当作是实现某种目的的工具。虽然我们讲教师的直接使命就是帮助学生掌握学科知识并考出好成绩,但如果所有学生都认为,教师就是帮助自己学习并让自己考得更好的工具,相信给教师再多的工资,也不会有多少人愿意从事这个行业。同样的道理,如果教师把学生当作是取得良好教学业绩的工具,那么学生越来越讨厌学习也就不再是一件奇怪的事情了。当然,由于良好教学业绩往往与良好学习成绩相等同,所以教师不容易感觉到是自己把学生当作取得良好教学业绩的工具,而是把学生当作是取得良好学习成绩的工具,由于学生取得良好学习成绩有利于他的未来发展,所以教师认为用今天的学生当学生明天的工具也是值得的。但是,在学生看来,他们是今天的学生就得过今天的生活,只有过好了今天的生活才可能感受得到明天的未来;通过牺牲今天的生活去换明天的未来,既是不值得的,也是不可预期的。此外,虽然把学生当作取得良好教学业绩的工具和当作取得良好学习成绩的工具是一回事,但由于角色不同,教师容易把学生当作取得良好学习成绩的工具,而学生容易把自己当作是教师取得良好教学业绩的工具,这个定位上的差别也是导致课堂教学低效的根本原因之一。

课堂教学的确有许许多多需要注意的地方,比如学科知识的编排,教学组织形式的安排,教学进程的控制,教学秩序的形成等等,但有一点却是所有问题的前提,就是教师与学生首先以人与人的身份相互尊重与交流,也正是在相互尊重与交流的过程中,学生从教师那儿学会了如何尊重人,如何与他人交流;教师从学生那儿获得了为师的尊严与成就,这一切就是我们天天都在琢磨但却总也找寻不到的德育的本质。在课堂教学中找不到德育,而德育不在课堂教学中发展,到最后的结果就是课堂教学中人与人之间的尊重与关怀越来越少,而学科知识与考试成绩的味道越来越重;而德育工作由于少了课堂教学与学科知识这个载体,变得空洞无味,不得不提高德育的腔调,并用一些抽象而又无从判断能否实现的原则来作茧自缚。德育就是教学生如何做人,尤其是如何处理好人与人之间的关系;我们的教师每天的一言一行都在进行示范,教师如何对待学生的,学生自然就如何对待教师、如何对待同学,以及未来如何对待他人以及自己的祖国。因此,当我们把自己的身份定格为学科教师时,往往因为有了学科而把教师的身份丢了,没有想到要先有了教师这个身份,才可能延伸出学科教师这个岗位。当每一位学科教师都首先把自己当教师看,然后再把自己当学科教师看时,我们的课堂可能会少了一些策略与技巧,我们的课堂在学科知识的灌输上少了效度,但我们的课堂一定会变得更有温度。当一个课堂多了知识的效度但却少了人与人之间的温度时,教育走不远,学科知识也走不了多远;与之相反,有了温度一定少不了效度。

课堂教学中的"突发事件"如何处理

### (三)学法指导:被学习态度掩盖的教学使命

张教师今天特别生气,在她看来平时最认真的,并被她"钦定"为英语学科代表的小强同学,居然也没有把英语作业做完,简直是不把她这位教师放在眼里。还有人向她反映,班上同学还经常抄袭英语作业,以此完成任务。每每想到大家如此敷衍她这位教师,她就越是怀念自己做学生时的那种勤奋与上进,对现在的学生就越发地伤心失望,觉得他们实在是"朽木不可雕也",甚至是"竖子不可教也"。可是,生气并不能解决问题,反而把问题搞得更复杂。只有我们理性地追问自己,当学生不得不为了抄袭作业而完成任务时,究竟是他们没有能力完成作业,还是他们不愿意完成作业呢?如果是学生没有能力完成作业,那教师应该做什么呢?如果是学生不愿意完成作业,又是什么原因导致学生不愿意完成作业的呢?如果简单地把学生不完成作业归因于学生学习态度不好,既可能冤枉了学生,又可能错过了问题解决的机会。

> **拓展阅读 3-11**
>
> ## 认知风格和学习风格[①]
>
> 我们往往把和智力没有关系,但却能影响学生学习的个体差异,称之为认知风格或学习风格,两者之间可以互换使用,但心理学家更倾向于使用认知风格,教育家们更倾向于学习风格。认知风格可以分为场依存和场独立。场依存的人倾向于整体的反应模式,而不是把某个因素从整个视野中独立出来,他们困于对某个情境、某个细节或者具体的图式学习,但长于小组作业,更喜欢文学、历史等;场独立的人更可能去监控他们自己的信息加工过程,理解整个图式的各个部分,能根据各个组成部分对整个图式进行分析,他们不喜欢合群,更长于在数学和科学领域取得不错的成绩。认知风格也可以分为冲动型和反思型。冲动型的学生做得很快,但往往会犯许多错误;相反反思型倾向多一点的学生,做得很慢,但出现的错误相对少一些。
>
> 学习风格也分为精细加工和粗加工两种,精细加工学习风格的个体把学习材料或者学习活动当做一种理解一些隐晦概念或者内涵的手段,这些学生倾向于为了获得知识而学习,较少考虑到别人怎么评价他们的学习表现。粗加工学习风格的学生集中做的是把学习材料记住,而不是理解,这些学生倾于能从一些外在的因素得到鼓励。当然,学习情境能刺激学生进行精细加工或者是粗加工,但研究表明个体确实有以某种特有的方式处理学习情境的不同倾向取向。

### 1. 学习的"原初态度"与"过程态度"之别

决定学生能否学好有很多因素,但决定学生是否开始学习却只有一个因素,那就是学生对待学习的态度:他想不想学。如果学生不愿意学习,不管学习对他有多么的重要,也不管教师与家长采用何种方法去教导他,都不会有多大的效果;如果学生愿意学习,可能他暂时发现不了学习的益处,也可能在学习过程中遭受挫折,但他也可能在忍受中继续前行。正因为学习态度有着如此重要的作用,所以当学生学得不好时,教师容易把所有的原因都归到学习态度上。

学生的学习态度包括两种:一种是学生在并没有进入学习过程之前,他们对待学习活动的态度,称之为原初学习态度;另一种是学生在学习过程中表现出来的对待学习活动的态度,称之为学习过程态度。在没有进入学习过程之前,绝大多数学生对学习都是向往的,也是愿意投入这个过程的,毕竟能够多学点知识,掌握更多的技能,既可以满足自己的求知欲,又可以增进自己安身立命的本事。基于此,可以说人的原初学习态度基本上都是积极的,不大会有学生在没有进入学习旅程之前就对学习感到失望,或者不乐意于参与学习过程。可是,在教育实践中,我们观察到的是学生越来越不喜欢学习,讨厌学习的学生越来越多,学习过程态度似乎与原初学习态度相去甚远。需要强调的是,对于初一年级与高一年级的教师来说,可能发现一部分初一年级学生与高一年级学生在入学之时,就可能对学习毫无兴趣。其实,这对初一年级与高一年级的教师来

---

[①] 摘编:阿妮塔·伍德沃克著,陈红兵等译. 教育心理学[M]. 南京:江苏教育出版社,2005:145-147.

说,学生的学习态度是原初的,但对于学生自己来说却已经是过程中的了。

由此可见,原初的学习态度是可以被肯定的,但学习过程态度并不是恒定不变的。在整个学习过程中,学生有可能一开始很喜欢学习,但过了一段时间就可能不喜欢学习了;也有可能学生一开始不怎么喜欢学习,但过了一段时间就喜欢上学习了。的确,学习态度可以让学生在学习过程中保持兴趣与意志,让学生以积极的态度来审视学习过程中可能遇到的挫折与痛苦;但是,除了学生原初学习态度并不受学习方法与学习结果的影响之外,在学习过程中的学习态度却是需要学习方法与学习结果来支持的。我们很难相信,一位并不具备学习能力的学生,能够恒久不变地对学习有饱满的兴趣,毕竟用意志力是克服不了能力不足这个问题的;对于一直感受不到学习成就感的学生,要让他对学习保有长久的希望也会是一件非常困难的事情。因此,当学生不愿意学习时,如果是学生在原初学习态度上出了问题,那是需要教育的,也有可能在教育中就转变了态度;但如果学生是在学习过程态度中出了问题,那么此时需要的就不再是简单的批评与教育,而是需要诊断与帮助了。

**2. 学习方法对态度的"蚕食"与"巩固"**

以自我教育叙事为例,对体育的热爱可能是人的天性,尽管小时候我几乎没有学会任何一样体育项目,但仍然抹不去对体育活动的热爱。于是,在进入而立之年后,开始尝试着去打乒乓球,并且兴致高昂地买了一副好乒乓球拍,可是当我总是在低水平上徘徊时,时间长了连自己都觉得无趣,乒乓球尽管是国球,但却再也没有进入过我的生活。当时的兴趣与良好的乒乓情怀,就被自己的无能蚕食殆尽了。暑假里又热又闷的天气,让我躲到了学校的游泳池里,以前不怎么会游泳的我,整个暑假居然在游泳池里待了近40个小时。原因非常简单,因为游泳池里绝大多数人都是游泳低能者,而我在自学与偷学的过程中还掌握了一些游泳的方法,这让我信心十足,直到秋天来了还对游泳留恋不已。也正是那一点点游泳的方法,巩固并提升了我对游泳的兴趣。

同样都是体育活动,同样有着原初良好的学习态度,可遭遇的结果却是完全不同的。联想到学习问题,同样的都是学习活动,同样都是有着良好原初学习态度的学生,可最终的结果也是千差万别的:有的学生在学习上不但精神饱满,而且成绩优异;可有的学生在学习上无精打采,而且成绩每况愈下。由此可见,学生的学习成绩和学生的学习态度的确有较高的相关度,但两者可能并不是因果关系;也就是说,学生成绩好并不是因为学习态度好,学习成绩差也不是因为学习态度差,而是因为学习成绩和学习态度有一个共同的决定因素,那就是学习方法以及由学习方法形成的学习能力。在日常生活中,学习态度和学习成绩是我们凭肉眼就可以观察得到的两大学习要素,而且凭经验我们还可以判断出,学习态度好的同学往往成绩也不错,学习态度差的同学成绩也不会好到哪儿去,因此很自然地把学习态度视为影响学习成绩的原因,从而让学习态度背负了太大的责任,也让学生为差的学习成绩蒙受了太多的冤屈。而真正既决定学习态度(特指学习过程态度),又决定学习成绩的,却是既难以测定、又无法肉眼观察到的学习方法以及由此形成的学习能力。

"工欲善其事,必先利其器",这句古语提醒我们,如果要做好某件事,前提得准备好做这件事的工具,而且还要掌握做好这件事情的方法。可以把其中的"器"字做双重解释:一是工具,另一是方法。良好的学习态度缘自于积极的学习兴趣,而积极的兴趣是对学习过程的内在享受,这种享受是学习过程中由于采用了良好学习方法带来的,而且学生的学习兴趣也只可能由良好的学习方法所产生;学习成绩是对学习过程所产生结果的享受,这种享受是学习方法在学习过程中所取得成绩带来的,但学习成绩并不是只能由良好的学习方法产生,有时过度的付出也可能在短时期内创造良好的成绩,只是这种成绩往往不具有可持续性而已。在教育实践中,我们容易发现学习态度与学习成绩相反的现象,那就是在学习成绩并不是由学习方法、而是由学生的超常付出换来的时候,在这种情况下学生的成绩很好,但学生的学习态度极差。

学习方法既是良好学习态度的原因,也是良好学习成绩的原因。但学习方法只是学生具有良好学习态度的原因之一;学习方法并不是导致良好学习成绩的唯一原因,这就意味着只有当学生既保持良好的学习态度,又维持了良好学习成绩的学习态度时,才可能证明这是学习方法的功劳。

### 3. 学法指导:学科教学的方法之路

在传统的观念中,往往把学习方法简单地理解为学科知识中的解题方法,所以当我们说教师往往只教了学生学科知识,但并没有教学生的学习方法时,教师都觉得委屈,因为他们认为自己已经非常注意给学生讲解学习方法了。要让学生在学习上取得优秀的成绩,最直接的方法是掌握解题方法,毕竟成绩并不是靠心态赚来的,而是靠把一道一道的题做正确了才可能得分的。可是,题目是无穷无尽的,解题的方法也就千奇百怪了,要让学生掌握那么多的解题方法,这件事本身就需要学生掌握良好的学习方法。如果学生的学习方法对了,他在掌握解题方法时就会事半功倍;如果学生的学习方法错了,那他在掌握解题方法时就难免事倍功半了。要让学生乐于在学习方法上下功夫,就得引导学生正确对待学习中的得与失,还得帮助学生处理好学习与生活的关系。所以,学法指导包括以学习为核心的三项工作,即解题方法的传授、学习方法的引领与学习过程的指导。

解题方法的传授,不管从责任意识,还是能力保障,对于学科教师来说都不是问题。学科教师与学生之间的关系,是专职教练与业余选手之间的关系。学科教师在大学里接受过所教学科的专业训练,他们对如何培养学生的专业意识,如何培养学生的解题能力,的确有着自己的长处,而且也始终在提高自己的学科解题能力。对于解题方法,不同教师的专业境界不同,给出的解题方法也就不同。当学科教师自己还沉浸在解一两道题的成就感之中时,那他也只能为学生就每道题提供一种方法;当学科教师能够轻松地驾驭学科知识时,他就会在教学中超越一道接着一道的题,而是为学生提供一类接着一类题型的解题方法,或者提供更富指导意义的解题思路或者解题原则。

尽管人人都知道学习方法的重要性,但将学习方法与解题方法比较起来,后者更具有实效性,操作起来也更为具体。可是,学习方法并不会因为它比解题方法更抽象,就会变得比解题方法更不重要;也不会因为操作起来有难度,就可以成为不操作的理由。其实,当我们在批判教育中的"形式训练说"时,同时也把学习中那些共同的方法与能力挡在了教育的门外。比如记忆的方法与能力,它在各个学科中都有着重要的作用,但对于学科教师来说,觉得培养这种学科通用的方法与能力既不是自己的责任,也没有这个必要,毕竟自己只是学科教师。再比如学生的思维能力与逻辑能力,没有哪一个学科的学习离得开它们,但却少有学科教师会把培养学生的思维能力与逻辑能力视为自己的本职工作。其实,即使觉得这些方法与能力的确很重要,但限于自己的学科教学范围,更限于自己的教育教学能力,所以不愿意在这个方面努力下去。

和学生谈论学习中的成就与挫折,教会学生正确面对学习的短期成本与长期收益,指导学生正确地处理好学习与生活之间的冲突与矛盾,这就是对学生学习过程的指导。就这样一些内容,可能绝大多数教师都会认为这是班主任教师的事,对于自己这个科任教师来说,并没有必要去做这些事;而且,即使自己认为这些事情很重要并去做了,还有可能得罪班主任教师。可是,如果学科教师只为学生学习带来挫折,而不解释挫折的教育意义;只让学生承担短期的学习成本而不为学生的长远发展支招,只盯着学生在学习上的缺位,却不理解学生在生活上面临的困境,这样的教学对学生会有教育意义吗?要让学生好好学习,前提得让学生好好生活,只要学习不要生活,此时的学习就变成了"学习压力";要让学生乐于在眼前付出学习成本,就得让学生对未来的收益有所期待,不然此时的学习就成了无穷无尽的偿债行为;要让学生愿意并敢于面对眼前的学习挫折,前提是要让他们明白这些挫折的教育意义,无缘无故地在学习中受苦受难,实在是没有接受的道理。由此可见,学习过程指导看起来离学生学习与学科教学都很远,但它却是学生是否愿意继续在学习这条路上走下去的决定因素。

## (四)别让"课后复习"止于"家庭作业"

作为教师的小张妈妈,最近发现了一件奇怪的事情。小张同学一直是很听话的孩子,上学后更是如此,一回到家就尽快完成教师布置的作业。有一天,当小张同学比较早就完成了家庭作业时,妈妈有点担心是不是小张同学做得不够认真,但又深怕这样直接问,会让小张同学觉得妈妈不信任他。于是,妈妈就旁敲侧击地问道,今天你在学校究竟学到些什么东西呀?小张同学回答得很干脆,我怎么知道呀,反正作业是做完了。妈妈觉得很困惑,就追问道,既然你学到了什么都不知道,那怎么会把作业做完了呢?小张同学有点生气地把自己的作业本拿给妈妈,并对妈妈说,你来检查一下不就知道了,反正你喜欢当教师,在家也不例外。到了这个份上,妈妈也只好把他的作业检查一

---

**确保课堂作业和家庭作业有价值**[①]

事实上,一项研究发现美国小学生将51%的在校学习数学的时间用于单独完成作业,而日本的学生花费26%时间,台湾学生仅用去9%。一些研究者指出这一差异可以作为对亚洲学生数学超群的部分解释。课堂作业应该用来巩固功课,并向学生提供指导下的练习,它不应成为教学的主要模式。

最近的研究证明那些花更多时间做作业而不是看电视的学生有更高的学业成就,甚至当其他因素如性别、年龄、种族、社会经济地位和成人的指导情况都被考虑在内时也是如此。仅仅布置更多的家庭作业并不必然是好方法,家庭作业就是课堂内容的有意义的扩展,而不仅仅是要学生有事可做。

拓展阅读
3-12

---

[①] 摘编:阿妮塔·伍德沃克著,陈红兵等译.教育心理学[M].南京:江苏教育出版社,2005:565.

遍了，看下来小张同学的作业做得还不错，基本上没有什么错误。这就让妈妈更加困惑了，为什么不知道学了什么，但家庭作业却做得不错呢？由此可见，学生把作业做好了，还真的不等于学生就把今天学习的知识复习好了。

**1. 做完作业不等于就复习好了**

如果仔细观察，就会发现像小张这样的同学，并不是少数。绝大多数同学回到家里，都是急着完成家庭作业；事实上，教师对学生的要求，也就是放学后回家完成家庭作业。但问题在于，是不是学生把家庭作业做完了，就算把今天的学习内容复习过了。对学生自己来讲，学习包括三个阶段，也即课前预习、课堂学习和课后复习，要想提高自己的学习效率和学习品质，把这三个阶段的学习任务高质量地完成是有必要的，但更重要的是要保证这三个阶段一个都不能缺少。一旦这三个阶段的学习任务有任何一个缺失了，不管你在其他两个阶段如何努力，都不可能取得良好的学习成效。同样的道理，课后复习也应该包括几个小的环节，比如通读一下今天的学习内容，提炼和总结一下今天的学习内容，再把今天的学习内容和以前的学习内容联系一下，最后再去做教师布置的家庭作业，通过家庭作业来看前两个阶段的学习任务是否完成，看复习的前两个环节的学习任务是否完成，看自己是不是把今天的学习内容搞懂了，看自己是不是会应用今天的学习内容来解题了，来解决学习上的或者生活上的问题了。

在学习的三阶段里，学生花时间最多的是上课，其次是复习，再次是预习。把三个阶段的任务仔细划分，就会发现，复习是最重要的，预习其次，最次是上课。对课前预习阶段来讲，课前预习就是学生自主学习，这个过程是学生开始接触学习内容，并初步尝试转化和内化学习内容，这个阶段如果学生还没有完全掌握学习内容，也不是大问题，还可以在课堂学习中得到解决。虽然这个阶段只是一个开始，但却是一个雪中送炭的阶段，也就是说，如果学生没有事先预习，他不但掌握不了预习阶段应该掌握的知识，而且也不知道在课堂上应该干什么，因为他根本就没有形成问题，自然也就不需要复习了。对课堂学习阶段来说，课堂学习并不是学生自学的地方，而是接受教师指导和同学相互帮助的地方，在这儿并不是学习知识，而是解决在知识学习过程中的问题，这个阶段是锦上添花的阶段，是把知识学得透彻、学得灵活的阶段。

之所以讲课后复习是最重要的，原因有三。一是课后复习涉及到对一天学习内容的整体梳理，不仅仅是一个学科的内容梳理，还牵涉到对不同学科内容之间的内容梳理；二是复习是学生建构当天学习内容的时候，如何把今天学到的内容融入自己原有知识结构之中，丰富与优化原有的知识结构，这都是在复习阶段完成的；三是，课前预习与课堂学习都是知识储存的过程，只有课后复习才是以知识提取为主要特征，因此课后复习决定着学生能够提取出多少知识，决定着学生是否能够运用所学的知识解答题目和解决问题。当我们在这儿把课后复习的重要性讲得如此明晰时，自然就显露出了当前课后复习存在的问题，那就是目前对课后复习的理解过于肤浅，简单地把做家庭作业视为课后复习。诚然，做家庭作业肯定是课后复习的一个部分，但错在一叶障目，把做家庭作业当作课后复习的全部。一旦学生把做家庭作业当作课后复习的全部，那么对学习内容轻重缓急的整体梳理，对学习内容前后左右的整体建构，对学习内容提取方法的整体探索，都已经不复存在，真正判断课后复习的标准，就只剩下是不是把家庭作业做完了，是不是把家庭作业做对了。没有前面几个环节的努力，学生把家庭作业全部做完,而且还要全部做对,我相信是一件有难度的事;而且,即使学生把家庭作业全部都做了,而且全部都做对了,也不意味着他就把当天的学习内容掌握了。在这种情况下还把作业做对了,十有八九不是个人完全理解和建构了学习内容,而是他把教师当天的解题方法复制过来而已。

**2. 为何课后复习只剩下家庭作业**

学校教育最为大家诟病的,就是课堂教学效率不高。可是,当我对课堂教学审视多年之后,发现课堂教学效率之所以不高,并不是课堂教学本身有多大的问题,而是因为课堂教学承载的任务过重。就今天的课堂教学来讲,不但课堂教学要承担课堂学习的任务,还要同时承担课前预习和课后复习的任务,比如对课堂教学"先学后教"模式的认可,对课堂教学内容要"堂堂清"的高度强调。当课堂教学负重前行时,自然这种前行过程是不可能高效得起来的;当你挑着超出自己能力范围的重担时,不但走不快,而且在行走的过程中也高兴不起来。当大家去听教师们的课时,一定也有这种感觉,绝大多数教师上起课来都是全身心投入的,但很难说谁的课就上得那么天衣无缝;原因不在于教师自己做得不好,在于课堂教学要完成集课前预习、课堂学习和课后复习于一体的责任,在如此重压下,不管教师多么地努力,都是不可能同时完成这三项责任的;既然完不成这三项责任,课堂教学效率也就高不到哪儿去,教师也就很难得到好的评价,这也就可以解释,为什么有些人课是永远都上不好的道理了。

为什么我们把所有的重担都压在课堂教学身上,而不去追究课前预习与课后复习的缺位之过呢?其实,如果我是一位校长,我会告诉社会,尤其是告诉家长,课前预习就是要强调学生的自我学习,而且要尽其所能地自我学习;课后复习就是要强调学生的自我总结,而且要尽其所能地自我建构;而课堂教学只是教师帮学生解惑而已,如果学生没有自我学习和自我总结,自然也就无惑产生,那对课堂教学中的教师来讲也就无惑可解了。如此一讲,道理是容易接受的,但是也就意味着,学生究竟学得好还是不好,考得好还是不好,责任都不在教师身上,而是在学生身上,我想没有多少家长会接受这个事实的,尽管在我看来这就是事实。不但家长不愿意接受这个事实,就连校长也不大愿意,更不敢公然提倡这样的观点。如果认为学生学得好不好、考得好不好的责任在学生身上,那校长还怎么管教师呢?在学生的课前预习、课堂学习和课后复习的三个阶段中,只有学生的课堂学习是和教师的课堂教学相呼应的,当校长和家长将学生的教育责任强加给教师时,很自然地就加重了课堂教学的责任,从而忽略了甚至是放任了学生对课前预习和课后复习的学习责任。

当大家对课后复习的重视程度大打折扣之后,尤其是对课后复习对学生学习成效影响作用的期待大大降低之后,不管是教师还是学生,都对课后复习不再重视。当然,虽然不够重视,但似乎也觉得少不了这个环节,于是用一些较低层次的任务,来填补这个环节需要完成的任务,从而证明这个环节还是存在的。对教师来说,估计没有几位教师相信学生会课后复习的,即使让学生做大量的作业,也没有几位教师相信通过做作业就可以让学生更好地掌握知识。之所以还让学生做作业,目的不是让学生积极地发挥复习的功能,而是通过作业让学生不要太贪玩而已,如果还有更微妙的心理,那就是让学生尽可能把课余时间花在自己所教学科上。对学生而言,早就把学习成效赌到了教师的课堂教学之上,课前预习是可有可无的,既然有教师在课堂上解决问题,那又何必让自己自讨没趣地在课前碰壁呢？课后复习就更是没有意思了，连在课堂上有教师帮助的情况下都没有学好，复习就更不可能有什么好的成效了。如此，做作业的目的是干什么呢，那就是完成教师布置的任务，至少证明自己没有把时间花在别的事情上，甚至向教师证明自己没有把时间花在别的学科上。

**3. 让课后复习变得宽厚起来**

课后复习的第一步，是学生要花时间去阅读和浏览一天的学习内容。在阅读和浏览的过程中，并不需要学生做作业，只是需要学生以一种"登泰山而小天下"的心境，静静地阅读和思考。就像自己好不容易爬到了山顶，总是要欣赏一下自己的杰作一样，把今天学习的内容欣赏和浏览一遍。课前预习，要求学生以一种自下而上的方式学习，如果在朝上攀登的过程中碰到问题，就暂时绕过去，留到课堂学习的时候，借助于教师的课堂教学来解决；而课后复习，则要求学生能够以自上而下的方式来复习，这时候需要学生能够跳出具体的知识点，把一天学习到的内容，区分出重点和非重点来，区分出难点和非难点来。如果学生没有阅读和浏览这一关，就容易把自己陷入到具体的知识点之中，把自己陷入到题海战术之中，这就犹如自己地图都没有看，就急急忙忙地上路了，那就难免在路上东撞西躲，搞得自己精疲力竭，最后还不知道自己走到哪个地方去了。

课后复习的第二步，是学生要花时间去重构自己今天一天学到的知识。第一步，是让学生知道今天究竟学了些什么知识，就像厨师做菜一样，大致知道今天有哪些原料，哪些可以做主餐，哪些只是做甜点。但这只是一些想法而已，到了第二步，也就是重构时，就不再是游览和思考了，更重要的是要把今天学到的知识进行加工了。一个方面，要把今天学到的知识转化为自己的知识，不管学生学懂了多少知识，如果不能够用自己的逻辑、自己的语言、自己的思维加工这些知识，这些知识永远是别人的，虽然看起来学生可以依葫芦画瓢地解题，可以原封不动地把这些知识背出来或者默下来，但时间一长，或者学习环境一变，学生自然就忘记了。这就难怪，有的学生今天听懂了，作业也做出来了，但等到一测试又做错了或者根本就不会做了，这不能怪学生，因为他只是到了重复的学习层次，还没有到重构的层次。另一个方面，要求学生把今天学到的知识，与过去学到的知识联系起来，既丰富了过去的知识，又让新学到的知识贴紧过去的知识，自然能够掌握得更好了。

课后复习的第三步，是学生要花时间去做与今天学到的知识相关的家庭作业。虽然本文对家庭作业似乎印象不是特别好，但并不是家庭作业本身惹的祸，而是因为我们把家庭作业的功能无限放大所致，因为我们把家庭作业拿来填补了学生所有课后复习时间所致。对课后复习来讲，家庭作业还是非常重要的，但家庭作业重要与否，并不是学生自己做对了还是做错了，而是学生是否能够通过家庭作业达到两个目标，一是是否能够把知识掌握到了应用的程度，另一是是否在不同的情境下都能够应用已经掌握的学习内容。对前者来讲，判断学生是否掌握到了应用的程度，也就是看学生是不是会做家庭作业了，似乎会做家庭作业了，也就会应用学习内容了。事实上并不完全如此，会用了，那就证明学生是在脱离教师指导的解题方法和解题思路的情况下会做家庭作业了；如果还不会用，那就证明学生只是在简单地重复教师在课堂教学上提供的解题方法和解题思路而已。对后者来讲，就不仅仅看学生会不会做家庭作业了，而是看学生自己会不会出家庭作业了。

让学生自己出家庭作业，而不是让学生自己做家庭作业，这可以看成是课后复习的最后一步，也可以看成是学生做家庭作业的最高标准。其实，判断学生学习知识的最高程度，并不是学生能够应付别人的考试，而是学生自己能够用所学知识去考别人。当学生做对了家庭作业，哪怕是用自己的逻辑、思路和方法做对了，也不见得学生会在其他的题型中，或者在其他的情境中做得正确。但是，如果学生自己能够根据所学的内容，为自己或者他人出一些家庭作业的题目，那就意味着他们不但掌握了所学的内容，而且还学会了在不同的题型或者情境下，变着法子来应用所学的内容。当学生可以变着法子来应用所学内容时，那才真正的把所学内容学透了。

# 第四章 立德树人

育人是学校的根本使命。育人不仅需要通过各门课程的学习来掌握人类文化资源，用以丰富人的内心世界，还需要通过专业化的德育途径系统地、有针对性地培养学生的道德品质，由此更为全面地养成健全人格。对于这一使命，人们常用"立德树人"这一简洁的话语来表述。党的十八大报告明确将"立德树人"作为教育的根本任务，正是对这一使命的确认。

那么，作为一名教师，应该如何理解并且履行这一专业使命呢？若要回答这一问题，我们需要站在这一使命的服务对象——学生的立场，理解他们每天都在经历的学校生活，感受他们在其中参与创造并分享的生命意义，由此探索提高学校生活精神品质和学生生命境界的教育之道。

一旦站在学生立场，我们就可为考虑"立德树人"教育使命找到一个参照系。例如，从诸多案例中，我们可以辨析出学生的三种成长体验——自卑、自信、自豪。我们可以据此初步想想：相比之下，在我所教的班级中，长期感到自卑、自信、自豪的孩子分别有多少比例？为什么？哪些学生更容易带着积极、阳光的心态融入社会生活之中？哪些学生更容易养成健全的人格、进而用更高境界的道德品质为社会贡献更多的正能量？为了让更多的孩子养成健全人格，每一位教师应该营造什么样的成长环境、创造哪些教育资源？如何让更多的孩子在更高品质的教育活动中感受到生命的意义感、进而体会到发展的成就感、追求为他人和社会作出更大贡献并在此过程中带着豪情享受幸福人生？

归根结底，这些问题可以聚焦为：我们希望学生立哪些"德"、成什么样的"人"、如何"立德树人"？简而言之，如何理解学校的德育使命及其达成途径？

在本章中，我们站在一名教师的角度来具体探讨：在每一天的工作中，将培育学生健全人格作为德育目标；为此，采用说服教育、榜样示范、探究研讨、活动体验等方法，并将这些方法综合运用于学科教学和班级建设这两个主要途径之中。

## 一、在德育生态中养成健全人格

为了达成"立德树人"的使命，而不仅仅是完成一项项具体的事务，教师需要对德育活动形成一个整体的认识。从一名教师的角度来看，他所面对的德育整体格局包括如下方面：其一，德育的目标；其二，实现目标所需要的德育资源，包括德育内容和相关的教育资源；其三，实现目标的过程，包括教师可以采用的德育模式、方法和主要途径。由此构建的整体格局，就是一个"立德树人"的德育生态系统。

概括起来说，这就是在德育过程中整合各种资源实现德育目标。例如，为了让学生以充满自信的人格参与合作，就需要结合学生的实际，选择有针对性、有发展价值的教育问题（如通过小组合作完成更有挑战性和创造性的探究任务），从相关课程内容、每位同学已有的能力和新的发展动力、校内外的各种资源中选取合适的内容和辅助资源,组织学生自主策划并实施一系列的主题活动,由此体验不断解决问题、建立或巩固自信、提高合作成效的成长过程,实现真实的发展。这样的活动就能整合多方资源,彰显学生活力,让学生更充分地享受到了自信参与合作探究带来的成效感,他们的人格系统就因此而生成了更多充满正能量的内涵。

### (一) 德育目标

从一名教师的角度来看,德育的直接目标就是让每天面对的每个学生都感受到日常生活的意义感,由此滋养出具有生命活力的人格系统,以饱满的热情和沛的活力投入到每一节课的学习、每一天的班级生活,逐步学会承担更大社会责任、带着豪迈情怀融入社会,在为社会作贡献的同时实现自己的美好人生。

据此,我们尝试界定一名教师可以选择的德育目标,进而参照专业理论辨析其内涵。

**1. 明确目标,培育学生的人格系统**

(1) 德育目标:培养学生的人格

在更充分地了解德育目的或德育目标之前,我们首先化繁为简,直奔主题——面对每天接触的每个学生,德育目标是什么?或者说,我们希望把学生"树"成什么样的"人"?

那么,"人"是什么?做一个"人"就意味着拥有"人格"并享受做人的自由和快乐,享受在不断敞开的发展空间实现自主发展的尊严和豪情,而不是卑微地完成别人规定的任务、乃至成为完成任务的工具。如此说来,从一名教师的角度看,德育的目标就是培养学生充满自主尊严的健全人格。

考虑德育目标时,为什么需要聚焦人格?一方面,这是因为具体的教师需要关注每个具体的学生作为"人"的整体人格,而不仅仅是一个或几个方面的素质。另一方面,这是因为个体的道德品质属于社会化的人格(personality,也常被译为心理学意义上的"个性"),而不是个体化的心理特征或日常用语中的个性(individuality)[1]。就此而言,培养学生"良好思想品德"和培养学生"健全人格"[2]实际上是从人格的内容和性质这两个不同角度对相同的德育目标的描述。

(2) 人格发展的内在机制:在群体交往中获得意义感

一旦将德育目标聚焦为培养学生人格,就有必要探讨人格发展的内在机制,并以此为参照来进一步探讨德育的其他方面。

首先,人格的成长始于每个人的"得到尊重和认可"的需求。作为一个生命主体,每个主体的生存和发展都是通过与外界的相互作用而实现的;这种相互作用就包括保持人格系统与外部环境之间的动态平衡,特别是在与周围人群的密切交往之中保持相互协调的状态,进而在参与更多社会生活时保持合理的相互沟通状态。以此为前提,我

---

[1] 参阅李晓文. 小学思想品德课改革研究报告. 载于叶澜主编. 新基础教育探索性研究报告集[C]. 上海:上海三联书店,1997.

[2] 参阅国家教育部在《中小学德育工作指南》(2017年8月17日)中在"指导思想"中的表述——"以培养学生良好思想品德和健全人格为根本"[EB/OL].(2017-08-17)[2018-08-18]http://www.moe.gov.cn/srcsite/A06/s3325/201709/t20170904_313128.html.

们就会特别关注"自我"的发展,因为自我是具有自主意识的人格的最重要的表达方式。通过大量的持续研究,心理学家们已经认识到:在人际交往或社会生活中,"自我有一种向上的、需要得到尊重和认可的本能性需求"。[①]这一本能需求最初没有特定目标,属于一种弥散性的驱动力;"它既是驱使人适应社会要求,积极社会化的基础,也是人走向异化、走向反社会的一个根源";这一本能需求带来的发展走向不仅取决于成长环境为个体提供的资源条件,更取决于个体选择什么资源和手段来满足自我的需求。

其次,人格的成长取决于个体对自我经历的事件赋予意义。本无特定目标的"得到尊重和认可"的本能需求,会被具有自主意识的自我用来对自己所经历的事件"赋值";于是,"原本中性的事件被赋予了不同强度的正性或负性的含义,对人产生了引力、推力或威胁力"[②]。这一过程同时带来两方面的效果:一方面,这让"我"遇到的事件产生对"我"而言的意义感;另一方面,这让"我"有了存在感,进而由此产生了被认可的价值感、尊严感。如果这里的"事件"就是"我"自主选择或主动策划并自觉促成的,那么这种意义感会让"我"有更为明确、更为强烈的尊严感。——这不仅是"自我"得以产生和确认的关键机制,也是让"人格"实现社会化的关键机制。

这样的机制,已经得到很多权威研究的验证。从反面来看:若无学习者自己的亲身感受(特别是充满兴趣、信心、成就感和自豪感的体验),所学的认知信息有可能导致人格异化或心理分裂,甚至学得越多、考得越好,异化和分裂的程度越深、越危险,乃至出现了"空心病"或更麻烦的心理障碍、人格异常,虽然这种情形往往被外在的认知成就或考试成绩所掩盖。若如此,指望学生人格健全、养成更高尚的道德品质显然就是不可能的,因为它缺乏根基、缺乏生机、缺乏源头活水。显然,这样的学习活动本身就是有道德缺陷的,甚至是不道德的、反道德的。从正面来看,只有让学习者亲身体验到自主选择、主动创造而带来的意义感和存在感,学习活动才能体现教育真谛、符合道德真义;这样的教育活动,才可能实现德育目标:培养学生充满尊严的健全人格。

再次,意义感的获得源于个体参与的群体活动。心理学家已经确认:每个人都有两种记忆——语义记忆(semantic memory)和情节记忆(episodic memory)。语义记忆是人对一般知识和规律的记忆,与特殊的地点、时间无关;它表现为对单词、符号、公式、规则、概念和词的认知信息的记忆。相比之下,情节记忆是人根据时空关系对某个事件的记忆,它与个人的亲身经历密不可分,如想起自己参与过的一个会谈、一项活动或曾去过的地方。在这里,个体不仅记住了过去经历的事实,而且融入了自己的切身感受。[③]进而,人们看到:正是参与群体活动时的情节记忆让个体获得了交往体验,让"得到尊重和认可"的需求得到满足(或忽视、拒绝);更具体地说,个体人格体验源自他投入群体活动的时候带着爱恨喜忧的情感体验的生活情节——特别是在清醒的自觉状态下对遇到、参与或预测、策划的群体活动或交往过程的情节记忆。[④]换言之,没有情感体验,就没有生活情节;没有生活情节,就缺乏生活意义(包括活动意义)。

---

① 参阅李晓文. 小学思想品德课改革研究报告. 载于叶澜主编. 新基础教育探索性研究报告集[C]. 上海:上海三联书店,1997.
② 李晓文. 学生自我发展之心理学探究[M]. 北京:教育科学出版社,2001:215.
③ 转引自[美]丹尼尔·夏克特. 找寻逝去的自我[M]. 高申春,译. 长春:吉林人民出版社,1998:4.
④ 李晓文. 学生自我发展之心理学探究[M]. 北京:教育科学出版社,2001:215.

于是，可以看到：从学生的立场来看，人格发展的内在机制是个体在投入群体活动时获得了生命的意义感和自我的存在感，而这又根源于他亲身经历的情感体验和与之相应的情节记忆。

从反面来说，"情节记忆的丧失导致了意义感的丧失，他已有的生活没有有意义的事件，他现在的生活也没有意义。因为他不会产生意义的感触，再有趣的事情都不会令他激动。……意义感的丧失，也导致了自我的逝去。……无所爱，无所恨，无所喜，无所忧。他既不需要争取有所获，也不必退避所厌和所怕。……他没有过去，也没有未来，只是机械地维持着生理的运转"。[1]

相比之下，从正面来看，让人格得到更多积极的内涵、乃至产生更为充沛的活力，必须让个体更为积极、主动地投入到可以创造意义感和存在感的群体活动——包括课堂教学、班级生活和其他各种实践活动之中，进而参与更大范围的学校教育活动、家庭生活和社会活动。以此为基础，健全的人格才有可能成长，"良好的思想品德"才有可能形成；换言之，让学生带着真实的生命体验主动投入到群体活动之中，由此产生更为积极的意义感和更高境界的存在感，形成健全的人格系统，这是开展真实的德育活动、实现"立德树人"的根本之道。

我们可以从下面这个案例中看到：在学校教育活动中，处处都有可能让学生创造充满尊严的情节记忆，生成充满豪情的意义感，让他们因为高尚的情感体验而在自己的人格中生成更具有德性的内涵——他们更好的道德品质正是由此而逐步养成。

**案例 4-1**

### 一名"乡下孩子"在合唱团的成长体验[2]

随着新一轮学校发展规划的逐步实施，上海市比乐中学的学生社团（包括高中生、初中生的社团）也有了更为开阔的自主发展空间。我校的"歌狂"合唱社团于2007年9月正式建立，成员在40名左右。"歌狂"合唱社团的每一名成员都来自比乐中学初中的普通学生，包括许多外来务工人员的子女。这些团员之前均未接受过专业、系统而正规的音乐教育及合唱基础训练，也没有专业的音乐专业技能和歌唱技能，他们都是平凡、普通的一般中学生；当然，他们也从未活跃在合唱舞台上。不过，通过指导老师的精心工作和同学们的主动投入，合唱团克服了学习、生活、专业上的种种困难，逐步取得佳绩。最为难得的是，所有的团员把对生活的感悟与热爱融入音乐中，用心灵的音符唱响了青春最美的乐章，唱出了"我唱歌，我快乐，我为歌狂！"

除了强调音乐知识、审美能力、情感熏陶等教育内容，音乐老师还特别关

---

[1] 参阅李晓文.小学思想品德课改革研究报告.载于叶澜主编.新基础教育探索性研究报告集[C].上海：上海三联书店，1997.
[2] 本案例由周琳提供.见李伟胜.学校文化建设的新思路——主动生成[M].北京：北京师范大学出版社，2012：155-156.

注让"比优乐学、自主发展"的办学理念落实在学生的自主活动之中。合唱团有2—3个声部,每声部有声部长参与组织管理和分声部排练,由此把每一位团员组织起来,为每个人提供了主动策划、实施合唱团活动的机会。每一个学期中的每一个月由一名声部长轮流担任执行团长,负责事务性工作。每学期都会在大型比赛前期召开声部长会议,协商参赛歌曲;在一起参加校园文化展示演出、区市级合唱比赛的过程中相互关照、支持;在学期结束后开总结大会与老生欢送会……

其中,总会有一些初二的合唱队员需要离开比乐中学回家乡去参加中考。他们与所有的队员一起分享他们三年来合唱的心路历程,留下了一串串的感动。其中一位学生还专门写下了自己在合唱队的成长体验。

"老师,我这个以前被别人叫做乡下孩子的农村学生,在合唱团里得到了很多的重视与尊重。……刚上舞台的时候,我的心里是充满胆怯的,因为论成绩而言我从来没指望过超越那些重点学校的学生。但是,在我们合唱团所有人的声音唱出第一个音符的一刹那,我突然发现,站在台上的不只是我,是大家,是我们整个团队,我们是一个整体。我也认识到,在音乐面前,我们和那些重点中学的学生是平等的,是一样的,因为音乐是一样的,歌声是一样的,甚至我们的歌曲,我们的声音还超越了他们,所以我对自己有了信心,对合唱队有了信心,对您有了更大的信心。"

"我相信,在您的带领下,我们的合唱队会越来越棒,我们那么多'乡下孩子'会因为'合唱'而骄傲而更加自信。今天,很遗憾,我将要离开合唱队回到家乡去参加考试,但是我也很幸运,在比乐中学我学到了家乡孩子也许永远学不到的东西。我会珍藏您送给我们的小白袜,会永远记住我们的合唱队,记住'比乐'——这所让我感到无比快乐的学校。"

**2. 辨析内涵,从多元视角理解德育目标**

德育是教育的灵魂所在。关于德育目标,古今中外已有很多同行作了大量的探索,这为我们提供了很好的参照,用以更全面地理解德育目标的内涵。这里简要介绍其中一些主要观点。

(1)确立德育目标的主要依据

无论是将德育目标表述为"思想品德"的内容还是学生的"人格",其具体的内涵都会受到一定的社会要求和受教育者自身发展规律的制约。在确立德育目标,尤其是在理解其内涵时,人们主要有三个方面的依据。

第一,社会的发展要求。德育是社会对受教育者施加系统的影响以培养符合社会需要的公民的事业,因此,特定社会的意识形态和政治、道德规范、公共生活准则、法律规定等都会为确立德育目标提供直接依据。在这方面,古今中外的德育实践已提供了诸多证据。例如,中国古代社会提出"明人伦"的要求,封建社会培养读书人"忠君""尊孔"的观念和等级服从的政治道德要求,近代西方资产阶级培养所谓"独立自尊的自由人",都反映了当时社会的需要。由此可以看到:随着社会的变化,德育目标及其内涵也会得到更新。例如,当代中国社会转型进程中,德育目标中的很多内容就需要超越"计划经济"时代的要求,转向适合"市场经济"时代的政治、经济、文化发展的新要求,包括成为独立自主、善于利用开放社会提供的各种资源的新公民,成为主动开拓进取、能投身改革发展的社会主体。

第二,学生的发展规律。学生是德育活动中自主发展的生命主体,因此,在确立发展目标时需要充分考虑到他们的发展需要和身心发展规律。这包括他们在不同文化氛围中的发展需要,例如,在面对开放时代多元文化冲击时需要有更为开放的视野和清醒的自我意识,以免在复杂的文化环境中迷失了方向。对于今天的学生来说,在逐步了解社会、形成自主人格的过程中,还需要通过理想教育、生涯规划教育等途径来探索自我的人生理想和未来的社会发展需要,进而寻找自己的发展目标,并准备好在未来适当地调整自己的发展思路。此外,站在一名教师的角度,更需要结合所教学生的实际情况,了解他们在不同年龄阶段的发展需要和认知发展规律(特别是道德判断的发展规律)。在这方面,科尔伯格的道德发展理论提供了一个很好的参照。

> **拓展阅读 4-1**
>
> ## 科尔伯格的道德认知发展理论
>
> 这是美国心理学家劳伦斯·科尔伯格(Lawrence Kohlberg)用以解释道德判断发展的理论。1958年,他在芝加哥大学攻读心理学时,受到让·皮亚杰(Jean Piaget)的研究启发,对儿童面对伦理困境所作的反应产生了强烈的兴趣。他研究儿童品德心理的方法是:编制九个道德两难故事和问题,让儿童、少年和青年听了故事(如一个人在无钱购买昂贵的药品来拯救妻子的性命,他可否因此而偷药)以后,判断是非,然后进行回答问题,再根据被试者的回答来划分道德判断发展的水平;同时又根据一系列的回答,编制了各种不同水平的量表,再来测定其他儿童道德发展的水平。由此,他创立了概述道德发展阶段的理论。
>
> 他总结认为在儿童道德发展中有三个水平,每个水平有两个阶段,且儿童的道德价值观是分阶段逐步发展的。
>
> 表4-1 道德认知发展的6个阶段
>
> | 水　平 | 阶　段 | 道德推理的特点 |
> |---|---|---|
> | 前习俗水平<br>(pre-conventional) | 惩罚服从取向(punishment-obedience orientation) | 只从表面看行为后果的好坏,盲目服从权威,旨在逃避惩罚。(为了逃避惩罚而服从命令。) |
> | | 相对功利取向(instrumental-relativist orientation) | 只按行为后果是否符合自己的要求和利益来判断行为的好坏。(让我开心的事情就是好事情。) |
> | 习俗水平<br>(conventional) | 寻求认可取向(good boy-good girl orientation) | 寻求别人的认可,帮助别人以满足他人愿望的行为是好的。(能让老师表扬的就是好孩子。) |

(续表)

| 水 平 | 阶 段 | 道德推理的特点 |
|---|---|---|
| | 遵守法规取向(law and order orientation) | 正确的行为是尽到个人责任,尊重权威,维护社会秩序。(遵守交通规则是每个公民应尽的义务。) |
| 后习俗水平(post-conventional) | 社会契约取向(social contract orientation) | 行为规范是为维护社会秩序而经大众同意所建立的。只要大众有共识,社会规范是可以改变的。(达成协议或口头契约,就应该执行。) |
| | 普遍伦理取向(universal-ethical-principle orientation) | 好的行为是由自我选定的道德准则、个人的良心决定的。(金钱虽重要,生命价更高。) |

第三,教师的思想观念。教师(以及其他的教育工作者)的教育观念会对如何理解和选择德育目标产生直接的影响。例如,如果教师认为学生就该服从权威、遵守社会规范,不管自己是否愿意,就会根据这种社会本位的教育观念来确立德育目标;与之相对,如果教师认为在开放的社会,个人固然应该遵守必要的社会公德和法律规范,但应该有自己的主见和创意,就会根据这种更像个人本位的教育观念来确立德育目标,更为关注尊重个体的生命价值和人格尊严,充分发展个体的个性和自由权利。

(2) 不同学段的德育目标

从层次上说,学校教育包括小学、初中、高中和大学等。于是,德育目标可以据此而分层设立。在我国,德育目标是国家教育行政部门对学生在思想政治和道德、心理等方面需要达到的素质的预期和要求。教育部颁发的《中小学德育纲要》(2017年)就在总体的德育目标之下分层确立了不同学段的德育目标。①

拓展阅读 4-2

## 中小学德育纲要(摘录)

(一) 总体目标

培养学生爱党爱国爱人民,增强国家意识和社会责任意识,教育学生理解、认同和拥护国家政治制度,了解中华优秀传统文化和革命文化、社会主义

---

① 参阅国家教育部. 中小学德育工作指南(2017年8月17日)[EB/OL].(2017-08-17)[2018-08-18] http://www.moe.gov.cn/srcsite/A06/s3325/201709/t20170904_313128.html.

先进文化，增强中国特色社会主义道路自信、理论自信、制度自信、文化自信，引导学生准确理解和把握社会主义核心价值观的深刻内涵和实践要求，养成良好的政治素质、道德品质、法治意识和行为习惯，形成积极健康的人格和良好的心理品质，促进学生核心素养提升和全面发展，为学生一生成长奠定坚实的思想基础。

（二）学段目标

小学低年级

教育和引导学生热爱中国共产党、热爱祖国、热爱人民，爱亲敬长、爱集体、爱家乡，初步了解生活中的自然、社会常识和有关祖国的知识，保护环境，爱惜资源，养成基本的文明行为习惯，形成自信向上、诚实勇敢、有责任心等良好品质。

小学中高年级

教育和引导学生热爱中国共产党、热爱祖国、热爱人民，了解家乡发展变化和国家历史常识，了解中华优秀传统文化和党的光荣革命传统，理解日常生活的道德规范和文明礼貌，初步形成规则意识和民主法治观念，养成良好生活和行为习惯，具备保护生态环境的意识，形成诚实守信、友爱宽容、自尊自律、乐观向上等良好品质。

初中学段

教育和引导学生热爱中国共产党、热爱祖国、热爱人民，认同中华文化，继承革命传统，弘扬民族精神，理解基本的社会规范和道德规范，树立规则意识、法治观念，培养公民意识，掌握促进身心健康发展的途径和方法，养成热爱劳动、自主自立、意志坚强的生活态度，形成尊重他人、乐于助人、善于合作、勇于创新等良好品质。

高中学段

教育和引导学生热爱中国共产党、热爱祖国、热爱人民，拥护中国特色社会主义道路，弘扬民族精神，增强民族自尊心、自信心和自豪感，增强公民意识、社会责任感和民主法治观念，学习运用马克思主义基本观点和方法观察问题、分析问题和解决问题，学会正确选择人生发展道路的相关知识，具备自主、自立、自强的态度和能力，初步形成正确的世界观、人生观和价值观。

（3）不同类型的德育目标

在我国，"德育"这一概念涵盖了广泛的内容，包括思想教育、政治教育、法治教育、道德教育和心理教育等。根据这种"大德育"观念，德育教育就可以为不同的内容设立相应的德育目标。

类似地，人们普遍认为，品德由知、情、意、行四种要素组成。于是，根据对品德结构的这种认识而理解德育内容，并据此分别确立道德认知目标、道德情感目标、道德意志目标和道德行为目标。还有人根据新的课程改革确立的"三维目标"而从品德的情感和态度、知识与能力、过程与方法这三个方面来确立德育目标。

当然，在分类确立德育目标时也有其他的选择。例如，美国全国教育协会教育政策委员会提出的题为《美国民主教育之目的》①的报告,把教育目标分为四大类:自我实现的目标,人际关系的目标,经济效率的目标,公民责任的目标。在这里,"自我实现的目标"包含一定的德育要求,"人际关系的目标"与"公民责任的目标"都是关于德育方面的任务。其中,"公民责任的目标"又被分为12个方面:社会正义、社会活动、社会了解、审慎的判断、容忍、维护公共资源、科学的社会应用、世界公民、遵守法律、经济知识、政治责任、笃信民主。

**3. 区分境界,培养坚强而有活力的健全人格**

经过上述探索,可以认为:无论从哪个角度来思考、站在哪个层次来选择,社会为培养学生而确立的德育目标归根结底是为了培养学生的"良好思想品德";站在教师的角度,这可以被表述为培养学生的"健全人格"。

从人格发展的角度来看,学界已有很多研究。例如,在描述人格特征的基础上提出了"人格五因素模式",这就是被同行们广泛采用的"大五人格"模型。以这类研究为基础,在辨析学生人格发展状况时,可以从一名教师每日工作实践的角度,提炼出一个简洁却有实用价值的参照系。也许,将学生的人格体验区分为如下三个层次,并据此考虑日常工作的德育目标,是一个可行的选择。

(1) 自卑。一部分相对弱势、孤独的学生,可能因为受到冷漠的对待、歧视或欺凌而有这类感受。其中,有些学生长期经历这种自感卑微渺小的体验,有可能形成伴随一生的人格底色,影响他们的交往方式和生活方式;有些学生可能会在后来的发展中遇到更好的交往伙伴或教师而走出这种底色,进入阳光灿烂的空间;但是,个别孩子会在极端情形下因为感到屈辱而采用不良的应对方式,带来让人痛心的结果。

(2) 自信。很多学生能够很好地适应校园生活,在各门课程的学习和与同学教师的交往中应对自如,因而对自己感到自信。他们会根据学校或教师的安排自主完成各项活动,由此体验自己的自主能力及其带来的成就感。据此,他们在学校生活中会感到比较自由、舒心,虽然有时候也会感觉到一些紧张。

(3) 自豪。部分学生不仅感到自信,更能主动尝试各种想法,包括在参与各种学习活动时主动探究不同的解题思路、与同学相互切磋或挑战,或者在班级生活、社团活动中努力超越学校已有发展要求,努力释放自己的活力与智慧。他们会觉得学校是一个让他们放飞理想的天地,是可以尽可能实现自己美好愿望的家园。

我们可以作一个简单的判断:上述三种水平的人格体验,哪一种最有利于培养符合前述的德育目标的人?毫无疑问,无论采用哪种视角,我们都会从建设美好社会、成就美好人生的角度作出明智的选择:以努力消除自卑感为基础,帮助学生树立自信、创造让他们自己和每个关心他们的人都感到自豪的生命意义!

进一步,我们可以据此来思考:在每天真实的学校生活、特别是各种德育活动中,我们真正追求并实现的德育目标究竟在哪一层境界呢?为什么?如果要努力达到或保持在最高境界,我们可以从哪些方面努力?——下面的探讨,就是据此展开的。

---

① 中外学者及团体对中学教育目标之研究. 载于瞿葆奎主编. 教育学文集. 第4卷. 教育目的[C]. 丁证霖等选编. 北京:人民教育出版社,1989:663.

## （二）德育资源

"巧妇难为无米之炊。"类似地，要实现更为理想的德育目标，教师需要开发、整合并利用系统的德育资源，将其融入到真实的德育活动过程之中，才能促成学生通过真切的人格体验来获得发展。

在经济学中，资源是对一国或一定地区内拥有的物力、财力、人力等各种物质要素的总称。它可分为自然资源和社会资源两大类。前者如阳光、空气、水、土地、森林、草原、动物、矿藏等；后者包括人力资源、信息资源以及经过劳动创造的各种物质财富等。在信息技术领域，资源是对计算机系统中的硬件和软件的总称，如存储器、中央处理机、输入和输出设备、数据库、各种系统程序等。由操作系统进行系统的、有效的管理和调度，以提高计算机系统的工作效率。

那么，对于教育系统来说，德育资源是什么？有哪些德育资源？德育研究领域的权威学者对此作了如下界定——"德育资源是一种特殊的资源形式，是指对培养人的德性起作用的一切因素，也指构成德育活动和满足这一活动需要的一切因素，是德育存在和发展不可或缺的物质和精神等途径，包括知识、经验、信息等资源，也包括人力、物力、财力等资源。"[①]

进一步来看，可以从不同角度对德育资源进行分类，如自然资源和文化资源，社会德育资源、学校德育资源和家庭德育资源，国家课程资源、地方课程资源、学校课程资源，历史性德育资源和现实性德育资源，素材性德育资源和条件性德育资源，现实德育资源和网络德育资源……

在这里，我们站在一名教师开展日常教育实践的角度，可以重点关注三个方面的德育资源：作为生态性资源的群体交往、作为基础性资源的德育内容和作为条件性德育资源的各类教育环境。

**1. 群体交往——生态性德育资源**

在将"培育学生人格系统"作为德育目标时，我们已经阐明：首先，人格的成长始于每个人在社会环境中"得到尊重和认可"的需求；其次，人格的成长取决于个体对自我经历的事件赋予意义；再次，意义感的获得源于个体参与的群体活动。

据此，可以站在一名学生人格成长的视角，将他每天都投入其中的群体交往作为根本性的德育资源，因为这就是他的人格得以滋润、每项活动得以产生意义、让他的人格尊严"得到尊重和认可"进而养成健全人格的微观生态。

若这一微观生态缺乏健康活力，建设任何其他的德育资源都有可能是舍本逐末，甚至是缘木求鱼，乃至用豪壮的话语、豪华的表象架空了真实的德育。这是为什么呢？静心细看，我们就会看出其中的缘由——每一个生命的成长都离不开其具体而真实的日常化的生态环境，而对于一个具有鲜活的精神生命的学生个体来说，最直接的、能让他融入最深的生态环境就是同伴交往，而不是与成年人的交往。否则，一个孩子跟同伴交流不通畅，却只喜欢跟成年人一起交往、玩成年人喜欢玩的游戏，这种看起来"早熟"的表现也许恰好是心理有缺陷、人格不健全，甚至缺乏基本活力的标志。与此相应，如果

---

① 檀传宝.德育与班级管理[M].北京：高等教育出版社，2007：203.

教师看不到同伴交往对每个孩子的重要价值,却执迷于通过施展成年人的爱心与智慧、通过提供更遥远(也更空洞)的教育内容或环境影响来直接影响每个学生个体,这种貌似开放且充满爱心的举措也许恰好见证着专业智慧上的关键漏洞。

当我们从群体交往这个微观生态来考虑培养学生健全的"人格系统"时,教师对每位学生个体的关注更多地是通过"群体交往"来体现的,并最终让学生个体在群体交往的生态系统中成长,而不是在这个生态系统之外亦步亦趋地紧跟在教师或其他人身后单向被动地接受引导。据此,学生视角的德育生态和德育资源系统可以表示为下图。

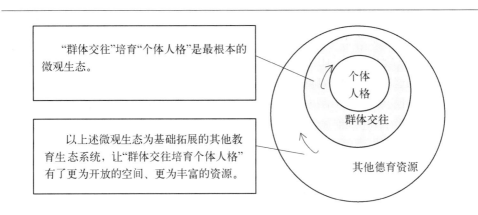

图 4-1 学生立场的成长生态和德育资源系统

具体来说,学生个体人格成长需要的微观生态——群体交往,主要体现在如下几个方面。

(1)班级生活中的群体交往。无论是在稳定的班级(有人称之为"行政班")还是"选课走班制"中流动的班级(有人称之为"教学班"),每位学生个体都是在群体交往中获得具体的活动体验的。如果教师能够据此善加开发利用其中的教育资源,可让德育取得更为真切、深入和持久的实效。例如,有一名学生采用说谎等方式编造理由争取贪玩电脑游戏的机会,由此造成亲子交往障碍或冲突。此时,他的教师看到:他这样做的目的是为了"玩",但他不是孤独地玩,而是和同伴一起玩,包括主动邀请同学一起玩;同时,"他也很在意自己的面子,包括在同学面前的形象"。——于是,要解决"贪玩""撒谎"等行为问题,根本就在于改善他和同伴的交往。据此,教师不仅协调家庭教育力量,而且还发动这名学生的伙伴一起探讨,发动全班一起开展主题活动,让学生个体在群体中放心地敞开自己的心路历程,更为平等地表达自己的想法并探索新的方向,进而形成一种自我承诺、相互鼓励,融入到更高品质的同伴关系、班级文化之中,教育的成效就从一时转变思想观念和言行表现延伸为长期促进思维方式、交往方式、行为方式的更新。可见,抓住群体交往这种根本性的、融入到学生成长生态之中的关键因素,家长和教师的关爱与教导才能起到真实的、长久的、更为理想的效果。①

(2)学科学习中的群体交往。在班级授课制中,每一个学科或课程的学习活动,都不仅仅是师生交往,更是生生交往,这些都可以纳入到"群体交往"的格局之中,用来培

---

① 缪红."屈辱地玩"与"自豪地玩".载于陆桂英主编.建设民主集体,共创阳光人生——上海市曹杨第二中学附属学校班级建设实践研究[M].上海:华东师范大学出版社,2007:97—100.引用时稍作修改.

育学生充满活力的健全人格。例如,随着每一天、每一单元的教学活动逐步推进,生生之间的交往逐步拓展、延长同时也逐步生成具体化的交往细节和活动情节;随着交往的内容(包括认知信息和情感意志体验)更为丰富、细致,他们之间的相互了解、相互适应、相互倾听和对话、相互支持和激励,就让每个班级的学习活动越来越成为一个共同创建的文化生态,每个成员都可以在这里放心地探索知识世界的奥秘、在相互欣赏和切磋的过程中深化群体合作,进而形成一种相互信任、高度默契的"家人"般的情感体验,生成更为轻松、自由、主动地求知问学探究的教学方式或人格发展方式……

(3)实践活动中的群体交往。除了班级生活和学科教学之外,还可从各种实践活动中开发群体交往这一生态性的德育资源。实践活动,特别是综合实践活动课程是以学生的直接经验或体验为基础而开发和实施的;在学生个体直接发起或参与的学习经验中,群体交往毫无疑问是让他们的实践活动产生"意义感"、进而服务于人格成长的关键资源。在这里,既有在教师指导和同学鼓励下完成的个体实践,还有群体合作完成的探究活动、社会考察或劳动技术教育等内容,其中的群体交往不仅有助于更高品质地完成实践活动,而且还能促成学生生成更为真切、丰富的人格体验,培养学生人格系统中的生命活力。我们可以从前面所说的《一名"乡下孩子"在合唱团的成长体验》这一案例中看到更多的例证。

**2. 德育内容——基础性德育资源**

任何德育都要借助一定的内容培养受教育者的品德。因此,德育内容是教育者可以直接参照并利用的基础性德育资源。为了清晰地理解德育内容的构成,进而有条有理地系统开发和利用这一基础性资源,我们首先要辨析我国德育的范围,然后再进一步辨析德育的具体内容。

从学术角度来看,我国的德育属于广义的德育。它不仅包括道德教育(狭义的德育),而且包括政治教育、思想教育,甚至还包括法治教育(以往被称为"法制教育")、劳动教育、礼仪教育、军事训练、心理咨询、心理辅导、心理治疗等;延伸开来,还包括日常行为规范教育、文明礼貌教育、纪律教育、环境教育、人口教育、社会实践教育、国防教育、青春期教育、学风教育、审美教育、理想教育……这几乎涵盖了社会意识形态的所有内容,可称为"大德育"。

当然,它虽然越来越大,但基本格局依然是道德教育、思想教育和政治教育三大板块。[①]"道德教育"是"形成人们一定道德意识与道德行为的教育","思想教育"是"形成一定世界观、人生观的教育","政治教育"是"有目的地形成人们一定的政治观点、信念和政治信仰的教育"。[②]把道德教育、思想教育和政治教育统称为"德育",这种约定"不是从概念出发,而是从实际出发",因为在教育实践中这三大板块是密不可分、融为一体的,由此形成了我国实施"大德育"的习惯和传统,且与当今世界教育改革的主流趋势不谋而合。因此,"这样的传统和经验,不但不应该抛弃,而且应当珍惜和发扬"。[③]

---

[①] 黄向阳.德育原理[M].上海:华东师范大学出版社,2000:1,7.
[②] 顾明远.《教育大辞典》(增订合编本).上海:上海教育出版社,1998:236,1463,2013.
[③] 黄向阳.德育原理[M].上海:华东师范大学出版社,2000:7-8.

根据我国中小学开设的专门的《品德与生活》《品德与社会》《思想品德》《思想政治》等德育课程和《小学德育纲要》《中学德育纲要》《中小学德育工作指南》等相关课程标准、教材和文件,可以看到:德育内容主要包括五个方面——基本行为规范教育、基本道德品质的教育、爱国主义教育、集体主义教育、民主与法治教育。同时,随着社会的发展,德育内容还面临着诚信教育、感恩教育、生命教育、信仰教育等新的课题。①

显然,作为一名教师,需要在专业化的教育工作中根据所教的学生的实际需要,参照这类系统的分析框架,有选择、有重点、有计划地选择符合特定主体、特定阶段发展需要的内容,予以整合,化为具体的德育活动内容。在这方面,教育部在《中小学德育纲要》(2017年)中规定的内容,可以成为最新的德育资源。

> **拓展阅读 4-3**
>
> ## 中小学德育纲要(摘录)②
>
> 四、德育内容
>
> (一)理想信念教育。
>
> 开展马列主义、毛泽东思想学习教育,加强中国特色社会主义理论体系学习教育,引导学生深入学习习近平总书记系列重要讲话精神,领会党中央治国理政新理念新思想新战略。加强中国历史特别是近现代史教育、革命文化教育、中国特色社会主义宣传教育、中国梦主题宣传教育、时事政策教育,引导学生深入了解中国革命史、中国共产党史、改革开放史和社会主义发展史,继承革命传统,传承红色基因,深刻领会实现中华民族伟大复兴是中华民族近代以来最伟大的梦想,培养学生对党的政治认同、情感认同、价值认同,不断树立为共产主义远大理想和中国特色社会主义共同理想而奋斗的信念和信心。
>
> (二)社会主义核心价值观教育。
>
> 把社会主义核心价值观融入国民教育全过程,落实到中小学教育教学和管理服务各环节,深入开展爱国主义教育、国情教育、国家安全教育、民族团结教育、法治教育、诚信教育、文明礼仪教育等,引导学生牢牢把握富强、民主、文明、和谐作为国家层面的价值目标,深刻理解自由、平等、公正、法治作为社会层面的价值取向,自觉遵守爱国、敬业、诚信、友善作为公民层面的价值准则,将社会主义核心价值观内化于心、外化于行。
>
> (三)中华优秀传统文化教育。
>
> 开展家国情怀教育、社会关爱教育和人格修养教育,传承发展中华优秀传统文化,大力弘扬核心思想理念、中华传统美德、中华人文精神,引导学生了解中华优秀传统文化的历史渊源、发展脉络、精神内涵,增强文化自觉和文化自信。
>
> (四)生态文明教育。
>
> 加强节约教育和环境保护教育,开展大气、土地、水、粮食等资源的基本国

---

① 檀传宝.德育与班级管理[M].北京:高等教育出版社,2007:84—93.
② 参阅国家教育部.中小学德育工作指南(2017年8月17日)[EB/OL].(2017-08-17)[2018-08-18]
http://www.moe.gov.cn/srcsite/A06/s3325/201709/t20170904_313128.html.

> 情教育,帮助学生了解祖国的大好河山和地理地貌,开展节粮节水节电教育活动,推动实行垃圾分类,倡导绿色消费,引导学生树立尊重自然、顺应自然、保护自然的发展理念,养成勤俭节约、低碳环保、自觉劳动的生活习惯,形成健康文明的生活方式。
>
> (五)心理健康教育。
>
> 开展认识自我、尊重生命、学会学习、人际交往、情绪调适、升学择业、人生规划以及适应社会生活等方面教育,引导学生增强调控心理、自主自助、应对挫折、适应环境的能力,培养学生健全的人格、积极的心态和良好的个性心理品质。

### 3. 教育环境——条件性德育资源

通过专门的德育教材、相关的政策文件了解到系统的德育内容并加以利用,这是开展德育活动的一个重要方面。与此同时,还需要每位教师结合所教学生、所在学校和社区的实际情况,进一步开发德育资源,并将其与为特定发展主体选择的德育内容融合起来。

在开发德育资源时,需要遵循开放性、生活性、创新性、经济性和安全性等基本原则,立足各类德育环境,将其中潜在的影响源转变为现实的德育影响。[①]据此,可以重点考虑如下切入点。[②]

(1)学校德育资源。除了通过课程教学和班级生活为学生提供德育资源之外,学校文化系统中还有很多资源可以开发。这包括:其一,精神文化资源,特别是将学校办学理念或学校成员达成共识的教育使命化为可见可感的文化作品(如践行理念的活动和文本、图片、视频)而形成的精神文化氛围和相应的教育体验;其二,制度文化资源,通过仪式化的活动(如升旗仪式、佩戴红领巾或团徽的仪式、"成人仪式")或相关的规章制度(如何自主管理手机的班级公约)让学生在参与学校生活建设的过程中充分体验校园主人、发展主体的参与感、意义感;其三,物质文化资源,让校园的每一面墙壁(包括教室的宣传栏)都能说话,让每一尊雕塑或每一处景观都产生"润物细无声"的育人价值。当然,学校的活动文化资源是最为根本、最为有效的,它可以在与其他教育资源相互融合的基础上发挥系统的引领作用。

(2)家庭德育资源。对于中国学生来说,家庭不仅是其天然的精神港湾,还是持续发展的教育资源库。学校教育工作者(特别是直接接触每一位学生个体的教师)可以在家校合作中充分发挥专业作用,主动拓展家校合作通道,在学生学业指导、心理健康教育、家庭伦理教育等方面开发资源,包括为家长在理解青少年成长规律、合理开展心理健康教育等方面提供系统的课程或讲座,让家长以更为专业的方式为孩子创造生生不息的教育资源。其中,参照学生在校开展的群体交往活动(包括班级活动)的设计思

---

① 檀传宝.德育与班级管理[M].北京:高等教育出版社,2007:214-219.
② 檀传宝.德育与班级管理[M].北京:高等教育出版社,2007:219-228.

路和实施过程,可以引导家长和孩子一起与时俱进地建立更有活力的家风,开展更有价值的亲子活动(如阅读、观影、旅游等),让孩子的人格系统在更为民主、和谐的家庭环境中得到更好的滋养。

(3)社区德育资源。社区是与学校、家庭一起影响学生发展的重要环境。"社区环境包括社区风气、社区生活秩序和经济状况、社区居民整体素质、社区习俗和道德规范、社区文体设施、人际交往、卫生环境,等等。"[1]它对青少年道德的影响有"任何人"(社区所有成员都是德育主体)、"任何时候"(社区成员生命活动的每个阶段)和"任何地点"(社区内的任何地方都可能产生德育影响)的特征。[2]因此,教师可以通过多种方式开发社区德育资源。其一,充分利用社区内的基层社会组织(如社区教育委员会、居民委员会、村委会、关心下一代工作委员会),开发社区德育人力资源;其二,利用社区环境设施,开发德育物质资源;其三,利用社区的政治、历史、民俗等方面的特色,开发社区文化资源。

(4)媒介德育资源。在开放的社会,学生会通过许多媒介(如书籍、报刊、网络、电视、广播、录音、视频等)来拓展视野、了解社会;如果善加利用,这可以成为滋养心灵、养育人格的重要资源条件。为此,可通过多种方式开发利用媒介资源。其一,加强学生媒介素养教育,培养他们对各种信息进行价值判断、鉴赏、选择和运用的能力;其二,主动关心学生接触的大众传媒,从中开发德育素材(如典型事件报道、"感动中国"颁奖典礼),丰富学校德育内容和形式;其三,利用各种媒介手段(包括校园信息网、电视台和可用的网络交流平台),实现德育手段的多样化,增强生生互动和师生交往中的意义感,提高德育效果。

### (三)德育过程

德育过程就是德育活动得以展开、运行、延续和发展的流程,是"以形成受教育者一定思想品德为目标,教育者与受教育者共同参与的教育活动过程"。[3]

**1. 教师视角的德育过程**

学术界对德育过程的划分主要有两个维度:其一是以时间来划分,包括终身德育过程、学校德育过程和一次具体的德育活动过程。[4]其二是从内涵上划分德育过程,以提出某个特定的德育目标任务作为开始,以实现既定德育目标作为结束,可以依据德育活动展开的程序分为若干阶段。从一名教师的专业工作的角度来看,我们可以重点了解第二个维度划分的德育过程。这又可以从如下两个方面来理解。

(1)德育过程以"思想品德形成过程"为内在依据

我们首先需要区分师生共同开展的德育活动过程和学生的思想品德形成过程这两个概念。这两者之间的关系是教育活动和素质发展的关系。它们之间有着密切的联系,但两者之间依然有区别,不可简单混同。从"思想品德教育过程"和"思想品德形成过程"对比,可以看到一些基本的区别。

---

[1] 檀传宝.德育与班级管理[M].北京:高等教育出版社,2007:223.
[2] 施蕾芬.论学校与社区德育互动的价值[J].黑龙江高教研究,2005(5).
[3] 鲁洁,王逢贤.德育新论[M].南京:江苏教育出版社,1994:255.
[4] 鲁洁,王逢贤.德育新论[M].南京:江苏教育出版社,1994:259-260.

| 表 4-2 | 思想品德教育过程 | 思想品德形成过程 |
|---|---|---|
| "思想品德教育过程"和"思想品德形成过程"的区别[①] | 1. 思想品德教育是教育的组成部分,其实施属于教育活动范畴。<br>2. 是从外部对受教育者施加影响的过程。<br>3. 是受教育者与外界教育影响相互作用的过程。 | 1. 思想品德是人的精神素质的组成部分,其形成是属于人的素质发展的范畴。<br>2. 是在外部影响下,道德主体内部自己运动的过程。<br>3. 是道德主体与外界各种影响相互作用的过程。 |

相比之下,"思想品德形成过程"是"思想品德教育过程"得以设计和实施的内在依据。因此,我们需要对"思想品德形成的内在机制"[②]有更清晰的了解和运用。

就事物发展的规律来说,任何外部影响因素都是通过内因起作用的;就学生的思想品德形成过程来说,同样如此。学生并非消极地接受外界影响的个体,而是作为生命主体在与外界的相互作用过程中接受外部影响,进而促成自身的内部变化。在此过程中,发生了两个转化:"一是社会思想、社会道德内化为受教育者的思想观点、道德信念;二是受教育者的思想道德观念、信念外化为思想、情感、行为。"[③]

就第一个转化(内化)来说,个体对一定的社会思想、社会道德有一个感受、理解、分析、认同、筛选、接纳的过程,进而将其纳入自己的思想品德结构和人格系统之中,变为自己的观点、信念,成为支配、控制自己思想、情感、行为的内在力量。换言之,这里的"内化机制"是难以被空洞的说教和直白的灌输来替代的;否则,没有这种内化过程(特别是个体自己充满智慧活力的思考、鉴别和选择),任何德育都注定了会流于形式,难以深入人心,难以在学生的人格系统中创造有价值的意义感,而只能成为"过眼云烟""一场游戏一场梦",浪费了师生的时间精力和情感体验,造成德育低效、无效,甚至是"负面效果"——施教越多,越显得滑稽荒诞,没有意义,甚至造成反感或麻木地接受、愚昧地服从。

就第二个转化(外化)来说,这就是主体把已经内化了的思想观点、道德信念自主地转化为自己的思想、感情的行为。行为的外化包括掌握道德行为方式、增强道德意志、养成道德习惯。[④]这种外化过程可以分为四个阶段:其一,明确德育问题,在一定的道德需要作用下(即在一定道德动机驱使下)指向活动对象(如为班级活动贡献创意进而赢得班级荣誉);其二,确认道德途径,在已有的道德动机和道德习惯影响下理解并选择一种途径(如通过什么方式来贡献创意);其三,作出道德决策(如在贡献创意时如何尊重其他人的意见以便取得合作成效);其四,实施道德计划,把外化过程产生的内部结果转化为外显行为(如在班级活动整体方案中融入个体的创意,让班级活动品质得以提升)。[⑤]

将上述两个方面的转化结合起来看,思想品德的形成过程就是主体自我调节、自我教育、自我管理的内部机制。

---

① 鲁洁,王逢贤.德育新论[M].南京:江苏教育出版社,1994:256.
② 鲁洁,王逢贤.德育新论[M].南京:江苏教育出版社,1994:271-275.
③ 鲁洁,王逢贤.德育新论[M].南京:江苏教育出版社,1994:272.
④ 鲁洁,王逢贤.德育新论[M].南京:江苏教育出版社,1994:274.
⑤ 参阅林崇德.品德发展心理学[M].上海:上海教育出版社,1989:41.

> ## 思想品德形成过程内部机制的运行过程[①]
>
> 苏联学者巴拉诺夫根据诸多学者的调查研究对这一内部机制的运行过程进行了描述。
>
> 1. 刺激（外部作用）。这可能是某个人的活动或他的个别特性，以文字概括或固定下来的道德规则、概括的文学形象、组织好或设计好的教育典型以及具有积极内容或消极内容的偶然影响。但在所有情况下，刺激总要被接受并被反映到受教育者的内心世界中去，获得这样或那样的评价。
>
> 2. 动机（内部动力）。它是在认识和刺激的基础上形成的，并能变为外部动作。
>
> 3. 行动纲领的行为形式的选择。在这种背景情况下，如果动机能找到相应的行为形式，它就会在正在形成的个人特性中变成自己的作用。可是，在这个阶段中，动机与行为结合是在理想的形态中即在心里实现的。
>
> 4. 动机变成行为和行为变成习惯。这是在实际的实践情境中，在完成各种活动的过程中实现的。加强和巩固所选择的行为方式使它变成习惯，这是多次相互交错的重复活动的结果。
>
> 5. 习惯的行为方式变成个性。习惯本身还不是个性，但在一定条件下它可以变成个性。一些性质相同的习惯如果结合到一起，就能达到这种转变。这种由结合所形成的习惯具有广泛的转移，不仅在固定的、严格规定的条件下起作用，而且在受教育者的多种多样、经常变化的生活与活动情境中具有重要作用。

拓展阅读 4-4

可以看到，经过个体自己的思想品德的形成过程而形成的"个性"，就是我们前面所说的社会化的人格（personality，也常被译为心理学意义上的"个性"）。（这与个体化的心理特征或日常用语中的个性或individuality不同。）

（2）从开展德育活动的角度理解德育过程

从切实促进学生思想品德发展的角度来看，我们需要通过真实有效的德育活动来达成德育目标。据此，德育过程主要有如下几个基本部分。[②]

第一部分：准备。这主要包括四个方面的工作。其一，选择活动目标。结合学生长期（如一个学段）发展目标和近期（如最近一个月）发展现状研究学生当前的发展需要，据此选择德育活动目标。其二，整合德育资源。根据德育活动的需要，研究与领会相关的德育要求、德育资源，特别是诸如德育课程标准、德育大纲、教材等相关资料，用心研究、选择并整合研究校内外各种相关资源。其三，选择活动内容，确定德育活动所需的具体内容。其四，设计活动方案，将活动目标、内容与活动方法、途径结合起来，形成一个整体性的活动方案。

第二部分：实施。这是德育活动的具体展开与运行阶段。这主要有如下三个方面

---

[①] 巴拉诺夫等. 教育学[M]. 北京：人民教育出版社，1979：212.
[②] 参阅易连云主编. 德育原理[M]. 上海：华东师范大学出版社，2017：146.

的工作。其一,营造活动氛围。帮助学生作好心理准备,激发其开展道德活动的动机与激情;如果需要,可以提出道德要求。其二,开展德育活动。根据活动方案,逐步开展活动,包括促进学生在相互交流中生成新的体验和认识。其三,提升学生体验。在充分展开活动过程、逐步生成道德体验的基础上,引导学生更为自觉地思考,促成两个转化(内化和外化),引导他们融通道德认知和道德行为,在道德实践中体会到活动的意义感,特别是作为发展主体的尊严感和自豪感。

第三部分:评价。这是与前述"提升学生体验"密切相连的促成发展主体(学生)自我反思和评估德育活动成效过程,同时也是教师从专业角度评估德育活动(包括每个步骤、措施、方法、形式等)实效性的过程。其中,学生品德评价是核心,它包括对学生道德认识、情感和行为等方面的评价。

第四部分:调控。这是与前面三个部分同时进行的一个要素。这包括对德育准备活动的调控(如目标、内容与方法、学生组织方式的协调),包括对活动过程的调控(如及时促进德育目标的实现,根据德育过程中动态生成的资源来灵活地取舍运用,特别是对重点关注的学生的活动表现和内在体验的协调),还包括对活动评价的调控(如协调自评与他评、重点维度的评价和各方面的综合评价等具体的评价方式或内容)。

**2. 可供参考的德育模式**

作为一名教师,每天面对的真实情形就是教育活动的策划(设计)、实施和评价。其中,作为专业人士,他需要将教育专业理论与日常化的实践结合起来,而不能抽象地谈理论或生搬硬套地运用理论,也不能停留于具体甚至琐碎和平庸的事务。此时,将德育理论和与之配套的实践策略结合在一起的各种"德育模式",就成为很有价值的参照系。"德育模式既是某种德育理论的简约化的表现形式,又是对某些具体德育经验的理论加工和概括。因此,德育模式是结构化了的德育理论和理论化了的德育实践的结合体,反映了德育的普遍原理与具体实践的统一。"①

为了便于教师在德育实践中灵活选择、运用或创造德育模式,这里简要介绍德育研究领域中比较有影响的两种德育模式。

(1)价值澄清模式

价值澄清模式(the values clarification model)是由美国纽约大学教育学院教授路易斯·拉斯思(Louise Raths)等人于20世纪60年代创建的一种德育模式。

其理论基础是价值相对主义。它认为,价值观是指导人们如何生活的一套准则,反映了人们在有限的时间、运用有限的精力来为人处世的规则。在现实生活中,"每个人都有自己的价值观,而且价值是多元的、相对和变化的。没有一种适合于任何人、任何情境的绝对的价值观"。② 据此,每个人都应该清楚自己拥有的价值观是什么、这种价值观是如何获得的,以便减少或消除思想混乱。因此,价值澄清模式就是通过澄清价值评价的过程,来帮助学生减少价值观的混乱,提高他们分析和处理各种道德问题的能力。

虽然价值澄清模式不承认复杂多变的社会中有一套公认的价值观,但它主张学校和教师应在发展儿童价值观方面有所作为;这不是把某种现成的价值观灌输给学生,

---

① 檀传宝.德育与班级管理[M].北京:高等教育出版社,2007:133.
② 檀传宝.德育与班级管理[M].北京:高等教育出版社,2007:138.

而是建立一种澄清过程,让青少年学会确立自己的价值观。这一过程被称为"评价过程"(valuing process)。它包括三个阶段7个步骤。①

第一,自由选择。个体出于自由的意志、而非因为某种外来的强制影响或压力来选择价值观。只有当价值是个体自由选择的结果时,它才会被个体真正珍视,而不是当作没有意义或意义不大的东西。

第二,从各种可能性中进行选择。如果个体意识到没有选择的余地或者只有一种被迫选择的方案时,就不可能认为某一事物有意义并将其纳入价值范畴。只有面对一种以上的不同可能性时,个体的价值选择才有意义,真实的选择才能实现。

第三,审慎思考每种选择的后果之后再进行选择。凭冲动或轻率作出的选择并不能形成我们的价值观;当然,被迫作出的选择同样不能被纳入"价值"范畴。真正有意义的、可以指导个体生活的价值观一定是个体仔细权衡和理解其后果并作出明智选择的结果。

第四,珍爱与珍视。有的选择,即使是自由和审慎的选择,我们也不一定会为此高兴。我们的价值观必须是我们高兴地作出选择的结果。我们会赞同和珍视这些价值并用以指导我们建设有意义的生活。此时,我们说起我们珍视的价值和相应的生活内容(包括相关的人和事),我们总是语气坚定,我们会赞同它,珍视它,尊重它,坚持它,而不是漠不关心、敷衍了事或疲于应付。我们会为所珍视的东西感到高兴。

第五,确认并与人分享选择。我们为自己自由选择且倍加珍视的价值观和相应的生活内容而感到自豪,因此,当被人问及时,我们愿意当众确认我们的选择,甚至愿意为之辩护。如果我们为某一选择感到羞耻,被诘难时不敢表明自己的立场,那就说明我们选择的不是价值而是别的东西。

第六,根据选择行动。我们信奉并珍视的价值观会让我们的生活产生相应的意义感,对我们的生活产生影响。事实上,不对现实生活进行指引的价值观,只空谈某事却不躬行实践的个体所处理的绝不是价值,而是别的事物(如为了讨好别人而做的一场"交易")。

第七,重复行动。只要某一事物被提升到价值水平,它就可能在个体生活的许多场合影响其行为。它表现于不同的情境与场合。只在生活中出现过一次的事物不能被视为价值。价值观往往以某种生活方式不断重复。

可见,价值澄清过程的7个步骤实际上涉及三个方面的内容:选择、珍视、行动。这实际上就是价值澄清模式对价值的界定——只有符合这一过程的7个步骤的事物才能被称为价值。

选择:① 自由地选择;
② 从各种可能性中进行选择;
③ 认真思考每一种选择的后果后进行选择。
珍视:④ 珍爱,对选择感到满意;
⑤ 愿意向别人确认自己的选择。

---

① 参阅[美]路易斯·拉斯思等.价值与教学[M].谭松贤,译.杭州:浙江教育出版社,2003:25-27.

行动：⑥ 根据选择行动；

⑦ 以某种生活方式不断重复行动。

价值澄清模式简单易行，容易被教师掌握和推广，有较大的实用性和现实针对性；它明确反对灌输，注重学生主体性的发挥，容易调动学生参与的积极性和主动性。这是它的优势。但是，它也有明显的不足。它所主张的价值相对主义否定了道德教育的价值引导功能，使得学校教育陷入尴尬境地；同时，它对价值观概念的界定过于宽泛，许多问题甚至超出了道德范畴；另外，它完全否认外部因素如榜样示范、说服教育的作用，这显得过于武断。[①]

（2）道德认知发展模式

道德认知发展模式（moral cognition development pattern）是美国当代著名道德教育家和心理学家劳伦斯·科尔伯格（Lawrence Kohlberg）等人创建的。

相比于其他德育模式，道德认知发展模式的理论基础更为深厚、系统，涉及道德哲学、道德心理学以及道德社会学等学科的综合运用。据此，科尔伯格主张道德发展的核心是道德推理能力的发展，其中的道德认知具有阶段性（见前述的"科尔伯格的道德认知发展理论"）。同时，他认为道德教育的目的是让学生掌握具有普适性的道德原则：公正原则。这种道德原则不同于"道德规则"。"它不是一个行为的准则，而是指导人们在各种行为中做出选择的原则。它不受特定文化内容的限制，它既超越又包含了特定的社会法规，因此它是普遍适用的。"[②]

根据上述观点，科尔伯格认为，学校若要有效发挥促进学生品德发展的积极作用，就必须从过去那种专注于培养学生具体行为的做法中解放出来，重点关注促进学生的道德推理和思维能力从不成熟向成熟状态不断进步，一直达到能清晰地理解公正这个普遍原则的最成熟的阶段。

但是，普遍性的道德原则是不能直接教给学生的，它只能通过学生的自主努力才能理解并掌握。为了促进学生道德思维和推理能力不断向前发展，学校和教师的主要任务就是通过创设富含冲突性的情境引起学生道德认知的冲突，创造机会让学生接触和思考比他们现阶段水平更高一层的道德思维和推理方式，造成他们认知失衡，引导学生在寻找新的平衡中不断提高自我道德判断的水平和能力。为此，教学需要达到如下五个方面的要求：其一，了解学生思维发展水平；其二，引起学生真正的道德冲突；其三，向儿童揭示比他们现水平更高一阶段的道德推理方式；其四，引导学生在比较中主动接受比自己原有道德推理方式更合理的推理方式；其五，鼓励学生把自己的道德判断付诸行动。

道德认知发展模式在学校的应用主要体现在两个方面：其一，在课堂中通过学生对各种道德两难问题的讨论，促进学生道德思维的发展；其二，通过对学校环境的重新改造，建立"公正团体"（just community），使学生在民主的管理氛围中获得道德发展。

这一模式能对学校德育提供很好的指导作用，但是也遇到了一些问题：首先，许多

---

[①] 檀传宝.德育与班级管理[M].北京：高等教育出版社，2007：148-149.
[②] [美]柯尔伯格.道德教育的哲学[M].魏贤超，柯森等，译.杭州：浙江教育出版社，2000：4.

教师没有足够的理论训练,容易滥用道德认知发展的阶段划分,盲目地给学生贴标签,造成一些副作用;其次,这一模式对学生的评价标准并不明确,缺乏操作性,教师难以对学生进行科学准确的评价;再次,这一模式对教师的水平提出了很高的要求,包括成为一名道德认知冲突的促进者,这有一定难度。[1] 此外,还有不少人提出,这个模式忽视道德发展中的情感因素。[2]

除了上述两种模式之外,目前还有体谅关怀模式、品德教育模式、社会行动模式等可以参照的德育模式。

**3. 德育的基本方法**

德育方法是为了实现德育目标而开展德育活动的一系列活动方式和手段的总称。在具体的德育活动中,师生可以采用各种不同的德育方法,它们之间既可以同时发挥作用,也可以先后相继持续发挥影响,因此,我们可以在较为系统地了解多种德育方法的基础上根据实际需要综合运用它们。具体来说,中国学校常用的德育方法有如下几种。

(1) 说服教育法。这就是通过呈现事实、讲解道理、启发引导的形式说服学生形成某种新的道德认识或观念,或者改变已有的道德认识;以此为基础,学生就可以接受新的品德要求,用以指导自己的行为。采用说服教育法要注意有针对性、感染力、真实感和民主性,要能激发学生通过理解教育内容而产生意义感和价值体验。

(2) 榜样示范法。这是以他人高尚的思想、高雅的行为、优异的成就来教育影响学生的德育方法。其中可以用教育者的示范、伟人的典范、优秀学生的典型等多种方式。采用榜样示范法时,需要根据学生的实际需要、榜样的示范价值和学生可能获得的道德体验等慎重选择榜样;同时,教育者(包括对孩子有直接影响的家长)自身也要提高道德修养、作出表率。

(3) 情感陶冶法。这是通过主动创设良好的教育情境,使学生在道德体验中受到感染、陶冶、熏陶的德育方法。它可以在非强制性、愉悦性的氛围中促成学生产生新的认知体验、情感体验,进而实现认识水平和人格修养上的进步。采用这种方法,需要用专业智慧精心选择教育资源、控制不利因素,由此创设让学生产生意义感的教育情境;同时,要将重要的教育情境的创设纳入到长期坚持的教育过程之中,让学生的道德体验和生命意义生生不息、持续提升。

(4) 实践锻炼法。这是通过组织学生有目的、有计划地参加各种实践活动来培养和训练学生品德行为习惯的德育方法。这是促进学生品德内化的有效方法。采用这种方法,需要切合学生实际需要,选择合适的活动目标和锻炼形式,并及时总结反馈,以便提炼、强化道德体验。

(5) 道德讨论法。这是组织学生以班级或小组为单位围绕一定的道德问题开展讨论,并在此过程中澄清价值、生成道德体验、形成道德意志并促成道德行为的德育方法。例如,通过集体商议决定集体公约或小组活动规则、社团建设规范、合作帮助弱势同学的方案、共同开展有创意的社区活动等,有助于学生相互理解、团结协作,体验在交往中共同进步的成就感和意义感,进而对自己的思想及言行产生道德影响力。

---

[1] 参阅檀传宝主编.德育与班级管理[M].北京:高等教育出版社,2007:149-165.
[2] 黄向阳.德育原理[M].上海:华东师范大学出版社,2000:235.

（6）角色扮演法。这是引导学生在一定的交往情境中担当他人角色，由此体验不同角色的思想、情感、决策依据及其道德后果的德育方法。学生不仅可以在此过程中学会设身处地地为别人着想，借助同情心和同理心更为准确地解释各种人际互动关系和社会事件，从而获得更为丰富的道德体验、更为合理的道德判断。

（7）自我教育法。这是在教育者启发引导下，学生通过对自己的思想品德表现的自我认识、自我调节、自我评价、自我提高而丰富道德体验、提高道德认识、养成良好的品德习惯的德育方法。从长远来看，这也是个体终身可用的道德修炼方法。采用这种方法，需要根据学生的心理特征（如在自信心、自尊心等方面的状况）营造可以激发自我教育动力的氛围，提出不断进步的教育要求，培养学生的道德思维和品德评价能力。

**4. 德育的主要途径**

站在一名教师的工作视野来看，前述所有的探讨归根结底要落实为"教师可通过哪些途径来开展德育"这个实践问题上来。据此，德育途径可以被理解为"实现德育内容、完成德育任务、达到德育目标的活动渠道，即在德育实践中采取的比较稳定的组织形式"。[①]

一般来说，学校德育的途径可以分为两大类型：直接的道德教学和间接的道德教育。直接的道德教学是通过专门的道德教育课（如《思想品德》《品德与社会》或《政治》等课程）系统地向学生传授道德知识和理论，间接的道德教育是在学科教学、班级生活和其他实践活动中渗透的道德教育。站在一名教师的角度，除了直接承担德育课程的教师之外，其他教师更多地是通过间接的道德教育来履行德育使命的。

此时，可以注意到：其一，间接的道德教育也是德育的主渠道，不能因为"渗透"这一概念而以为其中的"德育"和学科教学等属于两项不同的活动，甚至造成德育与教学等活动相互分离的局面。换言之，这里说的"间接"是相对直接传授道德知识而言的；如果不只是考虑到道德知识的传授，而且强调道德体验的生成、生命意义的创生和人格系统的养成，则学科教学、班级生活和其他实践活动都可以成为德育的主要途径。其二，站在学校层面来看，无论是直接传授道德知识和理论的课程的教学，还是其他学科的教学（包括综合实践活动），都可以融入"在学科教学中实施德育"这一途径之中。

据此，我们就站在一名教师的立场，重点关注学科教学和班级建设这两个德育途径——它们也是后续两节中分别展开的内容。

## 二、在学科教学中培育生命自觉

为了达成培育学生健全人格这一德育目标，学科教学可以做些什么、怎么做？这是新时代的教师需用新的思想和方法来面对的一个老问题。具体来说，这就是每位教师都需承担的"在各科教学中进行德育"的职责，简称为学科德育。

德育的目标在于培养学生的人格系统，而人格发展的内在机制是个体在投入群

---

[①] 檀传宝. 德育与班级管理[M]. 北京：高等教育出版社，2007：96.

体活动时获得了生命的意义感和自我的存在感,而这又根源于他亲身经历的情感体验和与之相应的情节记忆。据此,学科德育最有价值的地方之一就在于充分利用各门课程提供的人类文化资源,培养学生清醒自觉的生命意义,让他们的学习生活因为与同学、教师和更多人的直接交往而生成意义感,进而在融入人类文化世界的过程中不断创生内容更多、境界更高的意义系统,由此让每位学生的人格系统有更丰富的内涵、更高雅的品质。简言之,在学科教学中培育学生的生命自觉,是学科德育的使命所在。

在正式开展相关探讨之前,我们在此确认一个前提:为了便于所有的教师掌握学科德育的基本原理和丰富内涵,这里将开展"直接道德教学"的德育学科课程(如《品德与生活》《道德与法治》《品德与社会》《思想品德》《思想政治》)的教学和开展"间接道德教育"的其他学科课程的教学作为一个整体来考虑。诚然,两类课程的教学内容、教学方法和评价体系都各有特点,在具体的实践中还可以分别开展更深入系统的专业探索;不过,就它们都落实为"学科教学"而言,它们在开展"学科德育"方面依然有很多相同或相近之处——这里所阐述的,就是这些相同或相近之处。具体来说,这种系统的专业工作思路包括三个方面:学科教学的德育目标、具体方法和基本措施。

### (一)学科教学的德育目标

就学科教学承担的"教书育人"这一教育使命而言,"'教书'与'育人'不是两件事,(而)是一件事的不同方面。……在教学中,教师实际上通过'教书'实现'育人'"[①]。也就是说学科教学同时实现着两个层次的教育目标,它们之间相互嵌套、相互印证(映射),而不因有不同表述而相互脱离。具体来说,每一节课、每一个单元、每一个学期中需要达成的"表层目标"是培养学生的认知系统;同时,在培养"认知系统"的过程之中,并以"认知系统"为基础,同时实现"深层目标"——培养学生的人格系统,[②]而不是脱离具体的知识学习过程来单独履行"育人"使命。换言之,"教书"和"育人"这两个目标是同时实现的。[③]

如此看来,我们可以围绕"培育学生人格"来进一步从两个方面来探讨学科德育目标的独特之处。一方面,培育有生命自觉的学生人格;另一方面,创造有生命意义的学习生活。相比之下,前者更切近"深层目标"(育人),后者更切近是"表层目标"(教书)。我们可以用下图来表述这一观点。(注:参照图4-2,可以看到:这里的学习生活,也是"群体交往"的重要内容;它不仅包括学生之间的同伴交往,还包括师生之间的交往。)

---

① 叶澜."新基础教育"论[M].北京:教育科学出版社,2006:250.
② 认知系统和人格系统(以及后文所说的"认知发展"和"人格发展")的区分是相对的。这一区分便于教师更好地理解日常实践中角度以把握不同领域所侧重的教育目标。给我们选择这一对概念提供直接启发的是自我心理学研究者在"自我经验"中区分出来的两种程序(信息系统):一种用于自我系统的保持(与自我相关的信息系统),另一种储存着一般意义上的知识信息(对自我无直接意义的信息系统)。参阅李晓文.学生自我发展之心理学探究[M].北京:教育科学出版社,2001:213.
③ 这方面的论证,可参阅叶澜教授对于"新教学价值观的三重结构"的论述。见叶澜."新基础教育"论[M].北京:教育科学出版社,2006:249-258.

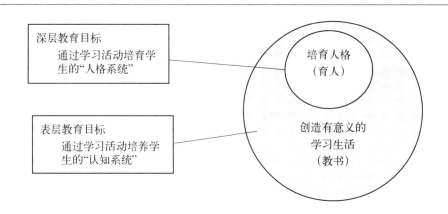

图 4-2 学科教学的双层教育目标

### 1. 培育有生命自觉的学生人格

马克思认为:"一个种的全部特性、种的类特性就在于生命活动的性质,而人的类特性恰恰就是自由自觉的活动。"[①]据此,培养人的生命自觉,不仅仅是教育活动的目标,也可以是人类发展的目标;就教育而言,它不仅是学科教学的目标,也是其他教育活动的目标。相比之下,学科教学因为其拥有的教育内容——系统化的人类文化资源和学生学习经验,在培育学生生命自觉方面应该承担更大的责任。

如果立足"学科教学内部"(而不只是作为与"教学"分立的"德育"的延伸和渗透地带)来探索学科德育的方向,我们就需要特别关注学科教学在启迪学生"生命自觉"方面的独特价值。在这里,"自觉"既包含了自主已有之"自",又有自主未有之"觉"。"觉"中包含的"直觉"之内涵,能够有效地承接中国传统文化中直觉领悟的思维特性。同时,"觉"还有"觉知""觉悟""觉解"之意,此外,"觉"内含着明确的意向或指向对象,指向于对自我生命、对他人生命的领悟,对个体生命所处外在生境的觉知和觉解。因此,"自觉"的内涵远比自主更为丰富,具有更为宽广的阐释空间,也更切合中国教育传统和当代教育的实际。[②]同时,这种"自觉"不仅仅是指认知层面的理解,更是指整体人格意义上的全面理解与体验和主动创造、主动交往的心态。

(1) 学科教学培育生命自觉的内在机制

通过学习各门课程,在掌握相关知识和能力的过程中,学生会逐步了解周围各种事物,形成自己独特的认知结构(而不仅仅是对所有人来说都一样的学科知识结构)——这是建构主义学习理论已经充分揭示的学习机制。

据此再往前探索,我们就可以追问:每个学生个体自主建构而成的独特的认知结构(包括每门学科中的认知结构和贯通不同学科的理解世界的认知结构),为什么会是不同的?显然,答案就在于:自主创生这种认知结构的主体有自主性。

学习者在学习课程内容、理解知识结构的过程中,不仅会将其与已有的认知基础结合起来形成认知冲突,在解决认知冲突的过程中更新认知结构,而且会在学习过程中因为具体的"情节"(如主动思考和探究时遇到的困惑和解惑时的细节、与同伴相互交流时的辩论、听教师讲解或被教师同学评价时的体验)而生成"意义感",特别是对"自

---

[①] 马克思恩格斯全集(第42卷)[M].北京:人民出版社,2002:96.
[②] 李政涛.生命自觉与教育学自觉[J].教育研究,2010(4).

> **建构主义学习理论**
>
> 建构主义的最早提出者可追溯至瑞士的心理学家皮亚杰(J. Piaget)。他认为,儿童是在与周围环境相互作用的过程中逐步建构起关于外部世界的知识,从而使自身认知结构得到发展。后来,柯尔伯格在认知结构的性质与认知结构的发展条件等方面作了进一步的研究;斯腾伯格(R. J. Sternberg)等人则强调了个体的主动性在建构认知结构过程中的关键作用,并对认知过程中如何发挥个体的主动性作了认真的探索。苏联心理学家维果茨基(Lev Vygotsky)创立的"文化历史发展理论"强调认知过程中学习者所处社会文化历史背景的作用;在此基础上,一批心理学家深入地研究了"活动"和"社会交往"在人的高级心理机能发展中的重要作用。这些研究都使建构主义理论得到进一步的丰富和完善,为实际应用于教学创造了条件。
>
> 建构主义学习理论的核心思想是:(1) 认识并非主体对于客观实在的简单的、被动的镜面式反映,而是一个主动的建构过程。也就是说,所有的知识都是建构出来的。(2) 在建构的过程中,主体已有的认知结构发挥了特别重要的作用;而且,他的认知结构又处于不断发展之中。换言之,知识不是通过教师传授得到,而是学习者在一定的情境即社会文化背景下,借助其他人(包括教师和学习伙伴)的帮助,利用必要的学习资料,通过意义建构的方式而获得。

拓展阅读 4-5

我"的意识和相关的人格体验。

从长期的学习生活的角度来看,每一个具体的"情节"汇集而成的一小段、一大段、一个学期、一年、持续多年的记忆(心理学家们将其称为"自传记忆",即autobiography memory),就融入了学习者的一段段人生故事;其中,在课程学习中形成的成长经历,会因为个体在每一段时间内投入的情感体验、人格体验(包括与教师和同学相互交流而产生的交往体验)而具有不同的生命意义。例如,在同伴和教师面前感到自信或自卑,对自己的学习方法感到有效、低效或无效,对学习生活和班级环境、校园文化感到亲切、向往、无感、冷漠、害怕或回避、拒斥;又如,对学习内容或人类文化充满好奇,拥有主动探究的欲望并愿意为此不懈努力,或者在教师和同学影响下自觉适应、逐步掌握并取得预期的成绩,或者在考试竞争或教师家长的逼迫下疲于应付、苦力支撑、为讨好他人而挣扎在合格标准上下;再如,对同伴交往充满向往,主动寻求合作,甚至自豪地发起迎接更高智慧挑战的学习任务,或者随机应对,在相对和谐的人际关系中保持平衡的心态和有效的学习状态,或者因为被同伴孤立而感到孤独,带着冷漠的态度形式化地参加群体活动,甚至因为被歧视而痛苦地应付着各种挑战……所有这些情节记忆或自传记忆的内容,都会融入到具有自我意识的个体人格之中,并影响着人格的品质,包括道德品质。学生以后是否会成为自信向上、诚实勇敢、富有责任感、使命感的家庭成员和社会成员,能否深切体会到中华和世界优秀文化的价值并为参与创造新的文化而主动努力,能否形成自主、自立、自强的态度与能力,其根源就在于这些具体的情节记忆或自传记忆之中。

可以看到，这种自我意识，如果得到精心的关注和培养，就能让学生的元认知能力[①]得到训练，从而让他们找到更为合理、高效的认知策略和学习方法，进而在促进有效学习的过程中形成更高的"自我效能感"——这是让学生不仅有智慧，更有自信的重要机制。以此为基础，在学科教学中让学生形成清晰而自信的自我意识，进而逐步培养具有生命自觉、富有生命活力的健全人格，不仅是必要的，也是可能的。

（2）具有生命自觉的人格：三方面表现

具体来说，有生命自觉的学生人格，可以从"明自我"、"明他人"和"明世界"三个方面来理解。[②]换言之，这也是对"有生命自觉的人格"的外延的界定，或者对这一抽象概念的操作性定义。以此为参照，在学科教学中培养学生的理想人格，有机且有效地开展学科德育，也有了更为贴切可用的参照标准。

首先，"明自我"。对自我的发展状况有清晰的认识。这包括理解自己学习水平和学习方法、与同伴交往的方式和取得的交往成效、与家长和教师的交往状况，还包括明白自己的发展现状和预期状态之间的比较、自己的学习态度和学习方式；此外，对自己当前的发展期待和对未来的人生规划有清晰的设想或可行的探究思路。在所有这些方面的探索和认识之中，能对自己的兴趣爱好和期待实现的进步、可以创造的自豪的生命体验有自觉的判断、选择和行动计划。如此，学生才能不再依赖他人的支持或帮助，更不是仰仗别人对其具体言行的碎片化的评价，而是更好地融入到群体活动和课程学习进程之中，努力创造富有意义感的活动体验，进而形成自信、自强的心态，形成为同伴合作、集体活动和更为广泛的学校活动、社会生活作出积极贡献的愿望，形成既符合社会期待又满足自我需要的责任感和使命感。从更理想的角度来看，"有此自觉之人，必定有主动策划自我人生的能力，他知道自我人生的不同阶段应有什么样的发展目标，他会不断调整目标和发展路径，他明白何时该主动舍弃什么，又该追求什么"，[③]主动创造更为丰富、更高境界的生命意义。当然，从人生发展的不同阶段的实际情况来看，每个学段的学生有着不同的发展需要，"明自我"的表现和相应的教育条件也有差别。

其次，"明他人"。"自我"意识是通过与外界的相互作用，特别是他人的相互交往而逐步生成的。因此，"明自我"的同时需要"明他人""明世界"。其中，"明他人"意味着不仅了解到他人的存在、他人生命的尊严和每个人自主创造生命意义的权利，而且会在合理的范围内宽容地面对其他人和自己的不同之处（包括生理特征上的差异和心理状态、发展方式上的不同）。在此基础上，能够关心他人、理解他人，并且善于和他人合作，

---

① 元认知（meta-cognition），又称反省认知、监控认知、超认知、反审认知等，是指人对自己的认知过程的认知。元认知能力的实质是对认知的认知，是个体对自己的认知加工过程的自我觉察、自我反省、自我评价与自我调节。学习者可以通过元认知来了解、检验、评估和调整自己的认知活动。一般认为，元认知可以由元认知知识、元认知体验和元认知监控三部分组成。参阅邵瑞珍主编. 教育心理学（修订本）[M]. 上海：上海教育出版社，1997：111.
② 参阅李政涛. 生命自觉与教育学自觉[J]. 教育研究，2010（4）；李政涛. 教育呼唤"生命自觉"[J]. 人民教育，2010（23）.
③ 李政涛. 教育呼唤"生命自觉"[J]. 人民教育，2010（23）.

一起探索可以共同创造的发展空间,开发相应的发展资源(包括在课堂教学、班级生活及其他活动中相互启发、相互辩论而创生的智慧资源)。其中,对于拥有深度交往和共生共荣关系的亲人、同伴和教师,更能主动关爱、相互理解,在更为开阔的交往空间、更为高雅的发展空间求同存异、和谐共生,而不会因为琐碎的小事或不同观点、不同感觉而相互睥睨、相互记恨或相互攻击。"在日常生活中拥有对他人生命的敏感、尊重和敬畏,善于换位思考,具备丰富的移情体验,并自觉承担起对他人生命的责任和重荷。"①(其实,善待身边密切交往的人,在具体、复杂甚至看似琐碎、平凡的生活内容中与他们建立和谐且有活力、相互尊重且共创豪情的人际关系,这里所需的"大智慧"远远超过空洞地"讲大道理"的"小聪明",更会超越早该被抛弃的麻木地"吟诵教条"的"真愚昧"。)推而广之,能以一种仁慈博爱之心善待他人,能以主动交往的方式关心他人并赢得他人的支持和帮助,善于合作共事、协同创新,共同创造更美好的学习生活和社会生活。

再次,"明世界"。通过各门课程的学习和与更多人的交往,每个人都可以在逐步融入人类文化世界的过程中建构其更为丰富、更有活力的个体经验世界,由此,在"明自我""明他人"的同时达到"明世界"的境界,包括对每个学科领域中的文化世界的主动理解和自觉掌握、自觉运用。他会在个体与世界的相互敞现、相互对话的过程中善于发现和利用各种可用资源,在实现自我发展的同时也促进世界的进步或为促进世界进步而积蓄智慧和力量。其中,特别值得关注的是"明环境",特别是每天都离不开的具体的"小生境"②。能够"明世界""明环境"的人,"他在自觉中构成了与生境的双向互动、双向构建的关系,他不是生境的仆从,也不是生境的主人,而是生境的合作者、参与者、构建者。这种合作和建构的过程本身表明,生命自觉之人,将自身角色定位于与生境关系的主动建构者,而不是被动适应者,他不会在生境的变幻莫测中随波逐流,而是习惯于自觉改造生境并与生境形成和谐关系。在注重生态保护的当今时代,这种自主自觉有助于形成人与生态的和谐关系,这一关系的理想状态就是'天人合一',就是自我与生态的和谐融通。"③

从任何学科教学改革历程(如下面提供的文献"地理学科德育内涵的演化")之中,我们可以看到:拥有上述三方面特征的人,就是一个有着"生命自觉"的人。这样的人,不仅会在广阔的世界中自强不息,让自己的身心健康有活力,而且善于交往,在与他人的交往中相互成就自信、自强等充满尊严的人格,还善于建设属于自己、呵护自己心灵同时自己也主动促其发展的群体、学生组织(特别是班级)、家庭生态和学校生态、社会环境。这样的人,会修炼出更高境界的"道德品质",会形成更为健全、更有活力的"人格系统"。

**2. 创造有生命意义的学习生活**

人类创造教育这个充满希望的事业,就是为了让每一个学习者都融入到创造有意

---

① 李政涛. 生命自觉与教育学自觉[J]. 教育研究,2010(4).
② 这里借用了生态性的概念。在生态学中,生境是生物栖息的场所,小生境是一种生物在生态系统中的行为和所处的地位。如果把生境看作是生物的"住址"、则小生境是它的"职业"。生物的小生境由它的分类地位、形态特征、生理反应和行为所决定。
③ 李政涛. 生命自觉与教育学自觉[J]. 教育研究,2010(4).

拓展阅读
4-6

## 地理学科德育内涵的演化①

地理学科在中小学生的素质教育中承担了其他学科不能代替的作用，必要的地理知识与技能，以及地理课程负载的德育，都是中小学生作为今后的公民所必须具备的科学与人文的基本素养。

但是地理学科的德育，曾经被简单地概括为"爱国主义""国际主义"和"辩证唯物主义"的教育，在这样笼统的德育目标要求下，地理教师曾一度进入片面宣传我国"地大物博""人口众多""资源丰富"的误区。在人地关系方面，也曾一度陷落到"人定胜天"错误认识中。

20世纪80至90年代，针对世界各国普遍存在的人口激增、环境破坏、资源贫乏等重大问题，……地理学科把爱国主义教育建立在了解国情的基础上，并且开始重视资源、环境与人口问题，这是地理学科德育目标的深化。

1996年，国家教委颁布的地理教学大纲中，更明确地把"人地关系协调论"作为理论基础，……把1992年在巴西里约热内卢召开的"联合国环境与发展大会"上所提出的"可持续发展"的观念引入地理教学的目标中，使德育目标更切合社会发展的需求，明确提出了要让学生树立可持续发展的观念，同时也要求地理学科的德育要把学生的认识转化为行为。

21世纪之交，根据中共中央和国务院《关于深化教育改革全面推进素质教育的决定》，教育部和上海市教委进行了基础教育的课程改革。……把地理学科的德育直接与社会发展问题相联系，把社会责任感的树立作为德育的目标之一，并且在情感态度与价值感的领域提出了德育的要求，这是新时代赋予地理学科的德育使命。

由此可见，地理学科的德育是一个与时俱进的概念，我们必须不断更新观念，加深对地理学科德育的时代性的认识，并且落实在教学实践之中。

义的生活的伟大进程之中。因此，可以说，凡是难以让学生在学习中体验到做人的意义感、尊严感的学习活动，都是有违教育真谛的、落后的学习活动。为此，我们必须在真实的教学中让学生创造生命意义。这不仅仅是出于一种理想主义的想象，更是以当代教育学、心理学的诸多研究为前提的；换言之，这样的目标，不仅是必要的，也是可以实现的。

（1）有意义学习的心理机制

在倡导有意义学习方面，美国教育认知心理学家奥苏伯尔作出了关键贡献。他区分了机械学习与有意义学习。

机械学习是指新的学习内容与学生认知结构中已有的知识之间没有实质联系，只有强制附加、机械联想的联系的学习过程。例如，学生仅能记住乘法口诀表，形成机械的联想，但并不真正理解这些符号所代表的知识。机械学习是一种单纯依靠记忆学习

---

① 陈胜庆.科学发展观是地理学科德育的核心内涵.载于何晓文主编.学科德育的探索与实践[M].上海：华东师范大学出版社，2006：62-69.

材料,而避免去理解其复杂内部和主题推论的学习方法,平时多被称为死记、死背或死记硬背。机械学习的成因主要有:第一,学习材料本身无意义或缺乏逻辑意义,例如,孤立呈现而只能死记硬背的单词、电话号码、人名、地名、历史年代等;第二,学生的认知结构中缺乏与新知识相联系的知识准备,即学习者不具备与新学知识有关的旧知识;第三,学生缺乏有意义学习的心向,不求甚解,即材料本身有意义,但学习者自己没有理解而死记硬背。

相比之下,有意义学习就是新的学习内容与学习者认知结构中已有的适当观念建立实质性的(非字面的)联系的过程。简而言之,就是新的符号、概念或命题组合在学生个体的认知结构中获得心理意义的过程。进行有意义学习必须具备的三个前提条件:第一,学习材料本身必须具备逻辑意义,即它们能与人类学习能力范围内的有关观念建立其有机的、实质性的联系;第二,学习者必须具有有意义学习的心向,即积极主动地在新知识与已有适当观念之间建立联系的倾向性;第三,学习者的认知结构中必须有同化(assimilating)新知识的原有的适当观念或认知基础,这包括原有知识的可利用性、新旧知识间的可辨别性以及原有知识的稳定性和清晰性。其中,可利用性是指学习者已有的认知结构中存在可以与新知识发生意义联系的适当观念,这些观念对理解新知识的意义起着固定作用,即为新知识与原有认知结构之间提供一个契合点,使新知识能固着在原有的认知结构中,进而与认知结构中的其他有关的观念联系起来;原有的起固定作用的知识的稳定性和清晰性是指学生对原有知识的理解是否明确无误,是否已经巩固。如果学生原有的知识意义模糊,似是而非,或者掌握得不熟练,它不仅不能为新学习的知识提供有力的固着点,而且会在新旧知识间造成混淆。

在这里,除了从一般的认知学习的角度关注学习内容的逻辑性之外,我们需要特别关注奥苏伯尔对学习者个体的心理机制的分析。他区分了知识内容的逻辑意义、潜在意义和学习者个体的心理意义。逻辑意义相当于人类的知识(而非个体化的知识);潜在意义是指在个体具有适当的认知基础时能被个体同化的人类知识;心理意义指个体所习得的知识。以此为参照,有意义学习理论所解释的就是外在的逻辑意义向个体的心理意义转化的同化过程及其条件。如果说行为主义心理学只强调学习者的外显行为(特别是在一定刺激下出现的可观察行为),反对猜测学习者心理世界的内部机制,那么,认知心理学,特别是奥苏伯尔的有意义学习理论强调研究学习者内部的心理过程,而其核心就是新旧知识之间的相互作用。在这里,他强调三个关键因素:其一,学习者要有积极主动的精神,即有意学习的积极心向;其二,有潜在意义的新观念必须在学习者已有的认知结构中找到适当的同化点;其三,新旧观念相互作用的结果导致有潜在意义的观念转化为实际的心理意义,同时带来原有认知结构的变化。[①]

更值得我们关注的是:奥苏伯尔还对学校情境中的学生学习动机(即上面最为强调的"有意学习的积极心向")进行了具体的研究。他区分了学生成就动机的三种内驱力:认知内驱力(cognitive drive)、自我提高的内驱力(ego-enhancement drive)、附属

---

[①] 邵瑞珍. 教育心理学(修订本)[M]. 上海:上海教育出版社,1997:72-80.

内驱力(affiliative drive)。认知内驱力是一种要求了解、理解和掌握知识并系统阐述问题、解决问题的需要,自我提高的内驱力是个体对因自己的胜任能力或工作能力而在学习或职业生涯中赢得相应地位和自尊的需要,附属内驱力是为了赢得长者(如家长、教师等)的赞许或认可而表现出来的做好工作的需要。这三种成分共同发挥作用,并且随着儿童年龄、性别、社会地位、人格结构等方面的不同发展而在个体身上有不同的比重。例如,在儿童早期,附属内驱力最为突出,是成就动机中的主要成分;到了儿童后期和青年期,附属内驱力不仅强度有所减弱,而且开始从长辈转向同年龄的伙伴,来自同伴的赞许就成为一个强有力的动机因素。[①]

在奥苏伯尔之后,美国人本主义心理学家罗杰斯提出:"就有意义学习来说,我所指的这种学习超乎一种对事实的积累。它是一个对个体行为,对他将来选择活动的过程,对他的态度和个性发生影响的学习。它不仅仅是一种知识的增长,它还能渗透到他的每一个存在的部分。"[②] 进而,建构主义学习观认为:学习者以自己的方式建构对事物的理解,不同的人有着不同的经验;他们会注意到事物的不同方面,形成各自不同的而不是唯一标准的理解。学习者可以通过合作与协商使理解更加丰富和全面。据此,我们就可以理解这样的观点:"在知识的意义建构中,建构主义有意义学习观强调学习中教师与学生、学生与学生的社会性相互作用在意义建构中的作用。"[③]

上述研究表明:任何学科的学习(特别是认知学习)都离不开"意义建构",而意义建构不仅与个体自己的认知动力(如好奇心)有关,更与个体自己的社会地位和以社会地位为标志的交往体验密切相关;同时,如第一节所说的,"意义感"的获得也与个体在学习过程中经历的具体"情节"和由此获得的"情节记忆"(episodic memory)有关。由此,每一个让学生动脑动心的过程,尤其是特别用心琢磨的过程之中的探究体验、方法探索,如比较不同观点、不同视角时"针锋相对""相互竞争"或"齐头并进""连续推进""此起彼伏""相互激活"的场景,"陷入迷局"的困惑、"拨开迷雾"的清醒、"恍然大悟"的爽快,都成为让学生经历意志考验、相互合作、主动探索、自主自信、携手共进等情感道德体验的宝贵机遇。换言之,要促成学生有意义的学习,就需要鼓励学生个体形成主动的学习动力、积极的人际关系,由此让最初只具有逻辑意义的"人类知识"转变为具有个体心理意义的"个体知识"。

沿着这个方向,如果我们关注的学习活动不限于一个知识点、一节课,而是拓展到一个单元、一个学期、一个学年、一个学段,就可以期待"有意义学习"逐步累积、演化为"有意义的学习生活";以此为基础,培育学生健全且有活力的人格系统,让他们具有更高境界的品德修养,当然也就有了更为鲜活的教育资源了——这就是在每门学科,乃至所有学科和一所学校的课程体系之中,引导学生建立充满生命意义的学习生活。这应该是学科德育最根本的源头活水。

有了这样的源头活水,汲取文化精髓、传承民族精神、辨析人性优劣、培育爱国情怀、增强责任意识,养成优良品德就有了生成的根基,而不至于是舍本逐末。

---

[①] 邵瑞珍.教育心理学(修订本)[M].上海:上海教育出版社,1997:297-301.
[②] 转引自袁振国.教育原理[M].上海:华东师范大学出版社,2001:293.
[③] 宋善炎,丁向阳."有意义学习"与"有意义的学习经历"[J].教育科学研究,2010(3).

（2）有生命意义的学习生活：三方面表现

显然，在学习各门课程的知识时，我们不能满足于让学生建构认知意义，因为"教书育人"的使命会让我们看到其中还蕴藏着引导学生主动建构生命意义的德育空间。可以说，对于学生个体来说有意义的学习生活，其实就是与同伴和教师一起共创学习生活的生命意义的历程。

首先，让个体有生命体验。能让每位同学通过自主思考和练习、小组讨论或合作探究解决学习问题等方式获得真切的学习体验，特别是能够见证他们自主活力或思维困惑、可以激发投入感和意义感的"情绪体验"——以此为基础，就可以生成更为丰富多样的"人格体验"。这样，每位学生个体都有可能通过不同的形式在认知学习中获得生命体验，特别是能激活"人格"、养育"品德"的人格体验。

其次，对群体有交往价值。"人格"是在人群中形成的，因此，"人格体验"的最重要来源就是交往体验，特别是面对面的群体交往体验。据此，有生命意义的学习生活能够为学生群体（特别是每个具体的小组和班级）敞开交往空间，让他们在真实的认知交流中感受到人际交往体验，包括相互尊重、相互倾听和欣赏、相互挑战和补充等过程中的人格体验。当然，必须说明：不能指望每节课中的个体生命体验和群体交往体验都是类似的；也许有的课在某些方面的体验更充分，其他方面也许暂时没有那么多的体验，却为后续的教学活动积累了教育资源、敞开了更为开阔的发展空间。

再次，对师生有生命意义。对于学科教学来说，关注学生的生命体验与关注教师的生命体验，其实是一件事情的两个方面，因为教师的生命活力是课堂生命活力不可缺少的有机组成部分，甚至是激发学生活力的一个基础性的条件。"课堂教学应被看作师生人生中一段重要的生命经历，是他们生命的有意义的构成部分。对于学生而言，课堂教学是其学校生活的最基本构成部分，它的质量，直接影响学生当前及今后的多方面发展和成长；对于教师而言，课堂教学是其职业生活的最基本的构成部分，它的质量，直接影响教师对职业的感受、态度和专业水平的发展、生命价值的体现。"因此，学科教学活动应该是师生共同创造、共同享用的一段充满活力的生命历程，从而让它成为富有德性的教学活动、交往活动、生命成长活动。以此为基础，学科德育就有了更为坚实的、生生不息地涌现活力的基础。①

于是，我们就能理解："每个教师都要意识到这一点：课堂教学对他们而言，不只是为学生成长所作的付出，不只是别人交付任务的完成，它同时也是自己生命价值和自身发展的体现。每一个热爱学生和自己生命、生活的教师，都不应轻视作为生命实践组成的课堂教学，从而激起自觉上好每一节课，使每一节课都能得到生命满足的愿望，积极地投入教学改革。"②

## （二）学科德育的具体方法

经过上面的探讨，我们可以看到：有生命意义的学习活动，是学科德育的源头活

---

① 叶澜.让课堂焕发出生命活力——论中小学教学改革的深化[J].教育研究，1997（9）.
② 叶澜.让课堂焕发出生命活力——论中小学教学改革的深化[J].教育研究，1997（9）.

水。在此源头活水中,让学科学习过程成为滋养学生人格系统的过程,就是有效的学科德育;反之,就是低效的或无效的所谓"学科德育",它们可能在"形式化德育"中让学生获得低品质的"德育"甚至是"伪德育",有可能由此形成貌似合格、实则虚伪的"两面人格"。为了切实有效地营造学科德育的生态,让学生通过有生命意义的学习活动获得发展,我们需要采用系统的具体方法。在此,我们先就采用这些方法的逻辑前提进行探讨,然后再介绍一些行之有效的具体方法。

**1. 理解学科德育方法的逻辑前提**

(1) 超越"外求道德"的思路,在学科教学内部寻找出路

为了探索更为有效的学科德育,首先需要理解长期存在于我国教育中的根深蒂固的德育"工作意识"以及在其实践中形成的德育"渗透说",以及由此被反复强调的"把德育渗透到教学的各个环节""增强德育工作的针对性和实效性"等说法。这些长期被坚守的观念和相应的实践举措,确实为学科育人提供了很多宝贵的经验,需要继续探索并不断创新。但是,与此同时,需要注意到其中可能存在的"教学与德育的二分和学科德育形式主义的现象"。①

从教育史的角度来看,赫尔巴特第一次明确提出"教育性教学"的概念就是为了强调:真正的教学是"成人"的伦理活动,教学必须以育人为目的,而且"教育"(德育)也必须以理智能力的培养为基础,这种理智能力的获得可以"通过提供多方面的兴趣加速观念的统觉过程从而逐渐扩大和完善为'思想之环'"来实现。因此,教学要尊重完整的人格,符合人的天性,让道德成为人内心的一种自由意志,而非服从外界规则的道德行为。赫尔巴特"为教学设置了伦理的基础,使教学散发道德的光辉,使教学回归'成人'的终极目的,……教学不再是为知识而教学,而是为人教学,为了人成为内心自由的道德立法者而教学"。②

不过,赫尔巴特对"教育"和"教学"的区分潜藏了将"道德"从"教学"中被剥离的风险,也使学校的工作发生了分化的可能性。后来,这一可能性有了新的现实表现:教育逐渐分化出不同的部分,如"德育""智育""美育""体育""社会教育"和"技术教育";与此相应,教育的目的被具体化为多个方面,学校的教育也被表述为多方面的工作。

由此,德育工作专属化、德育课程化客观上造成"德育工作(者)"和"非德育工作(者)"的区别,忽视和削弱了学科教师在德育中的地位和作用,造成了一部分教育工作者追求教学的功利价值而放弃道德教育责任的后果,以至于出现"灌输式""附带式"德育或临时性的、随机性的、形式化的德育等教学与德育貌合神离的现象,学生们缺少道德体验,从而降低了德育实施的有效性。③

据此来看,随着社会发展而提出更高的教育要求,有必要回归正途:不再满足于"外求道德"的思路,而是在学科教学内部寻找出路,关注学科教学如何实现育人价值、培育学生健全人格的问题。在此基础上,进一步梳理可用的德育方法、探索开展学科德育的主要途径,就有可能为每位教师提供一个更有价值的实践参照系。

---

① 田保华. 试论学科德育的问题与出路[J]. 课程·教材·教法,2015(7).
② 王凯. "教育性教学"的误读——兼论赫尔巴特教学伦理思想[J]. 全球教育展望,2007(11).
③ 田保华. 试论学科德育的问题与出路[J]. 课程·教材·教法,2015(7).

(2) 立足各门学科的实际,用心开发特色化的德育资源

超越"外求道德"的思路,在学科内部开发德育资源,让学生在学习各门课程时形成真切的道德体验,创造富有道德意义的意义感,这可以成为我们探索学科德育的重要方向。为此,我们就需要立足每门学科的课程内容和学习过程,开发各具特色的德育资源。根据诸多同行的经验,这可以从如下几个方面努力。

第一,善用教材,激活课程内容。各门课程的教材(包括校本教材)本身汇集了从人类文化世界中撷取的最有价值的文化知识,它们其实都是从活生生的人类生活和发展历程中凝聚出来的智慧的载体。如果我们能将这些教材所代表的知识内容和学生真切的生命体验结合,将书本知识与现实生活沟通,就可以找到诸多可以激发学生人格体验、创造新的生命意义的生长点。从这个角度来说,就是将教材所呈现的课程内容激活,让它们产生更为真切的育人价值。其中,在呈现认知信息的过程中,适当创造机会,让学生经历探究历程,体会作家写作、数学家探究、科学家探索的心路历程,从而体会到每门学科独特的美和相关的智慧创生路径,不仅可以让学生体会到主动学习带来的成就感、自豪感,还可以让他们在融入人类文化世界的过程中生成具有独特生命意义的个体经验世界。以此为基础,在理解和运用教材内容的过程中,就有更多的德育生长点。

拓展阅读 4-7

立足高中《生命科学》教材开展"生命观教育"的切入点[①]

| 内　容 | 范　畴 | 意　义 |
|---|---|---|
| 受精作用 | 生命本质 | 生命形成的偶然性与必然性 |
| 脊蛙反射 | 生命规律 | 奇特生命现象的一般原理 |
| 光合作用研究历史 | 科学史 | 严谨的态度,批判性思维 |
| 赤潮 | 广义生命观 | 人类行为对自然的影响 |
| 野生动物 | 辩证生命观 | 人类的朋友 |
| 克隆人 | 生命伦理观 | 克隆人的身世与个人情感 |
| 走进生命科学实验室 | 实践观 | 人体功能实验动手做 |

第二,设计活动,丰富个体经验。实际上,激活课程内容的努力,都需要纳入到学生学习活动的历程之中。当然,在此基础上,教师可以在活动的深度、广度和学习内容的丰富程度等方面着力探索,用心设计更能激发学生兴趣、拓展学生视野、促进深度学习的学

---

[①] 邹淑君.在生物教学中促进学生科学生命观的形成.载于何晓文主编.学科德育的探索与实践[M].上海:华东师范大学出版社,2006:106-114.

习活动,包括一节课的学习、一个单元的主题探究、一个学期的系列主题互动等。在投入这些活动的过程中,学生个体有很多机会可以参与设计、组织、实施、总结、评价、交流,由此生成各种具体的"情节记忆"和由此带来的"意义感",进而汇聚成开展一项活动、一系列活动、一门课程的学习、多门课程的学习的有意义的生命历程,让个体经验的内容得以丰富,境界得以提升。其中,学生可以生成诸多道德体验,如自信地探究、平等地交往、相互尊重并相互切磋、共同探索并携手前进、主动承担学习责任和社会发展责任……

第三,组织学生,开发交往体验。正如前文所说的,人际交往,特别是与学习伙伴之间的相互交往,是人格体验的重要来源。从学科德育的角度来看,学生的道德体验、品德修养,都离不开交往体验的生成,特别是经过精心设计而创生的高品质交往体验。在这方面,学科育人可以特别关注学生的各种组织方式和相应的学习活动,包括小组合作学习、团队共同探究、学生社团建设、班级学习共同体建设、班级之间的学习竞赛、更大范围的学习交流活动,让学生在更为多样、各有特色的交往情景中感受不同的要求,在相互尊重、相互支持、相互挑战、相互补充等交往活动中,感受不同伙伴的人格体验,获得更为丰富的、品质更高的学习意义,进而生成更为健全的人格系统。

第四,为人师表,共创生命旅程。在真实的教育活动中,学生除了与同伴密切交往之外,与教师的直接交往也成为他们了解、理解社会的一个重要通道。学生对教师的信任、对教师营造的学习氛围的人格体验、对教师精心设计的学习活动的主动投入,都成为他们的社会交往活动中最重要的教育资源,特别是品德教育资源。在此过程中,品德高尚、充满智慧、彰显活力的教师,毫无疑问会在激发学生的探究欲望、培育学生自信的人格、引领学生以更高的追求来融入到群体交往和社会生活等过程中发挥非常重要的作用。由此,教师可以和学生一起创造富有道德内涵的教育生活,共同成就一段高雅且具有深远影响的充满生命意义的知识探究之旅。

**2. 学科育人的具体方法**

要让学生在参与建设有意义的学习生活中形成有生命自觉的人格系统,需要在具体的教育方法上努力创新。就此而言,已经为同行们熟悉的如下具体方法,可以有新的内涵;以这些方法为参照,教师可以结合实际需要灵活取舍、组合或创造。

(1)讲授感染。这是教师最常用的方法,即用讲授的方法来介绍、诠释、论证知识内容,并由此感染学生投入到知识的理解、掌握和运用过程之中,获得道德体验,包括爱国情怀、社会责任、人间真情、坚定意志……不过,需要特别强调:在此过程中,应该更为强调通过高水平的讲授来"感染"学生,让他们生成"意义感",进而滋养人格,而不是"灌输"无需学生思考、辨析和创造的现成的价值观。对于今天面对的21世纪的新人来说,尤其如此。

(2)讨论分享。在围绕某些知识点的理解、某些认知问题或道德问题的讨论过程中,不同的可能性、不同的社会文化资源、不同的思维角度、不同的价值选择,都有可能激发学生投入到问题情境之中,辨析不同的信息,作出认知判断或道德判断,甚至就不同的选择开展深度的辨析、交锋。这些机会,都可以用来激活学生真切地投入到探索未知、解决问题的学习过程,获得真实的情感体验,由此生成有意义的学习体验。

(3)自主探究。在更为开放的问题情境中,学生有了更为开阔的自主空间。他们可以围绕主题或探究方向广泛搜集来自各方面的资源(包括认知信息、现实生活中的典型案例、不同人的主观感受或看法),进而在辨析和选择的过程中探讨各自的优势与适用范围,探讨背后的利弊和具体作出的价值判断,包括探讨回答"两难问题"的答案及其理由,由此主动面对,甚至自觉创造更多的、难度更大、品位更高的道德体验机遇,促成意义感的创生,促进人格的修炼。

(4)活动体验。所有的教育实效都是在真实的活动中产生的;因此,在学科育人的过程中,教师要特别关注学生的活动体验,尤其是针对某些真实的问题(包括认知问题和道德问题、政治问题、情感问题等),精心设计可以让学生投入其中,逐步经历不同的问题情境并获得更为丰富的学习体验,由此生成更为系统、更有深度的生命意义,在促进学生认知发展的同时实现更高境界的人格发展。

(5)品味领悟。无论是文科中的各种文学作品、历史故事,还是理科中的各类研究案例(如围绕某个问题形成不同的研究假设并设计实验验证假设的过程)和科学发展历史资料(如科学家探究某个科学规律、获得某项科学突破的故事),都可以敞开多元的视角、开放的思考空间,让学生品味其中可能面临的不确定性和探究这些不确定性的可能方案,写出自己的研读体会或思考过程,由此领悟人类获得文化知识的历程中的更多经验,感受通过求知促进个人发展和社会进步所需要的道德品质,让自己的人格系统更有活力,用更高的智慧融入到人类的文化世界,享受一段与世界共创共享的生命历程。

---

**拓展阅读 4-8**

**在化学教学中培养学生的科学观和人文精神**[①]

化学教学应当以化学学科中的德育资源整合为契机培养学生的科学观和人文精神。总的做法是:

1. 结合人类探索物质及其变化的历史与现代化学科发展的趋势,引导学生进一步学习化学的基本观点和基本方法,培养学生科学的世界观。

2. 从学生已有的经验和将要经历的社会生活实际出发,帮助学生认识化学与人类生活的密切关系,关注人类面临的与化学相关的社会问题,培养学生的社会责任感、参与意识和决策能力。

3. 通过以化学实验为主的多种探究活动,使学生体验科学研究的过程,激发学习化学的兴趣,强化科学探究意识,促进学习方式的转变,在实践中培养学生的创新精神和实践能力。

4. 在人类文化背景下构建化学课程体系,理解化学课程的人文内涵,发挥化学课程对培养学生人文精神的重要作用。

5. 积极倡导学生自我评价、活动表现评价等多种评价方式,关注学生个性的发展,激励每一个学生走向成功。

---

① 施华.用化学学科德育构筑学生的科学观.载于何晓文主编.学科德育的探索与实践[M].上海:华东师范大学出版社,2006:89-105.

### (三)学科育人的基本措施

学科德育达成育人目标,可以有很多方法;将这些方法综合运用于日常的学科教学活动,就形成了一些可操作的措施。其中,从一名教师的角度来看,可以通过教师主动设计、学生积极参与或自主开展的教学活动,主要有三个层次(或三大类型):以知识学习为主线的课堂教学,以拓展视野为导向的主题活动,以自主探索为特点的专题探究。

这三个层次的措施,是一位教师可以在学校中稳步实现三层专业发展的过程中拓展出的学科育人空间。——在教师由此实现三层境界的专业发展的过程中,学生获得了越来越开阔、能够包容更多元观点和行动方案的发展空间,也因此有可能主动创造属于自己的意义空间,获得更为丰富、真切、深刻、持久的高境界生命体验,为健全人格的生成、道德品质的修炼提供了坚实的基础、开放的空间。

**1. 课堂教学:在知识学习中生成生命意义**

教师带领学生学习每门学科的主要方式就是课堂教学。以此为基础,课后的学习活动(包括个人作业与合作探究)和由此延伸开来的一个单元的学习和一门课程持续一个学期、一个学年或更长时段的学习历程就可以稳步展开。因此,每位教师立足教育领域、"站稳讲台"的起点就是上好每一堂课,进而上好一门课程。这可以成为一名教师开展"学科德育"、同时也是提高教学能力的第一层次的主动探索。

每一学科的教学都蕴藏着丰富的育人资源,这是实现"教书""育人"双层目标的基础。为了在课堂教学中努力实现上述目标(而非将"教书""育人"分离的前提下形式化地或"贴标签式"地"渗透"德育),让教学成效达到更高境界,一名教师可以尝试逐步形成一套系统的教学思路。在这方面,诸多同行的已有经验,可以让我们采用如下一套系统的方法,构建一个整体的教学思路。

(1)用好教材,开发可以激活学生人格体验的教学内容。每门课程的教学内容主

---

**拓展阅读 4-9**

### 实现书本知识与三个方面的沟通[①]

将结构化后的以符号为主要载体的书本知识重新"激活",实现书本知识与三个方面的沟通:即书本知识与人类生活世界沟通,与学生经验世界、成长需要沟通,与发现、发展知识的人和历史沟通。

所谓"激活"书本知识,就是使知识恢复到鲜活的状态,与人的生命、生活重新息息相关,呈现出生命态。具有内在生命态的知识,最能激活、唤起学生学习的内在需要、兴趣、信心,提升他们的主动探求的欲望及能力。

教师在寻找这三方面联系的同时,也拓展了自己的认识领域,并把注意力从研究教学内容转向学生的前在状态、潜在状态、生活经验和发展的需要,这是实现由"教书"为本转换到通过教书来"育人"的十分关键的一步。

---

① 叶澜."新基础教育"论[M].北京:教育科学出版社,2006:256.

要体现在教材(包括校本教材)中,因此,在呈现知识内容时需要合理运用教材。此时,需要着眼于生成有意义的学习生活,让教材内容的意义空间和每个学生的经验世界相互敞开、相互融通,用教材内容激活学生个体经验世界中的自主、自强、自豪的人格体验,包括师生交往、生生交往、学习者和课本(课文)作者及其中的不同角色的"交往"体验。

(2) 精心备课,选择可让学生创造"意义感"的教学目标。在让教材内容的意义空间和每个学生的经验世界相互敞开的前提下,站在每一位具有独特生命尊严的学生个体角度,在设计教学活动时特别关注能让他们自觉创造"意义感"的教学目标,并将其具体落实为每个环节可以参与的思考空间和跟同学、教师一切合作探究、相互交往的空间;在这样的空间,每个学生都可以通过亲自参与各种具体活动而获得属于自己的"情节记忆"和"意义感",进而生成更为丰富、更高层次的价值体验。

> **每个学科对学生的发展价值**[①]
>
> 每个学科对学生的发展价值,除了一个领域的知识以外,从更深的层次看,至少还可以有:为学生提供认识、阐述、感受、体悟、改变这个自己生活在其中,并与其不断互动着的、丰富多彩的世界(包括自然、社会、人,生活、职业、家庭,自我、他人、群体,实践、交往、反思,学习、探究、创造等等)的理论资源;为学生形成、实现自己的意愿,提供不同学科所独具的路径和独特的视角,发现的方法和思维的策略,特有的运算符号和逻辑;为学生提供一种唯有在这个学科的学习中才可能获得的经历和体验,才可能提升的独特学科美的发现、欣赏和表达能力。
>
> 唯有如此,学生的精神世界的发展才能从不同的学科教学中获得多方面的滋养,在发展对外部世界的感受、体验、认识、欣赏、改变和创造等能力的同时,不断丰富和完善自己的生命世界,体验丰富的学习人生,满足生命的成长需要和形成认识自我、发展自我的意识与能力。

拓展阅读 4-10

(3) 用心上课,让学生在积极参与的活动中养成"生命自觉"。在精心开发教材资源、精心备课的基础上,用心组织好课堂教学的每个活动,这是上好一节课、开展一个单元的学习、创造一个学期乃至更长时段的学习生活的基础。就每门课程来说,课堂教学中的具体活动(包括课堂内外的听讲研读、个人练习、交流合作等),是让学生主动体验自我的存在及其价值的生长点;在这里,学生的"情节记忆"和在此基础上形成的意义感、价值感、道德体验等,就可以在具体的交往活动中产生。例如,若要更理想地完成下面所说的"语文学科的德育任务",就显然需要学生在学习活动中有更真切、深刻的生命体验,更高雅、更有活力的生命自觉。

---

① 叶澜."新基础教育"论[M].北京:教育科学出版社,2006:254-255.

拓展阅读 4-11

### 语文学科的德育任务[①]

语文教学的主要手段是阅读文本,即阅读教材中的选文。我们知道任何文章都是一定的历史时期,一定的文化背景下的作家思想价值观的反映。几乎可以这样说,凡能写成文字的内容都可以成文章,几乎人类世界所有的道德规范、人生准则均可以入文章。因而语文教学内容本身的特性就决定了语文教学所涉及的德育目标必定是全方位的、多元的。

审视整个语文教育中的德育目标,我们发现了如下学科德育任务:(1)传承民族精神;(2)汲取文化精髓;(3)养成审美情趣;(4)培养人文精神;(5)辨析人性优劣;(6)理解生命本质;(7)拓展文化视野;(8)关注科学与自然。

总之,今天的语文学习绝不仅仅是教授语文知识,更重要的它可以帮助学生提高自身修养,提升内在气质,使他们成为一个优雅的人,有情趣的人。至为关键的是,语文的学习还可以帮助他们在这个纷繁复杂、物欲横流的世界里找到自身的精神寄托,找到自己精神的支点,达到快乐的至高境界!在审美享受的心理过程中达到不断完善自我的目的,这就是具有语文特色的德育。

在此,最后需要强调的是:貌似合格、但在育人价值上有明显欠缺的课堂教学,往往过于强调学生通过认知活动掌握教材或教师预定好的课程内容,不强调学生参与创造"意义感",因此对学生参与学习活动的"情节记忆"和相应的人格体验没有自觉主动地开发;其中也许会通过认知信息让学生了解诸如爱国主义、社会责任等德育内容,但因为缺乏主动体验生成的"意义感"而显得苍白。与之不同,更高境界的课堂教学不会忽视认知活动和对教材内容的掌握,但更为强调知识内容与人格系统的相互融通、相互滋润,让知识学习焕发生命活力,让人格系统充满人类智慧。由此,可以从学生的立场来明确教学过程的基本任务:"使学生努力学会不断地、从不同方面丰富自己的经验世界,努力学会实现个人的经验世界与社会共有的'精神文化世界'的沟通和富有创造性的转换;逐渐完成个人精神世界对社会共有精神财富富有个性化和创生性的占有;充分发挥人类创造的文化、科学对学生'主动、健康发展'的教育价值。"[②] 简而言之,只有充分开发育人价值,才能让课堂教学进入更高境界。

**2. 主题活动:在开阔视野中激发生命体验**

从一名教师的角度来看,学科教学可以立足"课堂教学"作出进一步的探索。其中,发挥教师专业特长、主动策划和实施主题活动,可以引领学生进入更开阔的学习空

---

[①] 瞿平. 挖掘大语文多元内涵,构建学科德育崭新平台. 载于何晓文主编. 学科德育的探索与实践[M]. 上海:华东师范大学出版社,2006:23-38.
[②] 参阅叶澜. 重建课堂教学过程观——"新基础教育"课堂教学改革的理论与实践探究之二[J]. 教育研究. 2002(10);叶澜. "新基础教育"论[M]. 北京:教育科学出版社,2006:264-265.

间,让学生聚焦专题来主动而系统地了解、搜索和品鉴人类文化知识,使之为培育学生人格提供更高品质的精神营养。这是一名教师沿着"学科德育"方向提高课程建设和学科教学专业能力时的第二层次的探索。

从诸多同行的已有经验和相关研究来看,通过主题活动激发学生更为丰富的生命体验,可选择如下系统方法,形成一套整体思路。

(1) 研究学生,选择符合学生发展需要的活动主题。教师的专业智慧,在"课堂教学"中可通过"冲在前线"整合教学内容、设计教学活动来发挥作用;到了"主题活动"中,这个智慧更需要通过"退居二线"、让学生"冲在前线"的方式来发挥作用,即从促进学生主动发展的角度,激活学生的学习智慧。这一作用,从选择活动主题开始,就可以表达出来,即教师主动研究自己所教的学生,包括通过各种调研方式(如随机观察、适时的问卷调查或访谈)促成学生敞现自己的发展需要,特别是在课程学习中有哪些可以延伸的兴趣点或探索方向。——只有在学生感兴趣的地方,学生才能有更强劲的动力,才能更为积极地激活自己的智慧,主动融入到同伴交往、探究科学真理和社会现象;如此,方能让他们在自主的学习活动中形成更有活力的"情节记忆"并以此为基础形成意义感、价值感,形成兼顾个人兴趣和社会需要的道德品质。

如果条件合适,还可以立足各门学科已有的"课堂教学"活动,拓展出超越"课堂"的学习空间。至于超越的程度,当然就可以结合具体场景下的学生兴趣点、师生互动的生长点、学校和社会的资源条件等因素来灵活取舍;其中,超越程度最大、开放空间更为辽阔的,就延伸为后面将论及的第三层次的探索——"专题研究"。

(2) 整合资源,围绕主题创造充满生机的教育生态。在选择主题的同时,需要同时考虑开展活动所需要的各方面的资源,如同在准备教案时需要综合考虑教学内容、学生基础和其他因素(如时间、空间和相关设备等资源条件)。不过,相比于"课堂教学","主题活动"需要的资源条件更需要发挥学生的主动性和教师的专业智慧,可在更为开放的空间、通过更为多元的渠道来获取,如教师或学生更具有个性化特征的兴趣爱好和专长、家长或社会中可以提供的更为多样的教育资源(如家长的工作、博物馆)。因此,在主题活动中,师生需要有更为积极主动的心态、更有创意的思路来选取并整合教育资源,以便在设计和实施主题活动时分步骤、分领域利用各种资源,包括汇聚学生个人的想法或成果、在师生互动和生生交流中凝聚成团队智慧与集体成果,进而为每个学生拓展出更为开阔、更有活力的学习空间,创建生生不息的学习生态。

此时,有必要从教师所从事的学科教学的角度来看如何立足一门学科来整合来自各方面的资源。为此,教师自己也需要有更高境界的专业自觉,即立足语文、数学、英语、物理、化学、地理、历史、政治、音乐、美术等不同学科,可能会在面对同样的资源条件时选取不同的学科视角。例如,从数学的角度来看,可以在多方面的资源汇聚在"数学的文化价值"的视角,由此带领学生选择具体的主题(甚至形成系列主题),开展主题活动。

> **拓展阅读 4-12**
>
> ## 数学的文化价值[①]
>
> 我们认为，数学的精髓在于它的文化价值，因此数学文化价值的资源也是数学德育的重要内容。数学文化价值主要体现在以下几个方面：
>
> 数学与理性——数学对于人类理性精神的养成和发展发挥着十分重要的作用，而理性精神又被看成是人类文明的核心所在，正是这种数学的理性精神，促进人类的思维得以运用到最完善的程度，并且试图决定性地影响人类的物质、道德和社会生活，试图回答有关人类自身存在提出的问题，激励着人类努力去理解和控制自然，尽力去探求和确立已经获得知识的最深刻的和最完美的内涵，数学的理性之光照亮了人类文明的发展历程。
>
> 数学与思维——数学有着重要的思维训练功能，而这又不仅是指逻辑思维的训练和直觉思维的养成，而且还有着更为广泛的涵义，如数学化思想、公理化思想等。
>
> 数学与方法——数学对于人们发现问题、提出问题和解决问题的过程中所采取的方法，有着极好的借鉴作用，这里既有许多微观的数学方法，也包含宏观的数学方法。
>
> 数学与美学——数学具有一般语言文学与艺术所共有的美的特点，数学在其内容结构上、方法上也具有自身的美，即所谓数学美。数学美的内容是极其丰富的，它既有具体的、形象和生动的一面，又有其形式的、抽象的和理性的另一面。
>
> 数学与社会——数学的发展与社会的进化（生产、科技和精神文明）有着密切的联系，数学的发展依赖于社会环境，受着社会经济、政治和文化等诸多因素的影响，数学的发展又反过来对人类社会的进步起推动作用，包括对人类物质文明和精神文明两方面的影响。

从学科德育的角度来说，在逐步敞开的学习空间中，特别需要关注学生的主动参与，利用学生的兴趣生长点，激活并汲取学生的创意，让他们在此过程中对于教育资源有更真切、更深入的人格体验，包括体会创建和谐社会、承担公民责任、善待他人并享受高雅的道德生活的必要性与可能性，激发他们通过各种具体的途径、解决具体的学习问题（包括社会问题）来创造并自豪地享用美好社会生活的志趣和智慧。这样，学科德育就有可能更为深入，达到更高的境界。

（3）组织活动，让学生在主题活动中经历丰富体验。选择主题、整合资源，就能让学生在具体的活动中获得更为真切、更为系统、更有内涵的生命体验；因此，在具体设计并组织实施活动时，教师需要更具有综合性的智慧，包括协调不同的资源条件、组织不同的活动主体（包括不同资源的提供者或创造者），还包括设计并推进不同阶段、不同领域的活动。就此而言，在"课堂教学"中设计和实施教学活动（从更长的时段来看，这

---

[①] 陈双双. 数学文化是数学学科德育的主线. 载于何晓文主编. 学科德育的探索与实践[M]. 上海：华东师范大学出版社，2006：70-80.

就是设计一门"课程")的专业智慧,需要在此进一步升级,以便在更为开放的空间、更为多元的视角、更为复杂的过程中,围绕主题,凝聚资源(特别是动态生成的学生创意),推进活动(让前后开展的活动相互关联、逐步递进),组织学生和其他主体一起创造超越"课堂教学"的教育成效。其中,从学科德育的角度来看,越是开放、自主的活动,越有可能让学生释放豪情与智慧,让他们获得作为活动主体、社会公民、人类文化世界的新主人的成就感、意义感;以此为基础,更多的德育资源得以逐步创生,更好的道德品质得以在充满生机的教育生态中养成。

---

**拓展阅读 4-13**

### 有效育人的艺术鉴赏活动①

形式多样的艺术欣赏活动,在促使学生形成积极的态度、情感和价值观方面具有高效率作用。

课题交流形式:当代学生已经不满足教室里灌输式的教学活动,艺术审美也不停留在书本的范畴,他们需要更大的审视空间,需要更多地接受新的艺术课题,有更多的教学参与机会和个性发挥天地,因此让学生自己选题参加艺术讨论与交流,不失为一种受学生欢迎的教学方法。

网络参与形式:现代艺术审美教学,可以说已经离不开网络这个平台,利用网络师生之间就艺术作品和艺术热点话题进行对话。当然网络并非是一块净土,教师应该指导学生学会用正确的审美方法去鉴别,审视网络艺术的优劣,在艺术信息处理中保持良好的审美品质,从而获得更多的艺术审美乐趣。

作品讨论形式:就一件艺术作品展开多种形式的讨论与交流,艺术作品的欣赏与评价过程是个性化感知、体验、认同、共鸣的过程。我们既不能把教师的思想简单地灌输给学生,又要对学生的审美思路进行必要的引领。

实践体验形式:音乐中的各项演出活动,美术中的多种实践练习是艺术教学活动中最具活力的项目,细致周密的工作,集体观念的体现,客观公正的评价等现代青年优良品质的培养都会在这些活动中得以体现。

---

从学校层面来看,可从不同维度区分课程类型:学科课程与活动课程,必修课程与选修课程,分科课程与综合课程,国家课程、地方课程与学校课程,基础型课程、拓展型课程、研究型(探究型)课程……据此,一名教师可以在学校课程体系中定位自己承担的教学工作,如承担一门或多门课程的教学任务。其中,较为常见的是一名教师执教一门学科课程(往往属于必修课程、分科课程、国家课程/地方课程、基础型课程,部分学科课程为选修课程、综合课程),同时开设活动课程(往往属于选修课程、综合课程、地方课程/学校课程、拓展型课程/研究型课程)。

---

① 朱世良.艺术学科中的德育因素研究与教学实施.载于何晓文主编.学科德育的探索与实践[M].上海:华东师范大学出版社,2006:128-132.

## 案例 4-2

### 学生论坛[①]

**一、目的**

培养学生的问题意识,关注社会、关心政治,提高学生从广泛的现象入手深入到政治理论问题的意识;丰富教学内容,提高学生兴趣,改变政治课单纯说教的形式;让学生学会思考、学会分析、学会解决问题,提高认识和觉悟。

**二、操作步骤**

1. 布置。一般在开学初教师就应将此活动的目的、开展形式、要求、评价方式向学生公布,并请课代表具体落实。

2. 准备。轮到主讲的同学要认真准备,选题时内容可涉及广泛,由学校到社会、从身边小事到世界大事、从政治现象到各门科学、由古到今。但要注意选择大家比较关心的有意义的热点问题,并要有自己的观点,最好能结合教材有关理论,或介绍相关理论观点。

3. 开展。一般每周一次,时间为5—8分钟,两人主讲,也可请其他学生参与配合。鼓励使用多种方式,鼓励使用多媒体。教师可适当评点。

4. 评价。由六位学生负责评分,由课代表记入主讲学生平时成绩。

**三、教师需注意的问题**

1. 创设良好的环境。学生"论坛"活动是学生综合知识的运用和总体素质的展现,可以培养和提高学生的表达能力、组织能力、逻辑思维能力和应变能力;学生在交流中学会倾听、学会学习、学会了解他人的思想。通过活动,让每一位同学学会在交流中学习、思考、受到启发、质疑和提出问题。使讨论交流的过程成为学生相互学习的过程。通过班级不断的讨论交流,使班级成为自主型的学习组织创造了条件,学生成了真正自主学习的主人,学生在相互的思想碰撞中,增进了解,相互学习,取长补短,共同提高。

2. 注意引导,关注学生思想。课前可了解学生选题的情况,尤其对一些不健康、没有现实意义的话题进行指导,对有些观点要及时评点和纠正,但不能挫伤学生的积极性。

3. 论坛的内容可根据情况作调整。建议可根据教学内容,让学生在选题时有所侧重,如:在进行哲学内容教学阶段,可开展哲学论坛活动,介绍先哲伟人、哲理典故、哲学小故事、生活中的哲学等;在进行经济常识教学时,让学生结合生活消费、企业改革、金融知识、对外开放等话题开展;在进行政治常识教学时,可围绕政治体制改革、国家、政策等内容选题。此外,根据本学科的特点,应经常性地开展时政论坛活动,通过讲新闻、评热点,引导学生关心时事、关心政治。

### 3. 专题研究:在自主探索中释放生命豪情

与"课堂教学"和"主题活动"相比,在学科德育方面更有挑战性、也更能见证教师

---

[①] 袁军,施祖均. 思想政治课程校本教学实施纲要. 载于何晓文主编. 学科德育的探索与实践[M]. 上海:华东师范大学出版社,2006:51-52.

专业智慧和创新活力的,就是指导学生自主开展"专题研究(探究)"。这是一名教师沿着"学科德育"方向提高教学能力的第三层次的探索。它要求教师对自己所教学科的课程内容有更为系统、深入的整体把握,更要求立足学生需要灵活地提供备选课题或帮助学生逐步选择更能彰显创意的题目;在此基础上,还要指导学生学会围绕选题在开放的视野中主动搜集资料(而不满足于教师提供的资料)、提出研究设想(希望通过探究来检验的想法或假设)、设计研究方案(探究思路),并据此一步步开展研究(探究),以便针对课题来梳理信息、解决问题,据此提出自己的见解。——在此过程中,学生不仅可以从德育内容的角度掌握更多的德育资源、丰富自己的思想和道德体验,还可以从求索真理、同伴合作的过程中更为具体地考验意志,在与同伴和教师的交往、与社会和人类文化沟通时有更为真切、更为深入、难度更大、境界更高的情感和价值体验,从而为更为健全、更有活力的人格系统的成长提供品质更高的教育资源。

具体来说,在从学科育人的角度引领学生自主开展专题研究(探究)时,教师可以采用如下系统办法,形成一套整体的举措。

(1)服务学生,在师生互动中帮助选题。如果说教师在课堂教学中"冲在前线"来设计实施教学,在主题活动中"退居二线"而让学生"冲在前线"开展活动,那么,在专题探究中,教师可能更多地是"退居幕后"而让学生更为自由地"拓展前台"并在此施展才华。据此,在为"专题研究(探究)"选择专题时,关键的决策者不再是教师,而是学生。教师可以为学生提供诸多备选的专题,不过作选择的还是学生;同时,学生还可以参照或超越教师提供的备选专题,自行选择自己感兴趣、也符合学校教育要求(在这里就是符合"学科学习"要求)的专题。——不过,尽管"退居幕后",教师依然在发挥着指导作用,在选题的学术价值和教育价值、研究(探究)的可行性、学生的组织方式等方面提供专业指导。其中,如果条件成熟,可以帮助学生组建社团或学习小组,以便让他们在自主探索与合作互助中一起开展更高水平的研究(探究),确保学习质量,包括德育成效。

例如,物理学科中就有类似的课题研究项目——"就下面两个课题任选一个,与其他同学组成小组在一学期内完成。① 收集和调查若干起重大追尾撞车事故,找出事故中的物理因素加以分析,写出调查分析报告。提出针对性的解决方法,供有关部门参考。② 城市堵车现象日趋严重,特别像上海这样的大城市,堵车大大影响了工作效率。你能不能提出解决堵车的办法,通过实验检验你的方案,并不断加以完善。"[①]这里提供选题方向,但没有限定具体的"课题名称",学生可以有很大的自由度;此时,教师可以从选题需要考虑的多方面因素(如个人或团队的兴趣、研究可行性、协调不同个人或团队之间的选择以便更有创意等)、可以搜集整理的相关资料(包括已有的研究文献)等方面来指导学生选题。

(2)指导学生,用专业智慧协助设计行动方案。在更为多元的视角、更为多样的可能性组成的更为开放的学习空间中,围绕自选的专题开展有意义的自主探索,这显然需要有更高层次的学习能力和研究能力(探究能力),其中就包括自主设计开展专题研究

---

① 范小辉.刍议高中物理学科加强人文精神的教育.载于何晓文主编.学科德育的探索与实践[M].上海:华东师范大学出版社,2006:81-88.

(探究)的行动方案。在这个阶段,教师的智慧体现在:一方面,让学生成为自己的研究(探究)活动的设计者和组织者(协调不同的主体,包括同学、教师或其他人),给学生敞开尽可能开阔的自由空间;另一方面,利用自己在活动设计方面的专长(特别是设计有创造性的研究活动方面的专业素养),指导学生同时兼顾不同的因素(目的与手段、内容与形式、前后连贯的活动过程、不同主体的交往过程),形成整体性的行动方案。如果需要,可以为他们提供一些模板或成功的范例作为参考。这样,既有可能让学生充分投入到自己主动选择的活动进程、关注其中的每个细节,并由此生成具有意义感的"情节记忆",进而生成价值体验、道德品质。

(3)引领学生,在充分探究中释放生命豪情。可以说,在专题研究(探究)活动中,学生最有可能享受充分的自由,以自信主动的心态,合作交往的方式创建意义(而不是被动接受关怀并卑微地感恩)。正如我们在第一节就阐明的:只有个体亲身经历、具有情绪体验的活动细节才能生成"情节记忆"(而不仅仅是"语义记忆"),才有可能生成交往体验、存在感和生命的意义感;换言之,如果有意或无意地忽视、限制、放弃或剥夺了这种生成"情节记忆"和"意义感"的参与过程和切身经历,实际上就在逐步剥夺学生做"人"的资格,"人格"的培养自然就缺乏源头活水。相比之下,真心关注教育真谛("教书"中的"育人"使命和机制),自觉开展学科德育的教师,就会更为关注释放学生的灵气,让学生在更高境界的自主探索中享受做"人"的尊严、释放人格的活力、彰显新人的豪情。他们不仅追求让社会满意、让自己开心,还享受主动理解自我、追求最美创意的交往体验。在此基础上,通过成就自己的美好人生来成就美好社会的使命感就有可能进入更高境界,他们的道德修养就可能达到更高水平。

## 三、在班级建设中焕发生命活力

在学校教育史上,班级先后发挥了不同层次的作用(如作为教学组织形式的工具价值和产生个体教育作用、社会教育作用的本体价值),而不仅仅是在同一层次发挥不同功能;[①]在我国的学校教育现实中,"班级管理"(或班主任工作)呈现出不同的工作境界,而非一种固定的情形。这就意味着:在从事或研究班级管理时,我们必须辨析其中的不同情形,理解其中的专业门道,进而作出明智的专业选择。经过持续二十余年的研究,我们认为:很有必要超越以往将班级管理看作"附属事务"或"专门工作"的情形,自觉选择将其看作"专业活动"。

在实践中,较为常见的是专门设立"班主任"岗位(主要由一位教师负责)来承担每个班级的班级管理工作。在这里,我们将站在更多教师的视角,将"班级建设"作为包括班主任或"选课走班制"中在每个教学班开展学科教学的任课教师在内的所有教师的专业工作之一。选择这一思路,也是考虑到:"班级授课制"依然是学校教育主流的教学组织形式,每一位教师都需要在每个具体的班级中开展教育活动(包括教学活动);因此,如果能够理解并主动掌握建设班级的专业智慧和方法,就可以自觉利用其中

---

① 参阅李伟胜.从生命实践的角度建构教育理论——班级教育理论研究带来的启示.载于叶澜主编.命脉("生命·实践"教育学论丛第四辑)[C].桂林:广西师范大学出版社,2009:92-103.

可以开发的教育资源。

与学科教学相比,班级建设(包括班级管理)更为直接地面对"育人"的任务;只不过,学科教学是通过"教书"来育人,而班级建设更主要是通过"交往"来育人。换言之,作为"专业活动"(而不仅仅是"专门工作"或"附属事务")的班级建设承担的专业使命是"交往育人"。

在班级建设中开展德育,培育学生的健全人格,是有效达成"立德树人"使命的重要途径。为了达成这一使命,有必要系统理解班级建设的德育目标、具体方法和基本措施。

### (一) 班级建设的德育目标

从教师的角度来看,无论是在学科教学中还是在班级管理中,教师需要关注"班级"的整体发展情形,包括每门课程的学习和每个班级的整体风貌;不过,从学生的角度来看,班级生活中实现的是每一个学生个体的发展。因此,在从专业的角度来辨析班级建设的德育目标时,教师的工作视野应该涵盖学生的发展格局。

据此,我们可以说:班级建设的德育目标就是同时实现班级建设和人格培育。在这里,班级建设的直接工作目标(即表层教育目标)就是建设"民主型班级",而其深层教育目标就是通过班级生活中日常化的民主交往培育每一位学生的"人格系统"。在这里,"表层目标"(直接的工作目标)就是引导学生建设班级——建立可让每一个学生享有尊严、释放活力且有归属感的"同伴群体"(如我们倡导的"民主型班级");同时,在建设班级、实现班级整体发展的过程中,每一位学生的"人格系统"(主动性人格)得以在群体交往中敞现和生成——这就是班级管理可以实现的"深层目标"(见图4-3)。换言之,"交往"和"育人"这两个目标是同时实现的。

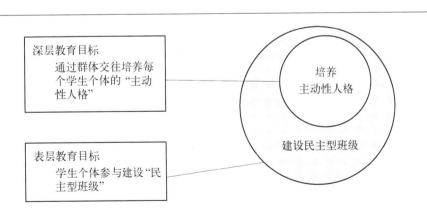

图 4-3 班级管理的双层教育目标

此处所说的"表层目标"和"深层目标",也可以被看作是针对"班级"和班级内每一位学生"个体"的教育目标;此时,用"互动生成"的思维方式,将"个体"与"班级"的联系看作相互支持、相互成全的关系,可让我们更好地同时把握并实现这双层目标。

**1. 培养主动性人格**

教育要促进学生主动发展,是同行都有的常识。现在,新的研究已经揭示出:我们可以进一步提出在学校教育(特别是每个学生个体所在的"班级"这类组织生态)中培养学生主动性人格的学术主张。

　　研究者在探讨组织行为中的主动性成分时,提出了主动性人格(proactive personality)的概念。他们认为主动性人格是指个体采取主动行为影响周围环境的一种稳定的倾向。他们还指出了主动性个体与非主动性个体的区别。主动性个体较少受环境的约束,而是主动改变环境;他们能识别有利机会,并采取一系列主动行为,直到他们能带来有意义的改变,特别是通过主动发现并解决问题来改变自己所在的组织、影响周围的世界。相比之下,不主动的个体却表现出了相反的特征:他们被动地对环境做出反应,消极适应环境,甚至为环境所塑造;他们无法识别机会,更不用说抓住机会来做出改变。据此看来,主动性人格可在个体与其所处环境相互作用的过程中发挥明显的作用。进一步来看,发展中的学生的主动性人格,也是在个体与环境的互动中得以成长并发挥作用;或者说,主动人格的形成和环境的改变之间有着相互作用的关系。据此,我们更为具体地探讨如何通过班级建设培养学生的主动性人格。

　　(1) 班级建设培养主动性人格的内在机制

　　具有自主意识的人格的最重要的表达方式就是自我,因此,可把"自我的经验系统"看作是"人格系统"表达方式,"自我是个体经验的组织"。①不过,正常情况下的个体人格或"自我"不会是封闭、孤立的经验系统,而是融入社会关系的开放的、在交往中持续生成的经验系统。自主性很强的人格,包括主动性人格的"独立"就是在人际关系中显现出来的;换言之,如果不是以一种开放的状态融入人际关系,所谓"独立"是无法界定的,人格的"独立性"也就无从见证。所以,人格应有独立性,同时它也具有开放性,而不是停留于"孤立""封闭"的状态。

　　一旦确认人格或自我是一种开放的"个体经验系统",我们可以看到:个体人格系统就是通过与环境(特别是人际交往系统)互动而得以展现、调节、更新的。就班级中的学生来说,我们可从两方面来理解这一发展格局。一方面,学生在班级中的言行,特别是参与创建班级组织规范与组织行为时的思想和行动,就是其"人格系统"的外在表现(这也正是德育工作者特别关注学生行为规范的原因所在)。每一位学生应在与他人交往的过程中不断丰富自己精神生命的内涵,拓展自己的生存空间,在参与建设班级的过程中提升自己的人格修养,学会真诚面对,学会承担对他人、对社会,乃至对整个世界的一份责任,由此让自己的人格系统得以激活、优化,拓展视野,提升境界。另一方面,学生的"人格系统"得以养成的一个重要文化生态就是班级生活,特别是他们可以参与商议、改变的班级生活规则和可以主动策划、实施、评价的各种班级活动——因为正是在每个类似的具体场景中的投入和参与,让他们获得了班级生活的"情节记忆"和有意义的生命体验,生成"意义感"(而不是"没意思""无所谓"等缺乏意义的生存体验)。将这两方面结合起来看,每一位学生个体正是通过在班级生活场景中的自我调节自己的日常言行(这是人的发展可能性得以敞现和生成的具体形式)而培养自己的行为习惯,同时也培育着自己的"人格系统"或"个体经验系统",滋养着精神生命,生成更高境界的道德品质。

---

① 李晓文. 探索巨人们走过的路——青少年发展心理学研究反思. 载于叶澜主编. 命脉("生命·实践"教育学论丛第四辑)[C]. 桂林:广西师范大学出版社,2009:301-344.

在这样的发展格局中,我们可以更清晰地看到班级建设培育学生主动性人格的内在机制。

首先,从时间维度来看,个体人格的发展就是"自我"的阶段性发展,其关键就是经验组织结构的阶段性变化。具体到学生的发展格局来说,这就意味着"个体经验系统"与"班级生活系统"一起发生变化。在这个过程中,学生成长过程与班级发展过程就相当于个体发展与环境变化之间的互动关系。只不过两者之间未必是简单的同步推进或亦步亦趋的关系,因为它们各有其自身的演化规律,包括发展节奏、内容和形式。

其次,从通过班级建设促进学生发展的角度来看,有一个关键的生长点:运用先进的理念,开发班级的育人空间和教育资源,给每位学生敞开可以主动参与的空间。这包括制定班规并及时自评互评,改选班干部或各岗位的负责人以便增强每个人为大家服务的主人翁意识和光荣感,同时由此提高班级生活品质,参与策划、实施和改进各类班级活动,还包括为美化班级环境和活跃班级文化献计献策并积极行动……于是,在每次商议班级生活规则、主动开展班级活动、主动更新班级文化的过程中,每一周、每一月、每个学期的"班级生活系统"就可生成新的内容、焕发勃勃生机;与此同时,每一位学生的"个体经验系统"或人格系统就有了更多释放灵气、舒展性灵、激活智慧、尽展豪情的活动"情节记忆"和"意义感",在共同参与的班级生活(包括学习生活)中优化自己的人格系统,形成更有活力、更有人格尊严、更能养成的高尚品德的自我。

如果由此继续深究,我们不难发现其中有着一种"优化班级生活——培养个体主动性人格——进一步优化班级生活——继续培养更多人更高品质的主动性人格"的螺旋式发展路径。

(2) 班级生活中的主动性人格:三方面表现

通过班级生活培养主动性人格的前提是人格系统与生态系统的相互作用。据此,一条可行的教育思路就是:促进学生主动开展具有提升学生发展需要、引领个体发展作用的班级活动,主动拓展班级建设的育人空间,而不仅仅是按部就班地服从来自学校的安排或满足于维持学科学习的秩序。这样的教育思路,不仅适用于被称为"行政班"的常态班级,也适用于"选课走班制"下的"教学班"或其他不同形式的班级;同时,它还适用于班级之中的具体群体和班级之上的年级或班级之外的各种社团或项目团队(如参与学校体育节或文艺节的各种团队)。

采用这样的教育思路来培育学生的主动性人格,当然需要考虑到每个学生不同的个性特征。我们不能过度理想化地要求所有学生同时达到同样的"主动"状态或养成同等水平的"主动性人格",因为每个学生有不同的个性心理特征,同时还会在班级生活(和其他交往系统或活动系统)中面对各有特殊性的具体发展阶段、具体发展问题、具体活动场景。

不过,总体来看,当代社会需要每位公民具备健全的人格,其中最为重要的就是在开放的社会中主动开发和利用各种资源条件、实现主动发展并主动为社会作贡献的主动性人格。从班级育人的角度来看,这样的主动性人格主要表现为三个方面。

首先,主动融入群体。个人的人格系统本来就是个开放系统,个人接受教育的过程也是逐步实现社会化的过程。因此,在班级生活中,学生个体在保持独立人格、遇事有独立主见的同时,可以用心倾听其他同学和教师的想法,并主动沟通,协商解决班级中的各种事务或发展问题。在此过程中,个体与其他同学保持友好的合作关系,与教师保持民主的师生关系,并以此为基础融入到自己所在的小组或团队、融入到班级这个学生组织之中。由此,个体充分展现自己的主动性的方式之一就是积极参与群体交往和班级生活的建设。(当然,具体到每个个体身上,其主动性及其表现形式可以有不同的选择。)

其次,乐于合作成事。学生来到学校就是来和同学、教师一起开创更有意义的、可以让个人经验世界逐步融入人类文化世界的新生活,这一过程就是通过主动参与策划和实施各种教育活动来实现的。这些活动包括共同学习各门课程,还包括处理班级事务、主动设计并组织开展班级活动。显然,这些活动需要给每个个体留下自主的空间。在这样的自主空间里,拥有主动性人格的学生个体可以自主决策如何参与群体活动,进而与其他同学和教师合作完成各项教育活动,并在此过程中获得更为真切、更为丰富的成长体验,进而获得新的发展,包括让自己的人格系统内容更丰富、境界更高、活动能力更强……

再次,善建成长生态。每个人的人格都需要在具体的群体交往和更为广阔的社会生活中滋养。据此,个体的成长若要避免"自卑",实现"自主",进而享受"自豪",就需要通过群体交往来感受这些人格体验,进而主动建设自己的成长生态,创造更为理想的交往体验和意义感。个体越是善于主动利用文化生态(特别是身边具体的群体)中的发展资源,越是善于自觉参与创造更有生机的发展环境,他就越是能够增强自己的主动性,获得更大、更好的自由发展空间,特别是和其他伙伴一起主动创造的、更能体现自己美好理想的发展空间。

**2. 建设民主型班级**

显然,优化班级生活系统是培养学生人格系统的关键条件。于是,从班级建设的角度来看,需要在明确"培养主动性人格"的同时明确建设什么样的班级。根据已有的成功经验和理论探讨,我们可以看到:当代中国学校教育应该致力于建设民主型班级,从而超越常见的管制型班级、自主型班级的发展境界。[①]

(1)班级发展机制:班级建设的内在依据

从教育专业的角度来说,班级建设的内在依据就是班级的发展机制;换言之,作为一个组织,学生所在的班级有其自身的运作规律和发展方式。在这方面,立足教育学立场,参照已有的组织行为学、管理学等方面的研究,我们得到一些启发。

机制,泛指一个工作系统的组织或部分之间相互作用的过程与方式。对于一个社会组织来说,"发展机制"可以被理解为各组织要素在实现组织目标的过程中所处的地位和相互之间的作用方式。相对于生物系统等自然组织而言,社会组织,尤其是处在社会变化加快的时代中的社会组织,需要解决的问题更多的不是维持现状,而是如何在开放复杂的环境中不断创新的问题;否则,即使它能保证暂时的生存,也难以确保将来不被淘汰。因此,理解一个社会组织的发展机制,固然要看其组成要素及这些要素之间的相互关系,但更应关注组织目标,特别是这个组织解决了什么样的发展问题。据此,就可进一步考察:各种要素在组织中呈现出什么性质、它们之间存在着哪些可能的相互作用、选择其中的某些相互作用方式又是为了解决哪些发展问题……

---

① 李伟胜.班主任工作的教育思路[M].上海:华东师范大学出版社,2013:33-38.

沿着这一方向,一个可行的思路就是考察班级这个教育组织主要解决了什么样的发展问题、如何解决发展问题。从诸多成功案例中,可以看到:一个班级的发展需要解决三个问题。① 通过班级组织建立班级秩序。这需要组建班干部队伍并培养他们的办事能力,进而培养他们的领导力,以便组织每个个体、每个小组一起参与完成各种班级事务,商议制定班级生活规范(如班规)。② 通过班级活动培养自主能力。这包括利用各种班级活动(包括学科学习活动,如组内合作、组间竞赛等),引导学生自主策划和实施活动方案,由此提升自主发展能力。③ 通过班级文化焕发生命活力。这需要为每个学生和每个小组参与布置班级环境(特别是黑板报或网页等表达学生心声的宣传栏目),形成和谐的班级人际关系和整体氛围,让每个学生舒心成长。

这三个发展问题其实也就是班级建设(或班级管理)重点关注的三个领域(组织建设、班级活动、班级文化)。在每个领域发动学生开展相关的教育活动时,班级生活规范、班级文化氛围、班级发展主题、每个个体的角色、每个小组的任务、每个阶段的活动内容……这些要素就被组织起来,共同发挥着教育作用,促进班级生活系统在每个阶段的变化、个体经验体验在每项活动中生成。于是,在班级获得发展的同时,个体的人格也得以滋养。

在学校教育现实中,一般来说,在面对一个新组建的班级(包括行政班、教学班)时,教师会在兼顾三个领域的同时首先重点关注组织建设,为班级生活建立秩序;然后,可以根据实际情况(如开学时学校组织的黑板报评比)来分步开展班级文化建设和班级主题活动。相比之下,在面对一个已有一个学期以上的发展历史的班级时,教师往往会根据当时的班级实际(如班级组织的完善程度、班级活动的系列化程度、班级文化的活力水平)来灵活取舍:同时从三个领域促进班级发展,或者在确保三个领域达到合格程度的前提下聚焦学生和班级发展的新需要开展更高水平的班级主题活动。总之,从班级发展的整体格局来说,需要从上述三个领域解决不同的发展问题,由此促进班级生活品质逐步优化到更高水平。

(2)当代学校的民主型班级:三方面表现

经过对诸多班级发展状况的调研,我们可以区分出中国基础教育中的班级的三层发展境界,它们分别致力于解决不同层次的发展问题,并为此而采用了不同的发展方式。

---

拓展阅读 4-14

### 班级发展的三层境界[①]

第一层境界:维持班级常规,确保学习秩序。在这样的班级中,学生的主要特征是"规规矩矩";同时,有的班级会着力营造更为认真的学习氛围,培养班级凝聚力。从班级秩序主要源自教师管控的角度来看,这一层次的班级可称为"管制型班级"。

---

① 李伟胜.班主任工作的教育思路[M].上海:华东师范大学出版社,2013:33-38.

> 第二层境界：学会自主活动，培养综合能力。这样的班级不仅有良好的秩序、学习氛围和班级凝聚力，还会在此基础上致力于培养学生自主活动的能力。其中的学生主要特征是"做事能干"，许多事务性的工作都不必班主任亲自操劳，因为学生们（主要是班干部）能自己处理好这些事情，如自主管理班级事务、自主组织实施班会、自主开展小组活动等。从班级生活让学生更为自主的角度，这一境界的班级可称为"自主型班级"。
>
> 第三层境界：探索民主交往，培育高尚人格。如果说前两层境界分别关注"完成规定的学习任务""开展自主的班级活动"，那么第三层境界在此基础上更为关注"培养健全的人格系统"和"创造共生的精神家园"。这样的班级通过民主交往而营造一个精神家园，让每一位学生的人格尊严得以在此体现和不断生成新的生命体验，可被称为"民主型班级"。

相比之下，在当代学校教育中，更符合这个时代需要的是建设"民主型班级"。在这里，比学习知识、培养能力更为重要的是人格成长，而优良人格的养成显然离不开优秀人群之中富有教育价值的交往方式；对于班级来说，这种旨在培养高尚人格的交往方式就是日常化的"民主交往"，即在相互欣赏、相互激励的氛围中创造一个共同成长的文化生态——"共生的精神家园"。具体来说，民主型班级的发展情形主要表现为如下三个方面——分别对应于班级建设的三个领域；同时，这也与前述的"主动性人格"的三个表现有一定的对应关系。

首先，班级组织敞开交往空间。为了让班级在更高境界上服务于学生的发展，班级组织需要在"维持秩序"和"让学生自主活动"的基础上，进一步致力于在班级生活中敞开更为开阔的交往空间，让学生能够在这里自由自主地表达自己的发展需要，相互激活并释放自己的生命豪情和智慧。具体来说，这包括：通过共同制定班级发展目标、建设班级生活规范，开发各类岗位的育人功能，让每一位学生得以通过多样化的、持续的角色体验来感悟班级中自由而开阔的交往氛围；通过主动参与民主交往而逐步丰富并深化人格体验，使之充满尊严、豪情和智慧。简言之，就是班级组织敞开交往空间，让学生得以在这里自由自主地表达自己充满豪情（而不仅仅是适应外来要求）的发展需要。

## 案例 4-3

### 值日班长工作制的完善[①]

本学期在初二（1）班实行了值日班长工作制。在值日班长日记中，班长们普遍反映比较累。其原因有两方面：一方面是由于责任心和荣誉感，

---

[①] 资料来源：缪红教师所写的班级管理研究报告. 2005年. 载于陆桂英主编. 建设民主集体，共创阳光人生——上海市曹杨第二中学附属学校班级建设实践研究[M]. 上海：华东师范大学出版社，2007：109-110.

> 事事亲力亲为；另一方面则是同学之间缺少合作的精神，无形之中增加了值日班长工作的压力。班主任把这些苦恼倾诉给学生们，引起学生们的深深反思。在日后的值日生工作中，学生们逐渐把教室视为自己的家，在"人人为我，我为人人"的思想驱动下，值日班长的工作走上了一个新的台阶。
>
> 在推行"值日班长工作制"的同时，还出现了新问题：班干部究竟怎样履行工作职责？在日常的教育教学中，缪教师发现班干部的工作常常与值日班长的工作发生重叠，于是，班干部常常无所事事，这样的现状也使她有些措手不及，一时也想不出更好的解决方法。
>
> 经过进一步的思考，班主任总结出：班干部不一定是成绩最出色的，但他/她必须有为同学服务和参与班级活动的热情，在班级群体中有引领示范的作用。良好的班集体更需要班干部能主动管理班级。
>
> 根据这一原则，同学们民主选举班干部，然后根据被选出学生自身的特点给他们安排合适的班级工作岗位，在每周五"一周小结"的时间，他们将接受同学们的民主评议并进行自评。
>
> 同时，班主任鼓励他们大胆地开展工作，给每位班干部配发相应的工作记录本，要及时记录工作开展情况和感想等。每逢班委开会，他们携带各自的工作记录本，交流工作经验，提出遇到的问题，商议解决问题的办法，陈述工作中的收获，记载最新的工作任务部署。这种做法对班干部的能力培养和思想教育的效果是相当显著的。

其次，班级活动凸显生命旋律。与"跟随潮流"和"就事论事"等常见的情形不同，更高境界的班级活动的主题与内容不再是单方面地由上级或教师预先安排，班级活动更不是为了完成上级布置的任务或说教而组织，而是将社会要求、学校要求与学生真实的生活内容结合起来，努力彰显学生积极向上、充满生命豪情的发展需要（而不仅仅是纠正错误、举止规范等层次的教育要求），从学生自己的、真实的班级生活（而不仅仅是上级号召和成人要求）之中提炼出对学生有真切生命意义的活动主题，进而发动全体成员出谋划策，开发出有针对性的活动内容、设计有效的活动形式，切实解决源自他们生命成长历程的发展问题（即学生面临的需要自主完成的发展任务）；由此，让每一个主题活动成为学生班级生活中的一个"乐章"，表达学生生命成长的内在"节律"。简言之，就是主题活动凸显生命"旋律"——每一段生命的成长都能以同学们解决一些有意义的发展问题为标志，释放出他们的生命豪情与智慧。

再次，班级文化充满成长气息。班级文化具有内生的教育价值，因为学生在班级生活中开展的民主交往过程会生成许多外显的信息，需要通过各种文化作品或交往氛围来表达；同时，在表达这种不断生成的交往体验的过程中，民主的交往方式也得以展开、反思和更新。为此，特别需要超越的"管制型班级"中常见的让学生服从或迎合统一标准、成人意志或外来要求的情形，站在学生立场，致力于彰显学生的生命活力。一方面，让每一位学生释放出自主成长、主动探索的生命豪情；另一方面，让整个班级生发出交往共生、充满生机的文化生态。简言之，就是让班级文化充满成长气息，尤其是充分表达出学生在班级生活中共创共享的生命智慧。

### （二）班级建设的具体方法

班级建设，是学校德育的一个重要领域，有着尤其独特的专业定位。因此，为了同时实现培养"主体性人格"和建设"民主型班级"的双层目标，需要立足通用的德育方法（如说服教育法、榜样示范法等）来进一步探讨班级建设中更有专业特征的德育方法，特别是让学生通过参与班级建设而实现人格发展的独特方法。

**1. 以系统思路把握班级建设的教育方法**

（1）超越处理杂务的思路，主动创生专业方法

班级作为一个兼顾学生发展需要和社会育人要求的学生组织，需要通过组织化的方式来协调班级内每位学生的个性化特征和班级的整体育人功能。其中，学生的个性化特征主要体现在每个个体作为班级事务的承担者、学习活动的主体、班级活动的参与者等不同角色的要求，班级的整体育人功能主要通过班级组织、班级活动、班级文化三大领域来落实。

此时，需要确立的一个逻辑前提就是班级建设（班级管理）是一项不亚于学科教学专业性的专业活动，而不仅仅是学科教学之外的"附属事务"，也不仅仅是与学科教学并列的"专门工作"（尽管常常被冠以"德育工作"的名义）。在后面两种情形中，班级建设在专业品质、专业工作思路等方面缺乏明确的定位，相关的工作要求（特别是班主任的工作职责和相关培训内容）尚难改变平面罗列各项经验要求、缺乏清晰学理论证和自觉的专业追求等情形。相比之下，将班级建设作为专业活动，就会将班级生活中的诸多内容（如上述三大领域中的主要事务）开发成培养学生健全人格、提升学生生命质量的教育资源，让学生通过各类班级活动体会生命成长历程中的智慧与尊严（包括作为现代公民民主参与社会生活的智慧与志气），并将其纳入班级发展的整体格局和长远规划之中。此时，班级建设不仅敞开了不亚于"学科教学"的教育领域，甚至可以将学生在各门学科中的学习经验纳入到学生生命发展、班级长远发展的整体格局之中。在这样的班级中，每一位学生都有可能通过民主交往的方式参与班级生活。这一层选择就是致力于建设"民主型班级"。[①]

一旦确认了班级建设（班级管理）是一项专业活动，我们就应该主动梳理已有的经验，从学理上理解其中蕴藏的教育真谛，进而主动创生系统的专业方法，如同学科教学中采用的方法系统。将专业的方法与相应的教育目标、教育资源结合，才有可能让这项专业活动达到更高的境界。

相比之下，许多相关著述中平面罗列的各种方法，可以根据我们所提的方法系统予以整合，而不必延续缺乏足够学理地罗列和选用的常见情形。例如，可从一些著述中看到如下不同层次、不同角度的方法被罗列在一起，看起来很丰富，却缺乏分类、分层，更缺乏学理分析。

---

① 李伟胜. 班主任工作的教育思路[M]. 上海：华东师范大学出版社，2013：38-53.

> **常见的平面罗列的工作方法（举例）**
>
> 1. 调查研究法、个案研究法、心理疏导法、舆论影响法、行为训练法。
> 2. 说服教育、情感感染、情感沟通、心理疏导、规范制约、舆论调节、实践锻炼等。
> 3. 说服教育、行为训练、组织活动、榜样影响、情感陶冶、评比竞赛、奖励与惩罚等方法。
> 4. 奖励、榜样与观察学习、惩罚、消退、脱敏等。
> 5. 目标管理、交互管理、制度管理、参与管理……

拓展阅读 4-15

（2）超越平面罗列的做法，建构立体方法系统

在辨析班级管理的教育方法时，需要超越一些著作或论文往往在缺乏足够学理的前提下平面罗列各种具体技巧或技能。具体来说，我们力图超越的平面罗列的情形有：① 调查研究法、个案研究法、心理疏导法、舆论影响法、行为训练法；② 说服教育、情感感染、情感沟通、心理疏导、规范制约、舆论调节、实践锻炼等；③ 说服教育、行为训练、组织活动、榜样影响、情感陶冶、评比竞赛、奖励与惩罚等方法；④ 奖励、榜样与观察学习、惩罚、消退、脱敏等；⑤ 目标管理、交互管理、制度管理、参与管理……

相比之下，我们的选择是将班级建设的方法理解为由策略、措施和技法组成的立体方法系统。这一方法系统包括逐步具体化的三个层次（教育策略、工作措施、操作技法），而非同一层次的多个方面。（见下面的图 4-4 和表 4-4）。① "思想层面的三项策略"，是最需要用智慧，而不仅仅认知信息或技能来把握的；或者说，最需要用"心"，而不只是用"脑"或"手"来掌握。一旦掌握并运用了这些策略，教师的工作品质、班级的发展状态，就有可能全面超越处理琐碎的"附属事务"的情形，进入到"在专业的教育活动中享受智慧与尊严"的境界。② "任务层面的三条措施"，可以让教师把班级管理中的许多内容，尤其是各种琐碎的具体事务整合为组织建设、主题活动和文化建设这"三大任务"——这也是我们在阐述"民主型班级"三方面表现时所针对的三个领域。通过这三条措施，班级生活可以形成整体格局，进而生成班级发展的主旋律，让其沿着"系列主题活动"而展开。于是，班级生活系统逐步优化，班级发展境界也逐步提升，也就成为可以期待的结果。③ "事务层面的操作技法"，是许多同行最为关注也是研究最多的。我们曾将这些处理具体事务的方法整理成"系列技法"，包括班级管理的策划、组织、实施、反馈和改进这 5 个阶段的 18 个领域中的 54 个技法。[①] 现在，我们进一步将其整理成 5 个环节的操作技法。

在这一方法系统中，任务层面的三条措施居于"中位"，用以整合各种资源，经营三大领域，完成三大任务；思想层面的三项策略居于"上位"，蕴含教育思想，让三条措施富有专业品质；事务层面的系列技法居于"下位"，用以落实三条措施，处理三大任务之中的各种具体事务（在图中以小圆圈表示）。

---

① 李伟胜.建设民主型班级的系列技法[J].班主任之友,2009(11).李伟胜.班级管理[M].上海：华东师范大学出版社,2010:112-149.

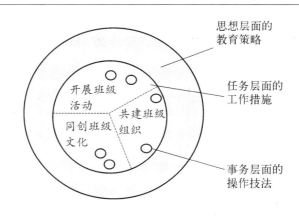

图 4-4 班级管理的方法系统

表 4-4 建设"民主型班级"的方法系统

| 方法的层次 | 方法的内容 |
|---|---|
| 思想层面的教育策略 | 1. 选择"成事育人"的价值取向<br>2. 建立"培育自觉"的教育基础<br>3. 采用"交往共生"的教育方式 |
| 任务层面的工作措施 | 1. 共建班级组织<br>2. 开展班级活动<br>3. 同创班级文化 |
| 事务层面的操作技法 | 1. 策划活动方案<br>2. 组织班级成员<br>3. 实施活动方案<br>4. 评价活动成效<br>5. 改进活动思路 |

以上述方法系统为参照,我们在这里重点介绍其中的"操作技法"(作为班级建设的具体方法);随后,我们将介绍其中的"工作措施"(作为班级建设的基本措施)。至于其中的"教育策略",因为其内容相对抽象,理论分析的成分更多,这里就不展开论述了。

**2. 班级建设的具体方法**

在立体化的班级建设方法系统中,"技法"是最为具体的方法,因为它直接面对具体的班级管理事务,解决各项具体的工作问题。不过,需要注意:技法本身具体而综合地体现着整体性的教育思想。许多优秀教师的经验表明,每一件事务的成功处理,每一条技法的有效运用,其实都蕴涵着内在的教育之道,体现着整体性的教育合力,而非相互割裂、用于孤军奋战并凸显教师个人权威的"招数"或"兵法"。

在梳理这些技法时,我们参照的是每一位班主任在一个学期中的具体工作流程。为了进一步超越平面罗列各种工作方法难以理清头绪的情形,我们从一位教师(作为学科教师和班主任)承担一个班级的教育工作之后如何行动的角度,纵向整理了基本的工作流程,即班级建设中的教育活动得以展开的基本过程。由此,前后相继的各种具体技法也有了自身的系统性。具体来说,我们将其大致区分为5个环节:策划、组织、实施、反馈、改进;在每一个环节,可以选用一些常用的技法,并以此为参照灵活地整合或主动地创造更有成效的技法。

（1）策划。教育学视角的"设计"（如设计教学活动）和管理学视角的"策划"（如策划一个项目的管理方案），实际上是相通的。就班级建设而言，我们将其融入对班级生活具体事项的策划。无论是全班同学一起商议制定班级计划或公约（这个"商议制定"本身就是一个事项或活动），还是布置班级环境或开展一项活动，策划本身就需要确立活动目的、设立岗位（包括轮流履职的岗位，如每日轮换的卫生值日岗和定期改选的班干部岗位）、成员分工、分配任务或活动内容、选择一些关键的评价标准。毫无疑问，无论是作为班主任还是任课教师，在自己的工作范围内，都可以利用班级建设来策划一些可让学生主动参与并由此生成班级生活或学习生活意义感的活动或事项。

> **案例 4-4**
>
> **开学第一周，共同策划发展思路**
>
> 首先，发动学生个体或小组，为本班一学期的主题活动出两个"点子"。有的班主任通过周记的方式让学生写出自己的主意，然后在小组内交流，最后在班级中评比，选出"金点子"。
>
> 其次，放手让班干部整合同学们的不同思路，写出班级计划的初稿。其中，对于班级现状的分析、发展目标的选择、发展措施的设计等，班干部团队也可以内部分工、精诚合作。
>
> 再次，在学生思考的同时与之后，班主任主动介入，用自己的专业智慧予以指点，弥补不足、提升境界、整合思路。同时，班主任还可以主动征求其他科任教师的意见，以便汲取更多专业智慧，完善班级发展思路。其中，在制订班级发展目标时，应该兼顾理想状态与班级现实、长期目标与近期目标、抽象理念与具体表述等方面的关系。

（2）组织。在策划的基础上，教师和学生一起制定规则，在尊重每位学生个性化需要和特长的基础上将学生组织起来（包括个体活动、团队活动和全班活动），形成相互分工合作的格局，建立活动过程中的评价反馈机制，进而逐步汇聚各方面的教育资源，包括动员和组织各科教师、与家长合作开发家庭教育资源、主动开发社会教育资源、开发利用网络平台等。

> **案例 4-5**
>
> **选择班级生活方向，民主制定班级制度**
>
> 建立班级规章制度，可有多种方法，如自然形成法、引导形成法、强制形成法、参照形成法、替代形成法，分波分批式、重叠增强式、分层渐进式、交互统合式等。不过，对于"民主型班级"来说，还需要将所有这些技法用于提高班级生活质量。

> 为此，需要在策划班级发展思路、主动梳理各种规则的基础上，通过民主的班级生活机制，结合班级事务整理、岗位设置，主动制订符合新需要的新规则。一方面，可以形成班级公约、一日常规、一周常规、一月常规等，但也不一定要依此拼凑出各种看似整齐漂亮的条文，而应根据实际需要有所取舍；另一方面，还可以根据班级发展情况，在不同阶段作出调整，评议各种规则的合理性、先进性，评议同学们的发展状况，据此废除一些规则、创造更好的规则，进一步推进班级发展。

（3）实施。在策划和组织的过程之中及之后，让学生根据完成相关事项或主题活动的计划，逐步落实具体的行动。这包括：在前期准备中，明确各自的岗位责任、搜集整理活动资料或整合教育资源，为班级制度更新整理各种备选方案或为整体活动准备各部分的活动内容（如排练一些小节目）；在活动进程中，相互配合，关注活动过程中生成的体验和新的想法，同时关注不同成员的独特表现和需要提供的支持，以便将个体贡献、团队智慧融入到班级层面的活动之中，有效促进班级生活生成更丰富的内容和更高境界的品质；在活动结束后，继续深化体验，提炼活动体会（包括通过写周记日记的方式记录活动过程和活动感受），反思值得进一步改进或拓展的空间，以便促进班级生活持续生成新的主题、资源，达到更高境界。

（4）评价。根据策划和组织阶段就形成的一些意向或方案，及时反思评估每位同学、每个小组和全班的活动表现，评价发展目标的实现程度，评价班级活动或事项的教育价值，对继续努力的方向达成新的共识。鉴于评价活动本身就是班级教育活动的一部分，因此，学生个体或群体不仅是评价的对象，更是评价的主体；评价的指向不仅在于达到一个结果，更在于通过评价过程促进学生深化体验和思考。如果可能，努力形成系统的评价内容，例如将其区分为三大方面：其一是"人"，即活动主体，包括学生个体、小组、班级，还可以包括班级教师团队的成员；其二是"事"，即活动本身，包括活动的策划、组织、实施和反思的成效；其三是"作品"，即活动中产生的各种作品，如周记、相声、小品、自编歌词、演讲词、班报、网页等。在此基础上，还可以通过黑板报、班报报刊或班级网页等平台及时发布学生总结反馈的成果或作品，包括对先进典型的经验或作品予以展示欣赏。

**案例 4-6**

## 构建自主多元的学生评价机制[①]

（1）让评价主体多元化，改变过去由班主任一人说了算的做法，改由"学生自评、小组评价、班委评价、班主任及科任教师评价、家长评价"的方式进行。

---

① 参阅福建省南安市国光初级中学陈剑峰的论文. 构建自主多元的学生评价机制［内部资料］，2004年.

(2)丰富评价的内容,例如,除保留"三好学生""优秀班干部"外,还设置多种奖项,如学习、劳动、体育、宣传"积极分子"、"文明学生"、阶段性的"班级之星"等。

(3)把阶段性评价与日常评价结合起来。每周通过班务会及时评价班内表现突出的学生,通过班级日志记录班内的好人好事,或指出学生中存在的不足与问题。

(4)建立学生成长档案袋,由学生自主收集本人成长中最有代表性的各项材料,如最满意的一次作业、试卷、作品、奖品等,每学期进行一次整理,由学生保存建档,记录、反思、展望成长过程。

(5)改进。教育是一个生生不息的发展过程,因此,前期的一系列工作都是为了让学生主动实现更好的发展,以便让同类活动得到进一步改进,让更多更好的后续活动得以开展。在这方面,需要鼓励学生学习先进典型、努力追求上进,探索新的发展阶段的努力目标,并为此开展新一轮的"策划——组织——实施——评价——改进",组织同学们汇聚更多更好的教育资源,促进班级和每位同学实现更好的发展。其中,一个特别值得鼓励的做法就是立足不同阶段的发展需要,开展前后相继的班级主题活动或主题班会。

**案例 4-7**

## 一个学期的6次班会[①]

第1次班会:树立目标,端正态度。开学初,带领学生确立"塑造良好人格、锻炼坚强体魄、磨砺顽强意志、开掘人文底蕴"的班级目标。倡导"乐学、勤学、会学,自律、自励、自强"的学习态度。

第2次班会:展示才艺,焕发活力。开学后不久,元宵节才艺展示活动,让学生尽情舒展自己的才华,激发大家共同创造好班级的热情与活力。

第3次班会:选举干部,共谋发展。在开学2周后,班级进行了班干部选举,同学们首先认真提名,候选人进行了竞选演讲,然后产生班委。通过这一过程,让全班学生都对班级发展现状和未来进行思考、讨论和选择。

第4次班会:完善方法,落实责任。讨论如何使用备忘录,提升每一位学生的责任意识,逐步学会发现、反思和策划自己的学习生活。

第5次班会:磨练意志,积极进取。为了准备4月份的第三届校运动会,以"锻炼体魄、磨练意志"为主题开班会,激发学生的进取心和竞争意识。

第6次班会:学会反思,树立自信。在5月下旬召开了关于"自信"的班会,让学生学会反思自己的发展情况、探讨进一步发展的目标和方法,学会在认真、踏实的努力中逐步树立自信,形成积极的自我意识。

---

① 作者:上海市曹杨二中附属学校胡晔红。载于陆桂英主编.建设民主集体,共创阳光人生——上海市曹杨第二中学附属学校班级建设实践研究[M].上海:华东师范大学出版社,2007:35.

## （三）班级建设的基本措施

正如前文所述，在班级建设的方法系统中，任务层面的三条措施居于"中位"，用以整合各种资源，经营三大领域，完成三大任务。这样，它可以具体应用思想层面的三项策略，同时统领事务层面的系列技法。

### 1. 共建班级组织

班级本身就是为适应人的发展需要而人为创建出来的。它的目标、组织形式、活动内容等，其实都是人为规定的。这里蕴藏着两种可能性。其一，这使得成人有可能自上而下地制约班级生活；其二，师生也有可能改变班级常规，使得学生有可能主动管理班级事务，使学生在自主的班级生活中学会创建新生活。因此，问题的关键就在于：如何利用这种人为性特征，使班级常规民主化，为每个学生敞开更充分的主动发展空间。具体来说，可以充分挖掘班级生活中的各种岗位资源，让更多学生民主地参与班级事务，让他们在与教师和同学的互动中敞现自身的潜能，生成更广阔的发展空间，获得更丰富的成长机会。

（1）民主地建立组织结构。作为一种教育性组织，班级需要有合理的组织结构。在建设"民主型班级"时，需要根据班级生活需要来选择合适的组织结构。无论选择哪一种，都应考虑根据班级需要，设立多样化的岗位，民主推选班干部和其他岗位负责人。其中，班干部的职责除了维持学习秩序之外，还应根据学校教育要求和班级生活实际不断提出班级发展的新目标和新计划，激发每一位班级成员的活力，形成整个班级的凝聚力，从而不断提升班级生活质量。其他岗位责任人也不应是仅仅是对"上"（教师）负责，其主要职责应是为班级生活服务、对全体同学负责，也可以说是对"下"负责。为此，教师应该淡化控制意识，增强为学生主动发展提供服务的意识，通过民主推选班干部和其他岗位责任人等方式，激发每一名学生的主人翁意识和责任感，培养学生自主管理的能力。同时，可以根据学生发展需要，灵活调整，甚至创造性地建立班级组织结构。

---

**拓展阅读 4-16**

### 班级组织结构的基本模式

（1）直线型结构模式表现为"班主任——班长——组长——学生个体"，是一种自上而下的直线管理模式。它的特点是：权力集中，便于规范管理，提高管理效率。

（2）职能型结构采用按职能实行分工管理，其表现为"班主任——班长——各位职能管理者（如学习委员、文艺委员、生活委员、体育委员、劳动委员……）——组长——学生个体"。其特点是各职能管理者能帮助班主任和班长分担班级管理工作，同时有利于班干部发挥工作积极性。

（3）直线职能型结构是在班主任领导下，把班级管理者分为两类：班委会、团支部，然后各自再区分出不同的职能管理者。

(2) 开发岗位与角色的教育价值。人们通过担当一定角色才能实现与他人的互动。在这个过程中,个体的发展方向和发展程度与其所在社会情境中他人及其本人期待担当的角色之内涵存在着直接联系。就班级而言,在设立岗位(一般分为管理类岗位和服务类岗位两大类)的过程中,通过民主的班级氛围组织学生讨论对相应角色的要求,可以促使学生思考班级生活的需要,形成更合理的角色预期。在此过程中,每一个班级成员会将他们对班级(乃至社会)、对他人和对自己的认识综合起来,从不同的角度提出自己的意见,这有利于丰富和完善角色期望,进而开发岗位与角色的育人价值。例如,在"新基础教育"中,班级岗位建设的过程就包括"岗位设置→岗位竞聘→岗位锻炼→岗位评价→岗位轮换"。① 相比之下,以往较多地关注的是"岗位设置"和"岗位选择"两个环节,而现在则根据学生成长需要丰富了环节,也深化了其内涵。多样化的、动态分配的岗位,可以让更多的学生有机会参与班级事务的管理。同时,在这些岗位上获得的多种角色体验,有助于学生从不同方面发现自己的优势、潜能和不足,使他们在班级生活中逐渐形成更为合理的人格特征。

> **五种班级岗位**②
>
> (1) 学习类:包括各学科课代表、学习小组长、领读员等。
> (2) 知识类:气象记录员、导读小先生、信息发布员、小报童等。
> (3) 活动类:主持人、活动策划、联络员等。
> (4) 服务类:黑板报编辑(美容师)、图书管理员、仪表检查员、桌椅小排长、门窗管理员(小卫士)、餐厅服务生等。
> (5) 行为规范类:护眼使者、节能小哨兵、护绿小天使、午餐管理员等。

拓展阅读 4-17

(3) 生成合用的规章制度。通过对学生在岗位上的表现提出要求和进行评价,可以逐步生成班级规范和管理制度。社会学家盖哲尔认为,人们在社会行为中处理制度规范与个人情意之间的关系时,可以有"人格社会化"(约束个人的倾向以适应群体规范的要求)和"角色人格化"(调整制度中的角色期望以适应个人人格的需要)这两种途径。③ 从教育角度看,可考虑综合运用这两种途径促进班级制度与个体之间的相互作用。其中,对学生在各自岗位上的表现进行动态的民主评议,就是一种可行措施,全体学生可由此将不同岗位要求与个体和群体的发展需要结合起来。这一方面能促使学生在反思自己和别人角色行为的基础上,主动生成群体生活的规范,另一方面也可促使他们反思学校和教师提出的规章制度,思考这些规范的意义,提出自己的意见,或根据新的发展需要更新某些规范。当然,在发动学生创建班级规范时,也要适当引导。

---

① 袁文娟."新基础教育"班级岗位建设的实践与探索(上)[J].班主任,2008(10).
② 袁文娟."新基础教育"班级岗位建设的实践与探索(上)[J].班主任,2008(10).
③ 吴康宁等.课堂教学社会学[M].南京:南京师范大学出版社,1999:210—211.

> **拓展阅读 4-18**
>
> ### 班级公约"诊断书"①
>
> （1）太虚——抽象空洞，难以落实。内容多为口号式，如"勤奋、求实、团结、进取"，学生虽能理解，但难以落实到言行中。
> （2）太繁——事无巨细，面面俱到。结果，学生看了眼花缭乱，望而生畏。
> （3）太硬——名为公约，实为命令。
> （4）太偏——以堵代疏，激起逆反。这类公约多用否定性的词语，甚至在20条内容中出现24次"不准"。

#### 2. 开展班级活动

相当多的教育活动往往较多地注重达成教育者为学生预定的活动目标，注重完成自上而下规定的各种事务性的任务，因而仍具有相当程度的封闭性。相比之下，"民主型班级"需要让学生在"成事"的同时"成人"，将学生个体组织起来，根据学生实际生活内容和发展需要而动态地组织班级活动，特别是主题活动。由此，学生可在为班级生活主动贡献个人智慧的同时，形成对共同活动的期望，进而逐渐形成对集体的归属感；他们可望由此学会在独立自主的基础上与他人合作，使每一位学生的"个体经验系统"和"班级生活系统"一起拓展内容、提升意义。

（1）选择合适的活动主题。要让班级活动（特别是主题班会）有更明确的教育目的、取得更理想的教育成果，一个有效的途径就是引导学生通过主动解决"发展问题"来实现自主发展，因为"发展问题"可以成为凝聚学生智慧、激发学生活力、汇集教育资源的一个教育平台，而解决"发展问题"的过程可以成为学生自主探索、主动交往的生命历程。显然，这里所说的"发展问题"不仅包括弥补缺陷、改正错误等"（不够好的）发展问题"，也包括鼓励上进、追求高尚等"（更好的）发展问题"。此时，如何辨析发展问题，就直接涉及到如何理解学生的发展现状、潜在的发展资源、应有的发展目标等因素。其中，一个非常值得关注的努力方向就是用更专业的方式尊重和凸显学生的主体地位，敞开学生真实的、充满成长气息的发展需要（而不仅仅是等着教师去发现或开发），从而让学生在选择班会要解决的发展问题时更有志气，也更有智慧。

> **案例 4-8**
>
> ### 高中三年主题活动的系统策划②
>
> 班级建设有自身的特殊性。学科教学有纲有本（教材），但班级建设却是有纲无本。所以，有些班主任将每周一节的班会变为纪律教育课、事务安排课

---

① 曹锁庆. 班级公约"诊断书"[J]. 班主任之友，2008(2).
② 这是广东省佛山市第二中学的邓碧兰教师在参加2009年"佛山市名班主任培养对象研修班"时提交的研修作品之一[内部资料].

或干脆就是自习课,这样做很难有好的教育效果;有些班主任也会时不时地上主题班会,但往往是想到什么就上什么,主题与主题的关联性和系统性不够强,这样也使主题班会的教育效果达不到最佳。

要使教育效果最好,高中三个年级应按年级特点定下大的教育目标,每个年级再针对这个目标结合学生生活、思想、心理的实际情况有针对性地构思出主题,使主题活动更具计划性和针对性。

我每接手一个高一新班首先会围绕"人生规划"这个主题开展活动。这个主题并不是单单为高一这一年确定,而是为整个高中阶段,乃至整个人生而确定。很多西方国家的孩子十一二岁就开始接受人生规划教育,就开始确定自己的人生目标,并围绕这个目标确定自己每个阶段的努力方向,但我们国家的孩子就缺少这样的机会。有些学生因为没有目标,认为考上高中了,该好好地放松放松,放松到高三才意识到要考上好大学,但一切都晚了;也有些学生,勤勤恳恳读了三年,高考也考到了好成绩,但却不知自己适合读什么专业,应该选择什么大学,这些都与我们的教育缺了人生规划教育有关。

通过人生规划教育,启动学生"定位"工作后,在整个高一阶段以"适应"为主题开展活动,使学生更快适应从初中到高中的转折,并开展与青春期心理和学习心理有关的主题活动,在将学生的成长代价降到最低的同时帮助学生点燃知识之海的航标灯。鉴于现在的学生自我为中心的意识越来越强,学校和班级的规章制度甚至是国家的法律在他们的意识中就是一些文字,他们常常有意无意违反纪律甚至走上违法犯罪道路,所以高一阶段还应把"遵纪守法"这个主题融入其中,开展一系列的活动。

高二围绕"提升"这个主题,开展与情感调控和人际适应有关的主题活动,使学生在良好的人际关系氛围中能正视自己的成败与得失、学会如何利用和释放压力、学会控制情绪、学会选择等。

高三是每一个学生人生中非常重要的一个阶段,这个阶段的重要性不在于它决定了一个学生能不能读大学、读什么大学,而在于整个高三的备考过程,这个过程考验着每个学生的意志、毅力、心理承受能力、面对困难和挑战的应对能力等等。每一届的高三我都围绕一个主题来开展活动,这个主题就是"快乐高三",目的是培养学生任何时候都应该保持一个乐观的心态。围绕这个主题,可以具体开展"我的高三我做主""青春飞扬""分享"等系列活动。其中,"我的高三我做主"主要是征集班级励志口号、教室宿舍全新布置、班级事务和各项常规活动最优方案制定等;"青春飞扬"主要有成人仪式和百日冲刺两个大型活动;"分享"主要有学习方法、学习心得、学习过程中出现各种心理问题的交流和讨论,这个部分涉及的内容很大一部分是高二教育主题的实际应用和新的延伸。

(2)开发真实的活动内容。旨在促进学生主动发展的班级活动,可以将学校教育要求与学生需要结合起来系统地安排班级生活内容。其中,特别需要关注学生生活中更鲜活、也许有更多矛盾和困惑的真实内容,在学校教育中展现它们,并充分利用学校教育独有的资源(有承担培养任务的专业工作者、优秀的人类文化成果;更重要的是,有与他们共同成长的同学、教师),用来拓展生活意义、提升生命价值。与之相反,如果仅仅通过自上而下地规定学生班级活动内容而实施控制，将会使新一代人从小就习惯于按照别人的意愿和规定去生活，而无力自尊地面对自己的真实生活，及在解决问题和提升质量的过程中学会开拓生活。事实上，传统的德育之所以低效，其原因之一正在于此，即没有面对学生的真实生活，只在成年人堂而皇之的设想中预定学生的发展，致使学校教育与学生的真实发展距离越来越远，貌似"高大上"的德育内容却缺乏学生真切的"意义感"，甚至口号喊得越雄壮，人格变得越异化。因此，在"民主型班级"中，需要关注学生的真实思想、真实生活，并以此为基础开展有真实教育意义的活动。只有关注学生的真实生活内容，教育才有可能体现出更高的专业智慧。实际上，立足于此的教育其实很简单——"四两拨千斤"。学生迸发出"千斤"之力，教师用充满专业智慧的"四两"进行点拨，使之激发出学生更为强大的动力、形成更为成熟的能力。

**案例4-9**

### "同学，请大胆说出你对'法'的体会和感受"[①]

有一位高中班主任，不满足于沿袭多年的法制教育方式。她看到，以往的思路是：请民警担任"法制副校长"，宣讲法律、强调必须遵守，分析违法事例，说明违法造成的危害，参观监狱或少管所……这类做法，主要是从成人的视角理解法制，往往教师的感触比学生大。究其根底，可以看到这更类似于"威胁"，让学生因为"害怕""不敢"而不违法。

在创建"民主型班级"的尝试中，同行提出的问题惊醒了她——"你清楚你的学生在想什么吗？你清楚他们的感受和体会吗？"她感慨："是啊，就'法'这个东西我和学生平时真的很少交流体会。现在，我发动班干部去和同学交流，自己也利用课余时间和他们交流，发现不同的学生体会是有差异的，甚至是完全相反的，并且他们还有很多的想法——而这正是班级管理中最宝贵的教育资源！"

于是，在新的相关班会中，她和学生又重新定了思路——"同学，请大胆说出你对法的体会和感受"。结合现实生活中的真实事例，让学生的思想在交流中碰撞，在碰撞中讨论，在讨论中成长。她发现：学生对法律还是很有想法的。全班同学至少达成了两个共识：其一，集体中如果有人犯罪，好像自己也是罪人；其二，无论犯罪是否直接针对自己，每一个人都直接或间接受到伤害。

在交流中还会出现一些碰撞点，这就是下一节主题班会课的讨论热点，让法制教育形成一个系列，而系列的内容来自学生的需要，而不是来自教师认为他们需要的东西。例如，在这次班会中，在讨论"当你知道违法犯罪将要发生或正在发生时，你怎么办"这一问题时，出现了最大的争论。学生分成两派：一派主张"不要管"，因为说出去自己可能会受到报复，或者有出卖别人的嫌疑；另一派主张"坚决要管，伸张正义"。于是，就有必要通过第二节班会课来继续探讨。

---

[①] 根据广东省佛山市"名班主任培养对象"研修班成员、佛山二中邓碧兰围绕一次主题班会《法的体会》所写的研修作品撰写. 2009.

（3）设计主动的活动方式。要引领学生学会主动开展班级活动,使开放的生活领域成为主动发展的广阔天地,由此拓展生活视野、丰富意义联系、深化成长体验。在主动活动方式中,学生根据自己选择的目标主动筹划各种活动条件,在提出目标、设计方案、实施活动和反思活动效果等过程中获得深刻的体验,丰富对自己、对他人、对社会和世界的认识,由此学会开创未来生活。

更具体地看,每次班级活动的不同阶段又可以选择更有特色的活动方式。① 在准备阶段,应充分调动每一名学生的积极性,让他们充分参与主题、目标和内容的选择,设计活动方案,合理分工。② 在实施阶段,充分呈现学生提前准备好的各种内容,让他们在相互欣赏、交流和讨论中深化体验。③ 在一次活动完成之后,让学生从实施效果中反思该次活动的主题、内容、形式等方面的质量,总结活动经验、提出进一步的改进措施或新的活动设想。这样,每一次活动就不再是为了应付学校检查而完成的一项行政性任务,而是服务于学生成长的教育性活动。它应该有一个动态生成的过程,即:结合学生生活实际、融入学生生活之中并根据学生需要不断产生新的发展需要、发展内容。

（4）培养全面的活动能力。要提高班级活动的教育价值,还需要培养学生全面的活动能力,让更多学生学会自主地开展各种形式的班级活动。这可有如下尝试。其一,以发现学生特长、培养学生个体办事能力为基础,培养学生组织和主持活动的能力。其二,逐步提供开放空间,培养学生策划班级活动的能力。这要求学生既充分了解学校教育相关方面的要求和总体安排,也从总体上把握同学们在相关领域里的生活状态和思想观念。在此基础上,提出尽可能明确的活动目标、系统组织活动内容、形成具体可行的活动计划,并能分工合作、付诸实施。为此,要分阶段重点培养骨干力量,让这些学生成为带动其他学生的动力源,并通过岗位轮换等机制让更多学生获得锻炼;另一方面,要尊重每一名学生的参与权力和参与热情,让他们参与策划班级活动,并在相互交流、鉴赏、评析的过程中相互学习。

**案例 4-10**

### 从小学一年级开始培养学生活动主持人[①]

先从快乐队会开始,最初几次由我来主持。后来,先请能力较强的学生来主持。为了给学生一个良好的开端,我先征求学生的意见,确定主题,然后与主持人讨论内容。

第一次学生的主持效果不错,我就让学生自愿报名作主持。想不到愿意尝试的学生不少。我就先让学生准备,再适当作些指导。慢慢地,学生主持的活动越来越好,我也就逐渐放手了。……

例如,"六一"节快到了,我就让学生自己主持自己班级的活动。不过,事先我要求学生每人准备好节目,让主持人讲讲自己的主持内容,不恰当的作一下修改。在小主持人的主持下,活动气氛很浓,大家都很尽兴。

---

① 诸红霞.给学生一个理想的班级环境.载于顾文兰、俞溪心主编.回眸——"新基础教育"实践与研究自评报告集[上海市闵行区浦江第一小学·内部资料].2002.

总之,在班级活动(特别是主题活动)中,以充分敞现学生真实生活内容、激活学生发展动力为基础,学生就可学会独立思考,同时与其他同学充分合作,共同策划更有成效的班级活动。此时,学生就能有效利用学校提供的教育资源,包括教师的指导,主动思考自己的发展空间、发展条件,立足于现实生活的改造,创造属于自己的新生活,创造属于自己的生命意义,滋养充满尊严与豪情的人格,养成更高境界的道德品质。

### 3. 同创班级文化

班级文化呈现着学生的精神生活状态,反映着他们的生存方式。民主型班级的文化,需要在整体上呈现出催人上进的氛围,呈现出鲜活的生命气息,让学生的精神生命处于一种朝气蓬勃的发展状态,使他们在与同伴、教师的交往中不断丰富自己的生命内涵,逐步学会主动地反思和策划个人与班级的发展,并在参与创建民主型班级的过程中逐步实现和提升自己的生命价值。要创造这样的班级文化,可从如下方面努力。

(1) 提炼鲜明的发展主题。在与教师互动的过程中,主动提出属于自己班级的鲜明的发展主题,是激活学生思想、激发学生主动策划自身发展的一条必选之路。在班级整体发展,特别是包括班级环境布置在内的班级文化建设中,发展主题处于一种"承上启下"的位置:对"上",它集中反映着教师的教育思想、班级现状分析结果和班级发展目标;对"下",它统领着各项班级发展措施和其他方面的尝试。

在提炼符合学生实际需要的班级发展主题时,可以参照下面的程序,创造性地发动学生一起思考,共同参与,从而激发、凝聚并提升学生们的智慧,共同追求更高境界的发展。第一,班委会提前准备、策划。这可在新学期开始之前,甚至在上一学期结束之时就部署。第二,每位学生反思发展现状、展望发展前景。这往往安排在新学期开始之时,包括在学生前来报到注册之时。其中,可以特别安排小组长、表现积极的学生或最需关注的其他学生作更充分的准备,以便借此机会让他们激活思想、参与交流、获得更多教益。第三,班主任和班委会共同研究。这包括辨析每一种想法的合理性,与班委会前期的思考进行比较,比较哪一种最能反映当前的班级发展需要。在此基础上,可以选择或重新创造出几种想法,供全班学生讨论、决定。第四,小组讨论,全班交流。可以专门召开一次主题班会,将学生们思考的情况和初步选择的想法提交给各小组讨论,然后在全班交流,作出最后的选择。第五,延伸思考,设计班级文化标识。在选择了发展主题之后,可以根据需要,组织学生选择或设计班歌、班徽、班旗、班标等,通过艺术化、形象化的方式表达新的发展理念。

---

**案例 4-11**

### 新学期,更新班级的发展主题[①]

去年8月,我开始担任初一(2)班的班主任。该班整体状况比较平稳,不仅卫生环境、外在形象保持得较好,而且大多数学生能替班级着想,维护班级形象。其中,有一部分学生的上进心强,学习积极性较高,在数学学习上尝试

---

① 取自参与创建"民主型班级"课题研究的上海市普陀区曹杨第二中学附属学校游练所写的《课题研究札记》《班级工作计划》和《班级工作总结》,2007—2008年.

小组学习取得一定效果。不过，这个班也面临需解决的问题，例如，有三分之一学生的学习主动性不强，在教师的"逼迫"下，才能进入学习状态。经过和班干部的商量，我们提出的学期发展目标是：班级要形成一个行为规范良好，学习上进的和谐的班集体。为此，我们将发展主题确立为"创和谐班级，做优秀自己"，并决定采用小组合作学习、值日班长制、主题班会这三方面措施来促进发展。

经过1年的努力，取得了一定的成效。其中，通过一次主题班会及前后1个月的相关活动（如在周记中写出对班级发展主题的理解、准备相关的文艺节目），学生对班级发展主题有了进一步的认识。今年8月，进入初二年级，我打算发动学生进一步思考新学年的发展主题。在预备周，我布置每一位学生在周记本中写出一句口号，并说明理由，用以表达对班级新发展的理解。看到学生所写的内容，我充满惊喜：通过民主的方式，展现学生的智慧，为解决我一个人难以想好的问题提供了很多思路！通过与学生商量，我们决定，选择"青春扬帆，梦想起航"作为新学年的发展主题。

以这位学生所写的理由为基础，我们组织全班学生分小组再次分析我班自身特点，对这一主题作了进一步的诠释："十三四岁的我们，迈入了初二年级的新天地。带着我们的青春活力，也怀着我们的憧憬和梦想，我们要高展臂膀，扬起风帆，乘风破浪，团结一致，为实现两年后的辉煌，为今后更多的成功，起航！"

（2）营造舒心的成长环境。在班级环境布置方面，用心地开发各种资源，以便"利用一切可以利用的条件来实施教育，甚至让每块墙壁都会说话"。例如，让学生献计献策、共同策划教室环境的布置内容和相关要求；举行教室设计比赛，发动每个学生设计布置方案；召开班委会，整理、修改、加工各种方案，并认真组织实施。与此同时，努力创建相互支持的人际关系，让学生们的心灵互相滋养。这可从两方面努力：其一，在学生之间，互相欣赏，相互合作，在共同的活动中互相理解、互相帮助；其二，在师生之间，建立友好的交往关系。在一定意义上，后者可能更为重要，这是因为，教师的教育思想和相应的交往风格，会直接影响到师生关系的性质，并由此为学生之间的交往起到示范和导向作用。

（3）拓展广阔的生活空间。"民主型班级"所追求的发展空间，是开放的、辽阔的，其用意就在于让学生逐步学会掌握发展的主动权，积极创造属于自己的精神生活，提高生命质量。因此，首先应该充分利用班级成员和群体自身的生活内容开展活动，以便有效地形成更好的班级文化。在此基础上，还可以尝试拓展学生生活领域，带领学生主动拓展生活空间，让学生学会主动参与班级和社会生活建设，让学生学会在更广阔的生活中直接汲取主动发展的动力，形成主动发展的理想。这也就是在提高他们的精神生命质量。例如，通过研究性学习或班级主题活动，组织学生主动调查了解周围社区生活（如本社区的历史文化、环境污染和保护情况等），主动了解和整理新闻内容，这些都是拓展班级生活空间的好思路。其中，最为关键的就是在个体生活与这些更广阔的学校生活、社会生活之间建立"有意义"的联系，让他们感受到这些生活与自己的感受、作为有密切的关系。如果有必要,还可以将班级教育延伸到学生的亲子交往或家庭教育之中。

在本章中,我们从一名教师的视角尝试探讨解决几个问题:我们希望学生立哪些"德"、成什么样的"人"、如何"立德树人"?经过探索,可以看到:一名教师在自己从事的学科教学和班级管理中,应该着眼于培养每一位学生充满尊严的健全人格;为此,可以着力于带领学生一起开展有意义的活动,特别是能让学生主动参与策划和实施的学习活动与班级主题活动,以便让学生在亲身参与的过程中获得更丰富、更有自豪感的情感体验和认知发展。如果能够把握好这样的德育目标和相应的途径,就能将说服教育、榜样示范、探究研讨、活动体验等方法融会贯通,形成更高水平的专业智慧,和学生一起享受充满德性、充满尊严、充满自豪的教育生活。

## 一、教师应该具备的信息素养

当前社会已迈入信息化时代,人类的生产、生活乃至思维、学习方式都受到巨大影响,全球教育发展已深深打上信息化的烙印。信息技术不仅冲击改变着现在的教育,同时也在引领塑造着未来的教育。未来的学校教育,必然因基于网络环境而更加开放灵动,更加重视学生个性化和多样化发展,更加凸显学生的主动探究和深度学习,更加强调让所有学生都享受到优质教育资源,更加强调终身学习持续发展,也必将是更加智慧的教育。教师是未来教育发展中最为核心、灵动的要素,当教育环境、教学内容、教学方式等教育体系中的关键要素均体现出显著的信息化、智能化特征之时,作为明日之教师,必须具备一定的信息素养才能满足教育发展和变革的需求。因而,教师的信息素养是教师专业素养中不可或缺的部分。

### (一)教育信息化与教师专业发展

在我国,政府组织优势和政治优势在教育领域不断发力,从顶层规划到实践支持,从硬件建设到资源供给,从教师能力到学生培养,齐聚多方力量展开了教育信息化的应用探索,四十余年的努力和成效是有目共睹的:实现了"三通两平台"建设与应用快速推进、教师信息技术应用能力明显提升、信息化技术水平显著提高、信息化对教育改革发展的推动作用大幅提升、国际影响力显著增强。[①]

进入新时代,教育信息化工作成为国家战略的重要组成部分。十八届三中全会首次将教育信息化写入中央全会决议,十八届五中全会进一步明确推进教育信息化的要求。《中华人民共和国国民经济和社会发展第十三个五年规划纲要》中将教育信息化列入九项教育现代化重大工程,强调要推动现代信息技术与教育教学深度融合。《国家中长期教育发展规划纲要(2010—2020年)》指出,"信息技术对教育发展具有革命性影响"。为深入贯彻落实中央决策部署,教育部先后发布了《教育信息化十年发展规划(2011—2020年)》《教育信息化"十三五"规划》。近年来,伴随着新一轮科技革命和产业变革,互联网、云计算、大数据、智能机器人、三维(3D)打印等现代技术在人类的思维、生产、生活和学习方式中的巨大潜力蓄势待发。在此背景下,2018年4月,教育部出台了《教育信息化2.0行动计划》(以下简称《行动计划》),强调要将教育信息化作为教育系统性变革的内生变量,隐含了教育信息化是支撑引领教育现代化发展,推动教育理念更新、模式变革、体系重构的内蓄力量。这是国家层面积极应对科技发展而付诸的行动,正式开启了全面推动教育现代化,迎接智能时代新征程。

---

① 中华人民共和国教育部. 教育信息化2.0行动计划[EB/OL]. (2018-04-13) [2018-06-18]. http://www.moe.gov.cn/srcsite/A16/s3342/201804/t20180425_334188.html.

第五章 教育信息化

与此同时,近年来,随着微电子学、互联网以及大数据技术的飞跃式发展,人工智能技术实现了腾飞,其实质性进展使得人工智能技术在教育中的应用成为了热议话题。尽管人工智能能否取代现代人仍备受关注和争议,但已有的人工智能应用的鲜活案例使得我们无法低估它可能对未来教育和教师工作带来的冲击。2018年8月教育部办公厅发布了《关于开展人工智能助推教师队伍建设行动试点工作的通知》,在宁夏和北京外国语大学开展人工智能助推教师队伍建设行动试点工作。所有这些政策与行动都体现着教育领域对信息化时代所带来的变革与挑战的正视与回应。

**1. 信息技术对教育发展带来了深刻影响**

近五年来,全国中小学互联网接入率从25%上升到90%,多媒体教室比例从不到40%增加到83%;师生网络学习空间数量从60万个提升到6 300万个;国家教育资源公共服务平台不断优化升级,数字教育资源正逐步向全国互联互通的数字教育资源公共服务体系转变。[①] 除此之外,移动终端、智能设备、可穿戴设备、混合学习等新兴科技和应用逐步走进教育,走进课堂。放眼全球,信息技术对教育发展带来的深刻影响不断扩大。始于2002年的美国新媒体联盟发布的地平线报告备受世界各国关注,其地平线报告基础教育版反映了新兴信息技术对基础教育阶段教学、学习及创造性探究的潜在影响和实践应用。基于超过15年的跟踪研究和持续发布,《新媒体联盟地平线报告:2017年基础教育版》认为,创客空间、机器人、分析技术、虚拟现实、人工智能、物联网能够促进教育发生真正的改变。[②]

多样化的信息技术对教育教学产生的影响和作用各不相同。祝智庭认为,信息技术在教育中发挥的作用和价值可以分为替代、扩增、调整和重构四种。所谓替代作用,是指信息技术代替了教育系统中的某些要素,例如简易电子白板代替了传统的黑板发挥了板书作用,电子日历代替了纸质日历等;扩增作用是相关要素功能的进一步丰富,但课堂教学形态及结构仍然不变,例如远程直播技术支持下的双师课堂为偏远或尚缺师资的地区学生输送了优质教学资源,交互电子白板的投影、交互、实物投影、教学资源库、视频记录等功能,VR技术支持的交互式、浸入式体验等;信息技术体现出调整作用时将涉及教育教学系统结构局部变化,但课程结构和评价方式方面并未因此而产生本质变化,例如基于微课程的翻转课堂、斯坦福大学在"开环大学"计划中提出的混合学习校园(打破了传统年龄大致相当的学生结构形态);重构作用是指信息技术具备了引发教学模式、管理模式变革的潜力,可能推动重新建构与生成新的教育生态,例如2013年创立的AltSchool构建了个性化学习平台,联结了学生、教育者以及家长并实时收集学生数据实现个性化学习(密涅瓦大学在技术平台的支持下开展课程学习,同时实现全面分布式学习)。需要指出,技术工具与促变教育的作用因应用情景不同而表现出不同的作用层次,例如智能答疑软件替代助教进行答疑回复(体现为替代作用)以及全天候实时反馈(体现为扩增作用);利用英语口语训练软件进行口语教学时,不仅能够充当教师角色进行示范朗读(体现为替代作用),同时也较之部分教师口语更为标准地道

---

① 雷朝滋. 教育信息化:从1.0走向2.0——新时代我国教育信息化发展的走向与思路[J]. 华东师范大学学报(教育科学版),2018(01):98-103,164.
② New Media Consortium (2017). The Horizon Report 2017 edition [EB/OL]. [2016-12-24]. https://www.nmc.org/publication/nmccosn-horizon-report-2017-k-12-edition/.

(体现为扩增作用);在线学习平台既可作为传统教学的补充进行教学资源的共享(体现为扩增作用),也可以支持探究型学习中的小组协同学习(体现为调整作用),还可以支持AltSchool的个性化学习(体现为重构作用)以及为密涅瓦大学的沉浸式学习奠定基础(体现为重构作用)。①

基于此,在教育信息化2.0时代,我们要在三个方面进行转变。一是要实现从教育专用资源的开发、应用和服务向大资源的开发、应用和服务转变,提供多种类型的线上服务,推动各行各业、终身学习向信息化方向和目标发展。二是实现从提升信息技术应用能力向提升师生信息素养转变,教师和学生不仅会使用所需要的信息技术,同时或者更为重要的是,师生要具有信息化社会的思维方式和行动方法,让信息化思维、互联网思维植入到学校管理和教书育人的各个环节。三是要实现教育信息化从融合发展向创新发展转变,要实现信息化应用从量变到质变的转变,进行信息化时代教学、管理、服务的思路创新与方法创新。②

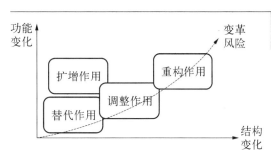

图 5-1 信息技术促变教育的作用面与风险

**2. 信息时代教育面临的挑战**

以虚拟现实技术和人工智能技术为代表的现代信息技术引发了众多行业的巨变,促生了许多新的景观,教育也面临着极大的挑战。信息技术不仅拓展了人类感知世界的范围,还触及、影响和改变着人类的思维方式与行为方式。随着互联网、大数据等技术应用的日益普及,人们的学习、生活和工作环境正发生着革命性改变。同样,信息时代的教育形态也在悄然改变,技术支撑的在线教育所特有的便捷与可选择性等特点正在挑战制度化、模式化的学校教育,逐步改变着学校教育生态。

(1) 学校环境的立体丰富

班级授课制以来的制度化学校教育,在知识发展和社会发展相对缓慢的时代能够教授人们足以胜任未来一生的知识技能,但现在面对知识的爆炸式增长和信息获取渠道的便捷与多元,以知识掌握和技能训练为取向的学校教育日益面临挑战。面对新技术的挑战,教育界在信息技术与学科教学整合方面做出了持续努力;但从实践应用上讲,当前信息技术与学科教学整合更多局限于课堂教学的教学技术与方法问题,即丰富与优化知识呈现方式,涉及教与学方式变革的应用还相对少见。如今,基于教育云服务的数字化教育资源日益丰富,为学校教育提供了广泛的应用可能。基于移动学习平台和移动教学平台的互联网+开放式全媒体学习环境,使智慧课堂(Smart Classroom)成为可能:不仅使师生可以即时获取丰富的线上线下学习资源,支持课堂内外的实时人际对话沟通,更支持即时获取、留存学习证据;从关注教转向关注学,关注学习者自身的个性化认知特质与学习方式,使课堂学习真正以学习者为中心;充分利用计算

---

① 祝智庭,魏非. 教育信息化2.0:智能教育启程,智慧教育领航[J]. 电化教育研究,2018(09):5-16.
② 雷朝滋. 教育信息化:从 1.0走向2.0——新时代我国教育信息化发展的走向与思路[J]. 华东师范大学学报(教育科学版),2018(1):98-103.

机图形、仿真、人工智能、感应等技术的虚拟现实(Virtual Reality，VR)技术、增强现实(Augmented Reality，AR)技术在课堂教学中的应用，不仅营造了一个个生动形象的模拟情境，更通过人机交互增进学生的直接"现场"体验，有助于学生的思维发展与深度理解，收到了丰富而有价值的学习效果。①

（2）学校功能的返璞归真

信息社会中，以人工智能为代表的信息技术的优势在于对海量数据的存储、选择、加工，能够帮助实现确定性知识与技能的学习与掌握，教师和学校教育能够突破原有教育内容和形式的桎梏，更趋回归到人的学习能力、情感品质、社会性发展等更为本源性的教育功能。大数据科学家舍恩伯格(Viktor Mayer-Schönberger)谈到学校功能的转变："未来的学校将不会完全变成在线的学校，必须要有线下的物理空间，但学校的功能不一样了，不再是接受内容的空间，学生可以在家里通过互动式的教学节目接受内容，学校变成社会性的场所，人们未来在学校里讨论的是学习中存在的一切疑惑和智能时代的教师角色困难，并分享学习带来的愉悦和享受。"② 以确定性知识技能的掌握效率为主要特色的工业化学校教育功能无法适应当今变动不居的信息化社会发展，学校教育必须回归人的知识、技能、价值观、品德、情感等整全发展的教育本质，在丰富科学的学习探究中、在多维互动的人际交往和社会实践中培育学生健全的情感心理，提升学生的学习能力、社会交往能力和实践创新能力。

（3）教师身份的多重定位

信息技术对教育的变革作用正在发生，而且将来速度还会更快。如今能够满足人们教育需求的"教师"不再是学校所独有，某种意义上，基于互联网和各种移动终端所提供的线上资源，可以交流的学习共同体等都具备了教师的功能，传统意义上传道、授业、解惑的教师角色亟需转变。研究者在分析了人工智能的基本原理和优势之后认为，未来教育将是教师与人工智能协作共存的时代，教师与人工智能将发挥各自优势，协同实现个性化的教育、包容的教育、终身的教育和公平的教育，促进人的全面发展。人工智能教师未来可以承担：可自动出题和自动批阅作业的助教；学生学习障碍自动诊断与反馈的分析师；测评问题解决能力并进行素质提升的教练；学生身心素质测评与改进的辅导员；反馈综合素质评价报告的班主任；个性化智能教学的指导顾问；学生成长发展的生涯规划师；精准教研中的互助同伴。③

2017年，BBC基于剑桥大学研究者依数据体系分析了365种职业在未来的"被淘汰概率"，认为教师是最难被人工智能取代的职业之一，并总结出难以被替代职业所需技能的共同特点：社交能力、协商能力，以及人情练达的艺术；同情心，以及对他人真心实意的扶助和关切；创意和审美。④ 基于人类在教育领域的核心价值和优势，2016年，美国颁布最新版的教师教育技术标准，认为教师是赋权增能的专业人士，是学习者、领

---

① 范国睿.智能时代的教师角色[J].教育探究,2018(4): 69-74.
② [英]维克托·迈尔-舍恩伯格,肯尼思·库克耶.与大数据同行:学习和教育的未来[M].赵中建,张燕南,译.上海:华东师范大学出版社,2014.
③ 余胜泉.人工智能教师的未来角色[J].开放教育研究,2018,24(01): 16-28.
④ 参阅Michael Oshorne和Carl Frey. http://www.sohu.com/a/201767524_731550.

导者、公民、协作者、设计者、促进者、分析师7种角色的集合。[①] 教师要学会利用富有智慧的信息技术支持学习和实践，促进智慧学习在学习者身上有效地发生，学校教师需要在智慧教育中体现思维教学设计师、创客教育教练员、学习数据分析师以及学习冰山潜航员等四种核心角色。[②] 对教师角色的理解虽然具体细节存在差异，但均表明信息技术的迅猛发展对教育尤其是教师角色的强大影响，教师必须重新调整身份与角色，才能胜任信息时代的教育职责。

基于此，教师职业不可替代的理想状态的实现需要教师角色的重新定位。在纷繁复杂的信息时代，教师的作用绝不仅是传授知识和技能指导，更重要的是通过情感的投入、思维的引导、观念的互动来带领学生学会学习、学会创造、学会做人、学会生活。同时教师需要将更多精力投放在富有创造性的工作方面，比如学生学习设计、经验反思与超越、情感关怀与涵育、学生个性化发展等。

（4）学生形象的重新构建

21世纪以来，全球众多国家都在通过制定教育政策、开展教育改革来回应社会急速发展所引发的挑战，关于学生核心素养的研究与实践的共同焦点。我国教育部组建专家团队，经过严谨系统的研究，在吸纳相关领域研究成果的基础上，基于我国社会、经济发展需求，围绕"打下中国根基、兼具国际视野"的人应具备何种素养的追问，提出了"21世纪核心素养5C模型"，包括文化理解与传承（Culture Competency）、审辩思维（Critical Thinking）、创新（Creativity）、沟通（Communication）、合作（Collaboration）。

表5-1 21世纪核心素养5C模型

| 一级维度 | 二级维度 |
|---|---|
| 文化理解与传承素养（Culture Competency） | 1. 文化理解 |
|  | 2. 文化认同 |
|  | 3. 文化践行 |
| 审辩思维素养（Critical Thinking） | 1. 质疑批判 |
|  | 2. 分析论证 |
|  | 3. 综合生成 |
|  | 4. 反思评估 |
| 创新素养（Creativity） | 1. 创新人格 |
|  | 2. 创新思维 |
|  | 3. 创新实践 |

---

[①] ISTE. ISTE Standards for Educators [EB/OL]. http://www.iste.org/standards/standards/for-educators.
[②] 祝智庭,魏非. 面向智慧教育的教师发展创新路径[J]. 中国教育学刊2017(9): 21-28.

续表

| 一级维度 | 二级维度 |
| --- | --- |
| 沟通素养<br>（Communication） | 1. 同理心 |
| | 2. 倾听理解 |
| | 3. 有效表达 |
| 合作素养<br>（Collaboration） | 1. 愿景认同 |
| | 2. 责任分担 |
| | 3. 协商共赢 |

五项素养既各有侧重，又相互紧密关联。其中，文化理解与传承素养是核心，为其他素养提供价值指引，包含的价值取向对所有行为都具有导向作用；审辩思维与创新更多地表现为认知能力，审辩强调理性、有条理、符合逻辑，创新强调突破边界、打破常规；沟通与团队合作侧重反映个体的社会技能，沟通强调尊重、理解、共情，合作强调在实现共同目标的前提下做必要的坚持与妥协。在变动不居的信息化社会中，学生核心素养的明晰构建为学校教育和教师教学指明了方向，但如何将抽象的学生核心素养落实在日常的教育教学行为中，还需要教师、研究者、行政力量共同开展持续的探索与实践。

**3. 教育信息化对教师专业化发展提出的新要求**

面对信息化的冲击和挑战，软硬件建设配备、资源建设、体系重构等都成为各国教育行动方略。无可否认的是，教师是教育体系中最为关键最为能动的因素，无论是为了应对社会变革的外在要求，还是适应教育形态变化的内生发展，教师都应该是实现教育目标的关键要素。信息化社会中，教师担负着帮助学生发展21世纪所需的核心素养的重要使命，教师的专业化发展也面临着新的挑战。在回应信息化对教师发展的挑战时，不少国家和地区都关注了信息化教育中教师发展及教师能力建设问题，我国也于2013年启动实施了为期五年的中小学教师信息技术应用能力提升工程，2019年4月又延续了该项工程，启动了全国中小学教师信息技术应用能力提升工程2.0。

（1）教师的信息化教学能力要求

日益便捷多元的适用信息技术成为破解教学难题的利器，一方面，科学技术已经改变了我们的教育环境，使教育活动发生的情境更为丰富、更为多元；另一方面，技术工具在"知化（Cognifying）"环境下越发具有智能化、个性化的特征，精准干预、个性化支持、差异化学习等成为可能。[①]因而，信息化时代教师的信息化教学能力在某种程度上也成为专业发展的关键所在。由美国密歇根州立大学学者米什拉（Mishra）和凯勒（Koehler）提出的TPACK理论是一种新型的教师知识框架，表达了对教师信息化教学所需知识基础的核心诉求，强调技术应当内化于教师自身的学科教学知识，而不能脱离其专业知识去孤立地培养和发展。

TPACK理论框架的提出，强化了超越"技术中心"整合、走向深度融合的教育立

---

① 祝智庭，魏非. 面向智慧教育的教师发展创新路径[J]. 中国教育学刊2017（9）：21-28.

场,从关注"技术本身"转向了关注基于技术应用的"课程整体",从单纯考察技术在教学过程中的应用,转向重视学科内容、教学法和技术之间的复杂动态关系。TPACK理论意味着信息技术的介入对学科课程具有全方位的渗透和深层次的影响。其一,强调信息技术知识与学科内容知识之间的紧密关联。正如Mishra所言,技术与知识之间的联系有很深的历史渊源,新技术的发展为学科提供了新式的、高效能的数据表征与操作方式,因而对学科自身的发展带来基础性的变革。信息技术的介入,驱使学校内几乎所有的课程目标和知识内容有必要发生相应的

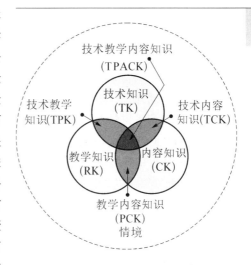

图 5-2

整合技术的学科教学知识 TPACK

改变,甚至重构。其二,注重技术、内容、方法三者之间双向、动态的交互。实际上,一种新技术的出现,往往会迫使教师去面对教育的根本问题,重建技术、内容和方法这三个要素之间的平衡。例如,当互联网和在线学习出现时,教师就必须重新思考如何在网络上表征学科内容,如何在技术环境下组织学生之间的互动教学。教学方法也可能会制约技术的设计与使用,比如教育游戏的设计就必须有别于商业游戏,在时间长度、复杂性、挑战性、社会交互、娱乐性等方面都有所调整和降低,使教育游戏能满足课堂教学和儿童学习的需要。由此可见,技术、学科内容、教学方法三个要素之间不是单向的关系,学科内容并不能单方面决定技术和教学法的使用,任何一个要素的改变,都需要其他两个要素发生相应的改变和进行"补偿"。[1]

TPACK的技术应用深度融合思想契合了我国教育信息化的发展方向与指导方针。《教育信息化十年发展规划(2011—2020年)》明确提出"深度融合,引领创新"的教育信息化核心指导思想,强调技术与教育的深度融合。深度融合,就不是在教与学的活动中简单加入技术元素或者机械肤浅地应用信息技术,而是更加体现在学科课程体系的内容和结构随着信息技术的加入而发生的悄然改变,更加强调信息技术、教学法知识与学科教学知识的融会贯通。在学科课堂教学中,应选择适当的学科工具,营造有利于开展真实性学习探究的信息化环境,帮助学生掌握学科核心知识、理解学科核心观念、形成学科思维与学科视野,从而发展学科核心素养。基于深度融合的方式发展教师的TPACK,完全可以达到Triple框架提出的测量信息技术与课程整合效果的三个标准——让学生更投入(Engage)、提升学习效益(Enhance)、扩展学习经验(Extend),[2]这是未来教师专业发展中的重要维度与方向。

(2)应用信息技术支持专业发展的要求

以互联网、移动通信、大数据以及人工智能等为标志的现代信息技术的快速发展对

---

[1] 张静,杨文正."技术中心"转向"技术设计":TPACK框架的教育意蕴反思[J].教育研究与实验,2015(1):36-40.
[2] Liz, Kolb. Triple-E Framework[EB/OL]. http://www.tripleeframework.com/index.html.转引自徐章韬,陈矛.指向深度融合:基于标准发展教师TPACK[J].教育发展研究2017(10):14-19.

于教师与学生的角色提出了新的要求,同时也极大地拓宽了学习通道,为教师实现自主高效的专业发展创造了条件。在变化已经成为常态的信息化时代,教师不仅不能满足于课堂管理者和教学组织者的传统定位,而且必须在持续的学习中不断提升自我才能更好地胜任。美国霍尔姆斯小组报告中强调,教师教育不是一个简单的一次性受时间约束的训练活动,而是一个终身的持续发展的教育过程。互联网+大数据+人工智能支持下的智慧学习可以针对所遇问题快速找到有效知识并加以组合,最终形成解决问题的方法,为教师的终身学习提供了极大的支持,是教师专业发展的有效途径。[①]

教师应能够依托物联网、云计算、大数据、移动通信等新一代信息技术构建的智慧学习环境,充分整合线上线下混合的多种路径,利用各种智能终端设备查询和获取大量优质学习资源,提升自主学习与终身学习能力,如智慧学习环境下获取优质资源、学习过程管理、与他人有效沟通协作、发现并创造性地解决问题等等。同时教师应能够利用信息技术优化课堂教学、促进学生学习方式的转变,包括管理和加工数字教育资源、开展信息化教学过程设计、在真实的课堂教学过程中利用信息技术开展教学过程追踪、数据分析、教学评价与干预等。

教师可以充分利用网络环境,自主构建和管理个人学习空间,并在多种智能化工具支持的环境中,与教师同行、教育专家、学校领导、科研人员等组建具有共同目标愿景、强烈学习意愿的学习共同体。智慧学习共同体的成员对彼此有较强的认同感和归属感,成员之间可以相互对话、交流与合作,可以共同制订目标,一起完成任务,也可以在学习过程中分享自己的经验、思想和资源等,这样既能够促进每个教师的专业发展,也能够实现教师整个团体的专业发展。新时代核心素养教育背景下,跨学科素养和跨学科学习日益受到关注,对教师自身的学科知识提出更高的要求。教师智慧学习共同体汇聚了具有多元文化背景、多元学科领域和多元生活体验的教师群体,由跨界所形成的"空间",常常是新思想、新技术得以创生的土壤,它所引发的边界交融、多元汇聚和认知重组,可能引发人们行为系统的深刻变革。[②] 在智慧学习环境和智慧学习共同体中,教师可以与不同学科背景的共同体成员交流学习,拓展自己的学科视域,丰富自己的思维认知,提升自己的专业素养。

### 4. 世界各国的行动实践

自20世纪90年代全球信息网的形成,信息化极大地推动了人类社会生活方式、生产结构以及劳动关系的变革,可以说信息化是人类的第二次进化。在教育领域,信息化给教育注入了新的生机和活力,信息技术对课堂教学的深层次变革作用日益凸显,信息化的重要意义已经得到了世界各国的普遍共识,并开展了大量实践。

美国属于出台教育信息化政策较早的国家之一,1996年克林顿政府发表了年度国情咨文,把发展以计算机为中心的现代教育技术作为迎接信息社会对于教育挑战的重要举措之一。截止2008年秋季,美国所有公立学校已经接入宽带,69%的学校有无线网络。教师信息技术应用能力是教育信息化建设中的重要部分,早在1993年,国际教

---

① 韩吉珍. 智慧学习:教师专业发展的新路径[J]. 中国教育学刊,2018(8):84-88.
② TSUI AMY B M, LAW DORIS Y K. Learning as boundary-crossing In school-university partnership [J].Teaching and Teacher Education, 2007(23): 1289-1301. 转引自韩吉珍. 智慧学习:教师专业发展的新路径[J]. 中国教育学刊,2018(8):84-88.

育技术协会(简称ISTE)就出台了针对教师的技术标准,阐释了教师在教学中有效运用计算机和其他电子设备所必须具备的技能和知识,并在1997年、2000年、2008年以及2017年持续更新了该标准。美国国家教育认证委员会(NCATE)将这个标准作为审核教师认证、培训相关项目的依据。

在1995年《芬兰国家策略》发布前以及实行过程中,芬兰政府为了帮助学校购买ICT设备以及资助教师教育,拨给学校、大学和职业学院大量的资金。芬兰议会中的为了未来委员会(Committee for the Future)采纳"教学和学习中的信息和通信技术"作为其评估项目之一,并要求芬兰国家研究发展基金会执行。[①]利用ICT技术来提高教师的教学素养、教学技能,并推动ICT与教学实践结合,是芬兰文教部工作的重中之重。而这些重点工作正通过一组规模庞大、稳步推进的计划在实施。此外,芬兰文教部每年投入610万美元,支持改进教学环境的项目,其中包括ICT技术的应用。[②]

韩国将教育信息化作为一项国家战略来推进,在不同时期针对教师ICT能力设计和实施了不同的课程内容和机制。OECD主持的"成人技能调查"的跨国研究报告指出,韩国中小学教师掌握ICT和问题解决能力的人数,要比其他接受高等教育的成年人数多出40%。[③]1972年,韩国首次在一所职业高中举办教师计算机培训课程,开启了教育部对教师的计算机操作能力进行全面培训的工作。韩国政府在2011年出台了《智慧教育推进战略》,对教师能力提出了新要求,即"为了增强21世纪学生的核心竞争力,并有效实施未来创新教育所必需的基本能力"。[④]

2015年5月在中国青岛举办了首届联合国教科文组织国际教育信息化大会,达成了首个以国际教育信息化为主题的全球性宣言——《青岛宣言》。《青岛宣言》以"抓住数字化机遇、引领教育转型"为标题,内容包括开放教育资源与解决方案、优质学习、终身学习途径、在线学习创新、在线学习的质量保证和认可、监督与评估、责任感与合作伙伴关系等,[⑤]反映了各国利用信息技术促进教育发展的决心与策略,同时为世界各国的教育信息化建设提供了行动指南,也充分彰显世界各国在推进教育信息化方面加强国际合作的初衷。

## (二)当代教师应有的信息素养

### 1. 教师应该具备的信息素养

信息素养(Information Literacy),最早是由美国信息产业协会主席保罗·车可斯基(Paul Zurkowski)于1974年提出来的,他把信息素养定义为"利用大量的信息工具及主要信息源使问题得到解答的技术和技能",后来又将其解释为"人们在解答问题时利用

---

[①] 陈杰苗. 芬兰、新西兰和爱尔兰教育信息化政策演变及启示[J]. 中国教育信息化,2017(03): 9-12.
[②] 王俊烽. 芬兰教育信息化概览[J]. 世界教育信息,2012(07): 32-35.
[③] OECD. Teachers' ICT and Problem-solving Skills: Competencies and Needs[J]. Education Indicators in Focus, 2016, (40): 1-4.
[④] Heo, H., Kim, H., Lee, H. W. and Lim, K. Y. The Development of an Assessment Instrument for Teacher Competency in SMART Education and Analysis of Satisfaction on Teacher Training Programs [DB/OL]. http://www.keris.or.kr/upload/board01/1366090928930_419398146.pdf. 2018-04-25.
[⑤] 黄荣怀,张进宝,经倩霞,刘晓琳. 面向2030教育发展议程的全球教育信息化发展战略——解读《青岛宣言》教育目标行动框架[J]. 开放教育研究,2016,22(01): 37-42.

信息的技术和技能"。1987年，信息学专家帕特·里亚·布雷维克（Pat rieia Breivik）将信息素养概括为一种了解提供信息的系统并能鉴别信息的价值、选择获取信息的最佳渠道、掌握获取和存储信息的基本技能，如数据库、电子表格软件、文字处理等技能。联合国教科文组织（UNESCO）认为，信息素养是一种能力，它能够确定、查找、评估、组织和有效地生产、使用和交流信息，并解决面临的问题。尽管观点各有侧重，但为我们全面理解信息素养的内涵与指向提供了广阔的视角，总体说来，信息素养是一个综合性概念，它不仅包括信息工具和信息资源的鉴别、选择、应用能力，还包括应用信息解决问题的能力。

桑国元等认为，教师的信息素养和能力是信息技术与教育融合的关键，也是"互联网+"时代一个很重要的因素，包括了教师的基本信息素养、教师关于信息化环境下学生学习和发展的信念、教师关于信息技术的态度与信念、教师整合技术的学科教学知识等。① 教师信息素养的终极体现并非一定是在纯粹意义上的信息技术与课程整合，而应从更广义的角度来理解"整合"——即创造性地以多种方式活用信息于各种类型的课堂教学之中，在教育教学中不断有所创新。② 郭红霞认为，一个具有信息素养的教师，能够在教育教学过程中，检索/获取、分析/生成、接受/存储、消费/使用和生产/创造信息，并因此提升自身的专业能力。③ 刘鹏认为，师范生的信息素养，就是指师范院校的学生根据社会信息环境和教育发展的要求，在接受学校教育和自我提高过程中逐步形成的对待信息活动的态度以及利用信息和信息手段去解决问题、创新信息的能力，具体而言应包括信息知识、信息能力、信息意识、信息态度和信息道德等各个层面。④⑤

结合当前教育环境的特征以及未来教育改革的需求，我们认为，教师的信息素养主要由信息意识、信息道德、信息知识以及信息能力四个部分构成：

（1）信息意识。对信息以及信息在个人发展和教育教学中的作用和价值有准确的认识；保持对信息的敏感度和持久的注意力，掌握信息鉴别的能力，并在复杂的信息环境中具备独立的价值判断。

（2）信息道德。尊重知识产权、合理合法地使用信息资源和工具，同时保护个人隐私。

（3）信息知识。与信息、信息应用以及教育教学问题解决等有关的理论、知识和方法。

（4）信息能力。获取信息、加工处理信息以及创造新信息的能力；利用信息工具和信息资源解决教育教学问题的能力；利用信息工具和信息资源促进个人专业发展的能力。

信息素养与技术素养、数据素养、信息技术应用能力都是相邻概念，但在内涵、范畴以及指向均有不同。

---

① 桑国元，董艳. 论"互联网+"时代教师信息素养内涵演进及其提升策略[J]. 电化教育研究，2016（11）：108-112.
② 谢安邦. 教师教育信息化与教师信息素养的提升[J]. 教师教育研究，2004（05）：8-12.
③ 郭红霞. 信息素养促进教师专业能力发展的内在机制及其养成[J]. 中国电化教育，2012（05）：58-61.
④ 刘鹏. 试论师范生信息素养教育的若干问题[J]. 电化教育研究，2001（10）：55-58,63.
⑤ 庄榕霞. 以全面、发展、动态的眼光看待信息素养教育——浅谈师范生信息素养教育中的几个问题[J]. 中国电化教育，2004（06）：24-27.

技术素养是指对科学和技术进行评价和作出相应决定所必需的基本知识和能力。它是一种对科学方法评价的强有力的认知方式,是区分科学和技术并觉察它们之间联系的能力。可见,技术素养与信息素养有部分重合,即计算机技术素养,但又各有侧重。①

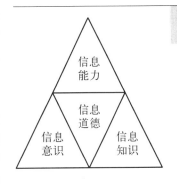

图 5-3

教师信息素养的构成

随着大数据时代的到来,教育教学方式的转变以及教师专业发展都面临了新的挑战和机遇。大数据的使用能够使教育教学过程中的许多问题得到有效解决,如提升管理水平、优化教学过程与教学方法、为学习者提供个性化的学业指导等,使得教师的教育教学行为能够从"基于经验的范式"逐步优化为"基于数据的范式"。因而,教师的数据素养(Data Literacy)逐步受到人们的关注。教师的数据素养是指在数据的认知、采集、管理、处理、分析、共享和创新等方面的能力,以及在数据使用过程中所遵守的道德与行为规范。因而,我们可以认为,数据素养是信息素养的一个非常重要的组成部分。

信息技术应用能力是信息化社会教师必备的专业能力,即中小学教师运用信息技术改进其工作效能、促进学生学习成效与能力发展,以及支持其自身持续发展的专业能力。②教师信息技术应用能力的指向是使教师在教学活动中有效地应用信息技术,解决教学问题,提升学生的学习质量。③据此,我们认为,对教师而言,信息技术应用能力是信息能力的一部分,侧重于在真实教育教学情景中应用信息解决问题、优化与改进教学的能力。

**2. 教师的信息素养对于教师专业化发展的意义**

教师专业化,是指教师在整个专业生涯中,依托专业组织,通过终身专业训练,习得教育专业知识技能,实施专业自主,表现专业道德,逐步提高自身从教素质,成为一个良好的教育专业工作者的成长过程。教师的专业化包含三个方面:专业精神、专业素养和专业技能。专业精神指作为教师应有的事业心和责任感;专业素养包括学科知识素养和教育学、心理学素养;专业技能指教书育人的技能和技巧。教师职业专业化的实现是社会发展的必然趋势。由于教育信息化作为教育系统性变革的内生变量,支撑引领教育现代化发展,推动教育理念更新、模式变革、体系重构,因而,信息素养既是教师专业素养的重要组成部分,也是促进教师专业能力发展的重要动力因素。良好的信息素养对教师专业化发展起着重要的作用,具体表现在以下四个方面:

(1) 信息素养是教师专业化发展的动力。教师专业化发展是教师出于自身需要,自觉主动地应对信息时代教学思想、教学内容和教育模式变化的行动。具备良好信息素养的教师能够有意识地吸收和应用先进的教育理念,自觉地根据环境变化作出应对和调整,不断提高自身的专业素养和专业技能。可以说,主动发展是信息时代教师专业发展的策略。

(2) 信息素养促进教师教育科研能力的提高。教师的科研过程,本质上就是对教

---

① 张倩苇. 信息素养与信息素养教育[J]. 电化教育研究,2001(02): 9-14.
② 祝智庭,闫寒冰.《中小学教师信息技术应用能力标准(试行)》解读[J]. 电化教育研究,2015(09): 5-10.
③ 郭绍青.《中小学教师信息技术应用能力培训课程标准(试行)》解读[J]. 电化教育研究,2015(09): 11-15.

育实践的反思和批判,这个过程也是教师不断发展的过程。事实证明,立足教育教学实践开展教育科研是教师专业发展的有效途径。以多媒体计算机和网络通信技术等现代信息技术为基础的现代教育技术为教师创设了良好的科研氛围。具备良好信息素养的教师能够充分利用课题资源、技术工具和策略方法,开展教学科研,提高自己的专业水平。

（3）信息素养提高教师的信息化教学能力。将信息技术与教学理念整合应用的信息化教学能力,是体现信息化时代新型教师独特性的核心专业素养。如前所述,教师的信息技术应用能力是其信息素养的重要组成部分,因而,良好的信息素养有助于扩大教师信息技术视野,提升教师在教育教学中应用技术的能力。

（4）信息素养丰富教师专业发展的途径。信息技术的发展为教师专业发展提供了丰富的途径,例如,教师可以便捷地从互联网上获得资源、课程以及书籍等；教师可以持续跟踪主题资源网站,与学科和专业发展保持同步；加入网络社群,与同行们进行广泛沟通,获得专业上的支持和共享；可以利用社会化软件记录教育教学中的所见、所闻、所思和所感,持续开展教学反思。

教师专业发展是教师个体社会化的重要内容,也是各国促进教育改革的重要举措。虽然,影响教师专业发展的还有其他诸如社会因素、学校因素以及个人因素等方面,但我们应该清醒地认识到信息素养的提高对教师专业化发展的重要作用,每一位教师都应当通过不断学习,积极主动地利用教育信息化条件和资源,提高自己的信息素养。

## 二、教师应该掌握的信息化教学能力

教育信息化是一个动态的历史进程,是一个信息技术与教育教学不断融合发展的过程。[1] 随着教育信息化的发展,如何充分利用信息技术提升教学质量、促进教学变革也被提到国家日程。教师作为教育教学的主体,必然需要具备相应的能力和素养。

教育部早在2005年4月就全面启动了全国中小学教师教育技术能力培训工作。十多年来,国家投入了大量的人力、物力进行中小学教师教育技术能力培训,在这个过程中,取得了很多成绩,也存在一些困惑。比如：培训中教师激情澎湃,学习劲头十足,实践应用也乐于尝试；然而,回到实际工作中,却未能像预期的那样应用所学的知识与技能改善日常教学；[2] 即使在教学过程中应用了信息技术,很多时候也是停留在形式上,或者仅依赖其交流、展示功能,比如运用PPT和投影代替板书,用QQ群或微信群布置作业代替学生自己记录作业等,并没有让信息技术真正走进教学,进而改变教学方式和学习方式。为什么会如此呢？从信息技术与教育教学融合发展过程的四阶段理论来讲,信息技术融入教育教学是一个由"起步"到"应用"、到"整合"、再到"创新"[3] 的渐

---

[1] 杨宗凯,杨浩,吴砥. 论信息技术与当代教育的深度融合[J]. 教育研究,2014(4): 88-95.
[2] 左明章,卢强,雷励华. 困惑与突破：区域教师信息化教学能力培训实践研究[J]. 中国电化教育,2016(5).
[3] Zhou Nanzhao, etc. Regional Guidelines for Teacher Development for Pedagogy-Technology Integration[M]. Bangkok: UNESCO Asia and Pacific Regional Bureau for Education. Thailand, 2004.

次发展的过程。"起步"阶段，信息技术只是课堂教学的一种辅助；到了"应用"阶段，信息技术才逐渐在教育教学中得以应用，但还会面临基础设施、资源难以满足需要的障碍；[1]真正到了"整合"阶段，信息技术才会全面促进教师专业能力发展和教学方法创新，最终实现教学模式变革和学校、教育机构等的重构，即"创新"阶段。由此可见，在信息技术与教育教学融合的不同阶段，对教师的教育技术能力与素养的要求也不一样。"起步"阶段，教师只需要了解并掌握信息技术工具有哪些功能，能起什么作用；到了"应用""整合"和"创新"阶段，教师不仅需要掌握信息技术的功能、作用，还需要理解并掌握为什么要在教育教学中应用、如何应用、如何才能用得更有效益、更有新意，甚至需要教师具备运用信息技术革新教学方式、变革教学模式、重构教学流程的能力。[2]

教学是一种复杂的、多因素的、人与人互动的社会活动。如果从信息技术应用的角度看待教学，就会产生一种现象或活动——信息化教学。[3]信息化教学不仅为教育教学提供了新的方式，也对教师的能力提出了新的要求——信息化教学能力，该能力是指在真实的教学情境下，教师基于个体对教育教学的认识和理解，合理地运用信息技术手段转化学科知识，设计、组织并实施教学，促进学生有效学习所需的知识和能力的综合体，是信息化环境下教师顺利开展教学的前提和保障。[4]

新时代下，教师应该具备如下5种信息化教学能力：

（1）现代教育媒体运用能力。教育媒体是在教育过程中携带和传递教育信息的物质载体和工具。教育媒体的运用能力包括：硬件的操作能力，如多媒体计算机、电子白板的操作及操作过程中相应功能设置等；教学软件的操作能力，如Office软件的使用、多媒体课件的制作和应用、音频和视频文件的编辑与处理、图像的处理、思维导图的制作和应用等；基于网络的操作能力，如数字化教学资源的收集和管理、在线协作学习平台的使用、移动互联技术支持下的交流与协作、问卷调查的编辑等。

（2）信息技术与学科整合的能力。信息技术与课程整合是指将信息技术有机地融合在各学科教学过程中，使信息技术与课程结构、课程内容、课程资源以及课程实施等融合为一体，成为与课程内容和课程实施高度和谐的有机组成部分，以便更好地完成课程目标，并提高学生的信息获取、分析、加工、交流、创新、利用的能力，培养协作意识，促使学生掌握在信息社会中的思维方法和解决问题的方法。

（3）信息化教学设计的能力。信息技术进入到教学中，使得教学设计必须也随之变化，教学设计必须考虑到信息技术在教学中的应用。多媒体和网络教学不断地深入，使学习过程呈现出非线性的特性，优秀的信息化教学设计显得尤其重要。信息化教学设计的能力与普通的教学设计不同的是，需要将信息技术的运用也考虑到教学过程中，而且为了更好地提升信息技术的促进作用，学科教师应该掌握将信息技术与课程整合的技能。

---

[1] 杨宗凯,杨浩,吴砥.论信息技术与当代教育的深度融合[J].教育研究,2014(4):88-95.
[2] 左明章,卢强,雷励华.困惑与突破：区域教师信息化教学能力培训实践研究[J].中国电化教育,2016(5).
[3] 南国农.信息化教育概论[M].北京:高等教育出版社,2004:58.
[4] 左明章,卢强,雷励华.困惑与突破：区域教师信息化教学能力培训实践研究[J].中国电化教育,2016(5).

(4)信息化教学管理的能力。教师应该掌握管理学的基本理论和方法,能够对教学资源、教学方法、教学过程、教学媒体等进行有效管理,为资源的共享及自主学习、合作学习、探究学习、教学评价提供技术支持。教师要能熟练应用信息技术手段,正确获取并利用所需的知识技能,指导学生开展相应的教学活动,促进学生之间相互交流、推进教学进程、完成教学反思,以更好地提高教学绩效。

(5)信息化教学评价的能力。在教学评价中,采用多种评价方法对学生的学习掌握情况进行有效的评价。运用形成性评价与总结性评价相结合、学生互评与自主评价相结合、进行动态的评价等评价方法综合评价学生。在信息化教学评价中,教师要学会使用多种教学评价技能,如过程性评价、绩效评价、成长记录、电子档案袋评价、在线考试与测评等。多种信息化教学评价方法使教师能利用技术手段来收集数据以改进教学实践,促进学生学习的最优化。

### (一)中小学教师信息技术应用能力标准

教育信息化是促进教育公平、深化教育改革、提高教育质量的重要手段。教师作为教育教学的组织者和引导者,是推动教育信息化的中坚力量,其信息化教学能力水平对优化课堂教学、转变学生学习方式具有重大影响,信息化教学能力是教师必须掌握的核心技能之一。为了明确衡量教师信息技术应用的能力水平,对教师未来信息技术能力提升方向和培训实施提供测评依据,为培训课程的开发和选用提供指导思路,[①]2014年5月27日,教育部颁布了《中小学教师信息技术应用能力标准(试行)》(以下简称《能力标准》)。《能力标准》从"应用信息技术优化课堂教学""应用信息技术转变学习方式"

---

**拓展阅读 5-1**

### 《能力标准》的三项定位原则[②]

1. 聚焦专项:在《能力标准》中,中小学教师的信息技术应用能力定义为"中小学教师运用信息技术改进其工作效能、促进学生学习成效与能力发展,以及支持其自身持续发展的专业能力",将它作为"教师专业能力"子集的范畴,界定更加清楚。

2. 面向应用:标准既要考虑到教育信息化发展远景,也要考虑我国教育信息化的发展现状,要有适合国情的立意和价值取向。《能力标准》的研制立意于充分利用信息技术优化课堂教学、转变学习方式,以支持优质、创新的课堂实践与个性、灵活的学生学习为价值取向。除了标准中的条目充分考虑到应用指向,在维度设计上,也特别关注了有助于教师应用的实践线索。《能力标准》从技术素养、计划与准备、组织与管理、评估与诊断、学习与发展等五个维度展开,其中的计划与准备、组织与管理、评估与诊断和与教师的备课、上课与评价等教育教学的实践线索相吻合,便于教师理解与应用。

---

① 祝智庭,闫寒冰.《中小学教师信息技术应用能力标准(试行)》解读[J].电化教育研究,2015(09):5-10.
② 祝智庭,闫寒冰.《中小学教师信息技术应用能力标准(试行)》解读[J].电化教育研究,2015(09):5-10.

> 3. 关注差异:《能力标准》根据我国中小学校信息技术实际条件的不同、师生信息技术应用情境的差异,对中小学教师在教育教学和专业发展中应用信息技术的能力提出了基本要求和发展性要求。其中,应用信息技术优化课堂教学的能力为基本要求,主要包括教师利用信息技术进行讲解、启发、示范、指导、评价等教学活动应具备的能力;应用信息技术转变学习方式的能力为发展性要求,主要针对教师在学生具备网络学习环境或相应设备的条件下,利用信息技术支持学生开展自主、合作、探究等学习活动所应具有的能力。
>
> 《能力标准》具体内容请扫描二维码。

中小学教师信息技术应用能力标准（试行）

和"应用信息技术支持教师专业发展"三个维度规范了中小学教师在教育教学中应用信息技术的准则。其中,前两者聚焦于信息化课堂教学,是对信息化教学环境下教师进行课堂教学所需能力提出的要求。

### （二）信息技术与课程整合

#### 1. 信息技术与课程整合的落脚点应是学生的全面发展和能力的提高

信息技术与课程整合不是对技术与学科课程的罗列和叠加,而是将信息技术与学科课程互相渗透,最终成为一个有机整体,实现教学各因素、功能、目的的自然过渡,从而促进学科课程在各个层面乃至课程整体上的变革。信息技术介入到学科课程的教学过程中,应是作为手段而非目的;整个教学系统所包括的教学方式、教学结构、教学模式都要随之调整,整合的落脚点应是学生的全面发展和能力的提高。

#### 2. 实施信息技术与课程整合的途径方法

在对信息技术与课程整合的落脚点有了正确的理解之后,就能顺理成章地找到调整教学结构、改变教学模式的应对举措,也就是实施"信息技术与课程整合"的途径方法。①

（1）深刻认识课堂教学结构变革的具体内容②

课堂教学结构是教学系统四个要素(教师、学生、教学内容、教学媒体)相互联系、相互作用的具体体现,教学结构的变革要落实到课堂教学系统四个要素地位和作用的改变上,即教师要由课堂教学的主宰者和知识的灌输者,转变为课堂教学的组织者、指导者,转变为学生自主建构意义的帮助者、促进者,转变为学生良好情操的培育者;学生要由知识灌输的对象和外部刺激的被动接受者,转变为信息加工的主体、知识意义的主动建构者,以及情感体验与内化的主体;教学内容要由只是依赖一本教材,转变为以教材为主并有丰富的信息化教学资源相配合;教学媒体要由只是辅助教师突破重点、难点的形象化教学工具,转变为既能辅助教师的"教",又能促进学生自主地"学",从而使学习者得到更丰富、有效的认知探究工具、协作交流工具及情感体验与内化工具的支持。

---

① 何克抗. 如何实现信息技术与学科教学的"深度融合"[J]. 教育研究,2017(10).
② 何克抗. 如何实现信息技术与学科教学的"深度融合"[J]. 教育研究,2017(10).

(2) 实施能有效变革传统课堂教学结构的创新"教学模式"[①]

要想将"课堂教学结构变革"这一目标真正落到实处,只有通过任课教师在课堂教学中设计并实施有效的教学模式才有可能;为此,应在不同学科中采用能实现课堂教学结构变革的创新"教学模式",包括基于项目的学习、基于主题探究活动的学习、基于翻转课堂的混合学习、基于资源的学习等。以翻转课堂为例,如果能真正比较全面、深入地来观察翻转课堂的作用与效果,就会发现,事实上,"翻转课堂"同时关注课堂教学系统的四个要素,并力图实现课堂教学系统四个要素地位与作用的改变。

(3) 组织和开发相关学科的丰富资源

要根本改变传统的课堂教学结构,除了需要有效的教学模式以外,还应组合和开发出相关学科的丰富学习资源,以作为学生自主学习、自主探究的认知工具、协作交流工具以及情感体验与内化的工具。对于教师而言,即使在信息化背景下,课堂仍然是教学活动的主要场所,只有把教学资源以信息的形式整合进课堂教学中,才能有效地促进学生的学习,提高教学效率。课堂教学可分为课前、课中和课后。课前,教师主要的工作是备课,这时教学资源可以是素材类资源,例如文本、图形、图像、音频、视频、动画、课件等;课中,教学主要是师生互动的阶段,这时的教学资源可以是支持课堂多媒体演示的软件如PPT等,支持教学互动的网络学习平台如UMU等,还可以是辅助教学过程中的评价工具如概念图等;课后阶段,教师的主要工作是评价,所使用的资源可以是测验学生的试题库,进行教师个人知识管理的工具软件如思维导图、云笔记等。

对学生而言,学习的范围也发生了巨大的变化。为了支持学生多样的学习方式,教学资源也变得丰富起来。这些资源以学生的学习活动为中心,可以是与教材相联系的虚拟学习社区、开展研究性学习的专题网站,甚至是一些教育游戏和移动APP。因此在课堂之外,教师可以利用网络等更有针对性的方式对资源进行组织。例如,建立专题资源网站,针对某一主题提供各种探究活动、学习资源,并建立讨论组供学生进行网上的交流讨论,为开展研究性学习提供丰富的学习资源。也可以使用虚拟社区资源库,它允许教师将教学资源分为不同的板块,而学生在对相应资源进行学习的时候也能同时创造自己的资源,可以让学生在这样的活动中将零散的内容整合起来,形成特定的资源体系。

**3. 常用的信息化教学模式**

教学模式是开展教学活动的一套方法论体系,是基于一定教学理论而建立起来的较稳定的教学活动的框架和程序。教学模式是教学理论的具体化,同时又直接面向和指导教学的实践,具有可操作性,它是教学理论与教学实践之间的桥梁。信息技术与课程整合的模式是在一般教学模式基础上根据整合的要求而构建的。

信息技术与课程整合是信息化社会对教育提出的要求。作为教学活动的组织者和设计者,应该明确在教学过程中如何根据教学内容选择所需要的整合模式。因此,教师需要了解一些常用的整合模式:

(1) 基于项目的学习

基于项目的学习(Project-based Learning,简称PBL)是指"学生通过完成与真实生活密切相关的项目进行学习,是一种充分选择和利用最优化的资源,在实践体验、内心

---

[①] 何克抗. 如何实现信息技术与学科教学的"深度融合"[J]. 教育研究,2017(10).

吸收、探索创新中获得较为完整而具体的知识，形成专门的技能并获得发展的实践活动"。项目学习是一套从学生已有经验出发，在复杂、真实的生活情景中引导学生自主地进行问题分析与探究，通过制作作品来完成自己知识意义建构的教学模式。项目学习属于研究性学习的范畴，注重培养学生发现问题、分析问题、进而解决问题的能力，但较之于研究性学习，项目学习更强调来源于真实情景中的任务，更注重学生实际动手能力和团队合作精神，更具有实践性和操作性。

PBL作为一种新型的教学模式，具有以下特点：

① 主题明确。一个项目需要有一个明确特定的主题，学生围绕该主题展开实践探究，在活动中建构起新的知识体系，掌握一定的技能。

② 情境真实而具体。按学习的需求立项，一般取材于生活，学习者面对的是真实而具体的问题，且往往需要在活动结束之际产生一个或一系列作品。

③ 内容上体现综合性。项目学习需要综合利用多方面的知识和技能来解决项目中的问题和任务。在某些项目中还需要用到多门学科或多个领域的知识和技能。

④ 学习方式多样化且强调协作。项目学习往往需要通过实践体验、学习书本知识、考察调研等多种途径来完成，同时过程中强调同伴之间、与教师或其他人之间的合作努力。

⑤ 学习手段数字化、网络化。项目学习可以充分利用多媒体和网络等信息技术进行学习，且支持学生使用各种数字化的认知工具和信息资源来陈述他们的观点。

（2）基于主题探究活动的学习

基于主题探究活动的学习属于项目学习的一种，它的设计环节比较清晰，有一定的难度，但又可以把握，并特别提倡设计中的创意，对于准教师来讲，具有较强的适应性和可操作性，可以帮助准教师全面体验富于创新的信息化教学设计过程，掌握各个环节的设计要领。

在主题探究活动中，教学用时比较灵活，包含短期和长期两种形式。短期的主题探究活动是为某个主题而设计的，可以是1到2个课时，重在引导学习者运用相关学科知识解决现实世界的问题；长期的主题探究活动可能持续一周到一个月，甚至更长时间，其目的在于巩固和扩展学习者所掌握的知识，激发学习者高水平的思考活动，进而产生独创性的观点，长期性的主题探究活动通常需要用到多个学科的知识和技能。一般而言，一个主题探究活动教学设计包括导言、任务、资源、过程描述、学习建议、评价和总结七个部分，其中"过程描述"和"学习建议"两个部分常常合并，称为"过程"或"过程描述"。各部分的设计要点如下：

---

**拓展阅读 5-2**

### 探究活动主题

1. 导言

在这一部分中，教师可以向学生们简要介绍此主题探究活动主题的大致情况，以进行先期的组织和概述工作。

2. 任务

对于学生们要做的事情的描述。在大部分情况下，主题探究活动中的任

> 务会以产品或绩效的形式出现。
> 3. 资源
> 完成任务所使用的资源列表以及资源的简单描述。
> 4. 过程描述
> 描述学习者完成任务应遵循的步骤、思考或讨论的方向等学习建议,目的是为学习者搭建完成任务的"学习支架"。
> 5. 学习建议
> 指导学习者如何完成任务。在此处,教师为学生提供一些学习支持,如建议、问题、图表等,以帮助他们组织、综合和分析所收集到的信息,获得问题解决的策略等。
> 6. 评价
> 通过评价量表来展示如何评价学生学习的最终成果,帮助学生对自己的学习进行评价和反思。
> 7. 总结
> 对于将要完成或学习事物的简要总结。

(3) 基于资源的学习

基于资源的学习(Resources-Based Learning,简称RBL)就是要求学生利用各类资源进行自学,由教师提供最初的目标,驱动学生积极地去寻找信息从而成为问题的真正解决者。基于资源的学习一般基于"个性化学习"的需求,集中表现在以下两个方面:一是如何根据学生不同的学习风格、认知风格为其提供不同形态的学习资源;二是如何为不同学生提供不同的学习内容。近年来,随着人工智能、大数据等技术的逐渐成熟,基于大数据的个性化推送方式能够利用学习行为数据,挖掘隐藏在数据背后的一些学习规律和学习模式,利用数据的相关性实现个性化推送。

(4) 基于翻转课堂的混合学习

随着信息技术手段的不断丰富以及互联网教学环境的优化,翻转课堂已经逐步演变成为一种基于混合式学习理念、以微课为基础构成的新型教学模式。在这种教学模式下,教师不再占用课堂的时间来讲授知识,这些知识需要学生在课前通过看微课、课件等资源来完成自主学习。课堂有限的时间更多用于师生之间、生生之间的提问和答疑、讨论和交流,进而帮助学生对教学内容获得更高层次的理解。[1]

① 翻转课堂学习序列。

翻转课堂的学习结构以课前、课中为分界,归纳为如下学习序列(见图5-4):[2]观看教师讲课视频、完成针对性的练习(课前);快速少量的测评、解决问题促进学习、情况简述/反馈(课中)。该学习序列简要地描述了实施翻转课堂的主要环节。当然,翻转课堂所使用的教学媒体不仅限于教学视频,课前除了学生应用微课开展自

---

[1] 秦志永,卢文青. 微课时代信息技术与翻转课堂深度融合的实践思考. [J]. 教育理论与实践 2018(23).
[2] Robert Talbert. Inverting the Linear Algebra Classroom. (2011-09-11). http://prezi.com/dz0rbkpy6tam/inverting-the-linear-algebra-classroom.

主学习外，教师制作的其他资料、互动电子教材等都可成为学生的学习资源。同时不同学校在实践翻转课堂时也展现出不同的应用模式，如艾尔蒙湖小学的模式为：课前学生观看10—15分钟的教学视频，并通过"魔灯"（Moodle）平台完成一些理解性问题；课中教师根据学生回答情况组织活动，开展基于Moodle平台的协作学习。又如，课前学生在家观看视频，并记下所遇问题；课中，教师集中讲解共性问题，辅导学生练习并及时反馈。

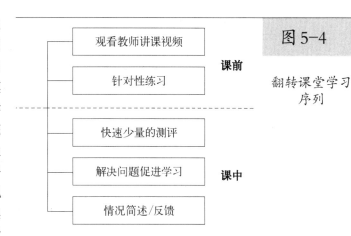

图 5-4 翻转课堂学习序列

② 翻转课堂的关键要素。

通过上面翻转课堂的学习结构可以发现，翻转课堂的有效性依赖于一系列的准备：便捷的学习平台设计、优质的微课程开发、导学案中启发式问题设计、针对性的在线测练、课堂活动设计、多样性的学习评价、个性化学习干预等。除了对技术条件的要求外，翻转课堂特别对教师的信息化教学能力和学生的信息化学习素养提出新的要求。实施翻转课堂的关键因素可以归纳为：教师角色、教学视频、个性化协作式学习环境的构建及课堂活动设计。[①]

*教师角色*

在翻转课堂的实施中，教师需要向学生提供优质的微课程或其他学习资源，为学生设计启发式问题和有针对性的练习，在上课前整理学生课前学习产生的疑问，精心设计课堂活动以促成问题解决，对学生学习的薄弱环节进行及时的补救……课堂的翻转把教师从知识讲授过程中解放出来，却相应地承担着更大的责任，也因此能最大限度地发挥教师的能力与才华。

*教学视频*

目前在翻转课堂中应用最多的是微课程，教学视频是否能帮助学生高效完成知识的学习、启发学生思考，对后续课堂中知识的内化起着至关重要的作用。因此如何设计高质量的微课程，深入浅出地把知识点讲透，是实施翻转课堂的关键。林地公园高中的两位化学教师乔纳森·伯格曼（Jonathan Bergmann）和亚伦·萨姆斯（Aaron Sams）根据实践翻转课堂的多年经验对如何创建受学生欢迎的教学视频给出了建议：视频短小，声音生动有活力，与另外一位教师合作录像，增加幽默感，通过增加注释、关键知识点放大特写以吸引学生注意力。

*学习环境构建*

便捷的学习平台、用于观看微课的学习终端、课堂无线网络环境等是实施翻转课堂的技术基础。如利用"魔灯"（Moodle）平台，配备 iPad 和耳机或使用 Wikispaces 平台为学生创造在线环境。

---

[①] 张金磊．"翻转课堂"教学模式的关键因素探析[J]．中国远程教育，2013(10)：59-64．

课堂活动设计

根据课前学习情况设置高质量的课堂师生活动是学生达成知识内化的核心。不管是科学类课程中自主探究式学习，还是基于项目的学习、基于资源的学习，课堂活动的设计都需要教师根据实际情况有针对性地进行。

#### 4. 信息化教学设计

教学设计是运用系统方法，将学习理论与教学理论的原理转换成对教学目标、教学内容、教学方法和教学策略、教学评价等环节的具体计划，创设教与学的系统的过程或程序。

随着教育信息化的不断发展，教学设计也需要结合信息技术来进行。信息化环境下的教学设计是在传统教学设计的基础上发展起来的，其特点是促进以学为中心的学习方式的转变，充分、恰当地利用现代信息技术和信息资源，科学地安排教学过程的各个环节，以实现教学过程的最优化。

信息化教学设计是以信息技术为支持的，但"信息技术的支持"仅仅是信息化教学设计的表面特征。它还有两个更为重要的、更为根本的特征：以学生为中心和关注学习过程。这两大特征渗透到教学系统的各个环节中，形成了更具指导意义的设计原则。具体的设计步骤包括：

（1）分析教学目标：分析的是在完成教学后学生需要达到的能力、掌握的知识等目标，以更清楚地确定当前必须学习与掌握的知识内容。在信息化教学设计中，可以通过完成"任务"的方式描述学生所要达到的教学目标。任务可能是：一系列必须解答或解决的问题；对所创建的事物进行总结；阐明并为自己的立场辩护；具有创意的工作；任何需要学习者对自己所收集的信息进行加工和转化的事情等。

（2）创设学习情境：信息化环境下特别强调的一点就是创设适合学习者学习、研究的情境，因此创设与当前学习主题相关的、尽可能真实的情境才能更好地辅助学习。创设学习情境的目的是唤起学习者先前的学习储备，提高学习兴趣，形成学习期待。因此，情境要有趣且富有吸引力，可以将学习内容与真实生活相联系，或者给学生设置一定的角色，例如导游、教师、演说家、推销员等，借助角色扮演活动调动学生参与的积极性，为学生提供良好动因。

（3）设计学习过程：学习过程指学生在教学情境中通过与教师、学友以及教学信息的相互作用获得知识、技能和态度的过程。在"以学生为中心"的理念指引下，教师在学生学习过程中扮演着助学者、指导者的角色，促进学生达成学习目标。教师设计的学习过程是学生完成任务、实现学习目标的阶梯，它将学生所需经历的步骤和环节都做了清晰的描述。在信息化教学设计中，教学过程整合了应用信息平台、使用电子资源、通过技术手段完成合作和交流等内容。良好的学习过程设计犹如一名优秀的导师，可以引导学生有序、高质量地完成学习任务。

（4）选择学习资源：学习资源指支持学生学习的资料来源或资料库，包括支持学生学习的教学材料与环境。教师要分析在学习情境中所需求的各种资源，包括学习内容、媒体、硬件、软件等，并确定这些资源所起的作用。在信息化教学设计中，资源可以包含指向网上相关站点的链接。教师可以提供一些可以被学习者用于完成任务的网址，以及对每个链接指向资源的简单描述，以便学生可以在点击前知道自己将获得什么。

（5）评价学习效果："以学生为中心的教学"所要培养的是积极主动的自我成长者。

要实现这一高标准的目标,必然要对学生成长的每个阶段、每个阶段的不同时期、每个时期的不同活动制定切实可行的评价标准,用以判断学生是否达到或正在达到符合最终目标价值判断的子目标。信息化教学设计中更加强调对学习过程和学习结果的评价,关注学习过程和资源,有助于发挥学生的主动性,保证教学的顺利进展。

因此,对于教师而言,首先需要注重情境的创设,使学生更能理解当前要学习或解决的问题;其次,要对学习过程进行清晰的描述,描述学习者完成任务应遵循的步骤、思考或讨论的方向等学习建议;再次,需要关注信息资源的使用,这些资源要与学生当前的学习任务有关,并能有助于学生解决问题,促进意义建构。

同时,教师在设计时要尽量以任务驱动和问题解决为学习和研究活动的主线,通过为学生提供一个真实的任务和情境,让学生主动地探索知识,对问题进行求解。在学习活动结束时,教师要对学生的学习成果进行必要的修正和完善,促使学习者更好地展示学习成果。在教学过程的各环节中,都要不断地进行评价,及时调整教学过程的策略方法,实现教学过程的最优化。

**5. 追求理解的教学设计**

在《追求理解的教学设计》[①]一书中,提出了一种根据要达到的教学结果来思考教学的逆向教学设计思维。良好的设计,不仅仅是为了让学生获得一些新的技术技能,更是为了以目标为导向,产生更全面、更具体的学习。在进行教学设计过程中,课堂、单元和课程在逻辑上应该从预期的学习结果出发,而不是从教师所擅长的教法、教材和活动出发。课程应该展示达到特定学习结果的最佳方式。比如制订一个旅游计划,计划的框架应该提供一组详细设计的旅行指南,以达到文化理解层面的目标,而不是在某个国家的各大景点漫无目的的游览。因此,最好的教学设计应该是"以终为始",从学习结果开始进行逆向思考。

## (三)信息技术支持的学习方式

信息技术不仅对教学系统产生影响,在很大程度上还影响了学生的学习方式。随着信息技术的飞速发展,当今时代已经变成了一个日新月异的信息化时代,而在信息化时代里,学习理念和方式的变革就显得尤为重要。传统的学习方式已经无法满足信息化环境的需求,我们必须倡导新的学习方式,如自主学习、合作学习、探究学习等。学生承担着自我学习的责任,通过异质协同作业、自主探索的方式进行主动的知识建构。

**1. 信息技术支持学生自主学习**

自主学习通常指学习者在总体教学目标的宏观控制和教师指导下,根据自身条件和需要,自由、主动、自觉、独立地确定学习目标,选择学习方法和内容,监控学习过程,评价学习结果,自我调控学习活动,并在学习过程中具有主体意识或元认知能力,发挥自主性和创造性的一种学习方式和学习活动。自主学习的定义中有三个要点,即对自己学习活动的事先计划和安排,对自己实际学习活动的监察、评价和反馈,以及对自己学习活动进行调节、修正和控制。

---

① 格兰特·威金斯,杰伊·麦克泰格. 追求理解的教学设计. 闫寒冰等译. 上海:华东师范大学出版社,2017.

**案例 5-1**[①]

　　萨尔曼·可汗为了帮助住在远处的亲人，他试着把自己的教学影片放上网络，主要是在 YouTube 网站。由于受到广泛好评，相关影片观看次数急速增长，受到鼓励的萨尔曼于 2009 年辞去工作，全职从事相关课程的录制——这就是鼎鼎大名的"可汗学院"的前身。

**案例 5-2**[②]

　　昌乐一中是山东省首所翻转实验学校，该模式缘于学生假期网络学习。从一开始的 QQ 群指导，到通过网络学习平台讲评，再到分解作业讲解视频，初步具备微课的特性，校园翻转课堂的帷幕也由此拉开。在进行大量理论研究与实践探索后，昌乐一中探索了翻转课堂这个舶来品的本土化，学校构建了由数字化学习平台、教师无线 AP 和学生个人平板电脑组成的在线教学系统，形成了"二段四步十环节"翻转课堂新模式。这为学生自主掌控学习提供了实现条件，学生可以根据自己的需要决定是否观看微课以及观看进度与次数，自主选择任何一位教师的微课进行学习。通过自学质疑阶段的前置学习，学生的兴趣大大激发，课堂互动性更加充分，学生发现问题、解决问题的能力明显增强。通过对比，使用翻转课堂的实验班学习成绩比非实验班略高一点。

**案例 5-3**[③]

　　无锡市安镇小学开展了基于 BYOD（自带设备）的智慧学习研究，学生通过智能终端（"爱学板"）的前置性学习，制作思维导图、作家卡片等，课上进行小组分享、协作完成任务。通过这种方式学生学习变得更加主动，学会了协同合作，成为了课堂的主人。学生可以自带设备到学校进行不同学科的学习，教师根据不同学科的特点，充分挖掘自带设备的优势，让学习变"单一"为"多元"，变"枯燥"为"灵动"，变"低效"为"高效"。

　　以上三个案例是信息技术支持学生自主学习的典型案例，教师充分应用网络学习平台共享自己的教学内容，以"翻转课堂"的模式让学生进行自主学习，课堂上进行点评和交流，实现了"以学生为中心"的教学理念，体现了教师是学生学习的促进者和引导者的角色。

　　随着信息社会对各类不同层次人才的需求，面对学生越来越明显的个性差异，"翻转课堂"教学模式的优势日益突显。传统的教学模式是教师在课堂上授课、布置作业，学生回家练习，授课内容和节奏一样，布置作业要求一样，练习的内容也一样。而在

---

① 闫寒冰. 师范生教育技术——信息化教学设计[M]. 上海：华东师范大学出版社，2014.
② 董晶，郭桂真. 用翻转课堂撬动教学改革 开启 ICT 深度融合新篇章——山东省昌乐一中创新教学模式改革纪实[J]. 中国教育信息化，2014(14)：3-6.
③ 吴丹. 基于 BYOD 的小学数学智慧学习实践与思考[J]. 中国信息技术教育，2017(21)：109-111.

"翻转课堂"中,教师可以面向不同层次的学生创建学习视频,学生在家中或课外观看视频中教师的讲解,回到课堂上师生面对面交流和完成作业。这种教学模式不仅使个性化教学得以实现,使教师直接的授课指导得以异步进行,教师可以对每个学生进行高效的个性化教育;给予学生暂停"教师"的能力,以适合自身的节奏和步调开展学习活动。翻转课堂教学模式更改变了教师的角色,教师不再是只站在讲台上传授信息,而是做起了对教师而言最重要的事情——帮助和指导学生。如果学生在师生互动之前就已经学完了课程,师生在课堂上就有话题可以讨论和互动,有利于学生对所学内容的深入理解,同时也提高了学生的学习参与度,使教师的教学效能得到提升。

**2. 信息技术支持学生合作学习**

合作学习是相对"个体学习"而言的,是指学生为了完成共同的任务,通过小组或团队的形式相互交流、相互合作、共享资源和相互促进,最终共同达到教学目标,并获得最大化的个人和小组习得成果的一种学习方式。

---

**案例 5-4**

**《故宫博物院》教学过程(初二语文课)**

课文内容是介绍故宫各主要建筑的方位、特征、用途,从而让学生理解故宫在建筑设计上处处反映以封建帝王为中心的特点。在学习中,学生对于课文所描述的故宫建筑的特点及它所表现的意义表现出了浓厚的兴趣,所以可以让学生结合自身的兴趣,充分运用信息技术的优势,以"故宫文化"为背景,采用合作学习的方式,以学习小组为基本形式共同实施学习活动。学习小组成员必须协商如何完成规定的学习任务的计划,共同完成对信息资料的搜集与分析,形成学习成果并给予评价。信息技术与合作学习贯穿于整个学习过程之中,要求学生能运用信息技术实现合作、交流、信息加工和成果展示。

具体教学过程安排如下:

一、导入课程。故宫曾名紫禁城,位于北京城的中心,乃明、清两代的皇宫,是我国现存的最大最完整的古代宫殿建筑群,始建于明永乐四年(即1406年),历时14年才竣工。迄今已有600多年的历史。1925年改名为故宫博物院,它是世界上最大的博物院之一。1987年就被联合国教科文组织列入"世界人类文化遗产"。同学们知道故宫作为两朝皇宫,透过它的建筑物背后,我们能发现它的文化吗?(同时使用多媒体显示故宫全景录像)

二、确定活动内容。以合作学习小组为基本单位,开展关于"故宫文化"的学习。

三、明确活动要求。学生根据自己的研究兴趣组成6—10人的小组来合作完成,共分成5个小组,从选定研究的方向、搜集和分析信息资料到成果形成与演示,最后由全班组成评价团队对成果进行评价。教师在整个活动中可以提供信息技术支持,帮助确定研究方向,指导成果的制作。

四、制定评价标准。学生与教师一起制定最终成果的评价标准,可上网查找相关标准制定的依据。

五、学习小组制订研究计划,明确分工。通过上网搜集所需要的资料,整理加工资料,得出结论,最后利用信息技术形成成果,形式可以是演示文档、网

> 页、图片、视音频等。
> 
> 六、成果展示与评价。学习小组由组长为代表，演示成果，说明研究的原因、意义以及最终的结论，解释各小组成员所作出的贡献与所学到的知识。其余小组与教师一起根据评价标准打分，最终把成果共享。

在上述整个教学过程中，要求使用信息技术实现小组合作、交流与信息加工和成果演示，时间为3个课时。小组成员利用课余时间进行研究，坚持学生为主体、教师为主导的方法。教师对研究方法、合作过程以及信息技术应用进行辅导，并对整个过程进行监控。5个合作学习小组的研究方向分别是：故宫的历史及它所代表的封建统治思想、故宫的现实意义、故宫的建筑物布局与规划、建筑物的设计样式与帝王地位的关系、设计所隐含的礼制和中国传统文化的衔接。

从上述案例可以看出，抓住学生学习心理和认知特点来组织教学，激发学生探究学习的潜能，让学生利用信息技术进行合作学习，提高学生的信息素养与合作能力，是教学的一个很有效的方式。在这里，信息技术作为认知工具、交流工具、演示工具、信息加工工具、成果开发工具，起到了很大的作用。通过将语文教学与信息技术进行多层次、多形态的有效整合，学生可以进行在线交流、资料搜集、加工、整理并形成成果。学会如何使用信息技术，与他人一起进行学习，能充分调动学生的积极性和主动学习的热情，培养他们积极思考问题，透过现象看本质的能力。

### 3. 信息技术支持学生探究学习

探究学习是相对于"接受学习"而言的，是指从学科领域或现实社会生活中选择和确定研究主题，在教学中创设一种类似于科学研究的情境，通过学生自主、独立地发现问题、实验、操作、调查、信息收集与处理、表达与交流等探索活动，获得知识、技能、情感与态度的发展，特别是探索精神和创新能力发展的学习方式和学习过程。在探究学习活动中，通过创设一种教学情境，来激发学生兴趣，优化教学。

下面列举一个探究学习案例。

**案例5-5**

《营养早餐》教学设计[①]（小学五年级数学课）

【导言】

早餐对我们一天的学习和工作是很重要的。如何在时间"紧迫"的早晨制作一顿既营养又经济的早餐呢？如果你想知道的话，就赶快加入到我们的活动中来吧！

---

① 闫寒冰.师范生教育技术——信息化教学设计[M].上海：华东师范大学出版社，2014.

【任务】
- 通过网络了解营养学方面的基础知识。
- 配置一份营养早餐食谱,并用电子表格(Excel)核算出它的成本。
- 把菜单付诸实践,亲手制作营养早餐,大家集体品尝。

【过程】

1. 第一周(学习营养学知识)。

通过浏览下面的资源网站,学习营养饮食方面的知识,然后回答下面的问题。

(1) 什么是营养早餐?为什么说营养早餐很重要?

(2) 什么是营养"金字塔"?

(3) 青少年的早餐需要那些营养成分?这些营养成分从哪些食物中可以摄取?每次早餐摄取多少为佳?

2. 第二周(配制营养早餐)。

(1) 用资源网站,查找一些营养早餐的食谱。

(2) 结合第一周所学的营养学知识,从中分析挑选出一种适合你的食谱或是你感兴趣的一种食谱。

(3) 对你所选的食谱进行分析,用电子表格(Excel)统计你所需要的配料以及每种配料的数量,并把它打印出来成为一张"配料单",格式如下:

**营养早餐配料单**

| 配料名称 | 配料质量<br>(单位:克) | 营养成分 | 商店1单价<br>(单位:元/克) | 商店2单价<br>(单位:元/克) | 备注 |
|---|---|---|---|---|---|
|  |  |  |  |  |  |
|  |  |  |  |  |  |

3. 第三周(核算价格、打印采购单)。

(1) 拿着上星期打印出来的"配料单"到附近商店去询问价格,把每个商店每种配料的价格填写到"配料单"的相应位置上。

(2) 利用电子表格(Excel)整理每个商店每种配料的价格,看哪个商店购买哪种配料最便宜。

(3) 用Excel制作一张计算该份"营养早餐的最低成本价"的电子表格,格式如下:

**营养早餐的最低成本价**

| 配料名称 | 配料名称 | 配料质量<br>(单位:克) | 配料最低单价<br>(单位:元/克) | 配料总价格<br>(单位:元) | 早餐最低成本价<br>(单位:元) |
|---|---|---|---|---|---|
|  |  |  |  |  |  |
|  |  |  |  |  |  |

注:早餐的最低成本价是所有配料总价格之和。

> （4）用Excel制作一份"采购清单"（格式如下）并把它打印出来。
>
> **营养早餐配料采购清单**
>
> | 配料名称 | 质量（单位：克） | 采购商店名称 | 备注 |
> |---|---|---|---|
> |  |  |  |  |
> |  |  |  |  |
>
> 4. 第四周（制作早餐，分享交流）。
> （1）按照"采购清单"到相应的商店去采购原料。
> （2）按照食谱上的制作步骤，动手制作你的营养早餐吧。看谁做得又快又好。
> （3）把制作好的早餐与同学们一块分享，然后交流经验并改进自己所选方案的营养价格比。
> 【资源】略。
> 【评价】评价量规，略。
> 【总结】
> 　　这是一次非常具有生活意义的活动，同学们从中学习了营养学知识、配置了营养早餐而且还用电子表格核算出它的成本价，最后还自己亲手制作营养早餐。同学们精力充沛的每一天就从这美味的营养早餐开始了！

在上面的案例中可以看到，这是一节将数学课、科学课和信息技术课整合在一起的课堂。教师对导言和任务的描述，为学生创设了一个真实的情境：自己动手制作一顿营养又经济的早餐。同时，也赋予了学生一种角色："小小营养师"。在教学过程中，学生利用四周的时间分阶段进行探索和实践，让学生不仅能够对营养学的知识充分了解，更学会了质量和价格的相关知识内容，同时能够通过自己动手实践，提升学生的操作能力，培养学生热爱健康生活的情操。通过这样一个真实的教学情境和活动，教师将枯燥的学习内容放置于一个有意义的、吸引学生探究的情境之中，使课程内容更加形象化、趣味化、实用化，学生就会始终处于一种积极学习的状态，较快地接受新知识并能够正确应用。同时信息技术在教学中提供了丰富的教学资源，在教学过程和教学评价中都起到了积极的作用。原教学设计中还提供了评价量规（有关量规的阐述请见"信息技术支持教学评价"），以满足学生过程性评价的需求。

在探究学习教学设计中，需要注意情境的创设与课堂主题的关联，因为一切教学内容的编排设计和操作都应围绕中心主题展开。在创设情境时必须要从学生的年龄、兴趣爱好等不同角度来选材，最好要联系学生熟悉的日常生活。

## （四）信息技术支持教学评价

教学评价是指立足学生发展核心素养，积极关注课堂教学中教与学的行为表征和实践结果进行针对性解析,进一步判断教学目标、教学环境、教学方式、教学资源、教学过程诸要素整体性发展效益以满足学生发展实际需要价值的过程。[①]

当前,信息技术与教育的深度融合正在全面推进。信息技术支持教学评价,就是在评价过程中把信息技术与教学评价有机地结合起来,将信息技术与教学的教与评融为一体,提高教与评的效率,改善教与评的效果,改变传统教学评价模式。运用信息技术优化教学评价,有利于提高教学评价精度,丰富教学评价内容,推进教学评价观念的转型,从而构建新型教学评价思想体系。

**1. 信息化教学评价方案的设计**

（1）过程性评价方案的设计

面向过程的学习评价是关注、记录、引导、激励和促进学习者学习体验和成长的有效手段,是信息化教学设计的关键环节。过程性评价的方法包括:完成学习记录、设计评价量规、建立电子档案袋等。符合多元智能评价观的评价工具——电子档案袋是基于任务的评价,通过一定的技术手段,将学生完成任务的过程、结果真实地记录下来,并把师生的评价反馈到学习者本人。

## 拓展阅读 5-3

### 【术语解读】

评价量规:是由英语单词"Rubric"翻译过来的,它还有一些其他方面的说法,比如"尺度""法规的标题"或"用红色突出某事"等。这里使用"评价量规"这个词语是专属于教育领域的术语,并将其定义为"为一项工作列出标准的评分工具"。从表现形式上来看,量规往往是个二维表格,它会从与评价目标相关的多个方面详细规定评级指标。

《营养早餐》评价量规

| 评价项目 | 1分 | 2分 | 3分 | 4分 | 得分 |
|---|---|---|---|---|---|
| 知识搜集 | 搜集了少量营养学基础知识,只回答了1个问题。 | 搜集了部分营养学基础知识,只回答了2个问题。 | 搜集了活动中要求的营养学基础知识,回答所有问题。 | 搜集了大量营养学基础知识,并认真归纳总结,较好地回答了所有问题。 | |
| 食谱搜寻 | 只搜集到了1种营养早餐的食谱,包括配料、做法和营养价值等。 | 搜集到了2种营养早餐的食谱,包括配料、做法和营养价值等。 | 搜集到了4种营养早餐的食谱,包括配料、做法和营养价值等。 | 搜集到了5种及以上营养早餐的食谱,包括配料、做法和营养价值等。 | |

---

[①] 夏心军.课堂教学评价:学生发展核心素养取向[J].中小学教师培训,2018(7):31-35.

(续表)

| 评价项目 | 1分 | 2分 | 3分 | 4分 | 得分 |
|---|---|---|---|---|---|
| 早餐食谱 | 符合青少年营养学标准。 | 符合青少年营养学标准,各种营养成分调配合理,营养价值高。 | 符合青少年营养学标准,营养成分调配合理,营养价值高;适合中等消费阶层。 | 符合青少年营养学标准,营养成分调配合理,适合中等消费阶层;制作方法简单。 | |
| 电子表格 | 只制作了"配料单",且各种配料统计完整,无遗漏。 | 制作了完整的"配料单""最低成本核算单",但计算上还有点差错。 | 制作了完整的"配料单""最低成本核算单",且计算正确。 | 制作了完整的"配料单",正确的"最低成本核算单",还制作了明细的"采购清单"。 | |
| 参与程度 | 在整个活动中只能坚持1—2周,参与能力较差。 | 在教师和同学的鼓励和帮助下,坚持了4周,参与了完整的活动。 | 自觉地坚持了4周,完成了活动中的所有任务。 | 活动热情高,积极参加了4周的活动,且出色地完成了所有任务。 | |
| 总分 | | | | | |

(2) 个性化评价方案的设计

在信息化教学过程中,由于学生的前期知识储备、信息接收能力,甚至在教学活动中所完成的任务都不尽相同,通过统一的评价标准不能为不同学生完成不同的任务而服务,难以衡量学生的学习成效,在这种情况下就需要因人而异、因任务而异,进行个性化的评价方案设计。

个性化的评价方案设计主要包括以下四方面。第一,学习者的个性化特征要素的确立,根据学习者对知识的掌握程度将其进行等级的分类,从而学习目标也相应地分成不同的类别。第二,针对不同的学习者,评价维度、内容和标准也是不同的,这就需要教师对不同评价维度和评价内容所对应的学习者等级和学习目标进行预设。第三,学习者个性化特征诊断,通过前测和调查的方式,请学习者一起参与自己能够达成的学习目标,从而提供个性化的评价方案。第四,基于过程性信息的个性化评价方案匹配,个性化的评价方案离不开过程性的信息,学习者参与学习活动的态度、完成活动的情况、与他人的互动、应用资源工具的情况都将在个性化评价方案中进行对应。

### 2. 信息化教学评价工具的选择

信息化教学评价工具,指的是在新的教学理念的指导下,运用一系列评价技术、评价手段，对信息化教学过程进行测量和价值判断，为教学问题的解决提供根据，并确保教与学的效果。常用的信息化教学评价工具有：

(1) 利用概念图和思维导图评价学生认知状况

概念图是一种组织和表征知识的工具，是美国Cornell University教育系的Joseph D. Novak教授在20世纪60年代根据奥苏贝尔的有意义学习理论提出的一种教学技术。在概念图中，结点对应着代表各种概念的重要术语名词，连线代表一对概念之间的关系，连线上的连接词则表示该连线具有何种关系，两个结点与一个带连接词的连线共同构成一个命题。概念图能够有效地刻画学生头脑中的知识组织结构，它区别于其他评价方式的一个重要特征是其外显的图式结构。

思维导图是英国人Tony Buzan在20世纪70年代开发的一种组织性思维工具与笔记方法。[1] 将思维导图应用到教学活动设计中，有助于学生对某个知识点或某个问题的理解，可获得解决问题的通用方法，为学生的探究性学习提供广阔的思维空间。思维导图有一个中心主题，呈现的是一个思维的过程，是一种树状结构，是教学活动的指导思想。

概念图和思维导图评估的重要益处是通过解读学生构造的图就能诊断或解释学生知识结构体系是否完整，知识理解思路是否正确，适合应用在对知识点的整体认知评价中。

应用概念图和思维导图的教学评价方式分为三步：

第一，由教师确定评价任务。概念图和思维导图的评价任务可以有多种方式，教师可要求学生画出完整的图，也可要求学生将残缺的图补全。对于概念图，可要求学生在已绘制的图上画连线或填上，也可让学生构建具有一定层级关系的部分概念图。对于思维导图，可让学生填写描述思维细节或构建部分思维导图。

第二，学生根据任务分配做出应答。在教师要求的基础上，学生做出相应的反应。反应方式的特征根据任务的不同而变化。

第三，教师根据应答概念图做综合评判。将概念图和思维导图中的不同成分赋予一定的分数。各种成分的组合分数越高表示学生在概念图和思维导图所反映领域的认知水平越高，知识掌握程度越好。概念图和思维导图为教师和学生提供的考试结果，已经不是一个抽象的分数，而是学生头脑中关于知识结构的图示化再现。教师和学生可以清晰地了解学习的状况。

将概念图和思维导图用于教学评价研究可为教师和学生提供独特且有价值的信息资源。通过这种方式学生可以更具体地了解自身在学习过程中的薄弱环节，而教师则可以捕捉学生知识内容和知识结构掌握情况的细节。[2]

(2) 利用Excel进行有效的教学分析

随着教学质量评估工作的开展，考试质量分析越来越受到教师及教务人员的重视。只有对学生的考试情况进行有效、科学的统计和分析，才能有效检验教师的教学效果和学生的学习水平，从而确定考试是否达到了预期的目的和要求。同时也使我们更清楚

---

[1] 刘晓宁. 我国思维导图研究综述[J]. 四川教育学院学报, 2009(5): 109-111, 116.
[2] 蔡艳宁, 叶雪梅, 杨眉. 基于概念图/思维导图的网络课程教学评价[J]. 电子科技, 2010(6): 124-126.

**案例 5-6**

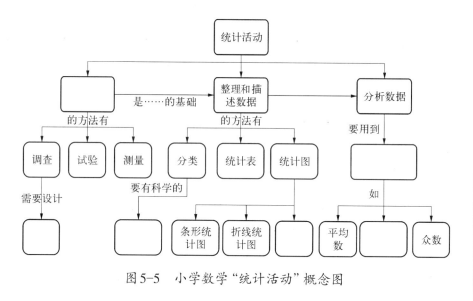

图 5-5 小学数学"统计活动"概念图[①]

地看出目前教学中存在的问题,及时反馈考试命题和教学信息,对提高教学质量有重要的指导作用。

考试质量分析是一项复杂细致的工作,可应用的软件有很多,如 SPSS、SAS 等专业统计分析软件。但因其价格昂贵、使用复杂、数据通用性低等缺点,无法普及应用。Microsoft Excel 是一款功能较为完备的电子表格软件,集数据管理、数理统计、绘图、制表于一体,既可以作为数据库使用,又可以完成多种表格与图表设计。且 Excel 内置了数百个函数,能够完成绝大部分数理统计分析和复杂的数据运算。精度也达到了专业系统分析软件的水平,完全可以满足开发考试质量分析系统的需要。Excel 电子表格软件是应用最广泛的办公软件之一,它的数据处理、图表及各种函数和宏等功能十分强大。

利用 Excel 进行教学分析主要是对考试成绩进行分析,考试质量系统由信息输入表、质量分析表、成绩登记表 3 个模块组成。

① 信息输入。

主要完成考试基本信息(课程名称、考试时间、考试班级、考试地点、考试人数、考试方式、学分等)和学生成绩信息(学号、姓名、每小题得分、总分、平时成绩、段考成绩、总评成绩等)资料输入 Excel 表格中。

---

[①] 赵国庆,熊雅雯. 应用概念图评价小学数学教师学科知识的实证研究[J]. 电化教育研究. 2018(12).

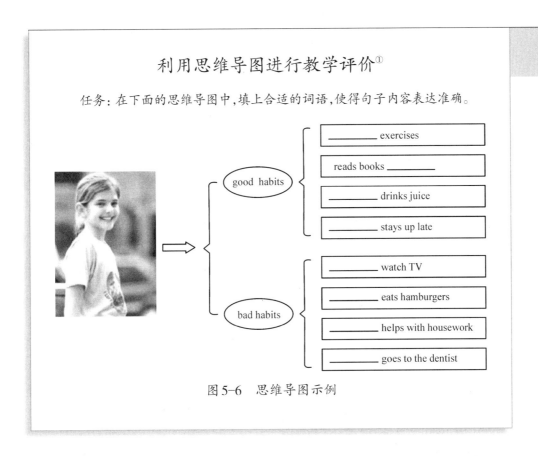

图 5-6 思维导图示例

② 数据分析。

根据信息输入表中的数据自动完成成绩统计分析，主要包括：最高分、最低分、及格率、平均分、标准差、分数频度分布图等。

具体的 Excel 函数如表 5-2。

表 5-2 教学评价中常用函数

| 功　能 | 函　数 |
|---|---|
| 人数统计 | COUNT（单元格区域） |
| 最低分 | MIN（单元格区域） |
| 最高分 | MAX（单元格区域） |
| 平均分 | AVERAGE（单元格区域） |
| 及格率、优秀率 | COUNTIF（单元格区域，条件）/ COUNT（单元格区域） |

借助计算机应用软件 Microsoft Office Excel 以适当的方法对学生及班级的学习成绩进行分析，可以了解和掌握学生和班级的学习状况、发现学生学习中存在的问题、提

---

① 应聪芬.思维导图在英语"以读促写"教学中的运用——以人教版八年级上册Unit 2 Section B 3a的读写教学课为例[J].英语教师,2016(19).

高学生学习主动性和学习效率、解决学习中存在的问题，有助于提高教学质量，培养学生成才。当然，仅靠分析学生的学习成绩来了解学生的学习状况并不全面，如各学期所修课程难易不同、教师授课方式不同、学习设施等无法避免的客观条件，均会影响学生的考试成绩。[①]

（3）利用 Word 高效批阅电子作业

Word 是大家最常用的应用软件之一，有些功能对教师提高教学工作效率提供了诸多便利。下面以 word2019 为例。

① "修订"与"批注"功能相结合，实现电子作业批改。

网络教学的特点之一就是学习资源、作业、学习成果数字化，随之带来的问题是如何方便地对电子作业进行批改和写评语。很多教师对电子作业的批改还不是很适应，通常的做法是对电子作业直接进行修改，在作业的最后以不同的格式写一个评语，然后再发回给学生。但是这样做破坏了作业的本来面目，学生也不容易一目了然地看到教师对哪些内容作了批改，使学生感到电子作业的批改反而没纸质作业的批改来得直观。那么是否有比较方便、比纸质作业批改更直观的方法批改电子作业呢？

其实 Word 就提供了这样的功能，用"修订"功能可以方便地对电子作业进行批改，用"批注"功能可以对作业中的任一部分内容写评语，两者相结合可以方便地实现电子作业的批改，效果比纸质作业的批改更加直观，而且还保持学生作业的原貌，学生可以有选择地接受或拒绝教师所作的修改。

② 用"索引和目录"管理电子作业。

有没有较简便的方法为大量电子作业做一个导航呢？Word 的"索引和目录"功能可以为文档快速地生成一个目录，而且这个目录具有导航功能。

要使用"索引和目录"功能，Word 文档的格式设置必须规范化，即设置标题的大纲级别。word 文档中的目录像超链接一样，可以通过单击目录的条目直接跳转到文档中相应的位置。

③ 用"阅读版式"视图简化多媒体教学。

Word 的"阅读版式"视图，具有较好的演示功能，可以代替 PowerPoint 演示文稿直接用于多媒体教学，提高了工作效率。在阅读版式视图中，字号变大了，每一行变得短些，适合在大屏幕上演示，阅读起来比较贴近于自然习惯，使阅读变得更轻松；在阅读的同时，还能对文档进行修订。

（4）利用博客促进有效的教学评价与反思

将博客软件引入课堂教学中，利用博客平台构建一个在教师调控下的、学生主动学习的课堂学习环境。这种课堂学习博客平台的特点是能够较好地反映和记录学生的学习过程，既能体现学生知识框架的构建过程，也能体现学生情感、态度和价值观的形成与发展历程。因此，在课堂中，对学生进行基于课堂博客平台的学习评价，能体现对学生过程性和发展性的评价，也能够更好地与学习过程结合，促进学生更加有效地学习。博客的妙用主要体现在以下几点：

---

① 雷蕾.巧用 Excel 进行有效的考试成绩分析[J].南昌高专学报,2009(3):162-164.

① 为学生自主学习提供平台。

学生可以通过博客平台的"学习目标"和"学习帮助"进行自主学习,之后在课堂上教师再讲解重点、难点部分,学生基本可以当堂学习和完成课程任务。

② 切实掌握学生学习状况。

学生在课堂博客平台上学习,会留下学习过程中的大量记录。这些记录包括:学生浏览了哪些学习资源和学习帮助、浏览了哪些同学的博客、在问题求解中发布了哪些学习请求、在问题解答中给其他同学做了哪些学习帮助、与其他同学做了哪些交流讨论、在学习进展中记录了自己哪些学习收获和心得,等等。这些过程中的记录,能真实地反映学生在学习过程中全方面的情况,包括学习态度和学习情感。教师依据这些学习记录,可以对每个学生在情感态度方面进行较为准确具体的评价。

③ 评价主体多元。

课堂学习博客平台为评价主体的多元化提供了平台,除了教师评价外,还有学生自评、同学互评、小组评价等。

④ 推进过程性评价。

博客平台上的学习记录,除了信息技术作业、作品,更多的是学生学习过程的真实记录和反映。这些记录,组成了一本动态的"学习发展史",对这本"学习发展史"进行评价,不仅可以评价学生知识与技能的学习情况,还可以对学生进行"过程与方法、情感态度与价值观"的三维目标的评价。

利用Zoho
实施同伴
互评

博客平台上的学习评级,可以做到定量评价与定性评价相结合,终结性评价与过程性评价相结合,课堂中的即时评价与课外的延时评价相结合。多种评价方法的结合,能更全面地评价学生的整体情况,更好地发挥过程性评价的作用。①

(5) 基于大数据的学生发展评价

在2015年国务院颁布的《促进大数据发展行动纲要》中明确提出要发展教育文化大数据,探索发挥大数据对变革教育方式、促进教育公平、提升教育质量的支撑作用。如何在大数据背景下开展教学评价,使学校教学管理者能够基于数据来提升决策质量和管理效率,教师能够基于数据来改进教学、提升教学质量,学生基于数据能够更清楚地掌握自身的学习和成长轨迹,是学校亟待解决的问题之一。

我们以上海市黄浦区卢湾一中心小学"云课堂"为例来具体说明基于大数据的学生发展评价。

**案例 5-8②**

又是阳光灿烂的一天,四年级的朵朵如常来到校园。

第一节是数学课,到"云教室"使用"云课桌"上课是朵朵和同学们非常喜欢的事情。相较于iPad,"云课桌"的优势在于学生们可以小组协作,合力完成教师布置的练习。有好几次朵朵跟同桌伙伴们共同完成的任务都是用时最

---

① 黄虹娟.利用课堂博客 实施学习评价[J].现代中小学教育,2011(12):45-47.
② 吴蓉瑾.打造一所"云上学校" 培养有温度的"云端少年"[J].中小学管理,2019(01):25-27.

> 短、正确率最高的,这些信息教师都能第一时间在自己的主屏幕上看到。当孩子们完成了这一阶段的任务,系统会推送更高难度的题目让大家挑战。朵朵和伙伴们都很有成就感。
> 
> 第三节是体育课,课前大家都戴上了学校为同学们专门定制的"云手表"。教师带着大家做热身运动时,同学们的心率、血氧饱和度、运动量、疲劳度等身体相关指标就会通过"云手表"传输到操场两边的超大显示屏上,以图形化的方式实时呈现。这样教师就能知道学生们的体能情况,及时调整课程内容和运动强度,使每个学生都能进行适合自己身体情况的运动。朵朵是学校啦啦操社团的队员,教师常会根据她的体能情况,给她"开个小灶",适当增加运动量。现在朵朵自己也会看数据了。

通过"云课堂"的这个案例,我们发现基于大数据的学生发展评价不仅可以让教师更全面地掌握整个班级学习和活动的情况,更能帮助教师了解到学生个体之间的差异,更好地关注学生的个性化学习,使得教学活动的安排更具灵活性和科学性。

除了以上应用信息技术手段支持教学评价外,教师还可以结合其他的一些评价方式丰富教学评价手段。比如:测试、学习契约、电子档案袋、量规等。评价工具都应有其信度和效度,以上介绍的评价工具自然也不例外。应该在教学与学习过程中,充分发挥各个评价工具的效用。在对一些课程进行评价的时候,可以将多种评价工具结合起来使用,以使绩效评价更加高效。

## 三、准教师应该认知的现代教学媒体与技术

"互联网+教育"是我国教育信息化多年建设的必然结果,是教育信息化发展的进一步要求。[1] 教育信息化迈入2.0将全面推进教育现代化建设,并实现从服务教育自身发展向服务国家现代化全局的建设转变。未来技术推动教育发展的特征主要表现在:

(1)内容超媒化。利用多媒体,特别是超媒体技术,使教学内容的表现变得结构化、动态化、形象化。教学活动也可以在很大程度上脱离物理空间时间的限制。现在已经涌现出一系列虚拟化的教育环境,由此带来的必然是虚拟教育。

(2)学习开放化。因特网已成为全球最大的信息资源库,其中蕴藏着丰富的教育资源,无论教育者还是学习者都可方便地享用,学习空间可无限扩展;开放的教育系统提供了全面的教育服务,能够支持按需学习、适时学习与弹性学习,学习时间自由扩张。

(3)学习自主化。丰富的网络学习资源已经为自主学习提供了极其便利的条件,人工智能技术也能够根据学生的不同特点和需求进行教学和提供帮助,利用信息技术

---

[1] 任友群,冯仰存,郑旭东. 融合创新,智能引领,迎接教育信息化新时代[J]. 中国电化教育,2018(1):7-14.

支持自主学习成为必然发展趋势。

（4）任务合作化。当前国际教育的发展方向，就是要求学生通过合作方式完成学习任务。通过计算机合作的网上合作学习，在计算机面前合作的小组作业和计算机扮演同伴角色等形式，信息技术在支持合作学习方面起着极其重要的作用。

（5）管理自动化。计算机管理教学包括计算机化测试与评分、学习问题诊断、学习任务分配等功能。最近的发展趋向是在网络上建立电子学档，利用电子学档可以支持教学评价的改革，实现面向学习过程的评价。

在信息技术蓬勃发展的契机下，准教师应认识主流的现代教学媒体及应用策略。伴随着移动学习的普及，移动终端的各种应用也极大地丰富了教学形态，展示了教师应用技术创新课堂教学的新方向。

### （一）新媒体与信息化教学环境
#### 1. 现代教学媒体与教学应用

教学媒体是传递以教育教学为目的、载有教育教学信息的物体，是连接教育者与学习者双方的中介物，是人们用来传递和取得教育教学信息的工具。

（1）现代教学媒体的分类

现代教学媒体是相对于传统教学媒体而言的。传统教学媒体一般指黑板、粉笔、教科书等。现代教学媒体主要指电子媒体，电子媒体由硬件和软件两部分构成。硬件，指与传递教育信息相联系的各种教学机器，如幻灯机、投影仪、录音机、电影放映机、电视机、录像机、计算机等；软件，指承载了教育信息的载体，如幻灯片、投影片、录音带、光盘等。随着教育个性化要求的提升与教学信息量的增加，传统的媒体教学方式已经无法满足教学需要，现代教学媒体已成为衡量教学手段现代化的重要标志之一。

---

**拓展阅读 5-4**

### 教学媒体的常见分类方法

教学媒体的分类有多重准则与体系，通常有以下三种分类方法：

（1）按媒体的表达手段分类

① 口语媒体：指口头语言，是最古老、最常用的一种媒体。

② 印刷媒体：指各种印刷资料。如教科书、挂图、报纸、杂志等。

③ 电子媒体：指用电子信号记载信息的媒体，有模拟和数字之分。

（2）按媒体作用于人体器官和信息的流向分类

① 视觉媒体：发出的信息主要作用于人的视觉器官的媒体。如幻灯、投影等。

② 听觉媒体：发出的信息主要作用于人的听觉器官的媒体。如广播、录音等。

③ 视、听觉媒体：发出的信息主要作用于人的视听觉器官的媒体。如电视等。

④ 交互媒体：使用多种感官并能人机交互作用的媒体。如计算机等。

> ⑤ 综合媒体：如多媒体综合教室等。
> （3）按媒体的物理性能分类
> ① 光学投影媒体：如幻灯、投影等，通过光学投影把教学软件投影到银幕。
> ② 电声媒体：如录音机、收音机等，教学信息以声音形式存储和传播。
> ③ 电视类媒体：如电视、录像机等，教学信息以声音与图像形式存储和传播。

（2）现代教学媒体的教学功能与特征

教学媒体在教育传播中的功能主要是传递信息、存储信息和控制过程，主要有以下功能：展现事实，获得直观经验；创设情境，建立共同经验；提供示范，便于模仿；呈现过程，解释原理。与传统教学媒体相比，现代教学媒体具有以下特性：

① 形声性，以图像和声音的形式传递教学信息。提供的图像和声音能形象地作用于学生的感官，能有效地激发学生的学习兴趣。

② 再现性，具有丰富的表现力。根据教学需要将所要讲授的内容再现于课堂，引导学习者的学习在教学内容上向更广、更深处发展。

③ 先进性，向综合化、现代化的方向发展。设备功能齐全，能满足各种教学需要，极大地方便了教学，形成了新颖多样、灵活高效的教学方式。

④ 高效性，教学内容利用多种媒体传播。信息传播速度快、效率高，加速学生感知和理解事物的进程。

（3）现代教学媒体的应用注意事项

媒体对教学的促进作用是以合理选择和利用媒体为前提的。因此，要重视对教学媒体的选择与利用，综合考虑教学目标、教学内容的性质、学习者特征、经济因素以及现实的教学条件等。可简单归纳为如下三点。第一，正确处理人与工具的关系，态度积极。现代化教学媒体是教师开展教学活动的工具，任何教学机器都是不可能替代教师的工作的，而教师的智慧能够促使教学媒体更好地服务于教育教学。第二，正确处理主与辅的关系，讲究实效。使用现代化教学媒体不是教学目的，而是一种教学的辅助手段，不可喧宾夺主。第三，正确处理优势与局限的关系，整体优化。各种教学媒体都有其优势和长处，也都有各自的缺点与局限，选择教学媒体时，要注意到媒体的组合应用，发挥整体优势。

**2. 信息化教学环境与系统**

结合我国信息化教学环境的分析，中小学教师信息技术应用能力标准研制组将我国的信息化教学环境分为四类：

（1）简易多媒体教学环境。主要由多媒体计算机、投影机、电视机等构成，以呈现数字教育资源为主。

（2）交互多媒体教学环境。主要由多媒体计算机、交互式电子白板、触控电视等构成，在支持数字教育资源呈现的同时还能实现人机交互。

图 5-7 简易多媒体教室与交互多媒体教室

图 5-8 网络多媒体教室与移动教学环境

（3）网络多媒体教学环境。指由多媒体计算机网络教室、简易或交互多媒体教学环境，以及其他学生终端（为每个学生或小组配备平板电脑、笔记本电脑、智能手机等信息化终端设备）构成的，师生在课堂教学中能够充分利用数字教育资源、学科软件与网络教学平台开展教与学活动的信息化教学环境。

（4）移动教学环境。指由平板电脑、笔记本电脑、智能手机等移动学习终端构成的，能够使师生获得数字教育资源、学科软件与网络教学平台的支持，进行不受时空限制的教与学活动的信息化教学环境。

在简易多媒体和交互多媒体的教学环境中，由于学生不具备网络环境或相应设备，教师应用信息技术所做的主要工作是优化课堂教学。而在学生具备网络学习环境或相应设备的条件下，时空维度扩大，个性化体验、合作学习、探究学习的可能性大大提高。这四种教学环境下的教学情境可以用表 5-3 不同教学情境对比来呈现。

| 比较要素 | 教师应用信息技术 | |
| --- | --- | --- |
| | （一）优化课堂教学 | （二）转变学习方式 |
| 主体环境 | 简易多媒体教学环境<br>交互多媒体教学环境 | 网络多媒体教学环境<br>移动教学环境 |
| 教学模式 | 教学以教师授导、启发为主 | 可开展多种学习方式，如项目学习、基于资源的学习、探究学习、基于问题的学习 |
| 应用目的 | 提高教学效率，支持集体学习 | 提高学习成效，促进合作交流，支持个性化学习与合作学习 |
| 应用形式 | 利用信息技术进行讲解、启发、示范、指导、评价 | 利用信息技术支持学生开展自主、合作、探究等学习活动 |
| 学生行为 | 观看、思考、模仿、少量操作 | 实操、体验、应用、合作、交流、参与 |
| 代表技术 | Office 软件等通用工具、学科基础工具等 | 社会软件、思维工具、建模工具、教学平台、学习平台、学科软件等 |

表 5-3 不同教学情境

**拓展阅读 5-5**

### 未来教室（智慧教室）

随着技术的进一步发展，有研究者提出了未来教室（又称智慧教室）的概念。未来教室最大的变化是没有黑板粉笔，更没有教科书。所有教学内容均通过白板以图文并茂、声像结合的形式呈现。而学生只要携带"电子书包"即可轻松上课，电子书包里装满了生动有趣的互动教材。借助网络，学生可以和教师远程互动，回答教师提出的问题并向教师提交作业，教师也可以即时在线批阅。

未来教室最大特色在于互动连结，除了课堂多媒体互动，还可以通过远程互动系统实现班级与班级、学校与学校之间的互动交流，甚至分享来自全球最好的教师讲座与教学资源。

**3. 新媒体与新技术**

为培养学生的基本信息素养，在教育部印发的《普通高中课程方案和语文等学科课程标准（2017年版）》中，明确将学生学习了解物联网、人工智能、3D打印、机器人等新技术并培养其创客精神和创业能力列在信息技术和通用技术课程要求中。以下将围绕5个热门的新媒体技术作详细阐述。

（1）云计算与物联网

云计算、物联网两者之间区别比较大但息息相关，是构建"智慧校园"的基础，能为学生、教师、教学管理与校园生活提供便利。在实际应用方面，二者以网络平台为基础，物联网技术通过传感器采集到海量数据，随时获取信息，实现对校园的全面感知并整合；云计算等技术可以对感知信息进行智能分析和处理，做出预测和智能的决策，为师生提供个性化信息服务，创造一个高效、智能、幸福的校园环境，推动校园跨越式发展。

（2）虚拟现实和增强现实

虚拟现实（Virtual Reality，简称VR）是指借助计算机图形系统和接口设备，利用电脑模拟产生一个三维空间的虚拟世界，提供使用者关于视觉、听觉、触觉等感官的模拟，让使用者身临其境一般体验。借助头盔、眼镜等虚拟现实设备，人们可以进行各项复杂实验，见识浩瀚无边的太空，科幻小说、电影里的场景都可移至眼前……目前，虚拟现实技术已广泛应用于人工智能、教育培训、医疗健康、游戏娱乐、设计与规划等众多领域。

增强现实（Augmented Reality，简称AR）是在虚拟现实的基础上

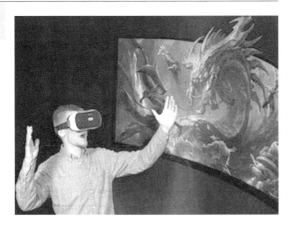

图 5-9

虚拟现实-VR眼镜图示

发展起来的新技术,将真实世界信息和虚拟世界信息"无缝"集成,[①]把原本很难感知到的实体信息(视觉信息,声音,味道,触觉等),通过科学技术模拟仿真后再叠加,映射到真实世界,被人类所感知,从而达到超越现实的感官体验。简而言之,增强现实技术,不仅展现了真实世界的信息,而且将虚拟的信息显示,两种信息相互补充、叠加,实时在同一个画面或空间同时存在。目前,国内已经出现了几款有关教育的增强现实类的产品,它们大多都是针对幼儿教育的,其表现形式是:提前设定好一个程序,以APP的形式安装在手机、平板或者计算机等带有摄像头的设备上,对应其提前设定好的卡片或者图书等一系列纸质图片,用摄像头对准图片进行扫描,屏幕上就会出现提前设定好的模型动画。

图 5-10

虚拟现实-VR眼镜体验者视图

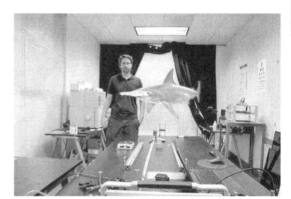

图 5-11

增强现实实例一

图 5-12

增强现实实例二

(3) 电子书包

从数字出版角度出发,电子书包可以被看成是由若干电子书整合而成的数字化教学资源包,包含学生需要的教材、教辅、工具书等;从硬件装备角度出发,电子书包可以被看成是一种未来型的教育电子产品(大多体现为轻便型移动终端)。整合了数字阅读和上网通讯两大主要应用功能,电子书包主要教学应用为:① 课前。将课前预习情况带进课堂,将课堂延伸至课外。② 课中。提供电子课本加强学生与文本的"对话";丰富课堂呈现的教学资源;促进信息共享及师生即时沟通;增强课堂中的合作与探究。③ 课后。推送个性化资源及任务,拓展课外学习。

(4) 3D打印

创新是发展的源动力,作为创新的最佳工具——3D打印技术被誉为引领第三次工

---

① 张凌云. 增强现实技术在图书馆应用初探[J]. 图书馆工作与研究,2015(9): 34-37.

业革命的新技术。近年来3D打印技术备受瞩目,已经被广泛运用于各行各业,如医疗、服饰、家居装饰、饮食、模型、工业、建筑、车辆、航空、珠宝首饰、娱乐、考古等,如图5-15所示,都是一些利用3D打印的实体模型。

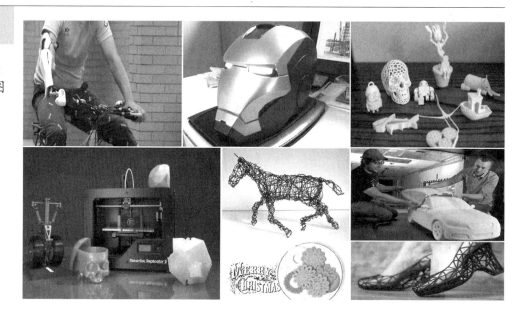

图 5-13

3D打印的实物模型图

　　3D打印引领着各个行业走向一个新的方向,同时也为教育行业带来新的发展契机。[1]3D打印在教育领域的应用主要有以下几种方式。第一,校外培训。高校多以社团的形式展开,利用课余时间,更好地丰富学生的生活。而中小学则可以在丰富学生生活的同时增加家长、教师和孩子间的互动性。第二,中小学教学应用。在基础教育领域,3D打印技术可以使抽象的、结构的、物理的、数学的,甚至是文学、艺术的概念三维化,变成可以摸得着、看得见的具象的事物,帮助学生培养空间想象力。第三,高校教学应用。越来越多的高校建立了创客实验室。第四,科研开发。由于3D打印机尤其是桌面级打印机的操作便捷,该技术还多用于各大高校科研,为学生提供设计、创造、解决现实问题的个性化、社会化、趣味性、综合性、开放性的创新实践。

　　(5) 人工智能

　　在教育问题解决与应用中,人工智能主要有四大应用形态:[2]

　　第一,智能导师系统。智能导师系统是借助于人工智能技术提供个性化学习指导的自适应教学系统。

　　第二,自动化测评系统。利用计算机自动评分,避免了人工评分中能力、情绪、疲倦等主观因素,能够实现客观、一致、高效的测评结果,提供即时反馈,极大减轻教师负担,使考试选拔更加公平公正并为教学决策提供真实可靠的依据。如科大讯飞研发的听说

---

[1] 黄建军.3D打印技术对CAD/CAM教学的要求及应对措施[J].课程教育研究(新教师教学),2014(28).
[2] 梁迎丽,刘陈.人工智能教育应用的现状分析、典型特征与发展趋势[J].中国电化教育,2018(03):24-30.

智能测试系统,实现了对英语口语的自动化考试和评分;智能阅卷系统,实现对考生答卷数据的智能评测等。

第三,教育游戏。教育游戏即具有教育性的电子游戏,对激发学习动机、提高创新能力、促进学生形成良好的情感态度具有十分积极的作用。[1]

第四,教育机器人。目前我国部分学校以课外活动、兴趣班、培训班的形式开展机器人教学,尚未纳入正规课堂教学。但随着创客教育的进一步普及,教育机器人会更加普及。

### (二)多媒体课件的设计与开发

多媒体辅助教学作为一种先进的教学手段,以其灵活性、直观性、实时性、立体化的优势,越来越受到广大教师和学生的青睐。要想运用好计算机辅助教学这一现代化的教学手段,关键是要设计和制作出符合教学要求的多媒体课件。多媒体课件是教师用来辅助教学的工具,以多媒体技术为基础、计算机为中心、教学设计为依据,对所采集的教学信息按要求进行处理,以实现对教学材料的存储、传递、加工、转换和检索的一种现代教学技术手段。[2]

**1. 多媒体课件设计的基本原则**

(1)教育性原则

多媒体课件应用的目的是优化课堂教学结构,提高课堂教学效率。这就要求课件的制作既要有利于教师的教,又要有利于学生的学。因此,多媒体课件的制作一定要体现教育性的原则,要体现教育的原则和根本目的,符合教育的基本规律和方法,注重教学内容,从课程的教学目标和教学对象的实际出发,有助于解决教学中的重点、难点问题,能激发学生兴趣、启迪学生思维、提高学生能力,帮助学生对知识内容的感知、理解、记忆及应用,进一步开发学生的智力以及培养学生分析与解决问题的能力。[3]

(2)科学性原则

所制作的课件要正确地反映科学知识,就必须要求制作的多媒体课件具有高度的科学性。传授科学知识的课件,必须保证表达的内容正确无误、逻辑严谨,要准确检查课件内容是否能正确反映客观规律,名词、术语和符号的使用是否规范等。

此外,多媒体课件应符合学科知识特点,符合教学对象特点,符合教学环境,符合启发式教学要求。多媒体课件是为了让学生更好地理解教材知识而设计的,多媒体课件的设计应源于教材又要高于教材,突出教学重点、难点,扩充教材之外的知识。注意多媒体课件不是教学内容的简单堆砌,不能把课件制作当成"教材拷贝""黑板搬家"。

(3)艺术性原则

成功的多媒体课件应当具有强烈的吸引力、感染力和表现力。内容和美的形式的

---

[1] 尚俊杰,肖海明,贾楠. 国际教育游戏实证研究综述:2008年—2012年[J]. 电化教育研究,2014(01):71-78.
[2] 戴宏发,方艳艳. 多媒体课件设计应遵循的基本原则[J]. 科技信息,2009(05):151,158.
[3] 张有录. 试论多媒体课件设计的十大原则[J]. 教育探索,2003(10):67-68.

融合统一,在多媒体教学中可以发挥更大的作用,取得更好的效果。多媒体课件的艺术性可以通过界面设计的艺术性、屏幕对象的艺术性、个性化风格等方面表现出来。艺术性主要表现在界面元素与区域的呈现形式,构图与色彩搭配,文本字体的大小、类型、颜色,图片的位置、大小和动画方式,动画、视频的显示位置等。

但是,多媒体课件的制作虽然要注重美化,但根本上要切实符合教学规律,从教学内容出发,以实用为准则,不能单纯为了画面的美化,而无限制地添加很多华而不实的音乐、图片、媒体等元素,这样的多媒体课件不仅不能达到增加教学效果的目的,反而可能成为教学实施的累赘,阻碍学生对知识的理解和掌握。

(4) 交互性原则

交互能力是多媒体课件强大生命力的重要体现,也是它的最基本特点。多媒体课件的交互性包括人机交互和师生交互两个方面。所谓人机交互,是指计算机和学生之间的信息传递是双向的,计算机可以向学生输出信息,也可以接受学生输入的命令,并根据命令进行相应处理。所谓师生交互,是指教师与学生之间的信息传递的过程,既要有教师的教,还要有学生的学,要实现教与学的统一。因此,课件设计中要根据内容适当地设计两个交互,屏幕上呈现的教学信息必须经过精心选择,使学生主动感知、积极思维,以期获得更好的认知效果,对原理概念、疑难问题掌握得更全面、深刻。

**2. 多媒体课件设计的主要步骤**

多媒体课件需要经历从规划到设计,经过不断修改和完善的过程,总体来说,多媒体课件的系统设计包括需求分析、教学设计、脚本设计、素材收集、课件制作以及修改、调试与教材评估等环节,其中最为关键、必不可少的有以下几个环节:

(1) 课件设计方案的编写

按照课程标准的要求,编写内容完整、有利于课件制作的教案。要制作课件,必须先有课件设计方案,否则课件制作便失去依据。此教案可以单独编写,可以在常规教案的基础上进行修订,也可以在常规教案的设计阶段将课件设计部分考虑进去。在这一过程中,教师需要经历分析课本、分析和筛选教学重点难点、板书设计以及教学方法等各个环节。在设计多媒体课件时,需要重点注意与教学目的、重点难点相关的内容。对于需要重点突出的内容和问题,设计时就需要做到详细;对于需要学生重点记忆的部分,设计时就需要做到给人印象深刻。显然,围绕教学目的是设计多媒体课件的重要条件。

(2) 多媒体素材的收集

在正式制作多媒体课件之前,很重要的一个环节就是根据已经设计好的课件设计方案,搜集和制作多媒体课件所需的素材。多媒体素材指的是各种数字化的听觉和视觉材料,也是多媒体课件中用于表达一定思想的各种元素,它包括文本、图像、音频、视频、动画等。

(3) 多媒体课件的制作

适合做课堂教学课件的常用软件是 PowerPoint,WPS 等。无论选择何种开发工具,课件制作的一般步骤都是建立文件、内部制作素材、导入或链接素材、设计交互、制作效果并打包。

（4）多媒体课件的调试与评估

初步完成多媒体课件的制作之后，在正式投入使用之前，需要首先对所设计的课件进行多次修改、试用、调试、完善，才能趋于成熟，这是保证课件质量的最后一关。课件的修改包括两个途径：第一，由课件设计者对课件自行检查、测试；第二，将课件投入试用，由学生对课件进行检查后将改进意见反馈给设计者。这些意见包括教学内容的安排、版面设计、课件结构等方面。根据设计者或试用者发现的错误和提出的意见，课件设计者可不断改进、完善课件的内容。

**3. 多媒体素材的采集与处理**

一个成功的多媒体课件，除了要有优秀的课件脚本和结构设计之外，还必须有充足合适的素材。正是由于丰富的素材，才使得多媒体课件在辅助教学时能起到意想不到的效果，极大调动学生学习的积极性，让学生有更加丰富的体验。多媒体素材大致可以分为文本、图像、音频、视频、动画等几种主要形式。

（1）图像素材的采集与处理

图像在多媒体教学软件中应用最多，从界面、背景到各种插图，基本上都会用到图像素材。常见的图像素材格式有 BMP 格式（能完整地保存每个图像的具体信息，质量上没有损失，占用磁盘空间大）、JPEG/JPG 格式（文件非常小，又保持较好的图像保真度）、PNG 格式（位图格式，支持透明格式，而且它采用的是无损算法，保留原来图像的每一个像素）、GIF 格式（占用磁盘空间小，多用于图像文件的网络传输，可以支持小动画）等。大多数搜索引擎都提供了图像搜索功能，一般可以搜索到大量的相应图片，我们常用的搜索引擎有百度、搜狗、谷歌等。搜索引擎擅长搜索热门新闻或者时效性比较明显的图片，对于表达意象或者冷门关键词的搜索往往不尽人意，这时我们还可以借助专门的素材库网站来搜索图片。[①]

图像处理软件是用于处理图像信息的各种应用软件的总称，图像处理软件有很多，可以根据自己的技术水平和需求选取相应的软件。

表 5-4 图像处理软件对比

| 软件名称 | 技术难度 | 功能描述 |
|---|---|---|
| Adobe PhotoShop | ★★★★★ | 目前 PC 机上公认的最好的通用平面设计软件，可以对图像进行裁切、旋转、修整、调整颜色、分色处理等。 |
| ACDsee | ★★★☆☆ | 专门看图的处理软件，该软件支持方便的查看图像，还能做一些批量处理的操作，如批量命名、裁切等。 |
| 光影魔术手 | ★★☆☆☆ | 光影魔术手是一款简单易用的照片处理软件，人人都能利用数码照片制作精美相框、艺术照、专业胶片效果而不需要专业技术。 |

---

① 常用的图片搜索网站有：
  全景 http://www.quanjing.com　　　　昵图网 http://www.nipic.com/index.html
  Pixabay https://pixabay.com　　　　　　站酷 http://www.zcool.com.cn
  （商业用途公开展示时，需要购买版权）

续表

| 软件名称 | 技术难度 | 功能描述 |
| --- | --- | --- |
| 美图秀秀 | ★★☆☆☆ | 美图秀秀是一款很好用的免费图片处理软件，不用学习就会用，PC版和手机版都有。美图秀秀独有的图片特效、美容、饰品、边框、场景、拼图等功能，加上每天更新的精选素材，可以让你1分钟做出影楼级照片。 |
| Inpaint | ★★★☆☆ | Inpaint是一款去除图片背景中瑕疵的图片处理软件，可以去除水印，也可以去除图片中的某些内容。 |

（2）音频素材的采集与处理

音频主要用于语言解说、背景音乐和效果音等。发音标准的解说、动听的音乐有利于集中学生学习的注意力、陶冶学生的情操、激发学生学习的潜力。

选择音频素材时，要注意音频采样率这一参数。音频采样率是指录音设备在一秒钟内对声音信号的采样次数，采样频率越高声音的还原就越真实越自然。当今主流的采样频率一般分为 11 025 Hz、22 050 Hz、24 000 Hz、44 100 Hz、48 000 Hz 等五个等级。

在处理音频时，可能经常会遇到如下问题，比如噪声大、音乐太长要截取、没有效果器、音量调整、多轨道混合等，这时候就需要借助专业的音频处理软件了。大部分音频处理软件都包含录制、编辑和音效等功能。

表5-5 常见音频处理软件

| 工具名称 | 功能描述 |
| --- | --- |
| Adobe Audition | Adobe Audition是一个专业音频编辑和混合环境，前身为Cool Edit Pro。Adobe Audition 3.0中文版专为在照相室、广播设备和后期制作设备方面工作的音频和视频专业人员设计，可提供先进的音频混合、编辑、控制和效果处理功能。 |
| Sound Forge | Sound Forge被视为熔炼声音的熔炉。它可以对音频文件进行各种处理，打造我们需要的声音效果。 |
| GoldWave | GoldWave是一个集声音编辑、播放、录制和转换的音频工具，体积小巧，功能却不弱。 |
| Cool Edit | Cool Edit Pro是美国Adobe Systems公司开发的一款功能强大、效果出色的多轨录音和音频处理软件。可以用声音来"绘"制：音调、歌曲的一部分、声音、弦乐、颤音、噪音或是调整静音。 |

（3）视频素材的采集与处理

视频是对现实世界的真实记录。视频具有表现事物细节的能力，它的信息量比较大，具有更强的感染力。接触到视频素材，还要正确区分以下两个参数：

① 分辨率。视频分辨率是指视频成像产品所成图像的大小或尺寸，它的表达式为："水平像素数 × 垂直像素数"。常见的图像高清分辨率有720P（1 280×720），1080P（1 920×1 080）。

② 码流。码流是指视频图像经过编码压缩后在单位时间内的数据流量，也叫码率，是视频编码中画面质量控制中最重要的部分。同样分辨率下，压缩比越小，视频图像的码率就越大，画面质量就越高。

通过各种方式收集的视频素材,有时候并不能直接用于实际教学中,一般情况下需要根据教学和教材的具体内容对视频素材进行二次加工处理,即视频的编辑工作。常用的视频编辑软件见表5-5。视频的编辑工作有以下几个步骤:

① 采集视频素材。把拍摄完成或者网络下载的视频素材准备好。
② 简单编辑视频。对视频中多余的镜头和画面进行删除合并等基本处理。
③ 添加视频效果。为视频添加转场、特效、音效、字幕等。
④ 导出成品视频。把编辑完成的视频导出为指定格式。

对于目前主流的视频编辑软件,可根据自己的情况和功能需求去选择。

表 5-6 视频处理软件对比

| 工具名称 | 功能描述 | 应用情景 |
| --- | --- | --- |
| QQ影音 | QQ影音定位为一款视频播放软件,Flash、RM、MPEG、AVI、WMV、DVD、3D……一切电影音乐格式统统支持,而且它有基本的视频剪辑功能,应用非常方便。 | 视频剪辑<br>格式转换<br>视频合并<br>视频截图 |
| 爱剪辑 | 爱剪辑是一款全能的视频剪辑软件,支持给视频加字幕、调色、加相框等齐全的剪辑功能,且其诸多创新功能和影院级特效,也使它成为迄今最易用、强大的视频剪辑软件。 | 爱剪辑里有很多的卡通文字特效,娱乐性比较强。它采用故事板的方式进行视频编辑,更容易上手。 |
| 会声会影 | 会声会影从早期的家庭版升级到现在的专业版,尤其是X系列功能更加强大,拥有丰富的特效和动画效果。而且可以在傲视网等网站上下载到会声会影素材模板。 | 用于做宣传片等复杂效果的视频。相对其他软件,界面比较简洁。 |
| Camtasia Studio | Camtasia Studio是最专业的屏幕录像和编辑的软件套装。软件提供了强大的屏幕录像(Camtasia Recorder)、视频的剪辑和编辑(Camtasia Studio)、视频菜单制作(Camtasia MenuMaker)、视频剧场(Camtasia Theater)和视频播放功能(Camtasia Player)等。 | 用于做微视频等教学性质的视频。 |
| 威力导演 | 威力导演(PowerDirector)是一款非线性视频编辑软件,用户可以利用截取、编辑、特效、覆叠、标题、音频与输出等七大功能,把视频、图片、声音等素材结合成视频文件。 | 用于做宣传片等复杂效果的视频,专业效果好。 |
| Movie Maker | Windows Movie Maker是一款常用家庭视频编辑软件,能够非常容易地把图片和视频制作成流畅的影片。添加特别的效果,过场动画,配乐和声音,字幕等。 | 上手简单,效果简洁,用于需要简单编辑的视频。 |
| 格式工厂 | 格式工厂是一款经典的格式转换软件,可以转换图片、视频、音频等多种格式。 | 专门用于格式转换,添加水印等功能。 |

**4. 多媒体课件设计策略**

教师在日常的教学中,主要以多媒体课件中的PPT课件制作为主,因此以PowerPoint制作为例,介绍多媒体课件设计的几个技巧。

（1）模板的选择

PPT模板的选择要注意合适的风格和排版，首先得明确PPT的主题，根据主题去选择相应的模板，原则上是要贴合内容主题而选择合适的模板。另外，PPT课件还需要考虑授课对象的特点，如年龄阶段、认知特点等。然后根据素材的内容去选模板，根据文字、图表、图片，来选择合适的排版类型。

目前，教师在制作PPT时大多都会使用已有的模板，但切莫为了追求好看而选择了不恰当的模板，这样反而会阻碍教学的有效进行，一定要根据教学的内容、学生的特征来选择合适的模板。如案例所示，此课件属于物理学科，但是选择这个模板就明显不合适，修改以后选择飞机的图片贴合课程内容——升力。

图 5-14　案例之物理《神奇的升力》模板修改前后对比

（2）文字的设计

文字的设计包括字体的选择、文字的颜色、文字的造型等方面。电脑中字体很多，我们要如何来选择合适的字体呢？一般是根据学科属性和文字功能来选择，学科属性可以指导字体风格的选择，而文字功能则是要求使用不同字体来区分。建议在一个多媒体课件中最多不要使用超过三种文字，其中有几条原则需要注意。

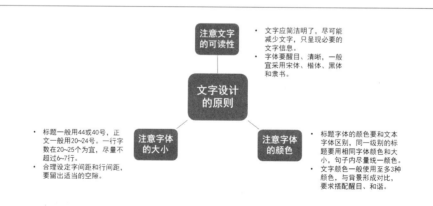

图 5-15　文字设计原则

PPT用于教学演示，切记不要把PPT当成Word来使用，成篇的文字会造成阅读的困难，而且显得内容没有主次。在制作课件时一定要注意避免文本冗余，只需提取并呈现必要信息即可。下面的案例中可以看到，左侧的文字很多，学生很难一下子抓住内容的重点，而修改以后将内容变为图示，通过字体大小和颜色的变化，突出关键信息和逻辑关系，一下子就能抓住课程的重点内容。

图 5-16 案例之信息技术《web1.0 与 2.0》文字修改前后对比

（3）图片的处理

在 PPT 课件中，很重要的一个部分就是图片的选择与处理，要遵循以下原则：

第一，图片清晰度足够，横纵比合适，未被拖拽变形。一般搜集到的图片尽可能不要随意改变图片的横纵比，应尽可能在保持图片横纵比的基础上，通过裁剪等方式改变图片的显示比例。另外，图片的放置是为内容服务，因此为了达到良好的显示效果，图片一定要足够清晰，不然影响多媒体课件的质量。

第二，图片内容与主体相匹配。配图的目的是为了帮助学生理解课件的内容，顺便起到丰富画面的作用。如果本末倒置，为了放置图片而放置图片，往往会适得其反。因此，选择图片一定要忠于内容，选择服务于文字内容的图片。如案例中所示，数学主题的 PPT 放置了卡通人物是不合适的，而采用数学符号的插图更加合适。

图 5-17 案例之数学《立方体积的计算》图片修改前后对比

第三，图片整体风格要统一。一个多媒体课件最好选择一种风格的图片，保持前后的统一，避免出现前后风格大相径庭的现象。例如，如果选择用漫画来表现，最好一直使用漫画来表现内容，突然在其中穿插一张照片，就会显得风格不统一。如案例中，修改前图片既采用了卡通，又采用了照片，就不是很合适，统一成照片就显得更加和谐。

在选择和处理完图片后，图片的排版也很重要，这里列举几种常见的图片排版方式：

① 全图型排版。建议采用高清的壁纸，可以通过透明背景来强化标题。

图 5-18　案例之生物《鱼尾巴的作用》图片修改前后对比

图 5-19　案例之语文《古诗词鉴赏》全图型PPT

② 多图排版。在多图的排版上,我们要遵循的原则是要使画面平衡,平衡可通过统一和突出来表现。统一包括:统一类型,统一图片的类型,选择漫画就应该都是漫画,选择照片就应该都是照片,不要混搭图片;统一位置,统一图片在页面上排版的位置是否平衡,是否遵循一定的规则;统一大小,统一图片的大小、边框的粗细等;统一颜色,统一图片的色调,色调相差太大的图片组合起来会产生违和感,但是有些情况下可以采用色彩对比明显的图片效果更好。

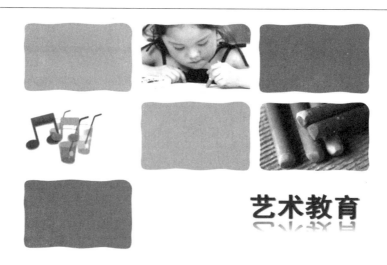

图 5-20　案例之艺术《艺术教育》多图型PPT

（4）颜色的搭配

PPT本身是一个视觉的展示，配色一定要清晰，将背景色与字体颜色区分开。常见的清晰配色有黄黑、黄紫、红白、咖黄、蓝白等，而如黄白、黄橙、红橙、咖绿、蓝黑等这些就是不清晰的配色。要注意尽量少用渐变色，颜色的使用一定要与环境相融合，只有配合得当，才能呈现最佳的视觉效果。如案例中，修改前的PPT中，字体的颜色与背景的颜色太过接近，文字可读性很差，而修改以后，字体与背景的颜色区别开，文字更加清晰可读。

图 5-21

案例之语文《春晓》颜色修改前后对比

（5）动画的设计

动画设计在幻灯片中起着至关重要的作用，动画的作用有三个方面：一是清晰地表达事物关系，如通过动画设置元素出现的先后来表达某种逻辑关系；二是更加配合演讲，通过控制动画的出现，配合演讲内容；三是增强效果表现力，通过绚丽的动画效果来增强课件的表现力，达到吸引眼球的目的。在多媒体课件中，动画更多是用来控制教学内容的呈现顺序，并解析教学的重点与难点。

PPT以独有的特效动画来酷炫地呈现内容，但是动画的制作也一定要遵循一定的规律，没有规律乱搭的动画只会扰乱视听。动画要注意从形式、方向、顺序和节奏各方面的统一性和有序性。我们在制作动画时应遵循以下几个原则：

**醒目原则**
- 主次动画的搭配上要合理，对于重点内容，可以适当夸张，但切莫过度。

**自然原则**
- 动画的设置要自然，要符合正常的逻辑，并与内容相贴合。

**简洁原则**
- 动画的设置一定要切忌拖拉、切忌繁琐，注意要为教学服务。

**适当原则**
- 动画设计要基于教学内容和学生特点呈现最优的动画效果。

**创意原则**
- 创意是无规律可循的，有了创意，动画才能千变万化。

图 5-22

动画设计原则

### （三）微课程的设计与制作

#### 1. 微课程与翻转课堂

微课程的概念最早可追溯到1960年在美国传统教育中兴起的"微型课程"概念。"微型课程"又称为短期课程、专题式课程或者模块课程，[①]是在学科范围内由一系列半独立的、小容量的学习单元（学习专题）组成的一种课程形式。[②]

目前关于微课程概念众说纷纭，并没有统一的认识。胡铁生认为："微课程是以微型教学视频为主要载体，针对某个学科知识点或教学环节而设计开发的一种情景化、支持多种学习方式的新型在线网络视频课程。"[③]黎加厚认为："微课是在10分钟以内，有明确的教学目标，内容短小，集中说明一个问题的小课程。"[④]以上两位学者关于微课程的不同定义，二者的共同点之一就是微课程是一门课程，包括学习视频和其他形式的活动或材料。学习视频一般来说它并不能孤立存在（因为知识具有连续性），要与其他微视频教学资源组成系列微视频，并配以其他的微学习活动（练习、讨论、资源）共同组成一门完整的微课程。

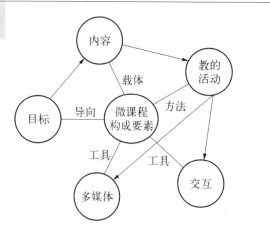

图5-23 微课程的构成要素

微课程有容量小、时间短、自足性、基元化、易传播等特征，一个典型的微课程包含以下构成要素：目标、内容、教的活动、交互、多媒体。

在教学实践中，翻转课堂是微课程的一种教学应用模式。根据教学的需要，微课程可以安排在课前，也可以安排在课内，这种应用模式的重要特点是学生学习微课程发生在教师讲授或组织问题探究前，即"先学后教"。在学生学习微课程后，安排适当的预设任务，以获取学生对微课程内容的掌握程度，为教师的后续教学决策提供反馈信息，见图5-24。

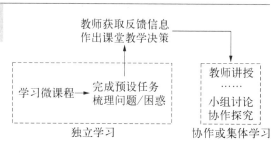

图5-24 翻转课堂教学应用模式图示

#### 2. 微课程的制作流程

微课程的制作，粗略来讲，可以分为五步：第一步，选题；第二步，内容设计，即根据学习者和教学内容，制定教学目标和教学策略，然后深入浅出、生动形象地讲授内容；第三步，媒体策略设计；第四步，学习任务单设计（学习活动设计）；第五步，微课程评价。下面依次阐释：

---

① 张民选.模块课程：现代课程中的新概念、新形态[J].比较教育研究,1993(6).
② 罗丹.微型课程的设计研究[D].上海：上海师范大学,2009.
③ 胡铁生.微课的内涵理解与教学设计方法[J].广东教育（综合版）,2014(04).
④ 黎加厚.微课的含义与发展[J].中小学信息技术教育,2013(04).

(1) 规划选题

微课程的选题是微课程制作最关键的一环,良好的选题可以起到事半功倍的作用,不适当的选题却使微课程变得平凡乃至平庸。

微课程具有"短小精悍"的特点,所以在选题时,需要聚焦于很小一个范围内,通常是一个知识点或者是某一项技能的某一个点。选题前,需进行系统规划,将每个知识单元细分为若干个知识点,每个知识点再分为若干个技能点(学习点),直至不能再分。然后把这些技能点(学习点)制作成一系列既相对独立,又环环相扣、相互联系的微课程群。经过系统规划的微课程群,能够帮助学生建立完整的知识体系,避免知识的碎片化。见图5-25。

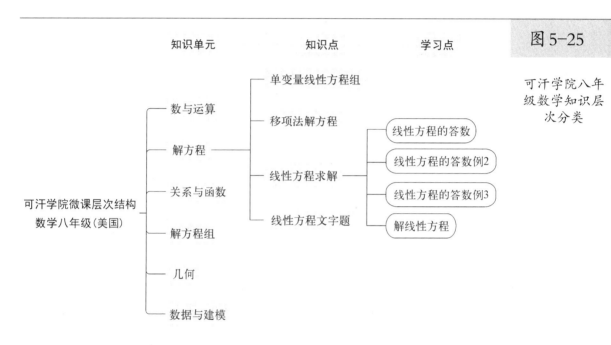

图 5-25 可汗学院八年级数学知识层次分类

下图是清华附中唐洁等教师制作的初中记叙文"描写——画面感"和山东省济南燕山中学张晓燕等教师制作的"一元二次方程"的微课程规划图。

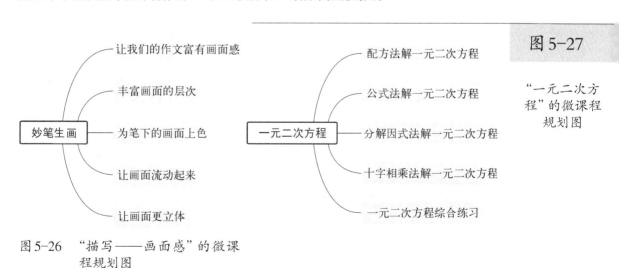

图 5-26 "描写——画面感"的微课程规划图

图 5-27 "一元二次方程"的微课程规划图

> **注意：制作的微课程要适合多媒体表达**。微课程，相对于传统课堂教学有一定的优势，它可以借助图像展现出事物的形态结构，借助运动图像表现事物的运动变化状态。但是由于它的直观性，使其在展示某些教学内容时并不适合，限制了学习者的想象力。

（2）内容设计

选题之后，需要进行教学内容设计，教学过程一般分为导入、讲授、小结三个环节：

**第一，导入**。导入的主要功能是激发学习兴趣，带入主题内容。可采用生活情境导入、故事情境引入、实验情境导入、问题导入等方法，另外，导入一定要"短、平、快"，时间尽量在1分钟左右，微课程不同于传统课堂，它的时间一般控制在10分钟以内，导入时间过长会使主要教学内容没有时间讲解，造成喧宾夺主。

如，某位政治教师在讲解"矛盾的主要方面和次要方面"这对概念的时候，首先介绍智能手机的好处和危害性，让同学们思考上学该不该带智能手机，进而引出矛盾的主要方面和次要方面这对概念。这种方法一开始就激起了学习者的兴趣，学习者在不知不觉中了解了概念，学会了利用这对概念分析问题，又对手机有了清晰的认识。

又如，一位数学教师讲解《反证法》时，以"道旁苦李"的故事来引入，故事中王戎以"树在道旁而多子"推导出"此必苦李"的方法，得出反证法的一般步骤。

**第二，讲授**。讲授是微课程的主体部分，也是最重要的部分，教师要善用教法、学法，及时变换教学策略激发学习动机，维持学习兴趣。我们不妨尝试一些有别于教科书的方法，下面简单介绍几种，以期为大家提供参考。

剖析式讲授法：它是结合了讲授法和基于问题的教学法而得来的，有两种组织方式：

方式一：问题——（过渡n）——解决方案n。该方式是"一问一答"式，问题层层深入，若再加上生动有趣的讲解，便可抓住学习者的心理，激起学习兴趣。

方式二：问题1、2、3……n——（过渡1）——解决方案1——（过渡2）——解决方案2……（过渡n）——解决方案n。该方式是在刚开始列出所有问题，在一开始就吸引学习者的注意力，然后逐个问题进行解答。

如，在微视频《Photoshop动作揭秘》[①]1中讲解了使用动作的意义、使用的两种方法、动作和批处理相结合的用法三个问题。它的教学过程设计如下：

班长在犯愁：班里交上来的电子照片大小和分辨率都不合格，需要逐张修改，出现的问题是重复工作不仅累人，重要的是可能出错。

同学提议：用图片处理软件，可是修改分辨率的软件较少，或许还带着插件，用起来不方便。

信息技术教师：Photoshop中"动作"可以解决此类问题，并在此解释了"动作"命令的使用意义和价值。

班长和同学："动作"命令怎么用呢？

信息技术教师：使用"动作"命令的两种方法……

班长又提出疑问：虽然使用"动作"命令可以减少每张照片的处理量，可是一张一

---

[①] Photoshop动作揭秘．[EB/OL]．http://www.iweike.org.cn/v002-play-754-4212.htm．

张应用"动作"命令,这样几百张下来,还是挺繁琐!

信息技术教师:"批处理"命令,它和"动作"命令联合使用就可以使选中的整个文件夹中的照片都发生变化。

教师的每一次解答都是根据问题需要而定,环环相扣,逐步深入,并且与学习者的日常生活相关联,能够激发学习者的学习动机。

分解式讲授法:它是借鉴任务驱动教学法而来的,任务驱动教学法的特点是以任务为主线。该教学方式的一般组织是:任务1——讲解1(或演示1)——任务2——讲解2(或演示2)……——任务n——讲解n(或演示)。经试验证明,该教学方式在软件操作、技能学习等领域学习效果比较突出。

如,《有趣的自定义动画》,该内容的学习对象是小学五年级学生,他们有一定的想象力,同时有很强的好奇心,所以通过龟兔赛跑的情景来学习,会更激发他们的学习兴趣。龟兔赛跑是一个故事,它具有一定的情节,因此需要按照事件发展的逻辑来为对象添加动画。教学过程设计如下:

首先,呈现龟兔赛跑动画片(1分钟),通过有趣的动画吸引学习者的注意力,导入主题。

然后提出任务:制作龟兔赛跑动画。

接着,以问题的形式让大家思考该时间段内龟兔的行为:第一,兔子跑得快,乌龟跑得慢,速度不同;第二,乌龟最后超过兔子,乌龟比兔子跑的路程长;第三,兔子中间停下来休息时,乌龟还在跑,乌龟比兔子跑的时间长。这一步骤是为自定义动画添加限制条件。

接下来,进入任务一:让龟兔跑起来!给乌龟和兔子添加动作路径。此时发现二者没有同时起跑。

紧接着,进入任务二:让乌龟和兔子同时起跑!即设置动画开始时间(顺序)。此时发现乌龟和兔子跑的速度一致。

然后,进入任务三:让兔子快点跑!设置动画速度(兔子设置为快速,乌龟设置为慢速)。此时又发现二者跑的路程相同。

接着,进入任务四:让乌龟跑得再远点!即改变乌龟的路径长度。这时总的任务就完成了。

最后,教师总结回顾所讲知识点,并提出新的探究任务。

故事式讲授法:设定一定的场景、安排故事角色、有一定的过程和情节来讲述知识的一种方式,以讲故事的形式将要表达的情感或者要讲解的知识让学习者领会。一般的学习者会排斥学习、排斥听课,但不会排斥听故事。所以这种方法相对来说,比较容易被学习者所接受。

将知识传授转化为讲故事的方法,常见的有两种。第一种方法,将知识点拟人化,然后知识点以人的口气来阐述自己的特点、功能。

例如,《on,over,above》微视频中,赋予"on""over""above"三个介词可爱的卡通形象,讲述了这三个性格不同的兄弟在方位介词游乐场的奇遇经历。一天,它们到游乐场去游玩,看见三座城堡,兄弟三人手拉手要进去,可是守卫说这里是"on"的国度,只有"on"可以进去,认清他自己,再发表就职演讲他就是这里的国王了。"on"就很高兴地来到了自己的王国,看见了许多东西,明白了自己的职责,开始了自己的就职演讲,然后成功接任了国王的职位。接下来"over"和"above"分别进入属于自己的城堡,通过情景认清自我,发表就职演说,出任各自王国中的国王。其中观看城堡中的情景,是让学习者从视觉上察觉三个介词的差别,通过三个介词的就职演讲,让学习者从语言上进一步准确理解三者之间的差别。

第二种方法,教师在讲述时安排一些人物,通过人物的活动和对话,将知识点贯穿其中,让学习者在不知不觉中学会知识。

如,微视频《电子邮件编写礼仪与规范》,作者设定了小花、小红给小林写信的情景,讲述了他们在写信的过程中,遇到了一系列关于编写规范的问题,最终这些问题或二人讨论解决、或通过旁白提示解决的故事。

故事式讲授法避免了单纯的说教,在故事中学习,使学生的有意注意向有意后注意的方向发展。

第三,小结。小结是微课程结束前对主体部分各知识要点的简短回顾、概括、总结或提炼,是微课程的重要环节和组成部分。微课程小结应该在尽可能短的时间内可视化地呈现本次微课程的知识结构,帮助学习者进行系统归纳和概括总结,建立相对完整的知识结构,获得进阶提升。

如图5-28,微视频《圆柱体积的推导过程》的总结部分,通过图示的方式将推导的思路、流程展示出来,一目了然地回顾了知识。

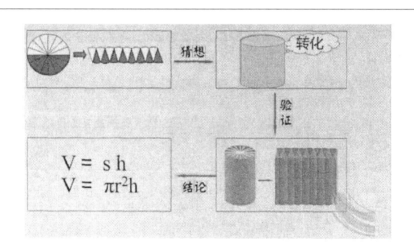

图5-28　图示总结法

（3）媒体设计与制作

常见的微课程制作方法有:[①]

① 录像式微课程。利用摄像机、DV机、智能手机等摄像设备,将教师画面及讲解内容、操作演练、教学过程等现实情境摄制下来的教学视频。

② 屏幕录制式微课程。主要通过一些视频录制软件将教师计算机桌面、PPT课件或手写板等媒介的内容、讲解操作及演示分析的过程录制形成的视频。常用的录屏软件有Camtasia Studio、屏幕录像专家、SnagIt、iSpring等。

---

① 窦菊花,何高大. 微课研究综述[J]. 湖南工业大学学报(社会科学版),2015(04): 55-60.

## 拓展学习

《圆的面积》微课程是利用 Camtasia Studio 将 PPT 课件和教师讲解录制下来,最终编辑而成,详情请扫描右方二维码观看具体内容。

圆的面积

③ 动画式微课程。为体现某些抽象的事件或过程,利用图像、动画或视频制作类软件制作的教学视频。目前有万彩动画大师、幼芽互动电影、Focusky、PPT2016 等工具软件可以制作故事型微课。下表对几款软件从素材库、收费、效果、操作难易程度等方面进行分析,给出推荐等级。

| 软件 | 素材库 | 收费情况 | 效果 | 操作难易程度 | 推荐等级 |
|---|---|---|---|---|---|
| 万彩动画大师 | 丰富的场景与角色 | 部分收费 | ★★★★ | ★★★ | ★★★★★ |
| 幼芽互动电影 | 丰富的场景与角色 | 部分收费 | ★★★★ | ★★★ | ★★★★★ |
| Focusky | 众多的场景与角色 | 部分收费 | ★★★ | ★★★ | ★★★ |
| PPT2016 | 较少,需要添加插件 | 免费 | ★★★ | ★★ | ★★★★ |

表 5-7 动画式微课制作软件评级分析表

④ 混合式微课程。综合运用多种视频制作途径方式(如拍摄、录屏、软件合成等)编辑合成的微课程视频。这类制作方式要求较高的技术支持和视频编辑水平,花费的时间较多,但视频的质量会更高,内容呈现形式更多变,能更好地发挥教师的创意,从而更有效地完成教学目标。

## 拓展学习

《幼儿手印剪纸创意》是综合拍摄、录屏等方式合成的微课程,其中演示操作部分使用手机拍摄的形式,片头、理论讲解部分使用 PPT 展示。详情请扫描右方二维码观看具体内容。

幼儿手印剪纸创意

(4)学习任务单设计

微课程不仅包括主体材料——视频,还包括其他的学习材料,所以在教学内容和媒体设计好之后,还需要设计相应的学习活动、学习指导等,我们把这些学习材料集合称为学习任务单。

(5) 微课程评价

评价作为课程开发的最后一个环节,也是至关重要的环节。表5-8是中国微课大赛网的评价标准:

表5-8 微课程评价标准

| 一级指标 | 二级指标 | 指 标 说 明 |
| --- | --- | --- |
| 教学选题（10分） | 选题简明 | 利于教学,选题设计必须紧扣教学大纲,围绕某个知识点、教学环节、实验活动等展开,选题简洁,目标明确。 |
| | 选题典型 | 解疑定位精准,有个性和特色,应围绕日常教学或学习中的常见、典型、有代表性的问题或内容进行设计,能够有效解决教与学过程中的重点、难点、疑点等问题。 |
| 教学内容（30分） | 科学正确 | 概念描述科学严谨,文字、符号、单位和公式等符合国家标准,符合出版规范;作品无著作权侵权行为,无敏感性内容导向。 |
| | 结构完整 | 所提交的作品必须是微课视频,还可以提供与选题相关的辅助扩展资料(可选):微教案、微习题、微课件、微反思等,便于评审。微教案的设计要素齐全,内容要精确,注重实效。微习题要有针对性与层次性,主观、客观习题的设计难度等级要合理。微课件的设计要形象直观、层次分明、重点和难点突出,力求简单明了。微反思应该真实细致,落到实处,拒绝宽泛、套话。 |
| | 逻辑清晰 | 教学内容的组织与编排要符合当前中小学生的认知逻辑规律,设置合理,逻辑性强,明了易懂。 |
| 视频规范（20分） | 技术规范 | 微课视频录制方法与设备灵活多样(可采用DV摄像机、数码摄像头、录屏软件等均可)。微课视频一般不超过10分钟;视频画面清晰、图像稳定、构图合理、声画同步,能全面真实反映教学情景。 |
| | 语言规范 | 使用规范语言,普通话或英语需标准,声音清晰,语言富有感染力。 |
| 教学活动（30分） | 目标达成 | 达成符合学生自主学习、方便教师教学使用的目标,通用性好,交互性强,能够有效解决实际学习及教学问题,高效完成设定的教学目标,促进学习者思维的提升、能力的提高。 |
| | 精彩有趣 | 符合创新教育理念,体现新教材教学方法,教学过程深入浅出,形象生动,精彩有趣,启发引导性强,有利于学生的学习积极性和主动性的提升。 |
| | 形式新颖 | 微课构思新颖,富有创意,类型丰富(讲授类、解题类、答疑类、实验类、其他类)。 |
| 网上评价（10分） | 网上评价 | 作品提交后,将在网上进行展示并提供给学生学习和教师教学应用,根据线上的观看点击率及投票率等产生综合评价分值。 |
| 总计得分 | | |

## (四)利用APP促进课堂教学与创新

随着科学技术的迅速发展,学习者的学习方式发生了巨大的变化,学习不再只是发生在传统课堂上的行为,以手机为代表的新媒体为师生的泛在学习提供了设备支持,使学习行为无处不在。[①]教育APP是随着智能移动终端的出现而发展起来的一种新型移动学习资源。目前还没有一个统一的学界公认的教育APP定义。教育APP中的APP是英语Application的缩写,原意为"应用",现在APP普遍被界定为智能移动终端的应用程序。为此,我们将教育APP界定为:运行于智能移动终端的、能够帮助学习者学习的应用程序。目前,教育APP已不仅仅是课堂教学的有益补充,更成为促进信息技术与课堂教学深度融合的有力"神器"。有效的教育APP必将带来教学与学习的变革,教师可以运用APP优化内容呈现方式、提高教学工作效率以及丰富课堂教与学的方式等。

**1. 利用APP优化内容呈现方式**

利用信息技术优化教学内容时,PowerPoint是一马当先的软件。在教师们运用PowerPoint越来越熟练的同时,伴随着移动时代的来临,亟需能够在手机端进行教学内容制作的APP,可以随时随地地备课和办公。

(1) WPS office

有时候我们想做一个PPT,但是电脑又不在身边,只要在手机应用商店找到WPS office 软件点击下载安装就可以解决这个问题。WPS office免费兼容微软的office,可以轻松地在手机上打开电脑上的office文档。WPS office支持云储存,上传到WPS云上,就可以在云上编辑,保存文档。WPS office的界面非常简洁,容易操作,见图5-29。

图 5-29 WPS office 界面

(2) AxeSlide斧子演示

AxeSlide斧子演示是一款非常容易上手的演示文稿制作软件,基于html5技术开发,云端存储,让用户随时在电脑、手机或平板设备上展示。与PowerPoint等演示文稿制作软件不同,它的所有内容都在一张大画布上,内容组织方式类似思维导图,利用平移、旋转和缩放等方式来实现镜头推进和拉出的演示效果,它可以帮助我们制作出类似思维导图内容呈现方式的课件,特别适合制作像复习课之类需要用到思维导图来呈现授课内容的课件。

到网站http://www.axeslide.com/下载软件并安装。它的界面比绝大多数软件都简洁,几乎没有什么菜单功能,只有编辑、选择模板等几个简单的操作菜单,工具栏也只有绘制简单图形、插入图片、视频和图表等功能,主要的操作都在工作区,即画布上。其制作界面见5-30。

类似于AxeSlide斧子演示的软件还有FOCUSKY动画演示大师(http://www.focusky.com.cn/)和Prezi,打破传统的单线条演示的效果更适合在移动终端播放,为教学活动带来更生动的展示效果。

---

[①] 马玉慧,赵乐,李南南,王硕烁. 新型移动学习资源——教育APP发展模式探究[J]. 中国电化教育,2016(04).

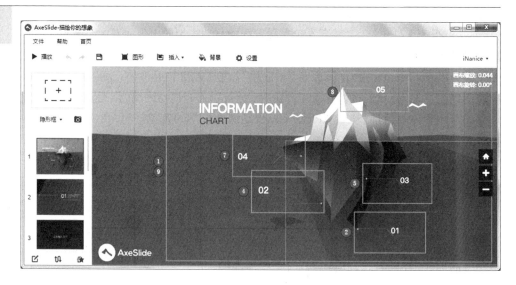

图 5-30 AxeSlide 斧子演示软件界面

(3) Sparkol VideoScribe

VideoScribe 是以一种手绘的方式来快速、轻松地创建引人入胜的动画或者视频。通过简单操作,便可以轻松地将多媒体对象添加到创意作品中,如手写文字、图画、照片、背景音乐、旁白等。VideoScribe 的创作和预览界面见图 5-31。

图 5-31 VideoScribe 创作界面

### 2. 利用 APP 提高教学工作效率

随时随地使用移动设备已经成为人们的日常习惯,当我们使用移动设备上的各种 APP 提升生活质量的同时,是否也会考虑有什么 APP 可以提高我们的工作效率?在碎片时间里解决部分工作问题,或者把某些想法快速记录下来,我们需要借助这几款 APP:

(1) 语音输入法

使用移动设备进行办公最大的问题就是文字输入,语音输入法可以实现脱离键盘的快速输入问题。语音输入法的原理是将要输入的文字内容用规范的语音朗读出来,通过麦克风等输入设备送到计算机中,计算机的语音识别系统对语音进行识别,将语音转换为相应的文字,完成文字的输入。语音输入方法目前识别率很高,以手机上的讯飞语音输入为例,手机上安装了讯飞输入法,发短信时只需要点击语音识别就能把我们的语言转化成文字,包括标点符号。见图5-32。

图 5-32

讯飞输入法界面

（2）云笔记

云笔记是一款跨平台简单快速的个人记事备忘工具,并且能够实现PC、移动设备和云端之间的信息同步。大部分用户选择云笔记软件是因为它强大的同步功能,我们不再需要担心跨终端文件的版本问题,只需要一个账户,就可以在所有终端访问笔记内容,方便归类整理且永不丢失。云笔记对教师的工作支持主要表现在便捷保存个人资料（如微信、网页、阅读软件的资料）、快速记录并分享、高效归类整理等方面。

常用的云笔记软件有印象笔记、有道云笔记、为知笔记和office软件中的Onenote等。这些笔记软件的用法大同小异,我们以印象笔记为例来展示云笔记在教师工作中的应用。印象笔记可以登录网页版www.yinxiang.com,也可以安装电脑客户端和手机客户端。图5-33中能看到,在我们随时要记录内容的时候,印象笔记可以选择拍照、手写、文字笔记等多种形式,易于操作。

图 5-33

印象笔记手机端界面

（3）在线思维导图

用计算机软件制作概念图，大大提升了思维导图的可拓展性，数字化的思维导图方便修改，制作也更加快捷。常用的有MindMapper、XMind、FreeMind、MindManager、Inspiration、Kidspiration等。思维导图的绘制不再依赖于电脑设备，基于云技术的在线思维导图，如百度脑图、ProcessOn等。移动端的思维导图绘制软件也越来越流行，只需要在移动设备上安装相应的APP就可以随时随地创作思维导图了。图5-34是功能比较全面的、可供教师使用的好工具。

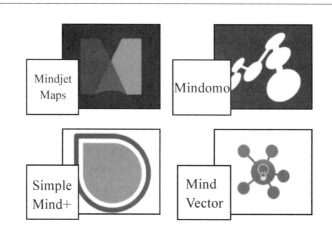

图5-34 常用的移动端思维导图绘制APP

### 3. 利用APP丰富课堂教与学的方式

（1）在线问卷

以问卷星为例，问卷星（www.wjx.xn）是一款专业的问卷调查和在线测验工具。具备设计问卷、统计分析、查看下载等功能。如果用微信关注并绑定问卷星的公众号，我们还可以用微信发放和回收问卷，极大地提高了家校沟通的效率。例如，我们可以用问卷星开展投票活动、学习调查、意见征集或简单测验等活动，见图5-35。

图5-35 问卷星可以创建的问卷类型

（2）互动投影

目前，无论是在国内，还是其他国家，用户已经形成了使用智能手机或平板进行阅读、信息获取和学习的习惯。教师有时候需要在课堂展示移动设备中的内容，把手机或平板电脑的屏幕投影到电脑上，同屏APP可以发挥巨大的作用。常用同屏APP有PP助手、iTools、Airplay等。以PP助手为例（见图5-36），具体操作步骤是：首先，通过USB线把手机与电脑连接；其次，电脑和手机端分别安装PP助手软件；最后，打开电脑上的PP助手，并找到"实时桌面"功能，选中此功能，即可把手机屏幕同步到电脑上。此时如果电脑连接了投影仪，就可以开展基于移动互联技术的教学了。

图 5-36

PP助手界面

使用互动投影可以开展丰富有趣的课堂活动。例如一堂作品展示课，需要在大屏幕上实时呈现学生的作品，这时候先把手机屏幕投影到电脑上，并把手机照相机打开，照相机画面中的学生作品就可以实时投影到大屏幕了，起到展示细节的作用。

（3）UMU互动教学平台

UMU（https://www.umu.cn）是一个互动学习平台，培训者或教师可以创建活动和课程两种主题的内容，通过移动互联网技术提升传统教育与培训的质量与体验，让培训者或教师可以更好地与学员进行教学互动，学员因此会获得更好的学习体验。活动和课程的创建既可以通过电脑浏览器访问平台进行操作，也可以在手机、iPad上安装APP完成。活动可以是面对面的沙龙、培训学习、论坛会议、混合式的翻转课堂、线上的交流分享；课程可以是文章、文档、微课、视频、直播等多种形式创作的学习内容。在内容环节中还可以加入互动，如进行调研投票、提问讨论、考试、签到、点名等，旨在促进学习者思考，教与学交流，让学习效果更突出。

UMU创新的学习模式，打破了我们传统的课堂教学模式，将传统课堂的"教师讲，学生听"被动式学习转变为"翻转课堂"主动式学习。这种模式让学生能够主动地学习,大幅提升了我们教学的质量和效果。在课前和课后,可以通过微课讲解知识点,学生学完后,可以及时给出学习的反馈。在课上,UMU 的互动功能又很好地提高了学生的参与度和学习热情,让学生可以畅所欲言。有了 UMU 学习平台,学习变成了一件快乐的事。

**拓展阅读 5-6**

## 利用微信拓展信息传递新方式

网络社群的沟通与信息分享,无论对于教师的教学、学生的学习,还是家长对学生情况的实时了解,都起着非常重要的作用。运行于智能移动终端的教育 APP,更是由于其便携的特性,进一步促进了教师之间、学生之间、师生之间、家校之间的沟通。

微信给我们的工作、生活带来乐趣和便利的同时,教师也面临着处理频繁的信息提醒、朋友圈里的师生关系、家长微信群的管理建设等等,社交媒体充满魔力,在这个信息爆炸的年代,教师想要处理好微信上的各种社交关系,可以考虑以下方法来玩转微信。首先,启用分组。为不同组别设置权限就好了,个人隐私得到保护,也极大地方便教师与同事、家长之间进行全方面交流。其次,调整心态,努力提升个人素养。顺应大数据时代,教师努力提升个人信息素养和社交媒体的运用能力,把"朋友圈"为我所用。再次,考虑使用两个号码,这样工作、生活可以互不影响。促进教师专业发展的"朋友圈"表现在有共同的互动交流社区空间;有共同感兴趣主题;有保证独立思考、畅所欲言的氛围;有聚合集体智慧的机制;有一群热心交流的朋友等。

除了微信朋友圈,微信群也是可以利用的平台,充分利用微信群可以帮助教师做意想不到的事情。比如通过家长会面对面建群之后,班级信息在家长群里统一发布,时常更新,避免了多次重复回答家长的烦恼,也给家长们提供一个互相交流学习的平台。当然微信群要形成交流规范,比如专门用于发通知的群禁止聊天等。

# 第六章 教师专业发展

初为人师有欣喜,也有忙乱,还有无奈,甚至焦虑与惶恐。经过一段时间的适应,很快驾轻就熟。按时上下班、教课,完成各项工作,但也很容易在平淡中变得麻木。其实,这都是教师专业发展中必经的过程。一般来说,教师的专业发展分为三个阶段:角色适应的初级阶段、经验积累的中级阶段和专业成熟的高级阶段。很多教师在度过初级阶段后,就进入了职业"舒适圈",一放松就是几年,然而教师一旦错过专业成长的关键期就容易滋生出职业倦怠。事实上,对于教师而言,熟悉教材、了解学生、认真备课,这是不可或缺的。与此同时,教师应持续关注自身的专业发展,要学会不断地进行课堂教学反思,打造精益求精的课堂;要走出教材,走向学科知识的深处;要开发校本课程,实现自身的超越。著名语文特级教师于漪教师说"我一生都在学着做教师"。的确,教师上好一堂课容易,要想上好每一堂课是不容易的。教师的职业生涯始终伴随着一种成长与超越,它不仅体现在知识的丰富、视野的拓展,还有驾驭知识能力的一次次飞跃,也有学科专业理解的一次次深化,更有人生意义与价值的一次次升华。

## 一、教学的反思者

没有哪位教师在教学的所有方面都很优秀,每位教师都有偶尔失败的教学经历或教错学生的时候。通常,新教师们会带着不切实际的高期望进入课堂(诸如"我要在每时每刻都吸引住每个学生,我要每堂课都上得非常成功"),这样一来,当教学效果与期望不一致时,教师就会变得很沮丧,或是责备学生,或是开始合理化自己的不当教学行为。这种情况发生的部分原因在于,新教师们没有意识到教学的困难之处。教学是一项很富有挑战性而且令人激动的工作,但需要时间来练就和形成教学技能。教师驾驭课堂就像是在驾驭一艘船,带领学生通过一处又一处激流险滩,教师需要学会从教学的每一个细节,反思教育教学中存在的问题,让课堂教学更有效。

尽管教学不易,但只要坚持不懈地努力改进自己的教学,终究会成功。美国著名心理学家波斯纳在1989年曾经提出教师成长的公式:成长=经验+反思。在他看来,没有反思的经验是狭隘的经验,这种经验只能形成肤浅的知识,如果教师仅仅满足于获得经验,而不对经验进行深入思考,那么他的发展将大受限制。我国学者叶澜也曾经说过:"如果一个教师写一辈子教案不一定成为名师,如果一个教师能够写三年反思有可能成为名师。"当代社会,知识更新日益加速,学习型社会已逐渐建立,身处新时代的教师一定要成为一名终身学习者,这种学习包括对教学活动持续加以反思、研究和改进,逐步形成自己独特的教学风格和教学智慧。

### (一)教师反思的本质与意义
#### 1. 什么是反思

人类一直注重反思对自身发展的重要性。但尽管对于反思的探讨由来

已久,人们对于反思概念和内涵的理解却不尽相同。归纳起来,反思的内涵大致有以下两点:

(1) 反思是内省的过程,是一种元认知能力

在现代汉语词典里,对于反思是这样定义的:作为一个日常概念,反思是指思考过去的事情,从中总结经验教训。① 从这个角度来说,人们一般把反思等同于"反省",就是对自己过去的思想、心理感受的思考以及对自己体验过的东西的理解、描述、体会和感悟。②

在我国,"反省"观念由来已久,孔子提倡"仁"的观念并强调士人的内省能力,反省一直是儒家弟子的自我要求,例如在《论语·学而》中,曾子曰:"吾日三省吾身:为人谋而不忠乎?与朋友交而不信乎?传而不习乎?"人们一直强调通过反省来促进自身的发展。

在西方哲学史上,内省可追溯到亚里士多德和柏拉图。洛克较早探讨了反思现象,他认为反思是对心灵的反观自照,使心灵获得"不同于感觉得来的观念"。可见,洛克在这里所说的反思是把心理活动作为认识对象,是对思维的再思考。

当代认知心理学用元认知来解释反思,认为它是"人们关于自身的认识过程、结果或与它们有关的一切事物,如信息或材料有关的学习特征的认知"。由此看来,反思是以自我及自我的思想、活动为认识的对象,通过不断地内省、反省,去获得知识,把握客观规律的一种途径或方式。

(2) 反思是解决问题的过程,是一种高级认知活动

研究者们一致认为深入研究反省思维(reflective thinking)的当属美国实用主义哲学家、教育家、心理学家杜威。杜威在他的名著《我们怎样思维》中对反思型思维做过这样的界定,反思不是简单的经验总结,其中隐含着这几个方面的意思:一是反思是一种思维活动,二是反思具有对象性、自觉性和技巧性。反省思维不是能够被简单地包扎起来供教师运用的一套技术,而是面对问题和反映问题的一种主人翁方式,一种比逻辑理性的问题解决更为复杂的过程。杜威认为,个体进行反思,必须要持有三种良好的态度,一是开放的头脑(open-mindedness),二是责任感(responsibility),三是专心致志(whole-heartedness),正是这三种态度确保和推动了人们的反思行为。

总而言之,反思是人类思维的一种品质,它使人更清晰地理解自己的行动和行为的后果,从而更理性、更有目的地开展行动。反思也是实践者对自己的行动、决策以及由此产生的结果进行审视的过程。反思的本质是一种理解与实践之间的对话,是这两者之间相互沟通的桥梁。

**2. 什么是教师反思**

(1) 教师反思的定义

教师进行反思就是不断发现问题和解决问题的过程。教学反思是提高教师的必由之路,是教师肯定自己、丰富自己的重要方式,也是教师完善自我、不断前进的基石。教师的反思既是对自己负责,更是对工作负责。在大力推进课程改革的今天,不会反思的

---

① 中国社会科学院语言研究所词典编辑室. 现代汉语词典. 北京:商务印书馆,1996:349.
② 王映学,赵兴奎. 教学反思:概念、意义及其途径[J]. 教学理论与实践,2006(03).

教师是不合格的教师,没有反思的教学必然是失败的教学。

教师进行反思要有六种眼光:

① 用理想的眼光看现实的教学。
② 用发展的眼光看过去的情况。
③ 用遗憾的眼光看成功的结果。
④ 用辩证的眼光看失误的问题。
⑤ 用陌生的眼光看熟悉的经验。
⑥ 用突破的眼光看固有的习惯。①

显然,教学反思不是一般意义上的"回顾",而是思考、探索和解决教育教学过程中各个方面存在的问题,它具有研究性质,也是校本教研最普遍的形式。只有这样,反思才会有针对性,才会产生效果,才会有意义。这种反思与通常所说的静坐冥想式的反思不同,它往往不是一个人独处放松或回忆漫想,而是一种需要上下求索、反复琢磨并记录下来的过程。另外,教学反思也不是简单的教学经验总结,它是伴随整个教学过程的监视、分析和解决问题的活动。教学反思的本质是一种理想与实践之间的对话,是这两者之间相互沟通的桥梁,又是理想自我与现实自我的心灵上的沟通,是教师通过对其教学活动进行的理性观察与矫正、从而提高教学能力的活动,也是教师主动专业发展的一种手段和工具。

教师的反思既是一种态度,更是一种能力,反思本身就需要不断地学习和提高。教师的工作没有捷径,优秀的教师都是从积极有效的反思开始的。随着知识更新速度加剧,学习型社会逐渐建立,任何一种职业想通过一次性教育投入就从事一生是不可能的。教师面对的是教育人的事业,更要求教师是一个持续的学习者,是一个终身的学习者。教学反思应当是教师的自觉、自愿、自主行为,经常性地进行教学反思可使教师从经验型教学走向研究型教学,形成教师自己独特的教学风格和教学智慧。

(2) 教师反思的意义

教师的反思能力决定教师反思的深度和水平,而教师在新课程背景下开展反思,在反思中促进自身专业成长,有着十分重要的意义。教师只有深刻理解反思的意义,在反思的状态下开展工作,为每一位学生自我发展这一目标才能得以实现。

**第一,教师反思促进专业水平的成长。**

反思有利于教师形成优良的专业精神。教师优良的专业精神能够确保教师专业价值与功能的充分发挥,而教师专业精神的培育还需要教师个人的修养与努力,即教师要通过不断自我反省、自我调节、自我促进来保持和提高专业精神。杜威认为,反思不是一种能够被简单地供教师运用的技术,而是一种面对问题和反馈问题的主人翁方式。反思涉及直觉、情绪和激情,在反思性行为中,理性和情绪交织其中,三种态度——虚心、责任感和全心全意是反思性行为的有机组成部分。教师形成反思意识,养成反思习惯,本身就是对事业、对学生、对自己的责任感,有助于形成教师爱岗敬业、虚心好学、自我否定、追求完美等优良专业精神和意志品质。所以,拥有优良专业精神的教师不会轻易地在一些误解、挫折、失败和逆境中变得消沉苦闷,也不至于轻易地因计较某种利益

---

① 金巍松.坚守与突破[M].辽宁教育电子音像出版社,2014:180.

而怠业弃业,而是始终能保持一种昂扬的精神状态和稳定的心理品质。

反思帮助教师实现专业自主。教师改革与教育改革中人们一直不断地呼吁必须强化教师的专业地位:给予他们自身工作更多的自主权和控制权。国际21世纪教育委员会主席雅克·德洛尔认为"没有教师的协助及其积极参与,任何改革都不会成功"。因为,处在教学第一线的教师是教育改革的关键,是教育改革的核心力量,教师不仅是学校生活的主要参与者,影响着学校发展方向和日常生活的重要决定,在课堂教学情景中教师更具有课程与教学的相对自主权,在课程设计、教学过程、学生动机、学生管理、学生评价等方面享有权威,无论是同事还是行政人员都不能妨碍这种权威。专业自主性主要来源于教师的专业知识和能力,反思有助于教师获得专业发展,所以,通过反思提高教师的问题意识和教育研究能力,使教师能主张他的决策和行为,并为其辩护,独立解决教育教学实践中遇到的各种问题,进而发挥手中的专业自主权,实现专业自主。[1]

**第二,教师反思有助新课程的实施。**

新课程改革强烈地冲击着教师原有的教育观念、教学方式和教学行为,使教师在探索新课程实施的途径、方法和手段的过程中,遭遇到了许多前所未见的新情况和新问题,这些新情况和新问题已成为教师实施新课程过程中无法回避的障碍,只有面对它、分析它、研究它和突破它,才能顺利推进新课程改革。这就迫切需要教师成为有能力解决这些问题的研究者,而反思所具有的促使教师对自己在教育教学实践中遇到的各种问题进行分析、评价、修正和改进的功能,有助于教师实现"以思促研"。

新课程的创造性实施要求教师反思自我,成为反思型教师。反思型教师的角色对课程改革的推行具有重大意义。首先,在处理教育理论和实践的关系上,反思型教师对教育理论和实践持有一种良好的怀疑与批判。反思型教师能够以开阔、前瞻的思维方式思考问题,能够以开放的心态看待事物,易于接纳新的思想,不断地对自身及行为进行思考。他既是教育教学的实践者,又是教育理论的思考者与建构者。与此相对,不能进行批判反思的教师则对此缺少关注。他们顺从权威而又依赖既有的经验,无法超越固化的思维模式和行为方式,从而在实践中缺少创新。其次,在决策方面,反思型教师只要拥有可利用的新的根据或信息,就会重新思考既定决策的结论与判断。

新一轮课程改革,从课程理念、课程目标、课程结构、课程内容以及课程实施与评价等诸方面均体现出对传统教育的超越,这对广大教师提出全新的挑战,在新课程背景下,教师如何对自己的教育观念、角色定位以及教学行为进行深入地审视与思考,无疑成为教师必须直面的新话题。要成功地推进新课程改革,教师富有创造性地实施新课程,成为反思型的课程实践者,是新形势下的必需。

**第三,教师反思催化经验升华为理论。**

每一位教师在其职业生涯中都积累了一定的经验,这些经验成为教师从事教育教学的理论基础,但是他们常常忽略这些教育教学经验所蕴含的基本原理,也更难将这些宝贵的经验升华为属于自己的教育理论。教师在经验的基础上建构自己的理论体系是一个总结经验、反思实践的过程。通过这个过程,可以帮助教师挖掘或梳理

---

[1] 卜慧芬.教师评价的反思功能[J].当代教育科学,2003(20):38-49.

出经验中蕴含的原理,使经验升华为理论,从而建构起属于教师自己的理论体系,这个理论体系不仅支持教师的教育教学工作实践,而且还促进教师专业的提升和自我发展。①

总而言之,反思型教师也就是要求教师要具有不断探索的意识和求真精神;具有前瞻的反思型思维能力、批判性思考习惯;具有对教育教学中各种问题进行及时合理归因的倾向性;具有进行自我反思的正确方法。做反思型教师,开展积极的反思,可以为教师理解课程改革提供新的视角。纵观以往的历次课程改革,为什么最终都没能使课程与教学实践以及教师和学生的学习方式发生根本性的变革呢?究其原因,其中很重要的一个因素就在于教师没有真正理解课程改革,没有认同和接纳新课程,从而不能将课程改革理念化到教学实践层面去。长期以来,人们形成了一种错误的认识:只管怎么做,而不管为什么,因此,更换一套新的教材、新教学大纲就算改革了,从来没有追问改革背后的目的与意义,也就丧失了对待改革所应有的批判反思的意识,其结果自然走不出"换汤不换药"或"穿新鞋走老路"的困境。而自我反思强调的是教师对自我的批判性思考,这种思考要求教师审视自身的教育观念,自觉检讨教师角色定位中存在的问题并提出改进措施与策略,从而使自身的行为更加睿智和成熟。反思使教师超越机械复制和盲从的传统思路,有助于教师对改革形成新的理解和认识,不断提升专业素养,促进自身的专业发展。

### (二)教师反思的模式

在认识反思之后,那么接下来就应该谈到反思的运用问题了。为了便于大家掌握反思的"共性规律",更好地从整体上把握反思的运用,接下来将为大家介绍几种有效的教师反思模式。

#### 1."埃拜模型"反思模式——动力、行动、结果

埃拜(J. W. Eby)的反思性教学模型是以杜威的反思理论和柯尔伯格等人的道德发展理论为基础的(见图6-1)。根据杜威的反思理论,埃拜认为:反思型教师能积极地研究课堂中的信息和问题,不安于现状,能不断追求更多的知识和更好的施教与管理课堂的方法,非常关心增进成就以及怎样给学生生活带来较大益处,对教育理论和实践持有一种"健康的"怀疑,尽可能收集已有的问题信息,按照适当的标准作出判断和决策。②

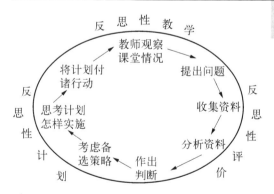

图6-1 "埃拜模型"反思模式

"埃拜模型"反思模式认为反思性教学主要由三个部分组成:一是动力(动机形成阶段),二是行动(进行反思阶段),三是结果(解决问题阶段)。从模型中我们可以发

---

① 李文慧.优化教学反思 引领专业成长[J].教育实践与研究(C),2018(Z1):89—91.
② 胡惠闵,王建军.教师专业发展[M].上海:华东师范大学出版社,2017:157.

现，反思性教学由反思性计划、反思性教学、反思性评价三部分构成一个连续的、不断循环的体系。在这个反思性教学循环体系当中，反思性计划是相对的起点。

（1）反思性计划。计划是行动的起点，要想改进教学，你必须决定想做什么以及怎样制订计划才会管用。拟订的计划要具体，要避免模糊不清的改进观念。比如，"我想用多种方法教学"，这样的目标很少能实现，原因非常简单，这种目标不具体，没有办法拟订具体的实践计划。当我们把其具体化为"我想增加花在小组教学上的时间，并占总教学时间的25%"时，这样的计划就可以实现了。接着再考虑使用策略，确定最适合学生或课堂具体情况的策略及完整的实施方案。

（2）反思性教学。将计划付诸行动就是在课堂中实施精心准备的课堂教学方案。在课堂教学过程中，教师并不是简单地按照教学计划执行，而是要察言观色、审时度势，及时地发现问题并采取有力的措施保证课堂的教学效率。例如当教师准备开始上课时，发现学生仍然沉浸在他们自己的讨论之中，此时，教师应该是按照正常的课堂计划进行教学，还是以学生正在讨论的事情为出发点引导学生进入课堂的学习？诸如此类的事情在课堂计划中并不能完全预测，教师必须根据具体情况具体分析，从而达到更好的教学效果。[1]

（3）反思性评价。评价你目前的优缺点何在，是改进教学中最重要的环节。首先是教师进行自我反思性评价。可以在三张纸上分别列出以下行为表现：① 好的教学行为；② 需要改进的教学行为；③ 不清楚的行为。

第一张纸上列出的行为代表你作为教师所取得的进步，把其保存在办公桌的抽屉里，以便你时不时可以查看并加上新的良好行为。此时你可能注意到，在提问中你问了各种各样事实性的和层级比较高的问题，或者在设计作业时给了学生较多的思考空间等。在你的需要改进行为的记录纸上，你可能会注意到，作为课堂管理者，你没能下定决心帮助学生成为一个好的自我评价者；你也可能会注意到，你没有运用课堂里的技术资源，你想增加一两个涉及运用新技术的作业。在对自己的优缺点思考之后，你会对自己作为教师的能力有一个总体了解，将会根据列出的需要改进的方面开始着手改进自己的教学。

除了自我反思性评价以外，学生是教师的另一个可以获取反馈的重要途径。主要是从学生那里收集关于教学的客观资料和主观信息，通常采取查阅作业或听取学生意见等办法。从未让学生对课堂教学进行过评价的教师，在开始看到学生各种各样的评论时，可能感到很沮丧。学生有独特的见解，不同的学生可能把教师的同一行为贴上缺点或优点的标签。其实，一般说来，重点关注的是许多学生一致同意的一些评价。

我们发现，如果采取不记名的方式，学生的反馈就十分有用。最好不要要求学生作宏观评论，而是要求学生作出具体的反映。一种做法就是让学生说出三种或三种以上的优缺点，这就迫使学生的回答要具体，并作出更有条理的评论，而不是随便作一些大而空的评论。获得学生的反馈有各种不同的标准化的手段。收集不记名信息的教师，应该向学生证明这种信息的用处，也就是说，教师应该让学生注意到自己对他们的反馈

---

[1] J. W. Eby et.al.,. Reflective Planning, Teaching and Evaluation: K-12[M]. Macmillan Publishing Company, 1994.

作出的反应——教学计划的变化。(例如,去年学生要求写日志时要给予更多的反思时间,所以现在由去年的5分钟增加到了15分钟。)

在对收集到的资料和信息进行分析处理的基础上,作出事实判断和价值判断,达到相对终点。于是一个反思性教学周期结束,然后再进入新的反思性教学阶段。

**2. "斯巴克斯·兰格"和"科顿"反思模式——问题、分析、实施**

斯巴克斯·兰格和科顿(Sparks Langer & Colon)于1993年对教学反思的整个过程进行了总结,并提出了教学反思的框架。(图6-2)

斯巴克斯·兰格和科顿认为教学反思包括以下五个方面:

(1)选择特定问题。教师选择在实际教学过程中产生的具有代表性和研究价值的问题。

(2)广泛搜集资料。教师从可能的领域内,包括教育管理、学生心理、师生关系、课程教学等方面广泛地搜集关于这一问题的资料。

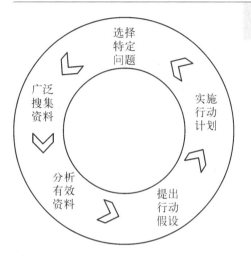

图6-2 "斯巴克斯·兰格"和"科顿"反思模式

(3)分析有效资料。教师开始分析所搜集到的资料,形成对该问题的整体框架思路,同时在自己已有的知识中搜寻与当前问题有关的信息。如果搜寻不到相关的信息,教师可以请教其他专业人士或阅读专业书籍来获取这些信息。这一过程有助于教师形成创造性解决问题的方法。

(4)提出行动假设。意识到问题越来越明确,对可能采取的行动进行探讨,在已有的问题框架基础上,提出各种假设以解释问题情境、指导改进行动,并且教师在内心对行动的短期效果和长期效果加以考虑。因为面对不同的学生群体,行动可能会产生不同的效果,因此要充分考虑短期和长期的多种可能性,以便在行动中及时应对。

(5)实施行动计划。形成恰当的目标,在深思各种行动的效果后,教师下一步就是要选取两三个要改进的教学行为或观念,着手进行改进或尝试新的东西。不要马上尝试改变太多的东西,否则会不堪重负和遭受挫折的。一次考虑几个问题,认真地监察自己的进步。例如,尝试随机叫学生回答,就必须把学生的名字写在抽问卡上并不断地洗转这些卡。总是叫举手的学生是个很难打破的习惯。

在作出一个改变时,要对其效果作出评估。尝试评估是否更多的学生遵照了指示或看起来有兴趣。同样,如果想让学生对其他同学的回答作出反应,要注意学生是否更加关注讨论。同时,当教师采用了一种新的师生互动方式来改进课堂教学之后,可能之前师生课堂互动不足的问题一部分被解决了,但是又出现了新的问题,那么当采取的师生互动方式再被观察和分析时,教师就开始了新一轮的反思循环,从而形成有效的反思环。[①]

正是在内部和外部动机的共同作用下,教师才将潜意识的反思付诸行动。反思的

---

① [美] Thomas L. Good, Jere E. Brophy. 陶志琼译. 透视课堂[M]. 中国轻工业出版社, 2013: 315.

行动总是处于特定的情境或问题中,并指向特定的内容,内容包括实践和理论两个方面。在反思过程中,教师应具有良好的态度:思想开放性、责任心、执着性。在这种良好的态度之下,教师遵循反思的过程,首先对反思的问题进行清晰界定,随后分析改善的方法与最终目的,并进行总结归纳。而教学反思的直接结果是教师"新的理解力"的形成,新的理解力可能是加深了对课程、教材、教学的理解,可能是改进了反思行动的能力,为解决现实的或未来的教学问题打下基础,总之,新的理解力是教师专业能力提高的标志,而解决实践问题则是教师进行教学反思的最终目的。[1]

### (三)教师反思的方法与策略

**1. 教学日志反思法**

正如美国心理学家波斯纳所说,"如果一位教师仅仅满足于获得的经验而不对经验进行深入的思考,那么即使是有20年的教学经验,也只是一年工作的20次重复,除非善于从经验反思中吸取教益,否则就不可能有什么改进,永远只能停留在一个新手型教师的水准上"。[2]教师课后的自我反思,是有批判地在行动结束后进行的反思。它能使教师有比较充裕的时空,结合各方面的教学信息反馈,对自己教学的得失进行较深入的思考和总结。分析判断在教学中所确定的教学目标、选择的教学内容、采用的教学形式及在教学过程中的具体指导策略是否适宜。教师不仅要对课堂的事件进行客观的描述,对事件的发生进行细致的分析,寻找自己教学中的漏点、遗憾及亮点,及时地积累教学的经验和体验,还要对相关问题提出研究方案,以指导、改进以后的教学,进而提炼亮点、激发智慧。

教学反思也为教师教学经验理论化、概括化提供了基础,而撰写教学反思记录是一个良好的途径。教师的教学反思日志记录下自己的教学行为,及时总结教学的得失与成败,对整个教学过程进行回顾、分析和审视,才能形成自我反思的意识和自我监控的能力,才能不断丰富自我素养,提升自我发展能力,逐步完善教学艺术,从而实现教师的自我价值。

在撰写教学反思记录时,应突出这些方面:从自己的问题或困惑出发写,从事件的真实发展过程写,从事件的发生与发展及其发生的原因写,从探讨解决的对策写。内容方面,可以从是否达到教学目标,对偶发事件的及时处理,师生之间的精彩对话,教学之前的计划或期望与实际的教学情景之间是否存在差距,对以后的教学有什么启示作用,令你印象最深的是什么等等问题入手。主要体现在以下几点:

(1)反思教学中的"得",特别是"亮点"。将教学过程中达到预先设想的教学目标、良好的教学方法、创设的生动有效的教学情境、学生学习积极性的充分调动、恰当的教学手段、开放的教学过程等,及时反思并用文字记录下来,日久天长,经验积少成多,可供以后教学时参考,并在此基础上不断改进和完善。特别地,这节课上有哪些值得回味的亮点和特色,整理、归纳出来,记录下来,这就是最为基本的教后反思的结果之一。

(2)反思教学中的"失",特别是"败笔"。把教学中不够理想的教学效果、不够灵

---

[1] 艾永文.如何发挥教学反思的作用[J].课程教育研究,2018(19):179-180.
[2] 贾光社.教学反思:教师专业成长的原动力[J].甘肃教育,2018(06):73.

活的教学方法、不够科学的教学策略、缺乏深入思考的情境创设、沉闷的教学气氛、不恰当的教学评价、处理突发事件的失误等,总结出来,记录下来,并及时查找这些失败的原因,及时总结经验和教训,这是十分有效的课后反思的方法。尤其是对于教学中的败笔、教案设计中的失误,要及时总结、整理出来,不仅为了避免再犯,而且可以提升自己的专业认识,积累教学的实际经验和反例。

(3)反思学生在教学中的创新,特别是学生提出的新问题、新观点。把学生在学习过程中思维火花的迸发、有创见的独到见解、好的方法和思路等,及时反思、记录下来,这样既能使这些好方法、好思路得以推广和运用,又使刚刚使用的教学方法得到有力补充和完善,还有利于教学思路的拓宽。同时,也可以更好地了解同龄学生在学习类似内容中的思维特点和规律。

(4)反思学生存在的问题。即记下教学过程中学生普遍存在的问题,以及作业中、考试中学生错误较多的地方,由此进行判断和分析,寻找学生之所以产生这些问题的根源,并对其做出深刻的反思和剖析,同时提出改进的方法措施。这是进一步开展教学的重要参考。

(5)反思教学中对于突发事件处理的适切性。即把教学过程中的突发事件记录下来,并对突发案例的应变处理情况记录在案,日积月累,教师就能提高课堂教学中的应变能力,对于今后进一步备课、上课,都是一次提升,更是对于个人教学机智、教学艺术的一次升华。

(6)在反思中落实教案的改进。教案的改进其实也是教后进行教学反思的主要内容。为此,我们必须实事求是,从实际出发,记录教案中的得失,及时总结,找出教案中需要进一步修改和调整的内容,使教案更加完善、合理。[①]

不仅如此,开展课后反思还可以系统有序地进行。对此,我们不由想到上海著名语文教师于漪老师,上海市教育科学研究院的顾泠沅老师将于漪成功的成长经验总结为"一篇课文,三次备课,两次反思",即以教案的设计、反思与再研究为主线的成长模式,即第一次备课——不看任何参考书与文献,全按个人见解准备教案;第二次备课——广泛涉猎,仔细对照,"看哪些东西我想到了,人家也想到了。哪些东西我没有想到,但人家想到了,学习理解后补进自己的教案。哪些东西我想到了,但人家没想到,我要到课堂上去用一用,是否我想的真有道理,这些可能会成为我以后的特色";第三次备课——边教边改,在设想与上课的不同细节中,区别顺利与困难之处,课后再次"备课",修改教案。不难看出,于教师的这种模式其实就是我们前文所分析的教案的预设计、课前反思、课堂验证、课后反思、再备课,不断反思、不断调整。

其中,三次备课所关注的侧重点有所不同:第一次备课,集中关注自我经验,强调真实的我、实在的我;第二次备课,其实就是我们前文所分析的课前反思,其关注点在于文献资料,特别是别人已有的经验和教训;第三次备课就是我们前文所述的课后的教学反思,其关注点在于课堂现实。在顾泠沅教师看来,于老师在三次备课的同时有两次反思,一次是围绕经验与理念的反思,另一次是围绕设计与现实的反思。[②]

---

[①] 吴琦娟,刘德华.教师教学的成长路径:模仿、反思与创新[J].教育与教学研究,2018(09):58-63.
[②] 康玉红.情理相融 清明自在——向于漪教师学上语文课[J].课程教育研究,2018(29):52-53.

不难看出，于漪教师正是围绕着如何让一节课上得更好、更能体现自己的特色和风格，而不断反思、揣摩修正教学设计，不断进行课堂教学行为的矫正，最终成为一位名师。因而，将"一题三课二次反思"浓缩为教师专业成长的缩影，并非没有道理。

在教师反思已成为热点话题的今天，作为中小学一线教师，立足自己的教学实际，选准适宜的教学反思途径，把已有的教学经验进行及时凝练和升华，是切实提高课程质量、加速自己的教师专业化进程的有效策略方法。

总之，教学反思的过程，是教师借助行动研究，不断探讨与解决教学方面和自身方面的问题，不断提升教学实践的合理性，提高教学效益和教科研能力，促进教师专业化成长的过程。教学反思可以激活教师的教学智慧，探索教材外的崭新表达方式，实现自我完善、自我构建，为实现教师专业化提供可能和内在动力。教学反思对于教师来说是一种有益的思维活动和再学习过程，要贯穿于教学生涯的全过程，而不是某一阶段的特殊任务，是教师专业化成长的必要条件和有效途径。

**案例 6-1**

### 教学反思日志一：基于课堂教学理念的反思[①]

上海市中小学二期课改方案，其课程理念之一是"以改变学习方式为突破口，重点培养学生的创新精神和实践能力"。这一理念要求重视研究性学习，倡导自主探究、实践体验和合作交流的学习方式，鼓励学生敢于质疑，敢于实践，敢于创新，追求卓越，着力培养学生的创新精神和实践能力，形成国际视野和开放意识。

1. 课堂教学应给学生一个更广阔的思维空间

本节课采用的启发——讨论——解决问题——归纳思考的讨论式教学方法，整节课的探索性、开放性问题及变式训练，确实给学生一个较大的思维空间。但由于片面强调了课堂容量，在例题处理的深度和广度上挖掘不够。

如例一，教师可以不加具体引导，采用放手让学生自己去发现解决问题的方法。经讨论，应能发现除利用"判定2"来画之外，还能通过"判定3"来画，最后由学生归纳总结，这更有利于拓展学生思维空间。

在例二的处理上，对于只画一种情况和两种情况的学生，应着重引导、分析错误产生的原因，并让学生自己归纳总结思考问题的角度和方法。

在例三的处理上，除演示用"判定2"来解题的两个学生的情况外，还应重点关注有没有学生用"判定3"来解题的，应加以启发和演示，扩展学生思维。在深度上，也可增加一个小题，如"能否求出"三角形ABO+三角形ACO的度数"等。

在例四的处理上，学生有情况出现，应加以演示和点评，支持不可能的原因，从而更好地形成思维方法。在变式的处理上，对于学生众多的答案，可与学生一起逐一点评。对正确的结论，可引导学生进行分类、归纳，找出共性。

---

[①] 徐虹.有效教学——金山区课堂教学实践写实[M].上海：上海教育出版社,2011：94-95.

对错误的结论,应指出错误原因。

2. 给学生提供一个更大的思维空间与时间

许多教师也曾尝试放手让学生动手、动脑去发现问题、解决问题,可到最后,上课时间难以准确把握,甚至怕一节课的教学任务完成不了,也就只好教师自己多讲一点了。我想,只要教师在课前做好精心准备,并持之以恒,这一矛盾是可以解决的。

3. 探索性、开放性的课堂教学应面向全体学生

课堂教学要以学生发展为本,坚持全体学生的全面发展,注重培养学生的创新精神和实践能力,探索性、开放性教学不是优秀生的专利,教师在课堂设计中应注意由浅入深,照顾到所有的学生,特别要为学习困难的学生提供一个广阔的思维空间。

4. 开放式教学对教师提出了更高的要求

传统的封闭式教学模式已经不能适应时代的要求,取而代之的是"创新情景""探索新知""应用拓展"这一开放式的教学思路。在教学内容的设计、教学方式的选择、驾驭课堂的能力上,对教师是一个严峻的挑战。

5. 开放式教学对课后作业也有更高的要求

为学生提供一个更广阔的思维空间,仅靠课内训练是远远不够的。在课后的练习、作业、测验等安排上,应加以关注思维的训练。

## 教学反思日志二:基于课堂教学问题的反思[①]

(一)问题背景

上历史课时,经常会出现一些学生的插嘴现象。如在讲到"1929—1933年经济危机"时,我问如何解决产品过剩的问题,学生们就七嘴八舌地说"便宜一点卖掉""买一送一""扔掉""送人"等等,同时还伴有同学们的笑声,课堂纪律似乎有点乱。在课堂教学中,这样的乱是小组合作吗?

(二)原因分析

新课程实施以来,师生的互动教学的意识大大增强,课堂教学也出现前所未有的生机和活力,但教学效果不理想的状态没有得到根本的改变,究其原因是多方面的。

第一,对新课程、新思想、新理念理解不到位,互动目的不明确,认为互动就是多提问,而对问题的"价值性"设计没有多加思考和研究。结果导致课堂教学呈现热热闹闹的低效的"假繁荣"景象。

第二,师生角色错位,以教师为中心的教育思想仍然占据了课堂的主导地位,学生仍然被动地接受问题和任务,学生的积极性、主动性、创造性还是得不

---

① 徐虹. 有效教学——金山区课堂教学实践写实[M]. 上海:上海教育出版社,2011:148-149.

到发挥,内部潜能不能充分发展,导致教学效果不理想。

第三,教师准备不充分,缺乏信息的收集和对材料的处理,不了解学情,导致互动仓促而低效甚至无效。

第四,教师没有采用有效的教学方法。

(三)实例

如讲到"凡尔赛—华盛顿体系"时,组织学生讨论《凡尔赛和约》对德国的影响"时,事先考虑到:如果直接把问题"《凡尔赛和约》对德国产生什么影响"交给学生讨论,学生会思绪紊乱,无从说起,那么讨论的效果就不理想。

于是,我先要求学生在教材中找出《和约》的内容并把它归类(共有4项),然后把学生"假设为德国代表"分成四组,分别讨论各项内容对德国所产生的影响,教师及时巡视各小组的讨论情况,进行必要的引导、支持,最后请各小组选派1—2位代表进行交流。

结果,在学生们热烈讨论交流中,不时地出现因观点的不同而引起的争论,同学们各抒己见,取长补短,这就是思维的碰撞,火花的闪现。由于采用了小组合作学习,教学达到了预期的目的。

(四)小结

在教学中,合作学习作为一种新型的学习方式被教师广泛采用,那种人人参与、组组互动、竞争合作,时时有思维碰撞、火花闪现的课堂确实能给人以享受和启迪。但在实际的课堂教学中,由于教师组织教学时,事先准备不充分,缺乏合理分工,在小组合作中只有少数几个尖子生即兴发挥,多数学生特别是学习后进生,很难有参与的机会,导致互动仓促而低效甚至无效。因此要实现互动的真实有效,教师要作好充分的准备,合作要有明确的目标,合作分组要有一定的策略,以便切实提高合作的效率。

### 教学反思日志三:基于期中考试后的教学反思[①]

期中成绩已经揭晓,拿着成绩单,看着学生们参次不齐的成绩,我思考了很长时间,也想了很多。学生成绩考得不理想,原因很多。有的因为英语基础不好,有的因为考试前没有认真复习,等等。但我认为教师也应该静下心来认真反思一下以前的教学方法是否适应大部分学生,或者教学态度是否端正、积极。针对我所教的班级情况,总结上学期的失利原因如下:

(1)在实际教学中没能充分重视词汇教学,词汇教学方法偏于机械、简单,形成了一种只重视词汇简单拼读记忆,轻视词汇情境应用的词汇教学方法。导致一些学生会写单词,但不注重单词的形式,词汇的灵活运用能力较差。

---

① 案例引自 http://www.yjbys.com/bbs/919567.html。

（2）由于毕业班新授课时间紧、任务重，疲于赶课，对一些题型训练少。

① 对英语听力未能给予足够重视，听力材料少、听力磁带不能及时更新。部分学生缺乏听力题中应有的答题技巧。② 在实际教学中，教师所设计的训练活动很少有阅读内容，阅读能力的培养在很大程度上依赖于考试前的突击训练，学生的阅读量、阅读难度、阅读速度远远不适应考试对阅读能力的要求。③ 写作训练少，忽视学生的翻译能力，致使很多学生的写作是中式英语，平时语法规则背得头头是道，写出来言不成句，错漏百出。表达句子的能力较差。

根据质量分析中存在的问题，为使学生在英语这门学科上取得更大的进步，在中考中取得优异的成绩，本人认为在今后教学和复习中，应坚持做到以下几点：

（1）依托词汇教学，强化双基训练，突出语言运用。

英语教学的最终目标是培养学生综合运用语言的能力，实现这一目标的基础是扎实的双基训练，双基训练的效果主要由词汇教学的效果来体现。因此，应精心设计词汇教学的方法，要通过词汇教学，完成双基训练的目标。

（2）强化阅读训练，努力培养语感。

教师要有意识地增加学生阅读能力的训练与培养，要多选用内容健康、时代感、思想性、知识性、趣味性较强的短文，通过大量阅读来培养学生的语感及通过上下文捕捉信息的能力，还要注意文化背景知识的学习，拓宽学生的知识面，开阔学生的视野。另一方面，应从思想上转变教学观念，把发展学生的阅读能力作为阅读教学中的重中之重。充分发挥语篇教学的作用，改变那种只重视知识讲解和训练，忽视阅读能力培养的做法。

（3）加大书面表达训练力度，提高写作技能。

近年来中考英语中的书面表达题对初中学生提出了越来越高的写作要求，因此，在复习中要加大写作训练的力度。写作训练应由易到难、循序渐进。坚持由词到句、由句到段、由段到篇的训练程序，通过训练仿写、背诵课文、看图说话、记日记等不同形式来训练学生的写作。同时要加强答题方法与技巧的指导。

（4）优化课堂教学，积极创设情景，加强口语交流。

① 教师要精心设计每一堂课，备教材、备教法、备学生，教学中力求做到精讲多练，充分保证课堂的最佳效果。② 课堂中贯彻交际性原则。③ 尽量在课堂教学中使用英语，控制使用母语。

（5）注重实效，加强业务研究，设法排除教学干扰因素。

① 处理好时间紧任务重的矛盾：将听力、阅读、写作能力的强化训练分散在复习阶段，采取有效的方法指导学生课余时间完成，可作为常规作业，定期布置、指导、检查。② 处理好新的教学要求与旧的教学行为之间的矛盾：树立起崇高的敬业精神，建立扎实的英语教育技能，更新教学观念，不断迎接新的挑战，自觉锻炼成熟。③ 处理好新旧知识的衔接问题：初三英语教学的关键是提高学生的语言应用能力和综合能力，教师首先应对初中三年的全部内容做到心中有数，且对三年所教的内容进行必要的归纳、分析和整理。在教学过程中，用以点带面的方式，点线面结合，使学生对所学知识初步系统化，掌握其核心部分。做到目的明确，主次分明，能从一个知识点联系到某条线且掌握所学知识的全部。

### 2. 读书评论反思法

作为教师,需要广博的学识,精深的专业知识和广博的相关知识常常能让一个教师在课堂上左右逢源、神采飞扬。《学习的革命》一书指出:"我们的孩子们将生活在其中的世界正在以比我们的学校快四倍的速度变化着。"如果教师不能把准时代的脉搏,不断地读书,拓展视野,增长学识,不仅不能教好学生,反而会因为自己的落伍而妨碍学生的发展。可见,作为一名教师,必须是一个热爱阅读的人。阅读是一件幸福的事情,只有不把阅读当作一种负担时,才有可能出现真正的阅读。从心所欲、和而不同,这应该是阅读中所提倡的最基本的精神,前者强调的是热爱和自由,后者强调的是尊重和宽容。没有热爱就没有自由,不自由的阅读是痛苦的;没有尊重就没有宽容,不宽容的阅读更是灾难性的。爱因斯坦说过:"对一切来说,只有热爱才是最好的教师,它远远胜过责任感。"[①] 阅读需要这样的热爱。

阅读是一个不断深入的过程,每一个人当下的阅读体验都是自己超越的对象,引用一段禅宗语录来说明这个规律。禅宗大师青原行思提出参禅的三重境界:参禅前,看山是山,看水是水;参禅时,看山不是山,看水不是水;参禅后,看山仍是山,看水仍是水。阅读的过程往往也是如此,就是一个在否定中提升、不断地发现和回归的过程。

而读后感更重要的部分是"感",就是由读而感。写自己真切的感受,联系实际非常重要。就是要结合自己生活中实实在在的感受来谈,也可以把看到、听到的实实在在发生在自己身边的人和事来做对照,有针对性地发表感想,是"感"得现实、"感"得实在。而教师可以通过阅读获得大量信息,可以为自己熟悉的事件提供新的诠释,可以为自己所面临的困难和问题的解决提供可能,并可帮助教师真正理解教学的意义,启迪自己的思想,增强自己的理性智慧,改进教学实践。这也就是这个反思方法中的"评论"二字。简言之,就是通过"读书+评论"的方法来帮助教师达到反思的目的。

这里有一个"读后感"的口诀:

第一步:引——围绕感点,引述材料;

第二步:议——分析材料,提炼感点;

第三步:联——联系实际,纵横拓展;

第四步:结——总结全文,升华感点。

希望通过"读后感"的写作要点,可以让教师在写读书评论的时候有所启发和借鉴。但是,需要注意的是,在写读书评论的时候,教师们切不可硬套以上的模式,而是要根据反思的需要,对此加以灵活的运用。

另外,在写读书评论反思方法中,一些做得比较好的教师也提供了以下一些窍门。

### 3. 集体教研反思法

集体听评课、开展教研是促进教师反思、加强教师合作交流的一种重要方式。任何一节课都不可能十全十美。面对不同的学生,应有不同标准;面对不同的教师,应有不

---

[①] 金巍松. 坚守与突破[M]. 沈阳:辽宁教育电子音像出版社,2014:191.

拓展阅读 6-1

窍门一：读书时，要选择得当的读书时间、易激发教师兴趣的书目以及适宜的读书方式。

首先，很多教师觉得读书一定要特地划出"一大块"时间来，然后又觉得自己非常忙，所以就得出结论：没有时间来读书。其实，利用边角料的时间也能读好书。饭后休息、等车的时间、睡觉之前等，其实10分钟就能浏览很多。其次，并不是"好书"就一定适合教师，读书时，教师一定要选择适合自己的书。如果你不感兴趣，读书肯定不会是件愉快的事情，你会觉得很沉闷。所以书目内容必须是教师感兴趣的。最后，就是要选择适宜的读书方式。也许很多教师会觉得读书就是两只眼睛"看"，其实非也。虽然"看"是最重要的一种方式，但是还有一种方式就是"听"。一位一线的中学教师说："我平时很讨厌看一些理论书籍，虽然我也知道理论书籍的重要性。于是，我想了一个办法，我会经常听一些书评，和一些喜欢看理论书籍的人一起聊天，听一些专家的讲座……通过各种途径，获得理论书籍的相关内容，虽然我没有直接去看这些书，但是也用这种方法了解了相关的内容。"其实很多时候，让一线教师直接去看这些比较理论的书籍是不太现实的，但是通过这种方式，至少能让一线的教师对"理论"有个大致的了解，因此，可以说是"听有所获"的。所以要通过各种途径来扩展读书的形式。

窍门二：两类读书内容值得评论并进行反思，工具性内容（分类摘录——点滴积累式）；价值性内容（明确他人观点、整理自己的经验和思绪、判断自己的个人立场——专题研究式）。

当然，读书之后就需要进行评论反思。"怎么思"就是具体要做的事。教师在读书的过程中肯定会有很多感悟，但是这些感悟是一瞬间的，如果不记录就会瞬间消逝。所以有感想就可以马上写下来，不必长篇大论，只要在书旁空白边上写下自己的感悟关键词，等到整本书读完后或者有空的时候再加以详细记录就可以。

那么，读书过程中哪些东西需要我们去摘记反思呢？围绕教师的具体工作，有两类东西值得反思，这两类内容需要不同层次的思考：

一类是工具性内容。这些只需要摘录，只要对教师的工作有帮助的内容，都可以分类记录。这个"分类"就是最基础的思考过程，在分类的过程中你其实已经在有意识地为今后的教学等工作进一步筹划。例如：保育（如何急救、四季饮食搭配等）、户外活动（民间游戏的介绍、户外体育器材制作等）、师幼互动（学生的年龄特点等）……经过这些内容的搜集，你能积累到很多有利于教师工作开展的知识，就是点滴积累式读书反思。

另一类是价值性内容。这些内容能引发教师价值层面的思考，例如：到底要教给学生什么样的内容，"为学"还是"做人"？什么样的教师是好教师？……在做这些反思的时候，教师不能人云亦云，教师首先要明确书中的观

> 点,然后结合自己的感受作价值性的判断,理清自己的立场观点,其实就是一个观念的"同化顺应"过程。①

同标准;不同的专家、听课者,也会有不同标准。为了提高教育教学的水平和课堂的实效性,一线教师需要不断反思、打磨、提炼、升华,尽可能地趋向完美,达到高效。在一步步的完善和更新中,结合个人的努力与集体智慧是必不可少的过程。集体评课在教学中的作用重大,可使教师更好地完善教学中的缺点和漏洞,实现高效教学。

(1) 有效听课是集体教研的基础

听课是教学研究的有效手段,是集体互动反思评课的依据,听课更是需要方法和技能。首先,学生获取知识的重要途径是通过课堂上教师讲解教材上的内容所获取的,在听课的过程中,学生不仅要体会教师授课过程中体现的理念、方法和要求;也要感受教师是否突出了教材的重点、详略;更要感知教师的语言表达是否清晰、流畅,教态是否亲切、自然;教学内容是否创新,有没有犯知识性的错误;授课教师的思维是否宽泛、深刻,对学生的启发是否准确、到位;学生的理解是否全面,回答问题方面是否体现本学科的特点和必备素质。

其次,就是观察。俗话说:处处留心皆学问,从这句话就可以看出观察的重要性。课堂上观察授课教师主导作用的发挥是否得当;观察授课过程中学生主体作用的发挥是否体现;思考授课过程中细节问题上说明或体现出什么问题。

再次,应该对自己听到的、看到的做记录。一是教学实录,将一堂课的内容真实地记录下来;二是教学评点,将所思所想,感触、认识、批评、反思,真实地反映出来。

最后,听课教师还可以在下课后适当地找学生进行交谈,了解他们对本节课内容的掌握情况,看看预期的教学目标和效果是否已经达到;也可以观察一下学生课后是否对此还有兴趣,还在意犹未尽地谈论本节课的内容等。②

(2) 促进共同提升是集体教研的目的

评课的目的是促进教师的专业成长,促进授课者和听课者的共同提升,打造趋向完美的课程,同时也能提高课堂的有效性。因此,我们要培养教师的合作文化,让教师在集体评课活动中"敢说话、会说话"。教师的合作文化是基于教师之间具有开放性、信赖性和相互支持而形成的一种关系形式。如果缺乏这种合作文化,教师集体评课就会要么沦落为"表扬会",流于形式,大唱赞歌,听不到真正有价值的意见或建议;要么可能会鸡蛋里面挑骨头,不留情面,让人难堪,甚至恶意曲解,成为激化教师之间矛盾的导火索。所以我们要注重教师合作文化的培养,引导教师在集体评课过程中敢于批判,能够提出真实的问题,凝聚智慧资源的有效形式和方法,推动教师在相互讨论的基础上找到更好的解决问题的办法。也因此要注意以下几个原则:第一,求真、务实的原则;第二,自由、融洽的原则;第三,激励向上的原则;第四,艺术性的原则。③

---

① 胡惠闵,王建军.教师专业发展[M].上海:华东师范大学出版社,2017:169.
② 陈青.集体备课和听评课制度的必要性研究[J].教育现代化,2017(42):323-324.
③ 张雪莲.论教师集体评课的有效性[J].西部素质教育,2015(12):17.

（3）集体教研的有效途径

第一，要把合作、研讨、反思、改进作为评课的基本准则，营造求真、务实、自由、融洽的良好的教研氛围，所谓尺有所短、寸有所长。

第二，留足评课的时间，尽量让与会者畅所欲言、逐层深入，不能应付差事，草草结束。

第三，评课的内容，既要评教师的教，更要评学生的学。评课的过程应围绕教研主题，针对课堂的实际情况进行交流，互相谈论这节课哪里上得好，体现了什么新课程理念，从哪几方面体现教研主题，哪些地方需要改进、如何改进，学生的活动怎样。主持人要引导教师更多地关注学生的学习活动，关注学生的学习信心、学习兴趣、学习情绪、学习习惯、学习方法、学习过程、学习实效等，体现激励向上的原则。这一环节可采用听课者先人人轮流发言，再针对问题集体互动交流的形式进行，促进每个听课者的思考、提高。

## 二、学科的研究者

在实际工作中，总会遇到一些不太理解教学研究的教师，他们很有教学经验，教学成绩也不错，但他们认为自己教了一辈子书，也没认真做过研究，还不是一样把学生教得挺好。何况现在教学任务这么重，升学压力这么大，班主任工作又这么繁琐，哪里来的时间开展教研啊！其实，教师们有这种想法，是因为没能看到学科研究将对他们自身的学科教学和专业发展带来的无限益处，学科教研不仅能够提高教学质量、教学效率，而且能够减轻教师的工作负担。教师在忙碌的教学工作中挤出时间来搞研究，例如研究如何让课堂更高效一点、研究如何在少布置作业的情况下让学生的成绩仍能正增长等等。教师群体一旦站在学科高地，成为学科的研究者，将会迸发出无限的能量，能够有效促进学生学习的发展、学科教学的发展、教师自身的专业发展，对于学生和教师而言都是"提效减负"的良方。

### （一）学科研究的意义与价值

学科教师总是陷入专业归属感的尴尬之中：究竟自己应该向学科发展，还是应该向教学发展？应该下功夫研究学科还是研究教学？比如对物理教师来说，如果要实现自己更高的专业追求，就容易让自己在物理学与教育学间感到为难。只有教育学，只会觉得抽象与空洞；只有物理学，感觉又远离了教学；所以最终的结果往往是在为难之中既放弃了物理学，又失去了教育学。因此，理性面对教师的学科素养与教学素养，可能是教师走向成功不可回避的课题。

**1. 教学中的尴尬：学科素养与教学素养之争**

从传统的观点来看，学科素养就是学科教师对自己所教学科拥有的知识与思维模式；教学素养就是学科教师对教学过程拥有的体验与思维模式。教育素养则是教师在学科教学过程中体现出来的能力与思维模式。学科素养与教学素养并不是单独地对学生发生作用的，只有当教学素养与学科素养间进行互动时，尤其是教学素养对学科素养进行改造与重构后，才可能显现为教育素养。因此，如果把三者之间的关系用公式来简化，我们可以简单地界定为"教育素养＝学科素养×教学素养"。[1]

---

[1] 王旭明. 好教师就是具有良好学科素养的教师[J]. 教学管理与教育研究, 2018(12): 1.

既然学科素养与教学素养都是教师教育素养的组成部分,但为什么还要将它们分得如此之细呢?因为我们对问题的研究可以走两条路,一是从更大的环境中来看这个问题,另一是从更为微观与细节的地方来看这个问题。前者容易被大家理解,后者容易被大家忽视,在教师的专业发展过程中,大家往往将更多的注意力投放给外在的制度与轰轰烈烈的培训,但却极其容易忽视教师面对学科素养与教学素养的情感尴尬。

既然教师的教育素养包括学科素养与教学素养,那么要真正地促进教师的专业发展,既需要提高学科素养,又需要提高教学素养。虽然在逻辑上学科素养与教学素养并不矛盾,可在实践中,不管是提高学科素养还是教学素养,都需要教育资源的投入。对于教师来说,教学资源总是有限的,究竟将教学资源分配给学科素养,还是分配给教学素养,这就产生冲突了。在实践中,教师的时间是有限的,教师的精力也是有限的,教师的情感也总是处于单一状态的,在这种情况下,究竟考虑夯实学科素养还是教学素养,这肯定是一种选择,一旦有选择就必然存在冲突与矛盾。

不但学科素养与教学素养在提升过程中存在教育资源上的竞争,而且两者在提升途径上也有着较大的区别。学科素养往往表现为学科知识的多少与学科思维的成熟程度,这就使得学科教师可以通过对学科知识的阅读与掌握,通过对学科经典实验的验证式体验来予以充实与提高。事实上,学科教师的学科素养主要是在大学学习期间获得的,在进入基础教育领域之后,学科素养基本上定型了,予以改善与优化的空间也并不大。目前对中小学教师来说,学科素养的提高途径主要应该在以跨学科的眼光审视自己所教学科,这样更容易从教育的角度审视自己的学科素养。

更为主要的是,这两种素养让人形成两种专业归属感,还会让人的情感产生冲突。学科素养容易形成学科的专业归属感;教学素养容易形成教学的专业归属感,可人只有一种归属感时是最舒服的,两种专业归属感,等于没有归属感,所以导致教师往往难得到任何一种归属感,从而丧失自己的专业性。

**2. 认识中的误区:学科素养与教学素养之别**

学科素养是静态生成的过程,而教学素养是动态生成的过程,要想实现两者的互动以达到教育素养的形成,还是必须时刻审视学科素养对教学素养的影响以及教学素养对学科素养的整合作用。只有有机地处理好了两种素养间的互动关系,才可以得到学科教师整体教育素养的提高。道理非常简单,如果教师没有教学素养,只有学科素养,这是无法产生教育效果的;同样,只有教学素养而没有学科素养,这也是纸上谈兵而已。这也是在"教育素养=学科素养×教学素养"中采用"×"的原因。

因为通过"×"可以把学科素养与教学素养的内在关系更科学地刻画出来,体现了学科素养与教学素养在教学过程中虽然起着同等重要的作用,但如果要取得教学效果的最大化,不但需要学科教师努力提高自己的学科素养与教学素养,更需要学科教师在提高自己的教育素养时,要关心两种素养间的"乘积关系"。不管是过度地偏重于学科素养,还是过度地偏重于教学素养,都不会使得两者的乘积获得最大值。

所以,学科素养和教学素养存在着互补,但教育素养的形成并非简单的二者相加,它需要的是文化知识的提升和教学素养的双向互动。如果某一个方面走向极端,那么它的积就一定是非常小的,对教育素养的提高就非常有限了。其实,在现实的教学过程中,没有纯粹的单一的运用学科素养和教学素养,他们就像一对孪生兄弟,彼此联系,密不可分。①

提高它们时,我们就不能单独审视它们了,对它们间互动关系的重视有着更大的价值。用现在这个等式,还解决了另外一个问题,就是在何时提高学科素养,何时提高教学素养。在乘法中,只有两者处于交叉状态时,才有可能使得乘积处于最大状态。教师专业素养的提高,在教学素养保持不变的情况下,只可以较大地提高教师的教育素养;可是,如果教师学科素养与教学素养能够得到同步的提高,就可以极大地、成倍地提高教师的教育素养了。

学科素养是基础,教学素养是关键。没有学科素养,一个教师就没有教学内容;没有教学素养,一个教师就不可能有科学的教学方法。方法总是与内容相辅相成的,但内容总在方法的前面。问题在于,当我们获得教学内容时,往往对内容产生专业归属感,却反而对教学产生厌烦。

**3. 发展中的必然:学科素养是专业发展之基**

新课程改革提出了提升教师学科素养的发展目标,即形成立足本学科的专业素质,以及以此为基础的知识素养、理念素养、经验素养、技能素养的养成。教师学科素养的提升作为教学改革的一个重要方向,不仅对教师专业化发展产生了深远影响,同时也对学生素养的形成起到了积极的推动作用,有利于深化教育实践,提升教学实效。

(1)从时代发展的角度看,提升教师学科素养是课程改革的必然要求

随着基础教育课程改革的不断深入,如何提高教育质量和教学实效成为基础教学领域的热点问题。那么,提升教师学科素养、加强师资队伍建设就成为解决该课题的主要路径与方法之一。自2011年开始,"学科素养"一词,频繁出现于国家教育文件当中,如语文课程应致力于学生语文素养的形成与发展;义务教育阶段的生物课程是国家统一规定的、以提高学生生物科学素养为主要目的必修课程;全面提高每一个学生的科学素养是科学课程的核心理念等。新课程改革要求改变原有课程教学过于重视知识传授的倾向,提倡培养学生的学科素养,而学生的学科素养又依赖于教师的有效引导,取决于教师自身学科素养的高低。事实上,调整课程结构、优化课程资源、改变人才培养模式,促使学生学习方式的根本转变,都离不开教师学科素养的提升。因而,提高教师学科素养是教师教育的奋斗目标,是课堂教学质量全面提升的有力保障,是课程改革的必然要求。②

(2)从教师发展的角度看,提升教师学科素养是专业化发展的重要基石

学科教学是学校教育教学的基本教学形态,但如今的教师工作已经不再是简单地授课,而是从单一的知识传授者转变为多元的职能承担者,这势必对教师教学工作的内容、过程与结果等提出新的要求与目标。在此背景下,教师专业化发展俨然成为教育改革的核心内容。因此,提高教师的学科素养,走教师专业化发展道路,是当前基础教育改革与发展的必然趋势。③

学科素养是教师专业素养的主要组成部分,只有教师具备了本学科的基本专业素

---

① 周彬."学科素养"与"教学素养"的冲突与融合[J].河北教育(综合版),2008(01):37-38.
② 李孔文.学会评价:教师学科素养的衡量标尺[J].课程.教材.教法,2015(02):74-80.
③ 田保华.教师学科素养现状及内涵提升路径探析[J].基础教育参考,2016(20):13-16.

质,才能在真正意义上成为专业型教师。从一定意义上来说,学科素养是教师专业化发展的基石,而学科素养的缺失,已成为教师教育走向专业化道路的瓶颈。因此,深化教育实践,促进教师专业化发展进程,离不开教师素养的基石铺垫。

**4. 动态中的协调:学科素养与专业素养之衡**

其实在教师教育素养这个话题上,还有另外一个重要内容,就是教师教学素养与学生学习素养间的动态平衡关系。也就是说,当学生学习素养比较欠缺时,对教师教育素养的要求就高一些;当学生学习素养比较高时,对教师教育素养的要求就低一些。只是这种动态平衡的关系,一旦把教师的学科素养与教学素养加进来后,就显得更为复杂,也更有实践意义了。

当学生学习素养比较低时,学生的学科知识较少,此时对教师学科知识的要求也不多,因此教师有足够的时间与精力去提高自己的教学素养。当学生学习素养比较高时,学生的学科知识就已经比较丰富了;与之相应,对教师的学科知识的要求很高,在这种情况下,由于对教师教学素养的要求不高,所以教师有足够的时间与精力提高自己的学科素养。[1]

但在教师教学素养与学习素养的互动过程中,如果把两者互动的内容颠倒过来了,那对于学生与教师反而会产生负面的教育效果。当学生的学习素养很低时,教师不是用教学素养去培育他,而是用学科知识去灌输时,学生不但学不到相应的学科知识,连他仅有的学习兴趣与学习素养都可能被磨蚀掉。

对低年级的学生来说,由于他们本来的学科知识就不多,甚至几乎为零,这时教师的知识传授非常容易导致学生学科知识超载的情况。这也是当前学校教育实践中经常遭遇到的困境,尤其是在这个评价学生与教师完全以学科知识为标准的时代,不但在低年级的学生中容易导致学科知识超载的情况,而且在不同层级的学生中都存在这种情况,因为在一个班级中,总有些学生的学习素养无法与教师的学科知识保持协调一致。我们还可以从大学教育与中学教育的区别来予以论证。在大学里肯定是以教师的学科素养为基础,因为学生已经具备了相应的学习素养,他们更希望的是学科知识的引导;与之相比,在中小学领域,往往以教学素养为主,因为学生的学习素养较低,对教师的教学方法要求就更高,如果教师知识传授方法不得当,反而会压抑他们的学习兴趣与动机。[2]

**(二)学科研究的基础与内容**

**1. 学科研究的基础:对学科的热爱与追求**

现代学校的教学,是以分科的方式进行的。在这样的前提下,担任某一学科的教学,是否真正成为了某个学科教学的行家里手?语文教师、数学教师、化学教师,诸如等等的称谓,究竟对一个教师意味着什么?是否只意味着某个人具备了语文、数学、化学等学科知识,具备了做教师的资格,就自然成了可以教语文、数学、化学的教师?这显然是一个值得细思的问题。语文教师、数学教师、化学教师等等,除了意味着掌握了教学

---

[1] 金蓉. 为教师成长插上腾飞的翅膀——"提升教师学科素养"的研究历程追溯[J]. 考试周刊,2011(20):15-16.
[2] 王露. 教师学科素养的提升[J]. 小学教学研究,2018(01):4.

必备的学科知识,更意味着这些学科教师是对语文、数学、化学等学科最有感情、最有兴趣的人,也是不断在这些学科上有学习、有研究,也有探索和创新的人。也就是说,他是用自己对学科的热爱的行动,去感召和引领学生对学科知识学习的人。

教师热爱自己所教的学科并想方设法让学生喜欢他所教的学科。如果自己对所教学科并不热爱,也不能让学生喜欢学习。但反思现实,我们会发现,有许多教师对自己所教的学科没有热情、没有感情、没有激情,更没有深入学习的行动。如自己是语文教师,却不热爱语文,只是把语文作为教的手段和内容,语文与自己的思想、智慧、情感没有融为一体,更没有投入时间、精力和兴趣学习、阅读和写作,其结果是以对教材的不断熟悉代替对学科知识的不断拓展,满足教材的需要所形成的"教材水平"成为教师衡量和判断自身学科水平位移的依据。长此以往,也就造成了在一个学科圈中"钟摆式"或"唱片式"的重复而使教学情感的消退。

此外,学科不是教材,对学科教学的高度熟练不是仅仅对教材的熟悉,而是对学科特性、学科知识、学科前沿的不断学习、积累和把握。有人戏说,一个中学教师如果不学习,用不了几年就只能是中学教材的水平;一个小学教师如果不学习,用不了几年,就只能是小学教材的水平。教材知识不等于学科知识,教学是师生共同面对文化、共同享用文化的过程;教材是教师教学的影子而不是靶子,围绕教材的教与学,教师方可拓展学习而成为学科与学科教学的专家。所以,没有教师对所教学科更好的学,就一定不会有更好的教。所谓"教学相长",其本意是教师自己的教与学相互促进。孔子提出的"学而不厌"方能"诲人不倦",也是揭示了教师自身的学习具有重大的教学意义。教师只有强烈的学科情感,成为学科的忠实热爱者,只有在真正的"学科"含义上不断学习研究,成为学生学习的同路人,与学生一起学习一起成长,才会有专业的成长与发展。

**2. 学科研究的内容:知识体系的建构与实践**

(1)对学科教材的深入解读

不同能力层次的教师对教材理解的深度差异很大,最底层的教师被称为"教书匠",他们只见树木不见森林,只研究具体教案细节,完全照着教材上课;层次比较高的教师,他们能够既见树木又见森林,关注到整套教材的内在逻辑和联系,形成四级目标体系,能够改着教材上课,并逐渐内生出自己的教学经验;最高层次的教师,能成为学科教学专家,他们纵览学科教学全局,让教材为教学服务,能够编创教材上课,并形成基于个人经验的学科认识和知识体系。

对教材文本的深入解读,并不是简单意义上的教材捆绑,而是教师对文本进行广泛、有选择性地深入解读,这是基于实践、基于学情的创造性思考,意在改善学科知识素养失衡的现状。比如,从2011年3月起,浙江省温州市掀起了一场"重读"课本的教学改革活动,即开展以"文本解读"为核心的教师学科素养提升行动。这场行动历时五年,从幼儿园到高中,从职业教育到特殊教育,将近十万名中小学教师全员参与其中。其主要目的是让教师以"实战者"的身份,与教材编写者进行深入的精神层面的交流。这就要求教师读出课程的基本内容,读出教学要达成的目标,读出学生的疑惑点,读出教学过程的关键处。当教师能够与课本进行"深度对话"时,"用教材而不是教教材"的理念才会真正落地生根。与此同时,细化解读文本,教师才能够精准掌握教学目标,从而选择合适的教法。如此一来,不仅有利于避免出现重心不稳的局面,同时也可以弥补教师知识性的欠缺，增加教师学科知识的广度与深度。另外，教师的思维逻辑也得到了锻炼，教学水平也得到了提升。[①]

（2）对学科知识的系统建构

教师开展学科研究的内容由学科教育理论素养、学科素养及学科知识三部分组成。教师的知识结构直接影响教师的教育教学质量。教师要上好课，就得有深厚的个人功底。既要有全面、综合的知识素养，还要弄懂教育教学的基本规律；既要非常熟悉自己学科的知识体系，还要了解、研究学科学习习惯。要做到这一点，教师自己就得养成爱学习的好习惯，自觉学习、不断学习、终身学习。

教师不仅要深入学习古今中外的教育教学理论，学习教育学、心理学的新知识，研究教育教学改革的新动向，还要特别关注本学科的学科特点，不断提高学习素养。"资之深，则取之左右逢其原。"[②] 教师要成功完成教学任务，首先要精通所教学科的专业知识，对自己所教学科的知识有深入透彻的了解；不断地关注本学科发展的新动态，关注与其他学科的交叉发展，提高学科素养。要自觉养成良好的学科学习习惯，努力研究、探索本学科的学习规律。只有这样，才能很快适应新课程的改革，尽快提高自己的教学能力。

（3）教学实践中的内化升华

教师对学科的深入研究将有效地提升教师的学科素养，而教师学科素养是在教学实践过程中不断完善、不断提升，并最终得以深化落实的。教师要创造性地参与到教学实践中去，以专业发现的眼光投身于教育活动中。这包括提升教师的教学能力、创造能力与研究能力，以及在课堂教学过程中结合理论进行实践的能力。深化教师学科素养，重在完成理论到实践的过渡，提升基本技能与基本能力，形成必备的教学实践智慧。

直接决定教学活动优劣成败的是教师的教学实践智慧。教学实践智慧是学科专业知识、教育教学知识和技能充分内化、整合、升华的结果。这就要求教师的课堂教学要融入生活，引导学生探究，尤其是对于实用性较强的学科更应该注重实践探究。

以化学学科为例，它是实用性很强的综合学科，化学教师应具备综合的知识"网络"，才能使化学的科学性、实用性落到实处。教师学科素养的最终指向应归于实践层面，而其实践成效则恰恰是检验化学学科素养水平高低的重要依据，成为最重要的评价标准。

综上所述，学科素养是课堂教学的灵魂，缺乏学科素养的教师，其课堂是没有灵性的。同时，教师学科素养的发展，也是教师终身学习和不断解决现实问题的过程，是教师专业精神、专业知识、专业能力不断成熟、不断提升、不断创新的过程。因此，不断探索教师学科素养的发展路径，有着极其重要的现实意义——教学目标的有效达成，从很大程度上依赖于教师学科素养的支撑。

（三）学科研究的方法与路径

**1. 基于学科团队的校本教研**

想要走得快，就一个人走；想要走得远，就一群人走。团队可以给教师专业发展以

---

[①] 田保华. 教师学科素养现状及内涵提升路径探析[J]. 基础教育参考, 2016(20): 13-16.
[②] 参见《孟子·离娄下》. 资, 积累; 原, 同"源".

动力、激励、互助、合作、交流、分享等各种机会,让教师在一个群体中走得更远。一个学校领导者最英明的、最有智慧的成果,是将各个学科教研组打造成"为了专业进步的教师学习的共同体"。当把促进共同体的进步与职业使命、教育价值整合成同一目标时,学科教研活动就成了培养教师自觉学习的一种方式。

(1)"教师学科教研团队"的内涵解析

"教师学科教研团队"就是以"学科"为单位,由学科带头人牵头,教师自愿参与,以学科专题研究为纽带,围绕任务组织教师合作开展各种学科教学研修或开发,从中提升自己专业素养的学习型教师群体。在教研共同体中,团队中的成员进行不同的角色分工,组织本学科的教师以"学科"为载体开展不同的教研活动。"教师学科教研团队"的成员一般为5—7人。团队成员注意兼顾新老教师的搭配和职称高低搭配,做到结构均衡合理。

第一,"教师学科教研团队"角色构成。"教师学科教研团队"是一个有共同目标、愿集体担责、会全面评价、能主动反思的学科教师团队。团队成员分为五种角色:一是组织调控者,二是讲座培训者,三是课例展示者,四是评课组织者,五是活动反思者。这几个角色的稳定,能够确保校本教研活动的完整开展和有效研究。

第二,"教师学科教研团队"教研方式。① 制定教研组成员合约。让所有成员制定个人的学习和研究计划,并保证出色地完成相应的研究任务,以此作为成员与整个学习共同体的合约。通过制定合约,使每位成员明确需要完成的工作内容、工作任务、工作成效、工作预期等。② 开展体验式学习。大多数学科教研组的活动方式是邀请专家作为活动的主角,而非以教师学习共同体的成员作为中心,没有做到为每一个成员提供丰富多样的体验机会。应当让每位成员都自主地选择问题,聚焦于知识层面、策略层面或学生变化成长层面进行长期的实践探究和反思,并在一段时间之后将自己的思考提供给共同体全体成员进行讨论。③ 激发创造力。教师学习共同体应该最终营造出这样的教学研究氛围:各成员之间相互尊重且能自由表达,能创造性地开展富有创意的教学设计的讨论,萌发出一些创新性的课堂行为、活动方式,甚至学校会出现"自下而上"的充满创意的教学设计,并且他们都是符合教育本质的杰作。教研活动需要营造充满创造活力的氛围,教师每天投入到丰富多彩的教育教学设计、教育行动、教学活动、课程和课堂创新等探索过程中,并创立丰富的平台,展现团队成员的多姿多彩、才华洋溢,即使碰到风险和压力,大家也能相互支撑、共同面对。

第三,"教师学科教研团队"教研内容。教师学科教研团队教研的主要内容分为两类:一类是以学校教研团队组织开展的有关有效教育知识在学科中的应用的研究;一类是以年级学科团队组织开展的针对学科内存在的难点热点问题的研究。[1]此外,要注意以问题为导向,找出摆在教师面前真正困惑的问题,必要时可以特意创设情境还原问题,从而提供机会让教师直面挑战,教师以学习共同体成员的身份参与其中,针对实际问题来捕捉教学研究的出发点以及关于教育教学技术提升、学生生命成长的信息。

(2)"学科教研团队"的建设过程

教师学科教研团队建设的实践过程主要分为三个阶段:第一阶段是团队组建,第二阶段是开展教研活动,第三阶段是总结提升成果。

---

[1] 周言清. 基于学科团队的校本教研[J]. 基础教育研究,2016(03):35-38.

第一,教师学科教研团队组建阶段。教师学科教研团队建设的首要任务是成员召集,然后确定组建"教师学科教研团队"的目的和操作方法,形成共识。进而通过学校科研管理部门组织年级以及学科为单位的教研团队,确定学校的"教师学科教研团队"总体框架。进一步的工作是,"教师学科教研团队"根据学校安排的主题内容进行角色的分工,并作角色分工要求,角色要轮流担任,使人人有机会,人人发展,人人都能获得成功。在此基础上,各"教师学科教研团队"成员召开会议,确定本教研团队在本学期的研究主题,并上报学校教务处。

第二,团队式校本教研实验阶段。团队组建完成之后,各个"教师学科教研团队"在班级内围绕研究主题开展研讨实验。具体操作方法:一是"教师学科教研团队"围绕研讨主题选定课例载体,集体备课,形成教案,将教案上交到学校教务处审核。二是"教师学科教研团队"制定研讨活动执行方案(包括理论培训内容及相关的PPT等),交学校教务处审核通过。三是"教师学科教研团队"对通过的执行方案进行"模拟"训练,经学校教研处审核通过。四是"教师学科教研团队"通过学校教务处,组织本学科的全体教师,开展校本教研活动。教研活动包括以下几个内容:理论讲解(研讨主题的确定原则——课堂中存在的问题——解决问题的初步思路——相关的理论指导)——课例展示——团队评课活动——总结归纳。五是"教师学科教研团队"撰写研讨报告:案例分析及结果。

第三,成果总结提升阶段。校本教研作为一种教师研究活动,势必形成一定的教师研究成果,这些成果或是用行动展示,或是通过论文或研究报告等文本形式呈现,或是通过形成走廊文化、班级文化等实物形式展现。无论何种形式的教研成果,都需要进一步总结、提升和完善。因此,在这一阶段,有必要收集各"教师学科教研团队"的研讨案例,形成案例集;或者拍摄典型活动过程,录制成光盘;也可以对案例进行分析,总结出开展典型的优秀教学案例等。总之,在成果总结提升阶段,要尽可能地将团队的研讨成果形成体系,将其物化或显性化,使其成为清晰可见的教研成果。①

"教师学科教研团队"的创设将为教师深入探究当今学校教育和课堂教学的深层次问题提供实践平台,教师的职业生活因此也变得更有趣味感和意义感,从而促进教师通过日常工作开展有效的教育过程创新、教学模式变革,并在实践探索中获得更多的专业反思与提高的机会。

(3)"教师学科教研团队"的实践途径

建立以教师合作为基础的学科教研团队是促进教师专业发展的重要途径。格拉桑恩(Glatthorn)讨论了教师教研团队合作的五种方法:专业讨论、课程开发、同行观察、同行指导和行动研究。

**专业讨论**。专业对话有助于教学反思。在小组中,教师可以讨论共同关注的问题:与某门学科相关的具体问题(如社会科学中的教学争端,可能获取的促进物理教学的软件等),或对所有学科都适用的问题(学生动机、能力分组、批判创新思维等)。因此,讨论小组不必把焦点集中在改变教师或学生的课堂行为上面,更可以强调一般的学科专业问题。关于专业对话的效果问题,还没有系统化的资料,但从参与者的体验报告

---

① 方道余. 借用学科教研团队平台促青年教师的成长[J]. 知音励志, 2016(12): 199.

来看,一般都是持肯定态度的。格拉桑恩根据自己的经验提出了一个模式。

第一步,强调外部知识或就一个特定问题可以找到什么文献(如专家赞同这个问题,还是赞同怎样回答这个问题的策略)。在这个阶段,参与教师应该极力去对这个问题进行探究和理解,广泛地搜集信息。第二步,讨论集中在个人知识上面(如我的经验对解决这个问题有什么启示?与其他人谈论的问题相比,我们小组意识到的问题怎么样?)。格拉桑恩建议,通过积极倾听、分享和反思,教师会学会保持个人知识与外部知识的适当张力,会想方设法学会把两种知识整合起来。第三步,探讨以后的行动(意识到问题越来越明确,对可能的行动进行反思,可能会采取什么行动)。这阶段要依靠教师小组的兴趣,所以会把焦点集中在教师个人的需要或全校的推断上。

**课程开发**。根据格拉桑恩的研究,课程开发涉及教师增加地区课程的合作活动(如英语教师可能设计一单元本地或地区方言课),其他人提出了教师处理课程问题的其他方法。比如说,有人认为,教师对科学过程的注意不够(做实验、进行测试推断),把太多的时间花在低水平的死记硬背上了。他们的研究意味着,对课程材料进行研究,以决定鼓励思考而不是死记的课程范围非常有价值。教师就教材、作业、学习水平、学习工具、计算机实验室、问题设置、小测验、考试、单元报告等方面交换看法,会大有收获。除了分析教学材料外,教师也可以通过开发和共享材料来相互帮助。

**同行观察**。同行观察是课堂观察的一种形式,是用来改进教学的一个过程。观察要以资料为基础并集中在教师自己的目标上。在恰当条件下,教师知道他们想要什么信息,同行很敏感,同行的反馈促使教师改进自己的教学实践。而且,进行观察的教师会与被观察的教师获得同样多的收获,但这种收获并非随时都能获得,因为教师必须具备观察技能和提供有帮助的反馈的技能。

**同行指导**。同行指导与同行观察有些类似,但又有重要的区别。同行观察给被观察的个别教师提供了更多选择方面的建议,而同行指导通常以教师的发展主题为基础。也就是说,同行指导会给教师提供一种模式或一套技能的理论方向,同行观察其执行的情况,然后在不断收到反馈的过程中努力使这个模式或技能生效。

组织有序和照章办事,看起来对于使全体教师顺利发展非常重要。乔伊斯和威尔认为,一个好的教师发展计划应该包括下面的五个因素:[①]

① 提供理论或描述教学技能和策略;
② 模式化或演示教学技能和策略;
③ 在模拟的和真实的课堂里实践;
④ 对实践进行组织而且作开放性的反馈;
⑤ 在向全班传递新知识和新技能时,进行课堂内的应用指导、亲手帮忙。

乔伊斯的评估是,如果教师对其教学实践得不到反馈,在运用新技能方面没有得到指导,那么掌握了培训计划技能的教师还不到20%。这些因素在全员发展计划中常常被忽略。所以,有充分的证据表明,如果指导者要对教师有帮助就必须要接受很好的培训。

**行动研究**。行动研究可以用作寻求达到各种各样目标的手段,其中包括提高教师的反思性、增强与大学教师的互动、提高教师地位和效能、缩短研究与结果用于实践的

---

① [美]Thomas L. Good,Jere E. Brophy. 陶志琼译. 透视课堂[M]. 北京:中国轻工业出版社,2013:318.

差距和合理化实际课堂事件的专业价值。行动研究的概念促使教师产生这样的观念：教师不仅是知识的接受者，而且也是为自己和其他人创造知识的专业人员。

**2. 基于课题项目的学科教研**

重视学科教育科研，以问题为导向，积极开展专题研究，提高教研品质，有效推动学科教研的内涵建设。用科研的眼光，审视学科教学的针对性和有效性，科研是推动教研的最有效方式之一。

第一，以问题为导向，探索学科教研新途径。教研工作应该是帮助教师研究真问题、解决真问题的。我们可以有针对性地对学科及学科教学中发现的问题进行分类，并选择比较突出的共性问题建立专题进行研究。比如对于新教师而言，比较共性的问题是"我的第一课要如何才能上好"，主要目标是了解如何在不同的学科课程教学中，建立课堂常规，适应教学工作，完成教学任务。因此，在新教师培训和教学研讨中，可以有针对性地开展课堂教学研究，以问题为导向，进行学科教学研究。①

第二，以研究为抓手，引领学科教研新层次。要有效加强教师的学科研究能力，不能仅仅停留在讨论教材、教参上面，建议可以积极开展"说刊""说题"活动。

所谓"说刊"，指教师把自己学习（阅读）刊物或优秀文章或经验、案例等的收获、体会以"说"的形式进行交流、展示。"说刊"活动要注意四个要求：一是每位教师应该订阅至少一份学科业务刊物，并深入阅读；二是应根据教研组活动中业务学习的总体安排及问题研究、教学研讨的需要，安排教师开展"说刊"，一般每次由一人主说；三是重视学习过程和交流过程的体验，尤其对青年教师，力求人人参与、轮流主说；四是要结合教学实践、围绕教学问题进行有目的的"说刊"。

所谓"说题"，是指教师把自己选题、命题及解题、讲题的实践、研究成果以"说"的形式进行交流、展示。"说题"一般通过一些典型题目向同组教师进行解说，主要说三个内容：一是选题、编题的基本意图（题目的背景及功能，应用的主要思想、知识、方法等）；二是解题、讲题的思路策略（关键点、注意点，审题、入题的分析、引导，解法优化及经验、启示）；三是变式、拓展的主要方向（对条件、结论等如何进行变式等）。②

第三，以课题为载体，建设学科教研新内涵。在学科教研中，重视开展以"专题研究"为主的系列研究活动，把各类"专题研究"逐步形成课题，以课题为载体，促进教师的教学和教研工作，不断转变教师的教学方式，逐步建设学科教研的新内涵，做到以科研促进教研。在教研活动中，逐步开展"证据和经验结合"的实证教研，用更理性、更科学、更严谨的方式来研究问题、开展教研，切实提高教师对学科内涵理解和学科课堂教学的能力。

## 三、课程的开发者

多数教师认为，课程开发是课程专家和教育主管部门的事情，似乎和自己关系不大。事情真的是这样吗？在课程改革中，一线教师到底该扮演怎样的角色？到底如何走近课程开发？其实可以用一句诗来概括一线教师与课程的关系："不识庐山真面目，

---

① 刘大勇. 以课题研究为载体提升教师专业素养[J]. 基础教育论坛, 2018(08): 12-14.
② 周静静. 以课题为载体的培训模式探究[J]. 课程教材教学研究（教育研究）, 2016(21): 48-49.

只缘身在此山中。"一本教材是没有生命的,但是通过教师的教学,就将课程从静态的文本变成动态的课程,教师创造性的劳动将课本与生活、社会中的课程资源进行了整合,在教学中完成校本化、个性化实施课程的过程。每天,教师们都在扮演着个性化实施课程的角色,只是我们很多教师没有意识到;在日常的各级教研、培训活动中,大家也都习惯于站在学科教学的角度去思考,总是被教科书、教学参考束缚住,照本宣科的时候多,很难实现从"教学科"到"教课程"的转变。

其实,无论从教师专业发展还是教师作为专业人员的权利来看,参与课程开发都应是教师专业生活的组成部分。教师参与课程开发的终极目的是促进学生最大限度的发展。就其实质而言是确立教师成为研究者、反思性实践家的信念,在课程开发的动态过程中促进教师专业发展。课程开发的专业能力在短时间内似乎看不出对教师、学生的影响,但是"磨刀不误砍柴工",教师专业的深度和广度对学生学习的影响不言而喻。一位教师如果不懂得课程,他的教学成绩不一定差,但是可以确定的是他在专业成长领域绝对不会走得太远。

### (一) 课程理念重构

走进新世纪,中国教育改革的大手笔就是基础教育课程改革。基础教育课程改革是全面推进素质教育的重大举措,它倡导"为了每位学生的发展",这是新中国建立以来教育思想上的一场大革命,充分体现了新课程具有鲜明的时代性与针对性,新课程的理念将为学生的终身发展奠定良好基础,也将事关中华民族的长远发展和未来。

**1. 新课程与旧课程的本质区别在于理念**

所谓理念,是一个人所具有的准备付诸行动的信念,它既是一种观念,也是一种行动。理念是人们在对某一事物现实的深刻分析和未来的展望的基础上所形成的,因此,任何理念都具有时代性和前瞻性,是两者的统一。课程理念是课程设计者蕴含于课程之中、需要课程实施者付诸实践的教育教学的信念,它是课程的灵魂和支点。

新课程与旧课程的本质区别是理念的不同。例如旧课程观认为课程是知识,因而教师是知识的传授者,教师是中心,学生是知识的接受者。而新课程观认为课程不仅是知识,同时也是经验,是活动;课程不仅是文本课程,更是体验课程;课程不再只是知识的载体,而是教师和学生共同探求新知识的过程;学生获取知识的过程是自我建构的过程。旧课程观认为课程就是教材,教材又是知识的载体,因而教材是中心。而新课程观认为课程是教材、教师、学生、环境四因素的整合;教师与学生都是课程资源的开发者,共创共生,形成"学习共同体";每个学生都带着自己的经验背景,带着自己独特的感受,来到课堂进行交流,这本身就是课程建设,学生从同学身上、教师身上学到的东西远比从教材中学到的多。旧课程观认为课程与教学是相互分离的,教师只有教材意识,只知道教材、教参、教学大纲、教学计划。而新课程观则认为课程与教学是整合的,课程是由教材、教师与学生、教学情景、教学环境构成的一种生态系统。正是这些理念的不同,才使本次基础教育课程改革是一次前所未有的深刻变革。[1]

教师走进新课程,最重要的是树立新的教育理念。新课程所蕴含的先进的教育理念

---

[1] 宋红卫. 在新课程理念指导下重构教学关系[J]. 教育家,2018(07):47.

反映了当今时代经济全球化、文化多元化、社会信息化的特点,体现了世界教育发展的趋势,折射出了人们对美好未来的追求。新课程发展的核心是新课程理念的落实。能否把国家的意志、专家的思想变为千百万教师的教学行为,这是新课程改革能否成功的关键。

**2. 新课程发展的核心理念:为了每一位学生的发展**

(1) 新课程的价值取向是人的发展

人类信息化时代的到来对哲学所产生的影响之一,就是价值多样性及其扩展。哲学的这种价值多样性对课程的影响,就是课程价值的多样性及其扩展。其中影响较大的价值取向有三种:① 以经济发展为本;② 以社会发展为本;③ 以人的发展为本。而这种多样性的发展趋势就是融合,因为割裂与孤立都会给课程带来不同弊病,从而使教育贬值。我们历来重视以人为本的教育价值取向,但是在如何处理好这三种基本价值的关系上却是经历过曲折的。现在我们越来越清楚课程的价值是多方面的,社会价值、经济价值固然是基本的方面,然而,更基础的是课程在人的发展上所体现的价值。多种价值的融合,特别是人的发展、经济发展、社会发展的融合,将是课程发展的基本趋势之一。新课程价值在于通过促进人的发展来推动经济发展和社会发展,实现了课程价值的融合,这种融合浓缩为一句话就是:为了每一位学生的发展。①

(2) "为了每一位学生的发展"的内涵

"为了每一位学生的发展"包含着三层含义。一是课程要着眼于学生的发展。这是课程价值取向定位问题。在如何处理经济发展、社会发展与人的发展的关系上,新课程定位在人的发展上,具体地说就是为了每位学生的发展。教育对经济发展和社会发展具有能动的促进作用,但这种作用的发挥是通过人来实现的,也就是通过教育培养的人来实现的,教育是通过人的发展来影响和促进经济发展与社会发展的。全面关注学生发展是世界各国课程改革的趋势。世界各国的课程改革都把目标指向学生发展,指向以能力和个性为核心的发展。课程改革要培养学生信息收集和整理的能力、发现问题和思考问题的能力、分析问题和解决问题的能力、终生学习和创新的能力以及生存和发展的能力;课程改革要培养学生的良好个性品质。二是面向每一位学生。基础教育是国民素质的奠基工程,课程目标所确定的都是新世纪我国国民的最基本素质。这是素质教育与"应试教育"的根本区别之一。新课程强调面向每位学生,既是顺应了未来教育的发展趋势,也是国家对人才需求的必然。基础教育面临的任务,既要瞄准知识经济的需要培养高素质尖端人才,又要为农业经济、工业经济培养人才和合格的建设者。因此,在新课程实施中,必须面向全体学生,认清每个学生的优势,开发其潜能,培养其特长,使每位学生都具备一技之长,使全体学生各自走上不同的成才之路,成长为不同层次、不同规格的有用人才。三是关注学生全面、和谐的发展。学生是一个完整的人,不能把学生仅仅看成是知识的容器。素质教育所关心的是整个的人,而不只是作为产品的人;是富有创造性的生活,而不只是物质生产的生活;学生的发展不是某一方面的发展,而是全面、和谐的发展。1993年联合国教科文组织在北京召开的"面向21世纪的教育"国际研讨会就将"高境界的理想、信念与责任感,强烈的自主精神,坚强的意志和良好的环境适应能力、心理承受能力"列为21世纪人才规格的突出特征。可见,21世纪

---

① 贺华. 核心素养视域下我国基础教育课程体系的重构[J]. 教学与管理,2017(18): 8-10.

的人才应该是全面发展的人,课程的目标不只是使学生更富有知识,而且应使他们更聪明、更高尚。①

**3. 新课程理念的终极追求：走向全人教育**

进入20世纪80年代以后,全球经济一体化、思想文化多元化、社会生活数字化等一系列根本性变化对教育产生了前所未有的冲击。时代发展对新世纪人才培养的目标提出了新的要求,由此,世界各国掀起了新一轮的课程改革热潮。这次课程改革在其理念上就是以学生为本,着眼于学生的全人发展,为了每一位青少年学生的全面的发展。这种着眼于全人发展的课程价值取向,使学校的课程目标表现出以下一些新的特点：一是注重课程目标的完整性,强调学生的全面发展；二是重视基础知识的学习,提高学生的基本素质；三是注重发展学生的个性；四是着眼于未来,注重能力的培养；五是强调培养学生良好的道德品质；六是强调国际意识的培养。

新课程的培养目标应体现时代要求,要使学生具有爱国主义、集体主义精神,热爱社会主义,继承和发扬中华民族的优秀传统；具有社会主义民主法制意识,遵守国家法律和社会公德；逐步形成正确的世界观、人生观、价值观；具有社会责任感,努力为人民服务；具有初步的创新精神、实践能力、科学和人文素养以及环境意识；具有适应终身学习的基础知识、基本技能和方法；具有健壮的体魄和良好的心理素质,养成健康的审美情趣和生活方式,成为有理想、有道德、有文化、有纪律的一代新人。

这个总目标有四个特点：

**第一,把德育目标与时代要求联系起来。**

在全球化的今天,人才标准国际化已经是一种趋势。中国加入WTO以后,在更大程度上融入了国际社会的政治经济生活之中。教育培养的人才必须能够适应这种趋势和要求,因此,各国在人才培养上都十分强调人的开拓进取、不断创新的精神；高尚的道德品质和对人类的责任感；较强的适应能力和解决问题的能力；丰富多彩的健康个性；与他人合作、协调、国际交往的能力等。新课程改革所确定的培养目标都鲜明地体现了上述精神。在注意德育的时代性的基础上,又强调要继承和发扬中华民族的优良传统和革命传统。

**第二,突出创新精神、实践能力、科学和人文素养、环境意识教育。**

创新精神、实践能力、科学和人文素养、环境意识,是新世纪公民所必须具备的基本素质。在这些素质当中最重要的是创新精神,创新是21世纪的"通行证"。一个国家、一个民族的创新能力是核心竞争力,它决定着一个国家、一个民族的兴衰成败。在知识经济时代、信息化社会,一个人的创新意识、创新精神、创新能力是他的核心素质。中国教育在走进21世纪时,必须把创新素质的培养作为终极目标凸现出来。而一个人创新素质的形成必须从小抓起。基础教育课程改革把创新精神的培养作为主旋律,其道理就在于此。因此,在新课程实施中,我们在抓好上述学生基本素质培养的同时,尤其要抓好学生创新精神的培养。

**第三,把基础知识与技能的学习与终身学习联系起来。**

新课程的培养目标把基础知识与技能的学习和掌握与终身学习联系起来,这里既

---

① 李海.课程理念的反思与重构[D].南昌:江西师范大学,2003:45-52.

有继承又有发展。一方面,重视基础知识与基本技能是我国基础教育的优良传统,在本次新课程改革中能把基础知识与基本技能摆在突出位置是新学力观的体现。所谓学力,是指学生在学习过程中所习得的知识、能力。学力是动态的、发展的,学力也应该与时俱进。任何一门学科教学的目标,大体有四个组成部分:① 关心、动机、态度;② 思考力、判断力;③ 技能;④ 知识、理解。这四个视点作为一个整体,反映了一种学力观。这一点恰恰与人们把学力结构划分为基础学力、发展性学力是一致的。所谓基础学力,是指以基础知识、基本技能为主要内容,帮助学生打基础的学力;而所谓发展性学力,是指以观察能力、自学能力等为主要内容,使学生在未来自己能发展自己的能力。

另一方面,新课程所强调的基础知识与基本技能又有别于以往。新课程所强调的基础知识与基本技能有两个特点:一是具有鲜明的时代性,如数学课程标准强调对学生进行运用计算器计算的基本技能的培养;二是学生终身学习所必备的,如数学中百以内数的计算。

**第四,既强调健康体魄、健康心理,又强调健康生活方式。**

新课程不仅关注青少年学生现实生活世界,而且还要关注青少年学生可能生活世界。关注青少年学生可能生活世界,就是关注儿童生活的未来发展趋势,关注青少年学生生活质量的提高。因此,在新课程培养目标中既强调健康体魄、健康心理,又强调健康生活方式。对于健康体魄与健康心理我们比较重视,而健康的生活方式却一直是我们所忽略的。

21世纪人类社会生活方式更加注重物质生活和精神生活的平衡,终身学习将成为一种生活方式。在影响一个人生活方式的心理素质里,思维方式与主体性是最重要的两个因素。所谓思维方式,是指人们在长期的认识和实践中形成的认识和处理问题的思维出发点,以及某些经常使用的相对比较固定的思维方法,思维方式一旦形成,将对个体的生活方式产生影响。而个人的主体性如何,决定着他将具有怎样的一种生活方式。主体性是指人在认识和实践过程中表现出来的自主性、主动性和创造性。一个具有自主性、主动性和创造性的人的生活方式,和一个处处表现出一种依赖性、被动性和缺少独特性的人的生活方式也肯定是不同的。学习方式的核心就是思维方式,学习方式对一个人思维方式和主体性的形成起决定性作用。因此,从某种意义上说,今天的学习方式就是明天的生活方式。新课程改革倡导自主、合作、探究的学习方式,其意义远不只是学习本身,它关系到学生未来的生活方式与生活质量。

## (二)课程开发原则

### 1. 富于前瞻性,设计开放的课程

所有的课程设计和安排都应该充分体现出一种开放意识、开放心态和开放格局,做有远见的教育。一所学校可以开放学习空间,颠覆传统的学习方式;也可以开放课程和资源,促进学生的个性成长;更可以开放动手实践,突破创新能力的培养。一所学校可以基于对互联网的理解,推进信息化环境下教与学的变革;也可以基于对资源云的理解,推进新课程的设计与实施;更可以基于对时代发展的理解,推进国际部的建设和IB课程的实施。

**2. 富于整合性，设计融合的课程**

学校要努力抓住教育的本质，整合课程的功能。注重资源的开发与重组，因为教育是开放的；注重课程的引导与调动，因为教育是自主的；注重教书与育人相结合，因为教育是完整的；注重常规与创新相结合，因为教育是发展的；注重活动与兴趣相结合，因为教育是生动的；注重知识与文化相结合，因为教育是丰富的。学校可以把信息、科技和文化整合，研究科技教育的文化基因，这既是对科技教育的深入思考，也是对文化普及的深入探索。还可以以项目为牵动，设计跨学科的综合课程活动，涉及的学科可以包括物理、生物和信息技术等多个学科，涉及的领域可以包括能源、交通、生态等多个领域。

**3. 富于可操作性，设计立足现实的课程**

课程开发要立足于学校、教师和学生的实际，让所有的课程内容及活动都便于开展和普及，从兴趣入手，从生活入手，从基础入手，从最基本的创新思维方式、最底层的技术、最基本的技能入手，让所有的教师和学生都能够"英雄有用武之地"。让知识贴近学生、贴近生活，让学生能够具备一定的应用知识处理实际问题的能力。

**4. 富于规律性，设计符合需求的课程**

把握未来从把握学生的成长需求开始，关注学习规律，强调过程、体验和发现。学校可以用来源于真实问题的课题让学生浸入式地参与研究，而不是单纯地记忆知识，提高学习和应用之间的转化率，这是对学习规律的尊重，是真正有意义的学习。给学生足够的学习和展示的空间，激活学生的生活经历和实践体验，给学生提供更多的可能，给学生提供多样的选择。

**5. 富于发展性，设计适应时代的课程**

所有的教育教学活动都应该强调团队合作，让学生学会交流沟通的技巧，真正适应社会化生产的分工协作模式。重视学生的成长规律和发展需求，搭建更多的项目平台，让学生在课程中得到更多的挑战，帮助学生更好地融入时代、适应社会。

其实，学校的课程体系建设和开发决定着教研组发展的方向和力量。总体而言，课程开发一是要与学校的办学理念和发展方向保持一致，要顾大局；二是要充分考虑学校和学生的实际，要接地气；三是要积极发掘自身的优势，要有特色。教师在课程开发中挑战自我，在课程开发中发现规律，在课程开发中跨越发展，最终让学生在课程学习中赢得未来，这就是课程开发的价值。

### （三）课程资源开拓

课程资源开发能力，是新课程改革中广大中小学教师必须掌握与具备的能力之一，也是课程改革对教师提出的新挑战，教师如果不掌握、不具备课程资源开发的基本素质，就谈不上课程开发，也谈不上校本课程的开发。因此，课程资源开发的能力对于每个投入新课程改革的教师而言，都是一项必不可少的能力和素质。那么一线教师如何才能开发和利用课程资源呢？从以下几个方面着手，会起到事半功倍的效果。

**1. 形成课程资源开发的意识**

（1）建立开发意识

教师开发与利用课程资源，首先要确立强烈的课程资源意识和课程资源开发意识。所谓"课程资源意识"，简单说就是对"什么是课程资源"的认识，或者说是面对各种事物时考虑它"是否能用作课程资源"的意识。所谓"课程资源开发意识",是指面对各种资源时考虑它对课程教学有什么价值和意义,怎样才能把它挖掘出来使它为课程教学服务的意识。具有课程资源意识、课程资源开发意识是进行课程资源开发与利用的基本前提。缺乏这些意识,即使身边存在大量的课程资源教师也会"视而不见""听而不闻"。

教师确立强烈的课程资源意识、课程资源开发意识,有助于教师形成课程资源开发与利用的能力,更好地开发与利用课程资源。课程资源开发意识的确立需要教师在头脑中形成课程资源概念,就课程资源对课程教学的意义有深刻的认识。确立意识需要相关知识的支持。因此,教师应学习课程资源的相关知识,加深对课程资源的认识,通过实践强化、巩固课程资源意识和课程资源开发意识。

(2)把握开发取向

课程资源的开发与利用并不是价值中立的,也并不是客观的,而是具有极强的主观性与个性色彩。教师如何开发与利用课程资源,与教师的教育观念、课程教学观及教育价值取向等密切相连。具有不同教育理想、教育价值观念的教师在开发与利用课程资源时所倾向的课程资源不同,不同取向的课程资源开发与利用对课程教学的影响也不同。因此,教师开发与利用课程资源时要注意课程资源开发与利用的取向。

课程资源开发与利用的取向一般有如下四种。第一,内容取向。当围绕课程教学内容进行课程资源开发与利用时,即是内容取向的课程资源开发与利用。这种取向的课程资源开发与利用的中心是课程内容。开发课程资源是为了丰富优化课程内容或课程设计,利用课程资源是为了完成课程教学内容。即使在内容取向上,不同教师也会倾向于开发与利用不同的课程资源。新课标提出课程的知识与能力、过程与方法、情感态度价值观三个维度,教师在实际操作中并不一定能够很好地平衡三者的关系。[①] 由于教师在个人兴趣、爱好、特长及教育观念等方面存在差异,造成教师在实际课程教学中对课程资源开发与利用会有所偏重。比如,重视知识与能力的教师可能注重知识资源和能力资源的开发利用,而重视情感态度价值观的教师可能注重这方面课程资源的开发与利用。第二,学生取向。当围绕学生的心理逻辑、学生的兴趣和发展进行课程资源的开发与利用时,就是学生取向的。这种取向的课程资源开发与利用关注的中心是学生的发展。开发课程资源是围绕学生的发展需要,利用课程资源也是为了促进学生的发展。[②] 第三,教师取向。当围绕教师的需要、兴趣、爱好和特长等进行课程资源开发与利用时,就是教师取向的。这种取向过多地关注教师自身的情况,而对课程内容和学生需要关注较少。一般而言,新手教师往往以自我为中心进行课程资源的开发与利用,这与教师的专业发展处在自我求生的阶段相关。第四,混合取向。当课程资源的开发与利用充分考虑到课程教学内容的需要、学生的需要和教师的实际情况时,就是混合取向的课程资源开发与利用。这种取向的课程资源开发与利用,谋求课程内容、学生需要及教师实际的协调与整合。[③]

---

[①] 郭乐静.基于特色学校建设的校本课程开发[J].教育理论与实践,2018(35):41-42.
[②] 刘光彬.促进学生多元发展的校本课程开发[J].江苏教育,2018(83):67-69.
[③] 彭倩,向葵花.后现代课程观视域下校本课程开发的困境及其突围[J].课程教学研究,2018(08):30-33.

实际上，任何取向的课程资源开发与利用都含有混合的性质，前三种取向并不完全否认其他因素的重要性。我们只是根据侧重点的不同做出上述区分。前三种取向中教师课程资源开发与利用的关注点相对集中，但由于众多因素的相互照应不足，往往会影响课程教学效果。因此，课程资源开发与利用宜采取混合取向，但也应看到混合取向的操作难度较大。这就需要教师根据实际情况加以平衡，或采取适当倾斜以谋求最佳的开发与利用效果。

（3）创造性地开发与利用课程资源

课程资源是有限的也是无限的。说它是有限的，因为并不是所有事物都能够直接为课程教学服务；说它是无限的，因为生活中课程资源无处不在，无时不有，关键是教师要能够发现、挖掘、利用。资源无限，贵在选择；资源有限，创意无穷。不论是选择还是创意都需要教师智慧的投入。在现实课程教学中，课程资源是有限的，但人的创造性是无限的。有限的资源经过无限的创意可以生成充裕的课程资源。创造性应内含于课程资源开发与利用之中。创造性是一切教学活动的灵魂，也是课程资源开发与利用的灵魂。没有创造性，课程资源的开发与利用就没有前途。创造性地开发与利用课程资源才能使课程资源化匮乏为丰富、化平淡为精彩、化腐朽为神奇。

开发课程资源是利用课程资源的前提，利用课程资源是课程资源开发价值的实现。相对于传统的没有课程资源开发意识而言，我们强调要创造性地开发各种类型的资源或者创生所需资源；相对于传统的课程教学的"书本中心""课堂中心""照本宣科"，我们强调要创造性地利用课程资源。如果得到丰富的课程资源还像原来那样继续"照本宣科"，那么，课程资源开发与利用的价值和意义就没有得到很好体现，并且课程资源的价值也没有得到体现。

要创造性地进行课程资源的开发与利用，必须解放思想，打破束缚，坚持创新。因循守旧、缺乏创新、没有个性，也就没有突破、没有发展。思想上辞旧迎新是行动上发展的前提。因此，教师要确立生活中处处有课程资源的观念、确立用课程资源教学的思想，通过创造性地开发与利用课程资源，使课程教学不断呈现出新的面貌。

**2. 掌握课程资源开发的途径**

（1）从学科课程标准出发

国家新一轮课程改革背后的深意在于授予学校和教师更大的课程自主权。任何课程，不论是国家课程，还是地方课程，都必须回到学校这个具体的教育教学环境中才有意义。学校才是课程生长的地方，唯有这里，才是它植根生命的土壤。

各门学科的课程标准规定着学科的性质、内容、框架，它提出了指导性的教学原则和评价建议；它不包括教学重点、难点、时间分配等具体内容；它规定了不同阶段学生在知识与能力、过程与方法、情感态度与价值观等方面应达到的基本要求。也就是说课程标准规定的是总目标和基本要求。教师是教育改革的主力军，教师要具备开发课程资源的能力，要树立正确的课程资源观，完成对自身角色的转变，开发多元化、多层次、多渠道的课程资源，注重实效，培养新的教材观——"用教材，而不是教教材。"[①]

教材只是专家的预设，教师要根据教情、学情、校情，整合教材内容，个性化地教，如

---

① 王淑芬.校本课程建设的困境和路径[J].课程.教材.教法,2018(06):105-110.

果学生基础较差,教材过难、过重,可作适当删减;如果教材内容、活动不适合学生,教师可根据实际教学需要进行替换、更改;如果教材的编排有些与我们的实际有距离,在延续性和难度等方面没有太大问题的情况下,教师可以对顺序作适当的调整,有利于提高课堂效率。甚至学校可以基于课程标准,进行本校的学科课程纲要研制,开发校本题库资源建设等,利用各种资源和方式,促进学生学习与发展。①

由此一线教师只要勤于学习、善于探索研究课程标准、教材、学生三者的连接点,就可以因材施教,就能正确的理解教材的编写思路、编写意图,这本身就是一种发现、一种创造。将教学内容从过去的以教材为中心的单一书本知识转变为以教材为轴线,以课标为纽带,与现实生活紧密联系,充分挖掘本土资源和校本资源,充实教材内容,而教师也通过上述的教学工作实现自我的专业发展。

(2) 从学生的生活实际出发

作为《义务教育各学科课程标准(2011年版)》和《普通高中课程方案和语文等学科课程标准(2017年版)》(简称《标准》)②所提倡的一个重要课程理念,提高学生的应用意识是课程实施的重要关注点之一,而开发与利用与学生实际生活紧密相关的课程资源,是实践这一理念的一个重要途径。

可以从学生自身情况和日常生活出发,进行课程资源的开发和利用。例如在数学课程中,可以这样来运用数据信息:收集学生反映身体状况的某些数据(身高、体重、脉搏、体温、腿长与身高之比等),每天生活与学习过程中相关的信息(上学所需要的时间、阅读课外书籍占用的学习时间、完成家庭作业的时间、每一门课程的考试成绩与平均分的关系、个人最好成绩占总成绩的比例等),个人喜爱的活动中所蕴含的信息(自己喜欢的图案、图形等);对年龄大一些的学生,除去有关他们自身的一些信息以外,还可以注重收集学生与其同伴之间的活动过程中所产生的信息(与好朋友结伴上学的有关数据、与同伴一起参加最喜欢的活动的数据、本班在运动会中获得的总分与本年级各班所得平均分之比的关系等),社会、自然界中蕴含数学的有关信息(一个家庭每天平均产生的生活垃圾数量、自然界中每年消失的物种数目占已知物种数目的比重、本地年降水量的变化情况),及时收集并处理这些信息,使之成为学生学习相关课程内容的背景,既有利于帮助学生理解相关内容,也促进其将所学知识应用于解决问题的过程之中,无疑有利于提高他们应用数学的意识和能力。③

可以从学生原有的基础知识出发进行课程资源的开发和利用。在这一点上成尚荣教师主编的《为语言和精神同构共生而教》中"十里长街送总理"教学片段为我们提供了很好的例子。教学时教师出示句子:"灵车缓缓地前进,希望时间能停下来!"同时强调大家联系"千万人""许多人""人们"这些词,再读读这段话,想一想在这些人中有你认识的人吗?可以联系学过的课文、读过的书报、看过的影片,想一想,如果有,此时此刻他们会想些什么?说些什么? 在这里教师那巧妙的引导唤醒了学生相关的阅读积累,使学生原有经验在学习中有效地发挥了作用。也可以从学生的生活经验出发用好

---

① 屈文装,王文. 核心素养背景下小学校本课程开发的评价:问题、成因与对策[J]. 课程教育研究,2018(21):27-29.
② 此处《标准》泛指各学科的课程标准。
③ 王玉辉. 教师在课程开发中实现自我[J]. 北京教育(普教版),2017(03):81.

教材。例如：于永正教师从"一位四年级的小朋友把一块吃剩下的面包扔进了垃圾箱"这样一件经常发生在孩子们身边的事，巧妙设计了一节"一块面包"口语交际课。在课堂上于教师不仅提供了事例而且提出相应的要求："你们说，这事应该如何处理？如果你碰到了，你打算怎么办？说说自己的心里话。"[1] 由于这是学生身边经常发生的事，有些同学很可能曾经有过类似的做法，所以学生参与率特别高，孩子们畅所欲言、各抒己见，像放归森林的小鸟自由飞翔、高声鸣唱，课堂氛围十分活跃。这也正是因为于教师所涉及的内容贴近学生的生活实际，才使得课堂资源得到了很好的开发和利用。[2]

还可以根据学生的新旧知识的联系开发和利用教材。例如：一位教师在教学《早春》一课时，为了突破"草色遥看近却无"这一理解难点，他引导学生从生活中找类似的情景。这时有的同学想到了集市上的人群，远看真是"人海"，而走进了才知空隙很多；还有同学想到了水利建设工地上，远望去真是彩旗的海洋，走近了才知彩旗虽多但并不像远看的那样密，这实际上就是教师巧妙地利用了学生已有的知识、生活经验，使得教材内容有了更为丰富的内涵。

（3）从具体的教学情境出发

教学前的设计只是对教学现实的预计、构思，它有很强的预设性和主观性。在教学现实中，往往会出现预期之外的许多事件、问题、情境。教师的教案、教学设计是事先准备好的，尽管考虑到学生的实际情况，但预案不可能百分之百都实现。因为在课堂教学过程中学生是动态的，是教学活动的主体因素，他们在课堂教学中会出现怎样的情况，教师往往是估计不到的。所以教师一定要活用教材，巧妙地利用课堂中学生临时提出的问题或回答，把握住机会，把控好课堂，灵活处理突发事件，让突发事件转变为对课堂有利的因素。

（4）从信息技术资源的利用出发

信息技术的主要功能是向学生提供并展示多种类型的资料，包括文字、声音、图像等，并能灵活选择与呈现；可以创设、模拟多种与教学内容适应的情境；能为学生从事探究提供重要的工具；可以使得相距千里的个体展开面对面交流。具体的做法包括以下三个方面：

**第一，将信息技术作为教师从事教学实践与研究的辅助性工具。**

这样的定位使得开发出的工具使用者为教师、直接使用地为课堂，因此，开发主体更多的应当是教师本人。首先，教师"可以通过网络查阅资料、下载富有参考价值的实例、课件，并加以改进，使之适用于自身课堂教学"；还"可以根据需要开发音像资料，构建生动活泼的教学情境；设计与制作有关的计算机软件、教学课件，用于课堂教学活动研究等"。这样的资源定位是目前较为通行的认识，也有很多现成的做法、案例可供参考。但同伴间合作开发往往是提高效率、改进质量的有效做法。

值得注意的是，不应"在教学过程中简单地将信息技术作为缩短思维过程、加大教学容量的工具"，即由于使用技术可以在实际教学活动之前将许多需要在课堂中展示的东西做好——包括活动结果、进一步的问题、学生可能出现的错误等，所以在相应的时

---

[1] 郑智超,李凯. 核心素养视野下的校本课程开发管理[J]. 教育科学论坛,2017(20)：7-10.
[2] 王金增,王若愚. 以学科综合课程开发提升教师专业能力[J]. 基础教育参考,2018(10)：32-33.

刻直接将设计好的内容播放，这使得学生没有时间感受这些内容产生的原因、思考问题的由来，不能主动思考学习过程中可能产生的不合理想法。"不提倡用计算机上的模拟实验来代替学生能够操作的实践活动"，具体操作活动与计算机模拟演示对学生产生的影响是不同的：对于前者，学生是参与者，能够亲身感受活动的进程，理解其中存在的许多变化及其原因，从直觉上比较信任活动结果及其原因，而且在活动过程中可以发展许多能力；但对于后者，学生更多的只是观众，他们可以观察，但对于许多形象的出现、变化的感受和预计不是很清晰，因而在直觉层面对结果的把握通常不够理想。对学生多种能力的发展的作用也不明显。[①]以概率实验为例，具体操作活动可以是实际的摸球、抛硬币、转盘等，而模拟则是指借助计算机进行演示，两者效果类似于上面的分析，实践结果也是类似的。"不提倡利用计算机演示来代替学生的直观想象"——同样地，由于计算机的三维显示功能日益强大，使得许多立体图形的结构、变化过程可以借助计算机进行演示，其结果显得直观、有助于学习者了解其中的一些内涵和性质。但据此而取消通过对实物的处理，来进行教学的过程则很有可能降低学生对活动过程中存在的"数学内涵"的理解，比如产生某种现象的数学原因，也可能降低其空间想象能力的提高；还可能弱化学生主动探究数学规律的活动能力。比如以计算机演示几何体的组合、分解和变化过程，取消了借助实物分析相关现象的活动。

**第二，将信息技术作为学生从事学习活动的辅助性工具。**

《基础教育课程改革纲要（试行）》第十一条明确指出："大力推进信息技术在教学过程中的普遍应用。"并对这种应用的立足点做了明确的阐述："促进信息技术在教学过程中的整合，逐步实现教学内容的显现方式，学生的学习方式，教师的教学方式和师生互动方式的变革。""充分发挥信息技术的优势，为学生的学习和发展提供丰富多彩的教学环境和有利的学习工具。"这就要求我们既要认识到现代信息技术的巨大作用，又要看到它的工具本质。我们一定要合理、恰当地利用现代教学技术为学科教育服务，提高教学质量。[②]

例如：在语文课程中，教学《小蝌蚪找妈妈》《小壁虎借尾巴》《亡羊补牢》等动画性较强的课文时，教师、同学可共同制作课件，使课堂教学更具体、形象、生动，教学效果更加明显。在数学课程中，可以"引导学生在探究活动中借助计算器（机）处理复杂数据和图形，发现其中存在的数学规律；使用有效的数学软件绘制图形、呈现抽象对象的直观背景，加深对相关数学内容的理解；通过互联网搜寻解决问题所需要的信息资料，帮助自己形成解决问题的基本策略和方法等"。这些做法将学生界定为主动的学习者，其目的在于通过学生自主学习（探究现象、分析数据、观察直观、实验模拟等），去获得自己对现象、问题的自我认识、猜测，以及结果合理性的判断。

值得注意的是，在学生使用信息技术从事探究性活动的过程中，教师的主要任务是"观察、提供必要的帮助"。特别地，这里"提供必要的帮助"的关键在于：帮助是"必要的"，比如操作设备（计算器）时，学生可能遇到不知按哪个"键"，教师可以提出一些"启发性"问题，诸如"可以将这个运算改变为其他一些你熟悉的运算的组合吗？可以

---

[①] 茹红忠.基于校本课程开发的未来教师成长[J].基础教育参考,2016(15):3-7.
[②] 孔雨顺.论校本课程开发与教师专业化发展[J].科学咨询（科技·管理）,2016(06):81.

对问题做一些变形,避开这个操作吗?"而不是直接告知怎么操作,即学生能够做的事情,就不是教师应当提供的"必要的帮助"。再如,若学生在观察或处理有关现象或数据时,无法获得有价值的信息,教师提供的帮助应当是一些"方法论"层面的提醒,如:关键数据是哪些?可以改变角度吗?需要重新梳理一下思路吗?…而不是直接告知怎么做、或者问题的症结是什么。即让学生在探究过程中提高自身的相关能力是教师提供的"必要帮助",而直接帮助他们解决具体问题不一定是必要的。

### (四)校本课程开发

校本课程开发是学校在理解国家课程纲要的基础上,根据自身的特点和资源,以学校为基地,以满足学生需要和体现学校办学理念与特色为目的,由学校采取民主原则和开放手段,由教师按照一定课程编制程序进行的课程开发。

**1. 校本课程开发的内涵及取向**

校本课程是相对于国家课程、地方课程而设的一个概念。校本课程开发是在实施国家课程和地方课程的前提下,通过对本校学生的需求进行科学地评估,充分利用当地社区和学校的课程资源而开发的多样性的、可供学生选择的课程。校本课程开发是教师依托于学校、立足于实践,有自己独立的课程开发理念、途径与策略。同时,校本课程开发又是国家课程开发的重要补充。它需要以国家课程为基础和参照。通常,国家课程开发具有基础性、统一性和稳定性特点,但缺点是课程单一、时效性差。而校本课程开发则表现出多样性、灵活性、差异性和直接的实践性等优势,这是对国家课程有益而必要的补充。

校本课程开发中的"校本"还隐含着另外一层意思,即课程开发必须源于学校的教学实践,源于学生的实际需求和发展需要,就是说教师要在教学实践中发现问题、采集数据、明确课程开发的方法和目标。因此在校本课程的开发取向上,PBL(Problem-Based Learning)模式,即"以问题为导向的学习"模式是非常合适的。PBL模式是以问题为导向的学习,学生和教师围绕某一问题进行探究,强调培养学生的自学能力、实践能力、团队合作精神。PBL模式强调以学生的主动学习为主,将学习与问题挂钩,使学习者投入于问题中;设计真实性任务,鼓励自主探究;激发和支持学习者的高水平思维;鼓励争论,鼓励对学习内容和过程的反思等。PBL理念下的校本课程开发强调把学习放置到复杂的、有意义的问题情景中,通过学习者的合作来解决问题,从而学习隐含在问题背后的科学知识,形成解决问题的技能和自主学习的能力。PBL理念下的校本课程旨在使学习者建构起宽厚而灵活的知识基础,发展有效解决问题的技能,发展自主学习和终生学习的技能,使学生成为有效的合作者,并培养学习的内部动机。[1]

**2. 教师是校本课程开发的主体**

校本课程的开发意味着原来属于国家的课程开发权力部分地下放给学校和教师,从而使课程开发不再仅仅是学科专家和课程专家的"专利",教师也成为课程开发的主体之一,使教师从原来的课程消费者和实施者转变为课程的生产者和设计者。教师在校本课程开发中起着极为关键的作用,斯腾豪斯称"没有教师发展就没有课程

---

[1] 沈兰.教师参与课程开发:意义与途径[J].全球教育展望,2002(01):56-59.

开发"。[①] 在某种程度上说,教师是决定校本课程开发成败的重要因素之一,这是因为校本课程开发研制的任务,最终要落实到教师身上,要靠教师去具体推进,其中包括课程问题诊断、目标拟订、方案设计、课程实施及课程评价等,都要依赖教师专业的力量,要教师提供意见,予以决策。教师对校本课程开发是否认同和是否积极投入,取决于教师的事业心和责任感,教师的学生观、课程观和教学思想,以及课程组织和课程实施的能力水平、研究水平等。

可见,教师是校本课程开发的主要承担者,在整个课程开发中处于核心地位,是这些活动成败的关键。校本课程开发使教师在课程活动中的角色发生转变:不仅是课程的执行者,更应成为课程的规划者、开发者、评价者。但由于长期以来推广国家课程,教师基本上都没有开发校本课程的经验;师范院校又很少介绍有关校本课程的理论和方法,绝大多数教师没有接受过校本课程理论与技能训练。面临突然扩大的专业自主权,一些教师没有充分的准备,明显缺乏关于校本课程的理论和技能,以致在校本课程开发中感到茫然,不知所措,从而影响了校本课程开发的顺利进行。因此,为了适应校本课程开发的需要,真正实现角色转换,教师在掌握课程理论的同时,还应掌握基本的课程开发技术。

### 3. 校本课程开发的基本过程

教师进行校本课程开发,所开展的活动主要包括参与课程的研制、收集资料、编写教材、或对原有的课程进行选择改编或重新开发新的课程。校本课程的开发和课程编制即完成一项课程计划的整个的设计和实施过程,它主要包括确定课程目标、选择和组织课程内容、实施课程和评价课程等阶段,其中前两项可以归纳为课程设计。在课程编制的每个阶段,教师都必须掌握基本的专业能力。

(1) 课程设计阶段。包括对国家的课程计划、课程标准和审定的教材进行微观化和具体化的处理;制定具体的课程目标,选择教材,挑选教学参考资料,识别学校及其周边环境所具有的课程资源;确定每一教学单元的范围,组织内容,拟订计划,实验新计划,协调各门课程内容和研制乡土教材等。

(2) 课程实施阶段。包括组织教学活动,将自己备课产生的方案付诸运行;制定教学目的和目标,选择教材中合适的重点内容,分配和掌握不同主题和单元所用的时间;决定和使用适宜的教学设备,以及有利于学习者的材料和信息的最佳呈现方式。

(3) 课程评价阶段。包括确定总体的目标是否合适,课程计划是否可行,对讲述信息及方式的选择是否恰当等。另外,要请专家共同对所开发的课程产品诸如学习指导书、单元练习、补充教材、乡土教材等进行检验和质量认证。

### 4. 校本课程开发的内容

从活动方式角度分析,校本课程开发的具体内容包括:

(1) 课程选择。这是校本课程开发中最普遍的活动,是指在众多可能的课程中决定学校付诸实施的课程计划的过程。

(2) 课程改编。指针对原有课程,根据不同的教学对象进行一些学程上的修改。

---

① OECD. Quality in Teaching[Z]. Center for Education Reseasch and Innovation (Paris), 1994: 35.

校本课程中的课程改编主要是指教师对正式课程的目标和内容进行某些具体的改动以适应具体的课堂教学情境。

（3）课程整合。指超越不同知识体系而以关注共同要素的方式来安排学习的课程开发活动。课程整合的方式一般有关联课程与跨学科课程两类。

（4）课程拓展。指为提高教学成效而进行的课程材料和课程资源开发活动。课程拓展可以是探究和拓展活动，矫正性和补救性练习，报纸杂志、声像材料、图画、模型的摘选等。为学生提供获取知识、内化价值观和掌握技能的机会。

（5）课程新编。校本课程开发也可以开发全新的课程板块和课程单元，例如，特色课程、乡土课程、时事专题课程都属于这一类。[①]

以上校本课程开发的内容，无论哪一个都与教师直接关联，也可以说是以教师为主体进行的开发活动。不管是由教师个体、教师小组，或者是由全体教师及家长学生共同参与的校本课程开发活动，教师都是课程开发的主要承担者、实际的操作者，在整个课程开发活动中处于核心地位，是这些活动成败的关键人物。

**5. 校本课程开发是教师专业成长的沃土**

促进教师专业成长是一项长远、艰巨、持续创新的事业，它受多方面因素的影响。在教师的专业成长中，既依赖于教师的职前培养，更离不开教育实践的锻炼，而校本课程开发为教师的专业实践提供了广阔的空间。校本课程开发是以学校为基地的课程创新。这种创新，不仅仅是变革教学的内容和方法，而且也是变革教师的专业能力。可以说，校本课程开发更重视教师的发展，而不是课程文本的开发。换言之，课程开发是手段，教师发展才是目的。校本课程开发为教师的专业发展提供了现实平台，参与校本课程开发的过程就必然成为教师专业发展的过程。

（1）激发教师成长的动力

教师的专业成长是建立在教师个人成就动机基础上的，是一种个人的主动发展。教师参与课程开发以后，会面临新的教育观念、教学策略、教学材料、教学对象的挑战。教学的多样性、变动性要求教师是个决策者，而不单单是一个执行者。在这种课程环境下，教师具有创造新形式、新内容的空间。一些无法预见的、实践性的、从未见过的教学情境对教师来说是一种强大的激励力量。教师作为专业人员，在其间体验理性释放的愉悦和创造性冲动所浸透着的欣喜。教学情境中所表现出来的一般性和偶然性的联系，能促使教师不断形成新的专业知识。这必将激发教师的成长动力，激起每一位教师对事业的追求和对实现自我价值的向往。教师在思考、应对这些新事物的过程中，有利于教师专业上的发展与进步。教师通过参与课程策划、编制、改编和评价，会提高自身对教育的理解，丰富其学科知识，并能够超越课堂的局限去思考课题和行动。教师在校本课程的开发及学习过程中提高了教育实践能力，开阔了视野，找到了个人的价值与意义，激起了教师的专业成长动力。只有教师具有了强烈的专业成长的成就动机，才能不懈地追求自身专业技能和水平的提高，任何外部力量都不能代替教师自我发展动机。

（2）建立科学的课程观

课程在本质上，不仅是一种结果，而且是一种过程，更是一种意识，是有计划地安排

---

① 周海涛,谢锚逊. 教师的课程建构力及其培育[J]. 当代教育科学,2017(04): 46-50.

学生学习机会的过程,这种过程不仅指学习材料,也不单单是学科科目,更不是一种静止的、物化的、僵化的文本形式。课程也是师生在教学过程中共同创生的、鲜活的、过程性的、发展着的活动形态。上到国家课程计划,下到教师安排的几分钟活动都是课程。这种科学的、全新的课程理念需要建立在教师参与课程改革的基础上,校本课程开发中课程呈现方式多种多样,由此也使得课程的实施方式、课程的评价方式等不再局限于原来学科课程的单一形式。这拓宽了教师对于课程的理解,有利于教师科学课程理念的建立。

(3) 增强课程开发能力

校本课程开发把课程开发的权力赋予教师,教师是课程开发的主体。这使教师有机会了解课程编制的过程,把握课程的纵向和横向结构,更加深刻地理解国家教育方针和办学宗旨。教师要开发适合学生需要的课程,不但要具有现代意义的课程理念,而且必须具备课程开发的能力。包括确定课程目标的能力,撰写"校本课程纲要"的能力,选择、组织课程内容的能力,课程评价的能力等。教师要能根据学校的环境和学生的需求准确地确定课程目标,编制"校本课程纲要",根据学生的实际选择并组织实施课程内容,并能通过恰当的评价来确保校本课程开发的合理性、可行性。这些能力需要在校本课程开发过程中,教师通过与课程专家的合作,与其他教师的协作,与校长的交流,与学生的探究等形式才能获得,并通过对自己课程开发活动实践过程的反思,逐渐累积起来。

(4) 获得行动研究能力

教师专业化发展的重要内容是教师成为教育研究者,这不仅是教学越来越复杂的必然要求,也是教师实现自身价值的途径。校本课程开发是一种现场本位的课程开发,具有强烈的实践倾向。校本课程开发是一种课程研制开发的流程,也是课程不断完善的过程。它遵循的是"开发——实施——观察——反思——再开发"这一螺旋上升的流程,其核心环节是"反思"。可以说,校本课程开发过程本质上是教育行动研究的过程,教育行动研究是校本课程开发的内在要求。因此,校本课程开发本身是对教师教育行动研究能力的锻炼。教师通过对校本课程开发实践情境的不断反思,不断提高校本课程开发的质量。反过来,校本课程开发要求教师对自己的教学实践进行反思,也就是说要求教师从事行动研究,将自己的教学活动和课堂情境作为研究的对象,对教育行为和教学过程进行批判地、有意识地分析与总结。在行动研究过程中,教师通过对自己的教学行为的反思,总结经验教训,研究教学过程,从而发现适合自己的教学方式和教学风格,最终提高自身的教学水平和研究能力。

### (五) 课程评价转型

《基础教育课程改革纲要(试行)》明确提出"改变课程评价过分强调甄别与选拔的功能,发挥评价促进学生发展、教师提高和改进教学实践的功能,建立促进学生全面发展的评价体系"。课程评价不仅要关注学生的学业成绩,而且要发现和发展学生多方面的潜能,了解学生发展中的需求,帮助学生认识自我,建立自信。发挥评价的教育功能,促进学生在原有水平上的发展。

**1. 课程评价的价值取向**

生命活力的缺失是当前课程评价最突出的问题,整个教育系统围绕着知识和分数转的局面应该得到根本改善。关注评价主体性、强调学习的能动性、注重评价的发展性、体现评价的差异性应该成为一种应然的价值追求。

(1) 关注评价的主体性

个体要实现生命的正向发展和价值体现,最终的决定者只能是个体自身,而不是外界的评价。作为一种主体性存在,生命有其自身的存在逻辑和发展样态,究其根本来说,个体生命发展具有自主性以及内生性。从生命出发的课程评价观,其根本指向是人,是立足学生生命幸福、价值实现、个体能动性的充分发挥。重点在于挖掘学生生命潜能、尊重学生兴趣和个性差异、鼓励学生开拓创新、引导学生提升自身的实践能力。追求的是在评价中体现包容、尊重、理解。我们认为教育评价特别是课程评价要努力实现"目中有人",充分体现评价对人的关怀,通过评价获得进一步成长的可能,拓展进一步发展的空间,打通学生发展过程中的障碍,在主体性成长的道路上,不断找到自身生命成长的存在感和意义感。[①]

(2) 强调学习的能动性

学生在学习的过程中,是以满足自身的好奇心和探究欲为前提的,而不是被动消极地在家长、教师的驱使下学习,因此我们的课程评价更应该强调学生学习的能动性,而不是外在的附加条件、要求和标准来衡量学生的发展程度。在这里不是说完全不需要外在的发展标准作为参考,而是把发展的能动性作为一个重要指标,纳入我们的课程评价体系,即在我们的课程评价过程中,要列入一些鼓励性、引导性和刺激学生能动性的项目,让学生在这些评价项目的引导下,自觉自主地从内心认可这种评价,而不是被动接受外界的指标性评价。在课程评价的操作过程中,立足学生发展实际和内在需求,结合学生兴趣的发展倾向,不断调整评价方法,才能真正使学生在学习过程中表现出学习的能动性。

(3) 注重评价的发展性

个体的生命价值在发展中得以不断体现,个体的内在涵养也在其中不断发生"基因裂变",不断实现着自我的人格完善。从发展的根本动力来看,我们应该把课程评价的着眼点落在学生发展的内生动力上,主要是从学生已具备的水平基础上,让评价指向学生内在的提升和发展,不断拓宽评价的空间,提升评价的质量。学生的成长与发展是不断扩宽自身心智的广度和思考的深度,再把对世界的理解和掌握外化的过程。这种发展是内生的发展,是心智的不断复杂化、纵深化和意识力量的外化。[②]因此,确立内生发展性的评价目标,把学生生命成长和其心智发展相融合,应该成为课程评价的理性追求。课程评价应该兼顾学生的学习与发展,发挥形成性评价的作用。

(4) 体现评价的差异性

评价的目的从根本上说是要标识个体的独特价值,而不是通过评价把个体标识成极端同质化的物体。因而就生命的个体差异而言,我们应该在课程评价的操作过程中,把学生的个体差异充分考虑进去,为不同个性、不同文化、不同观念、不同兴趣取向的学生,定制一整套科学、合理、有效且客观的评价体系。关注生命的课程评价观一定是

---

① 齐方国. 实践探索:适性课程开发与教师专业发展[J]. 现代教育,2016(07): 13-15.
② 沈兰. 教师参与课程开发:意义与途径[J]. 全球教育展望,2002(01): 56-59.

从生命出发，基于生命、尊重生命、呵护生命，在评价的价值取向上表现为以人为本，在实践取向上则表现为尊重差异。这是生命课程评价观的理念，也是其根本的价值旨趣。因此在真实的课程评价实施过程中，生命课程评价观就是要充分而真切地让学生获得人的尊严、体现人的价值、实现人的自由、表征人的灵性。唯有如此，学校才能成为学生向往的地方。

### 2. 校本课程评价的转型趋向

（1）评价功能维度

**第一，由促发展转向促持续发展。**

长期以来，我国校本课程开发一直秉持着促进学生的个性发展、教师的专业发展和学校的特色发展三大价值理念。在促进学生个性发展上，校本课程开发强调课程因学生而存在，以满足每个学生的合理需要为前提，以学生充分健康发展为目标，在以人为本的哲学视阈上强调学生与众不同的个体性发展；强调为学生留下自由空间，让学生根据自己的兴趣、学习需要而选择课程，为学生的跳跃发展提供空间。促进教师专业发展主要体现在教师知识结构的完善化、课程领域科研能力的提升、课程开发参与意识与合作意识的深化等方面，抛弃教师自认是课程开发的"非在场"者的狭隘倾向。在促进学校特色发展上，学校根据国家宏观的培养目标结合学校本身的现实情况发展，根据本校教育资源、办学传统、师生特点来确立学校的发展方向。校本课程开发的这三大价值理念在其理论建构与实践运行上确实起到了强化作用，而校本课程评价也是以这三大价值理念为评价指标而开展的，针对校本课程开发过程中生、师、校三者的发展为终极目标而进行的，同时也对其发展起到促进作用。但发展在笼统含糊的表述当中也包含一种间断性的发展，也就是说多数学校对于三者的发展问题能够给予充分的重视，但对发展的持续性存在一定程度的忽视。①

新时期的校本课程评价应该将传统的促进生、师、校三者的发展逐渐上升或者细化为促其三者的持续性发展。1987年，联合国环境与发展委员会发表了题为"我们共同的未来"的报告。由此，持续发展理论在全球范围内广泛应用并发展着。我们可以将持续发展理念引申到校本课程的评价中来，将以往单纯以学生个性发展、教师专业发展、学校特色发展为指标转化为以三者的持续性发展为评价指标。持续性，是关涉校本课程开发理论与实践的关键取向，它不仅关注三者在评价这一时间节点上的发展情况，而且还关注三者评价完成的后续发展能力；同时也要关注校本课程为满足此时课程需要而采取的相应行动一定不能损害后继学习的利益和需要。校本课程开发者要运用系统性思维，以谨慎设计、长远规划、持续发展等一系列原则为依据来评价整个校本课程开发的质量和水平、评价学生在校本课程实施中获得的持续性的个性发展、教师持续性的专业发展和学校持续性的特色提升，真正形成一套具有高系统性与可操作性的校本课程持续发展的评价指标体系，在关注各部分持续性发展的同时，也促进各部分的持续性发展。

**第二，由鉴定学生学业转向促进师生发展与完善课程本身。**

校本课程的开发及其评价是一项理论与实践紧密结合的高难度系数的工作，如何

---

① 郑智超，李凯. 核心素养视野下的校本课程开发管理[J]. 教育科学论坛，2017（20）：7-10.

高效度地评价校本课程,如何为学校校本课程提供真实、及时的反馈信息,以提高本校校本课程开发的能力与质量等等这一系列问题都是校本课程评价的关涉范畴。在校本课程的纵深化发展中,课程评价可以说关涉校本课程开发从研究到实施的成效问题。但目前我国校本课程的评价在宏观教育评价的影响下偏向单纯以鉴定学生学业成绩为主要功能的狭隘范畴。在对校本课程相关资料进行搜集、整理与研究的过程中不难发现,大多数中小学的校本课程开发所关涉的重点只有两个:一是对该校校本课程实施情况的评价,即该校开足、开齐、开全校本课程与否,即学校上课与否;二是鉴定学生学习校本课程的学业成绩,即学生学得怎么样。目前大部分校本课程开发的评价很多都停留在对学生校本课程成绩和学校开设课程情况的鉴定层面,而忽视了教育评价真正的旨归意涵。

教育评价是学校教育教学活动的一个关键性环节,其自身所具备的两大功能缺一不可:一是鉴定、检验,二是改进、完善。因此,校本课程作为课程领域一门高实践性的课程体系,其评价更不能出现重鉴定、轻改进这种厚此薄彼的一元模式。校本课程评价的功能应该是在促进学生持续发展的同时也注重课程本身的改进与完善,突破狭隘而片面的鉴定学生学习校本课程所达等级的评价指标。在校本课程评价的整个逻辑结构中,我们要跳出狭隘的自我意识,向前看,向外展,纵览校本课程开发所设计的多层级、多方面;通过对学生学习程度的评价,促进师生当下与未来突破性发展的同时,也要通过对课程本身的评价来实现校本课程各逻辑结构方面的改进与完善。唯有这样,才能拓展校本课程存在与提升的价值空间;才能真正为学生今后的持续发展提供力量支持,真正实现校本课程评价由鉴定学生学业向促进师生发展与完善课程本身的功能转化。

(2)评价形态维度

校本课程的评价形态应由标准化测验转向动态研讨式评价。长期以来,我国校本课程评价多以标准化测验为主,可以说不仅仅是校本课程方面的评价,整个课程领域绝大部分也都是以标准化的测验形式为主导进行的。传统的校本课程评价也可以称为外部控制性评价,一般是通过纸笔测验等高控制性、高预设性的评价方式来进行的,而学校一般会专设一个评价机构作为这种评价模式的主体,其评价标准过于标准化、规范化,以预设的目标为准绳,在这一准绳的牵制与规约下,学校各层级对于评价的主观能动性难以充分发挥;对于评价的发展性和相对性把握不足,过于倾向绝对性,单一且过于僵硬、死板,缺乏灵活性和全面性。而这种来自学校专属评价机构的评价,对学校校本课程的实施与运作成效的把握有时是带有宏观色彩的,而对具体、详实的课程细节把握力度仍有不足,它无法细微到校本课程实施的每一个节点。学生在校本课程实施中认知情况的动态发展、教师在校本课程开发与运作中行为与成效等等,这一系列校本课程节点对非一线教学岗位上的领导层来说有时是无法切实体会到的,或者说是体会深度不够的,这就导致这种具有高控制性、规范性的评价方式与学校、教师、学生的细节性发展需要相脱节,这一脱节的直接后果就是实施校本课程的原初实效被抹灭,教师的专业发展和专业意识的提升受到影响,学生个体学习与发展的个性需要得不到切实的保障。

响应新课改的课程理念,在校本课程评价层面,我们应当秉承科学性与契合性相结合的原则,将传统以预设目标为导向的标准化测验逐渐转型为具有高开放性的研讨式评价形式,这种评价形式的主要特征是充分给予被评价者解释说明和表现表达的机会,深刻了解被评价者动态性的认知程度与意见想法。通过向被评价者提问或探讨关于校本课程具体内容方面的、具有开放性的问题,这些问题应该是与校本课程内容相关、但在课上没有学过的内容,学生可以自由地根据自己的真实想法来谈,掌握学生对逻辑思维能力的提炼情况,在问答的思维冲突中,让被评价者认识到自身逻辑推理或原有认知方面的不足,对自我在校本课程内容迁移方面的欠缺点有所感知和了解,从而明确今后学习发展的侧重点。该方式给了被评价者思考和表达自己见解的机会,让学校和教师了解学生个性特征、需求和内心真实想法,有利于学校校本课程在评价反馈中进一步完善与发展的同时,使教师的专业发展能力得到持续的提升,使被评价者有一个清晰的自我认识,明确下一阶段学习的目标与侧重。

### (六)课程开发参考案例

**案例 6-2**

### 《批判性思维》校本课程[①]

**一、课程开发背景**

批判性思维是"对于某种事物、现实和观点发现问题所在,同时根据自身的思考逻辑作出主张的思考",它包括批判性思维技能和批判精神。面向21世纪的学校,要努力实施创新教育,为社会培养创新人才,而批判性思维是创新思维的重要组成部分,如果谈论创新人才培养,就要谈思维能力培养;谈思维能力培养,就要谈批判性思维能力的培养。

**二、课程体系**

(一)思维显性化

思维显性化即应用可视化认知工具将思维过程和思维结果呈现出来的过程,运用八大思维图示、思维导图、概念图及核心思维工具来引导、矫正思维进程,帮助思考者应用高效思维方法并形成相对稳定的思维模式。此外,通过大量的实践练习,在学生熟练掌握思维工具后能在不需要选择思维工具情况下无意识地运用这些工具,达到自动化效果。

(二)理论与方法

理论与方法主要包括批判思维原理和批判思维提问技巧。批评思维原理主要是系统地论述批判性思维的原则、方法和途径。具体地向学生介绍怎样进行分析的思考、清晰的思考、真实的思考、充足的思考、最佳的思考、深入的思考和辩证的思考。批判思维提问技巧主要包括论证的分析技巧、证据的客观性和质量的判断标准、合理的推理和科学的研究方法、对观念的深层基础的挖掘等方面。

---

① 案例《批判性思维》校本课程,引自吉林省长春市实验中学。

### (三)阅读与写作

学生通过大量的实践练习,才能将掌握的思维工具和批判思维技巧进行内化,逐步达到自动化应用的效果。因此,在课程体系的设置中,安排了大量的实践运用项目,如:项目式学习、演讲与辩论赛、读书观影活动等,旨在帮助学生实现思维方式内化和工具使用自动化。

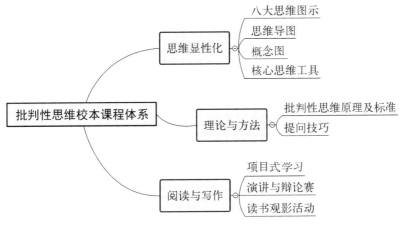

图6-3 批判性思维校本课程体系

### 三、课程内容

课程内容共有两大模块,分别是直接思维教学模块和融入式思维教学模块。

直接思维教学模块是通过给学生开设为期两学年的系统化的思维教学课程来进行思维培养。课程主要依托思维图示、思维导图、核心思维工具等方法来教会学生应用可视化认知工具将思维过程和思维结果呈现出来,学会运用思维工具来引导、矫正思维进程,帮助学生应用高效思维方法并形成相对稳定的思维模式,最终实现隐性思维显性化、显性思维工具化的课程目标。

融入式思维教学课程将融入日常学科教学中,将思维技能的培养与运用渗透在学科学习中,学科特征相结合,使学生通过大量的实践运用,熟练掌握思维方式和思维工具,达到高效思维自动化的课程目标。

| 课程 | 课程特点 | | 课程内容 | 时间安排 | 实施特点 |
|---|---|---|---|---|---|
| 直接思维教学课程 | 隐性思维显性化 | 应用可视化认知工具将思维过程和思维结果呈现出来的过程 | 八大思维图示法<br>思维导图<br>概念图 | 高一上 | 使学生形成独立于学科之外通用思维技能训练 |
| | 显性思维工具化 | 运用思维工具来引导、矫正思维进程,帮助思考者应用高效思维方法并形成相对稳定思维模式的过程 | 核心思维工具<br>创造性思维<br>批判性思维 | 高一下学期<br>高二上学期<br>高二下学期 | |

(续表)

| 课程 | 课程特点 | 课程内容 | 时间安排 | 实施特点 |
|---|---|---|---|---|
| 融入式思维教学课程 | 高效思维自动化 | 通过大量的实践练习,在学生熟练掌握思维工具后能在不需要选择思维工具情况下无意识地运用这些工具,达到自动化效果的过程 | 上述内容的大量应用和向学科渗透 | 贯穿于三年的学科学习 | 融入学科教学,根据学科对思维能力的承载特征将通用思维技能运用其中 |

### 四、教研团队

批判性思维校本课程在学校中能够持续实施并不断深入发展,必然要依托于一支有广度、有深度、有高度的思维发展型教学研究团队。教研团队秉持着"专业""实验""实用"的理念,肩负着"服务一线教学""提升自我价值""营造学校文化"的使命,通过系统的教研活动——自我学习、交流学习、专家培训、成果提炼来提升课程开发的专业能力,对课程研究内容不断深化,并以廊道文化、生涯规划、论文开题等多种方式来呈现教研成果,实现从教研团队到全体师生逐渐发生由"思维培养"到"思维塑造"的转变。

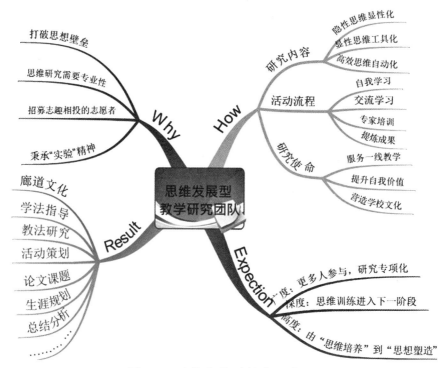

图6-4 思维发展型教学研究团队